海權經濟大未來

國旗跟著貿易前進，掌控貨櫃運輸、軍備戰略、電纜數據及海底能源才能成為世界霸權

To Rule the Waves: How Control of the World's Oceans Shapes the Fate of the Superpowers

布魯斯・瓊斯（Bruce D. Jones）著
林添貴 譯

MAERSK
SK LINE

海權經濟大未來

國旗跟著貿易前進，
掌控貨櫃運輸、軍備戰略、電纜數據及
海底能源才能成為世界霸權

目錄

導讀
海洋是確保台灣安全的護欄空間

陳永康　文

地球由海洋分割成許多大陸塊，貫穿其間的海洋，自然成為各大陸塊之間的交通渠道，至今，全球八成的國際貿易，皆依賴海上交通線（Sea Lane of Communication；SLOC）完成全球性海上運輸。歷史上著名的陸權與海權之爭的「英法戰爭」，讓英國迎向「統治大海」（ruled the waves）的年代，成就英國登上「日不落國」（the empire on which the sun never sets）的巔峰，曾經參與「英法戰爭」的法國軍事家「拿破崙」（Napoléon Bonaparte）剴切表示：「瞭解國家地理位置，就知道國家施政方向。」

與朝鮮半島隔海相望的日本，將海洋視為抵禦外強入侵的「護城河」，當年「明治天皇」明訂「拓萬里波濤，布國威於四方」的基本國策，「兵部省」更提出「日本海軍理論」，表述「如不發展海軍，將無法鞏固國防」，在舉國奮進之下，證明日本已具備世界經濟發展前段班的實力。當前正值「美中競合」方興未艾之際，面對鄰近大國崛起的潛在威脅，日本更需加大投資海上實力，以維繫「海上生命線」的暢通無阻。

與歐洲大陸一水之隔的英國，十九世紀即認定貫徹「平衡外交」的國家戰略，必須以「皇家艦隊」為前鋒的「艦砲外交」（gunboat diplomacy），展現英國「船堅砲利」的實力，敲開閉關鎖國的門禁，搶佔絕對優勢的談判高點，順勢為國家獲得更多的海外資源。

自許「貿易跟隨國旗前進」的美國，向國際表達唯一可擔當全球制度監督與秩序維護者，美國絕不允許在其國境內與他國發生戰爭，而是將戰火帶到敵對海岸，而太平洋與大西洋就是美國「拒敵於外」的天然屏障，具體行動就是廣設海外基地，作為海外用兵時之中繼補給站，同時整合成熟尖端科技，建立無所匹敵的「遠洋艦隊」，展現「無所不在」的全球性任務，形塑美國具備環球執法決心與全球投射能力的「國際警察」，事實證明，與海為鄰的國家必須建設優勢海上力量，成就國家戰略所需之海上實力，將維護國家安全與經濟發展成為可能。

適值數位科技與國際貿易突飛猛進之際，面對國計民生與全球經貿互利共生時代，端賴海量般信息之及時、正確、安全與可靠的相互傳遞，必須確保通信網路暢通與安全機制正常運作，然交織全球關鍵據點的「海底電纜」（Submarine communication cables），已成為全球網際網路的必要平台，承載全球九成五以上數據經濟之流量，依據過去因海纜意外影響全球的經驗得知，「海底電纜」安全與「無線網路」安全同等重要，所以維護「海底電纜」就是維護國家安全。

台灣四面環海且無鄰國接壤，海疆面積比陸地多出十倍以上，地處西太平洋「地緣戰略」中樞位置，「海洋」成為台灣確保國家安全的護欄空間，掌控台海周邊海域，即台灣亟需的「戰略防禦縱深」，同時彰顯台灣對維護區域航運暢通，以及國際通信網路安全的不可取代性。當前「美中競合」劍拔弩張，「兩岸問題」詭譎多變，首當其衝的台灣面對維護「海上交通線」安全的諸多挑戰，例如液化天然氣（LNG）是否準時抵達並接收，連接國際通信網路的「海底電纜」是否與國際信息正常傳輸等議題，直接關係國家安全與經濟發展，故無論平戰，確保台灣對外聯繫的「海上交通線」暢通，更是國家賴以生存的關鍵因素。

十九世紀末，美國海軍戰略理論家「馬漢」（Alfred Thayer Mahan）精典名句「利用海洋是國家繁榮富強的必由之路」。綜觀天下，不論是中國大陸、東北亞、台灣乃至東南亞經過南海、麻六甲海峽，橫越印度洋穿過蘇伊士運河，進入地中海，向西途經直布羅陀海峽，直抵大西洋西岸紐約，等同環繞地球一周，說明與海為鄰的國家為求國家永續發展，必須重視海軍實力。

「海權經濟大未來」一書勾勒出開放式「海權經濟平台」，深入淺出敘述國家安全與經濟發展互利共生的必然關係，不僅有跨領域的科普常識，更蘊含豐富的專業知識，再者本書譯者精準掌握原著者的核心精髓，協助讀者對國防安全、經濟發展與社會穩定等戰略層級議題，從經緯萬端的環境中，獲得更宏觀的視角與精闢入微的觀點，「海權經濟大未來」是一本值得閱讀的好書。

陳永康　簡介

中華民國海軍二級上將（退役），曾任海軍司令、國防部軍政副部長、總統府戰略顧問，並在海軍司令任內大力推動潛艦國造、震海計畫，也是海軍少見的「學者型將領」。現任國防部戰略諮詢委員、中科院董事。

好評推薦

布魯斯・瓊斯一直以研究國際事務為他的終身志業。近十年，他為聯合國工作，處理危邦和內戰的棘手問題，並制定國際對策，尤其是維持和平與衝突後的穩定。二〇〇九年，他加入布魯金斯學會（因此成為我的同事），並為政策制定者和公眾撰寫了許多有影響力的書籍和報告，大部分內容集中於如何加強和維持冷戰結束後的全球秩序，從而促進廣泛的和平與繁榮。幾年前，他靈光一閃，發現要了解現在和未來世界最新穎且富有啟發的途徑，都指向海洋。實際上，他發現了水的力量。

海洋是裝載全球分配貨物產銷的貨櫃船的高速公路，同時也是海軍力量投射的領域。海洋也擁有豐富的自然資源，其中的石油，則會導致全球暖化，然後，成為氣候變化和激烈天氣的加速器。瓊斯並不偏限於待在華盛頓特區的布魯金斯辦公室中埋頭分析，還涉入駕馭浪濤的領域，他乘坐貨櫃船越過南海和東海，在大港碼頭、海軍基地、北極搜取資訊，以增進了解海洋如何關鍵著人類的未來。

《海權經濟大未來》一書，以引人入勝且可讀性極強的分析闡述，無論利或弊，海洋將如何塑形人類的生活。

身為海洋公民的台灣讀者，將會發現這是本超出期望而資訊豐富的書。

——卜睿哲，美國在台協會前理事主席、布魯金斯學會東亞研究中心客座資深研究員

*****

如果讀者一直納悶，為何美國與其盟邦不理會中國大陸的不滿或反對，一再宣示在台灣海峽享有航行與飛越自由，持續派遣軍艦通過此「國際水域」；為何美國一再強調「美日安保條約」適用範圍，涵蓋存有領土爭議的東海釣魚台列嶼；又為何美國不斷派遣軍艦和軍機駛入南海、飛越其上空，執行所謂的「航行自由行動」（FONOPs），呼籲中共不要在南海搞軍事化、不要試圖改變南海的現狀，以及至今，中美南海博弈不但沒有停止跡象，反而競爭對抗持續加大。

讀了布魯斯・瓊斯（Bruce D. Jones）教授的新書《海權經濟大未來》之後，應該能夠理解美、中、日、俄、英等大國長年鬥爭，尋求「控制海洋」的背後主因。經濟（全球海商貿易與貨櫃化）、海洋地緣政治（海權、安全戰略及軍備競賽）、以及現代海底電纜的通訊和能源供需等問題，主宰當今美、中、俄等國在全球各大洋與海的爭奪。儘管此書未能深入探討 COVID-19 對全球海運與物料供應鏈的衝擊問題、沒有分析俄烏戰爭對國際政經情勢的影響、也未能來得及加入討論第四次台灣海峽危機，對全球政經、戰略安全的意涵和可能影響，但本書由世界海洋的角度檢視大國間——尤其是美中——政治和經濟權力的鬥爭，對任何有興趣了解國際地緣政治發展和美國海權戰略構想的讀者而言，這是一本值得詳讀的著作。

譯者林添貴先生，翻譯過與本書主題相關的原著超過一百本，包括《南海：二十一世紀的亞洲火藥庫與中國稱霸的第一步？》與《二〇四九百年馬拉松：中國稱霸全球的祕密戰略》等，文筆流暢，兼顧翻譯信、達、雅三原則，讓讀者能輕易跟隨作者的旅行故事情境和論述，理解世界海權、海商、海洋科學、海洋能源開發、以及海軍軍備競賽的複雜關聯性。這是一本可讀性極高的譯作，我高度推薦。

——**宋燕輝，中央研究院歐美研究所研究員退休、中華民國國際法學會理事**

*****

這是一部引人入勝的地緣政治經濟下海權爭霸著作！

從十五世紀大航行的時代開始，海洋便成為強權競爭的舞台，而今九成以上的能源與商務貿易，都是通過海洋的運輸進行，顯示誰控制了海洋，誰就控制了世界。

本書極富戲劇性的從亞馬遜叢林一個貨櫃箱開啟序幕，生動地描繪貨櫃運輸對全球商貿活動的影響，再從海軍力量、能源與商務運輸、數據通訊、氣候變遷等與海洋相關的議題，解析海權的全貌，以及美中在這些議題的競合關係。

作者指出，未來幾十年，美中在海洋的競爭，將成為國際政治的重心，而中國是否有意願與能力取代美國成為世界霸權，還是只想提升國際地位，平衡美國在國際上的單邊作為，研讀此書將會有更深刻的理解。

——**邱坤玄，政大東亞所名譽教授**

*****

海給人的初印象是面。行船、討海的人看到的是線。不過，過去五百年的演變，特別是近百年的進步，潛艇、潛水設備、水下作業機具……以及日新月異的海洋科技發展，已經讓人類能夠把海洋作立體的認識與利用。

海洋界線不若陸地截然劃分，自然成為爭奪標的。立體的海洋不只具有戰略、交通的重要性，也是無盡資源、能源寄藏的所在。強權虎視眈眈，險招盡出，無所不用其極，自肥圖利。即使不加入、不介入，我們也不可能完全置身度外。讀者瀏覽此書，將可以好好認知目前的海洋世界，感受自己的處境。

——**陳國棟，中央研究院歷史語言研究所研究員**

*****

一個國家的核心利益，與其以軍事、經濟、貿易、科技等手段來運用海洋資源的能力息息相關。以古鑑今，認識海洋，方能理解大國博弈的歷史，以及人類文明的未來方向。布魯斯・瓊斯的《海權經濟大未來》以恢宏的視野，淵博的知識，遍及世界各地的行腳，全面且深刻地勾勒出新時代錯綜複雜的海權面貌，在牽一髮而動全身的世界，他的分析尤其至關重要。

——**溫洽溢，世新大學社會發展研究所副教授兼所長**

*****

「布魯斯・瓊斯生動地展示海洋上發生的事情，如何決定了陸地上發生的事情——從使我們的世界經濟暢通無阻的龐大貨櫃船隊，到加劇美、中兩國之間緊張局勢的海上競爭。他以生動的文字帶領讀者展開非凡的環球航行，從深崁在挪威北部峽灣的潛艇基地，到上海附近填海造地建成的世界最大貨櫃港口，再到紅海中攸關世局安危的一個小島。在此過程中，我們見識了主宰全球大洋的的各式各樣人物。」

——**丹尼爾・耶金（Daniel Yergin），普立茲獎得主**

*****

「這是一本令人大開眼界的傑作。是什麼因素真正驅動著我們地表底下的世界？瓊斯以極其清晰的方式，呈現出令人驚嘆的知識，從戰略、環境和暴力角度探究塑造未來世紀的深層潮流。它堪稱是研究海洋版的《人類大歷史》(Sapiens)。」

——**歐逸文（Evan Osnos），美國國家圖書獎得主**

*****

「在大國競爭新動態中，對美國所面臨的核心挑戰提出精彩、令人信服和清晰的觀點。在《海權經濟大未來》中，布魯斯・瓊斯對新地緣政治的海洋部分，提供非常容易理解、可讀性極強的評估。對任何對地緣政治和美國戰略感興趣的人而言，這是一本必讀的傑出分析。」——**大衛・佩卓斯（General David Petraeus），美國陸軍退役將領，曾任伊拉克戰場指揮官、美軍中央總部司令、阿富汗國際安全援助部隊總司令，以及中央情報局局長。**

*****

「《海權經濟大未來》因為新穎的視角和栩栩如生的文字而引人入勝。我學到了很多，任何想瞭解北約、歐盟和整個西方世界所面臨巨大挑戰的人士，都會從中獲益匪淺。」——**哈維爾・索拉諾（Javier Solana），曾任北約組織秘書長、歐盟共同外交暨安全政策高級代表。**

＊＊＊＊＊

「未來幾十年，世界海洋仍將是美中角力競雄的中心舞台。在這本包羅廣泛的分析歷史中，布魯斯・瓊斯解釋了箇中原因。透過栩栩如生的文字和新鮮的評估，他編織了一個關於海軍、商業運輸、數據電纜、能源和氣候變遷如何相互作用，使海洋的控制成為超級大國之間主要鬥爭源由的論述。無論是寫作還是分析，《海權經濟大未來》都是傑作。」——**麥可・麥克福爾（Michael McFaul），史丹福大學教授，歐巴馬總統時期曾任駐俄羅斯大使**

序幕　叢林中的一個貨櫃箱

亞馬遜中心距離大洋逾一千哩遠。想到達中心，必須先搭飛機到雨林正中央，巴西的瑪瑙斯（Manuas）。一六六九年，葡萄牙探險家在瑪瑙斯建立城堡，頭一百五十年，它還只是微不足道的一個據點，一直到工業革命，大家對亞馬遜運送回國的橡膠樹產生需求，它才嶄露頭角。橡膠可折彎、可隨意塑形、用途廣泛，成為工業化的重要成分，當時只能從亞馬遜地區採購、別地方還真找不到。在隨後的利潤競爭中，德國、葡萄牙和美國商人為爭奪亞馬遜橡膠樹，瑪瑙斯搖身一變成為帝國商業中心。直到今天，仍可見到那個時期的化石裝飾著這座城市——譬如，一座巴伐利亞城堡風格的七層樓豪宅、一座仿巴黎列渥中央市場（Les Halles）建造的市場建築，以及一座粉紅色和白色的亞馬遜歌劇院（Teatro Amazonas），歌劇院由三萬三千塊瓷磚覆蓋的圓頂，以巴西國旗的黃色、綠色和藍色繪製——這是帝國晚期令人相當驚訝的奇蹟之一。這是一個集荒野、工業和古怪於一身的堅韌城市，四周環繞著一千五百多哩的熱帶雨林。

廣闊的熱帶雨林只被亞馬遜河打破，亞馬遜河沿著瑪瑙斯岸邊流淌，三哩寬、七百呎深——它既不是亞馬遜河最寬、也不是最深的一段，但流動的水量仍然相當驚人。❶瑪瑙斯還濱臨另一條河流尼格羅河（Rio Negro）〔或稱黑河（Black River）〕，尼格羅河從哥倫比亞高地往西南綿延一千四百哩，匯入亞馬遜河。它的名字來源於河水的顏色，一種半透明的巧克力黑色，就像有人把全世界的可口可樂倒入河床一樣。兩條河流在瑪瑙斯相會，開始匯流的地方卻出現一種奇異的自然現象。在三哩半的空間內，兩條河流流經同一條寬闊的河道，但各自的河水並不混合：它們並排流動，一條呈現白堊色和沙色，另一條又細且黑——這兩條平行的河水湧動，接觸時偶爾出現漩渦一起旋轉，但不混合。這是由於兩個水體的密度極其不同所造成的，一個水體在熱帶雨林的上游漫長流動，積聚了大量的植物殘渣；另一個從山上漫長地下降時，除了礦物質以外，任何東西都被它沖刷乾淨了。在瑪瑙斯，稱它為「水的交匯」（Meeting of the Waters），不過這個字詞很難充分表達出此一奇妙的奇特景象。

觀光客可以乘坐河船出海觀賞「水之交匯」景色，以及它所吸引的水生生物。特別吸引人的是亞馬遜特有的粉紅海豚亞種。牠們集中在兩條河流的交匯處，這兒兩條河流交匯混合在一起，產生大量可供牠們食用的魚類。巨大的亞馬遜皮拉魯庫魚（pirarucu）〔巴西骨舌魚（arapaima）〕是海豚的主食，也是瑪瑙斯餐廳中供應的珍饌美食。

在這裡，在這座偏遠城市詭異的風味和熱帶雨林的壯觀景色中，我出乎意料地看到一個熟悉的景象：一堆天藍色的金屬貨櫃箱，整齊地堆放在一艘小型貨櫃船上，逆流而上。這些箱子的顏色和標誌——天藍底色上有白色七角星——立刻讓人辨識出來，它是總部位於丹麥哥本哈根的航運業龍頭「快桅集團公司」（Maersk）❷譯注的象徵，而哥本哈根距離瑪瑙斯足足有六千英哩之遙。

快桅集團遍布全球，並沒有讓我感到驚訝，但是在亞馬遜河上游一千五百哩的一艘運輸船甲板上看到它的貨櫃箱，真的讓人大開眼界。如果說，現代全球化已經滲透到全世界各個角落有什麼明顯的象徵，那肯定非它莫屬。眼前這一幕確立了我在理智上已經理解、而內心裡還未全然堅信的一件事：海上貿易是現代全球化的主要驅動力。在熱帶雨林的中央，我們看到了證據。

*****

❶ 亞馬遜河流域面積浩瀚，水量超過了歐洲所有河流水量的總和。

❷ 譯注：丹麥 A.P. Møller-Mærsk Gruppen 公司，台灣通稱「快桅集團」，中國大陸和香港則稱之為「馬士基」。

貨櫃箱現在是現代世界無處不在的特徵。一旦開始尋找它們，就不可能看不到它們。沿著美國或歐洲的公路和小路行駛，會發現這些貨櫃箱隨處可見。十八輪大貨車是美國大陸卡車運輸歷史的傳奇部分。但它已經由「原動機」（prime mover）取代了——所謂「原動機」指的是一輛平板卡車，拖著一個這樣的貨櫃箱。貨櫃箱也改造了鐵路：在路口觀看火車運輸時，一定會在這些貨運列車上看到兩層高的貨櫃箱上的快桅集團標誌，旁邊還有來自台灣、韓國、南非、德國和其他許多地方的貨櫃箱。有一個二級市場，將貨櫃箱用於住家和工業設計用途。甚至可以在透過亞馬遜網路，購買二手的貨櫃箱。但從本質上講，它們是全球貿易的一種工具——最明顯的工具，但事實證明遠非唯一的工具，散裝航運已經改變世界經濟——並且正在開始改變世界政治。

西方貿易滲入巴西中央，只是過去三十年間出現的更廣泛現象的一部分。巴西是在冷戰結束時，決定開放經濟、並加入全球化漩渦的幾個重要的人口大國——中國和印度，則是另外兩個人口眾多的國家。超過二十五億人進入全球經濟產生極大的影響，其中許多變化都是有益的。中國、印度和巴西使超過五億多人擺脫了貧困，創造出全球中產階級。由於世界經濟不斷擴張，以及中國對自然資源的巨大需求和廉價製成品的出口，全世界六十多個國家擺脫了貧困——全球航運的變化使這種動力成為可能。在成長為經濟大國之後，中國幫助美國度過全球金融危機，而且中國的增長幫助世界其他地區從這場衝擊中復甦。新加坡外交官出身的作家馬凱碩（Kishore Mahbubani）是針對亞洲崛起深度研究的歷史學者，在他的著作《大匯合》（The Great Convergence）中，將一句古老的格言「潮起船升」應用於現代全球化現象，獲得相當的迴響。

潮汐對於全球經濟不斷變化的故事的第二部分——能源——也至關重要。雖然不是發生在亞馬遜地區，巴西在這方面也發揮了關鍵作用。美國境外的深海能源探勘，首先在巴西東海岸大陸棚的緩坡上進行。將其他國家拉入全球化代表著巨大的經濟增長，它反過來又對世界石油和天然氣的供應帶來巨大的壓力。在過去十年中，從巴西到中國東海、再到北極海，進入海洋深處鋪設管道開採這些燃料新供應，一直是貿易和地緣政治格局變化的關鍵部分。

但同樣也是從海洋中出現的早期跡象顯示，這些大國崛起——或者更準確地說，是大國的恢復——並不盡然平順。二〇〇九年，中國對南中國海的一大片海域提出了全面的主權主張，聲稱自古以來它即擁有歷史權利，然而其他幾個國家也聲稱它們擁有權利，這片水域自第二次世界大戰結束以來，也由美國海軍主宰。中國這項舉動預示著，美國與崛起中的中國之間的競爭將愈演愈烈——這場美中競爭首先在亞洲具有爭議的海域展開。

在南海日益緊張的局勢，以及全球海上貿易規模和能源開發之間，我開始意識到遍及世界海洋各個角落的貨櫃交易，對時代變遷的性質有多麼重要的影響。就在這裡，在亞馬遜熱帶雨林的中央，出現這些全球壓力的象徵，一堆不起眼的貨櫃箱隱藏在顯而易見的地方。

*****

本書旨在從世界海洋的角度，檢視政治和經濟權力的鬥爭。

這個主題的調查研究有四個簡單的事實架構。第一，世界海洋正迅速發展成世界軍事大國——以美國和中國為首，並包含俄羅斯、日本、印度和其他國家——之間最重要的對抗區域。這些大國如何駕馭他們的海軍競爭，將影響下半個世紀。第二，當聽到「全球化」這個名詞時，我們會想到飛機和高科技的資訊流通，但現實情況是，全球百分之八十五以上的商業都是透過海洋進行貿易。這些貿易通過散裝船和巨型貨櫃船，穿梭往來大西洋和太平洋而流通。第三，海洋對現代通信至關重要；我們很少把海洋與互聯網、金融或智慧手機聯想在一起，但現實情況是，全球百分之九十以上的數據，都是通過海底電纜傳輸的。第四，海洋在能源的現實狀況和全球應對氣候變遷的鬥爭中，發揮著令人驚訝的核心作用。今天的能源探勘，涉及到開發從墨西哥灣到北極廣大的海床資源的故事，而且海洋在愈來愈影響我們生活方式的氣候變遷中，發揮著關鍵作用。

我決定親自看看這些動態是如何展開的。我的工作要求我進行廣泛的旅行，從二〇一七年初開始，我增加了一系列延伸旅行，以便更加瞭解和見識這個新的海洋時代。我搭乘一艘快艇從珠江口駛入香港山丘及其天然良港。將近兩個世紀之前，英國東印度公司的商人和水手從中國奪走香港島，改造當時的全球政治和經濟，我也將自己設身處地思索他們的想法。另外，紐約港的指揮官，帶我參觀這個重要港口內外四周的海岸防衛隊設施。我也參觀了世界上最重要的反海盜聯盟，它的總部設在新加坡樟宜海軍基地（Changi Naval Base）並從這兒開展作業，新加坡也是現代貿易最重要的咽喉要道。一位中國朋友，安排我參觀位於上海以南、東海島上全世界最大的貨櫃船港口。在夏威夷，我參觀了太平洋艦隊中最先進的神盾級驅逐艦，它們是對抗野心勃勃的亞洲大國的第一道防線。在遙遠的北極，我看到了海洋變暖和大國關係冷卻等等所有動態，如何重塑現代世界。

在二〇一九年夏季的十天裡，我乘坐當時世界上最大的貿易船〈快桅集團馬德里號〉（the Maersk *Madrid*）穿越世界爭議最大的西太平洋海域：新加坡海峽、南海、菲律賓海、和東海。那次航行的筆記構成了本書的每一部分。

旅行期間，我閱讀了從海上帝國戰爭的史詩歷史到港口的勞動經濟學、海洋保險統計數據、深海能源探勘的工程報告，以及複雜的海洋化學科學等等內容。無論走到哪裡，我都發現了全面歷史、科學和政治的世界。

一路上，我注意到歷史或現代生活的細節，它們似乎闡明了不常為人討論的模式或政治。譬如，美國歷史上最長久的海外軍事接觸，既不是在阿富汗的長期戰爭，也不是在朝鮮半島非軍事區長達七十年的屯駐部隊，而是美國海軍在中國長江沿岸將近一百年的長期部署。或者，美國武裝部隊在阿富汗部署軍隊，需要挪威一支大型渡輪船隊的支援，這些渡輪由商業機構擁有和營運，負責運載重型設備。在海底使用核武器仍然是世界主要海軍武器規畫的積極組成部分。或者，在海上試驗核武器，引發了一些最重要的科學研究，最終導致的詳細記錄，現在稱之為氣候變遷。

在閱讀和旅行時，經歷了一個讓我感到驚訝的現象。雖然對全球化、能源、甚至海戰的研究，給了我很多解釋當代鬥爭的技術或戰術層面的資訊，但對競爭的本質卻沒有給出太多的解釋。反倒是，帝國競爭、海盜肆虐和海洋科學的早期研究等古老歷史，似乎更能說明經過。由蒸汽時代設定、但在二十世紀式微的模式，似乎正在從現代歷史的背景中重新出現。十九世紀末期的學者和探險家，他們可能熟悉的貿易和旅行動態，似乎與冷戰後全球化的最新模式密切相關。

與研究海權在國家生活中的作用的其他書籍一樣，這本書可以追溯到羅斯福總統的好友，自信十足的艾佛瑞德・塞耶・馬漢（Alfred Thayer Mahan）的知識傳統。他首先勾勒出，美國若要成為全球領袖必須具備的海軍基礎。馬漢的理論曾因冷戰而失去方向，因為冷戰是由大陸超級大國和核武競爭主導的時代。但他已經認識到今天世界形成的樣貌，保護海上貿易的需求，正在引發全球海軍軍備競賽。不過，跟完全基於馬漢傳統的書籍不同，這本書還探究了他無法預見的問題——譬如海洋在不斷變化的氣候中所扮演的重要角色。

另外，我想補充的是，這本書不只是討論海洋，更是一本以海洋為主軸的專書。海洋播映出我們時代的變動，也顯露出歷史的陰影。海洋是觀察世界強權核心鬥爭的稜鏡——也就是我們所說的全球化地緣政治的變化。

海洋也是一種隱喻，用來形容世界事務在我們生活中潮起潮落的模式。歷史通常經描述為一系列按時間和空間排列的事件。然而在某些時候，歷史也像海洋一樣流動，當洋流跨越大陸棚，波浪模式隨著時間的推移而展開，遠遠超出它們所起源的海岸。有時候，它的行為就像海嘯一樣，某個地區的地震會向鄰近的海洋發出衝擊波，當它在水面上盪漾時幾乎不會受到注意，最後卻在潮汐退去之前，首先感覺到的反而在遙遠的海岸，此時，巨大的浪潮已經衝擊陸地，造成破壞。

當我們目睹現代全球貿易的巨大規模、海軍力量的日益緊張，以及日益暖化的海洋所出現的氣候變遷大戲時，很難抗拒我們現在正處於海嘯來襲之前的那一刻的感覺：我們就站在岸邊，潮水悄悄向外流動，比起正常情況流得更遠——然後就在一個詭異而安靜的時刻，海潮撲襲而來，摧毀了我們所認識的一切事物。

第一部

來自未來的新聞

在馬來西亞丹戎柏勒巴斯港　等待〈馬德里號〉

西班牙的阿爾赫西拉斯（Algeciras）地處地中海出口。葡萄牙的里斯本（Lisbon）位於歐洲最西端的制高點，葡萄牙征服者從這裡啟航，遠赴巴西和印度，踏上他們的大發現和暴力征服之旅。阿拉伯海從阿曼的馬斯喀特（Muscat）逐漸向波斯灣縮小。加爾各答（Kolkata，英文舊名 Calcuta），濱臨孟加拉灣（Bay of Bengal），是印度洋北端歷史悠久的一個重要貿易轉口站。廣州（Canton，現名 Guangzhou），是中國最早開放對外貿易的通商口岸。而上海位於長江出海口，是中國經濟的命脈，曾經充滿活力，然後關閉，現在又重新崛起。這些偉大的港口塑造了我們的歷史，早在十六、十七世紀之交，從歐洲到中東、再到東亞的商人或船長都很熟悉這些港口。今天，它們與現代美國的大型港口，一起構成了世界貨櫃船隊航線計畫的骨幹——這支船隊不是以單桅帆船、大帆船或快船的形式航行，而是有如航行海上的巨大的鋼鐵和石油浮動工廠，將世界結合在一起。

不過，仍有許多船隻停泊在早期貿易商兵團世界並不存在的一個港口。這個港口，位於馬來半島南端的丹戎柏勒巴斯（Tanjung Pelepas）。它是亞洲大陸最南端的城市，位置比它更南邊的，只有印尼群島的眾多島嶼。它是一個歷史悠久的漁村，可以上溯到十三世紀，當時這片馬來半島是暹羅帝國的外圍邊陲。現在，它是現代馬來西亞的工業中心，也是一個罕有的地方，在這裡，一眼望去，可以同時看到悠久的過去遺跡、近期發展的弧線，以及未來可能的影子。

從所有通往城市的最後一段路，可以清楚看到，這段路還沒有出現新建的公寓大樓或工業倉庫。參觀附近港口（或是偶爾等待登上貨櫃輪船，如巨大的〈快桅集團馬德里號〉）的客人和官員，經常被帶到舊的森美朗路（Jalan Sembilang）附近的一小段海岸，在那裡可以找到一些碩果僅存的傳統餐廳和住宅。其中一些建物建築在碼頭上，碼頭往外延伸四十呎，伸入普萊河（Pulai river）匯入位於長而淺的爪哇海（Java Sea）西北端的柔佛海峽（Johor Strait）那片鹹水水域。即使在退潮時，這些海水也會覆蓋到紅樹林樹幹的中點，幾乎覆蓋了潮間帶的海草草甸，過去這些海岸邊的海草更多。當大風吹起且漲潮時，水位上升到碼頭的尖端附近，幾個世紀以來，碼頭上這些建築物一直安然屹立。站在碼頭上面，可以感受到潮水推進、短暫退去，然後又推進，所帶來內在推力的力道；腳下的水每動一次，似乎都在喚起歷史悠久的潮汐。

通常在水淺的地方，最能感受到海洋的力量。西蒙・溫徹斯特（Simon Winchester，漢名文思淼）在書寫有關大西洋的抒情歷史時，想像了人類第一次從內陸平原走到海岸，遇到

「對標誌著他的棲息地邊緣的岩石，那種無休止的衝擊和轟轟作響聲音」的那一刻。[1] 當然，這種認為海洋在岸邊最強大的感覺是一種錯覺；在海洋深處，洋流的威力更加強大，順著大洋海床和跨越大陸推動著數十億加侖的水。但是，當置身於一望無垠的公海灰色地帶之中，很難將它們的跨度用人類的尺度衡量。只有當它們的力量沖激到海岸時，才能感受它們的浩瀚無邊。

在丹戎柏勒巴斯的海岸上，這些碩果僅存的傳統建築，承載著各種勢力在半島角力爭雄的漫長歷史之迴聲。它像馬來亞海岸大部分地區一樣，被麻六甲帝國從暹羅人手中奪走，接著被葡萄牙人占領，然後又落到荷蘭東印度公司手中。一八六六年英荷條約（Anglo-Dutch Treaty）將半島一分為二，丹戎柏勒巴斯周邊地區畫歸英國所有。在它正南方，地平線上的景色由那個時期留下的遺跡霍斯堡燈塔（Horsburgh lighthouse）占滿，它引導無數的船隻通過新加坡海峽（Singapore Strait）。燈塔以東印度公司的水文學家名字命名，紀念他首先為倫敦當局繪製本地水域地圖。附近，雖然就在視線之外，是三巴旺海軍基地（Sembawang Naval Facility），一個多世紀以來，皇家海軍以此為基地，鞏固大英帝國對亞洲的控制，直到日本在第二次世界大戰期間崛起，為了控制東南亞的石油和橡膠，趕走了英國人。

戰亂過後，隨著「變革之風」吹遍大英帝國最遠的地方，馬來西亞和新加坡聯手爭取獨立，後來在一九六四年分道揚鑣。新加坡迅速發展——在目前泊靠在三巴旺基地的美國海軍駐守單位的協助下——它變成了一個現代化的金融重鎮。但是，馬來西亞卻步履蹣跚，淪為東亞開發成績欠佳的地區之一。一九九〇年代初期，馬來西亞政府決定開放經濟、迎接全球化——正如巴西和印度、以及其他數十個國家所做的一樣。作為開放經濟的措施一部分，他們和所有想要進入全球化的國家一樣，邁出了重要的一步，興建一個現代化的港口。

當地人簡稱為 PTP 的丹絨柏勒巴斯港，占據了普萊河沿岸開闢出來、近二千英畝的濱水土地，鄰近的自由貿易區，也占地一千五百英畝。港口擁有五十八台「超級後巴拿馬型」起重機（從技術上講，是由船到岸的龍門起重機）——這是世界上最大的起重機。每一台起重機重約九百噸，高五十四公尺，可以延伸到七十多公尺。面積一百二十萬平方公尺的集貨場，最高可容納超過十二萬個貨櫃——這些貨櫃與我在亞馬遜看到的貨櫃大小相同。港口有供工人居住使用的公寓大樓、衛生服務單位，港務局可以自行發布法規，也有自己的保安警察部隊。

PTP 於一九九九年十月迎來了第一艘船。馬來西亞當局初期預期會有相對穩定的增長，但它很幸運，當時名為快桅海陸航運公司（Maersk Sea-Land）的世界航運巨擘，決定將它的營運據點從新加坡轉移到丹絨柏勒巴斯。兩年後，另一家大型航運公司——台灣的長榮海運，緊隨其後也來了。丹絨柏勒巴斯趕上了全球化浪潮，到二〇一五年已進入生產值排名世界前二十位的港口。港口開發出極大的工業區、住宅區、路網和海埔新生地，使得丹絨柏勒巴斯稱之為馬來西亞的深圳（中國第一個經濟特區）。

然而，最後剩下的一段海岸並沒有畫入港口區，而是出現截然不同的開發項目。這塊地區稱為「森林城市」（Forest City），由一系列整齊對稱的高層公寓大樓組成，其中二十棟，平均高三十五層。它們分布在四個人造島嶼上，占了三十平方公里的海埔新生地。價值一千億美元的這一大片公寓區，由一個巨大的購物中心、學校和一個醫療設施連接起來。雖然南海海平面上升威脅到它的長期生存能力，它仍然擁有自己的海灘。

在整片區域中，標誌都用馬來語和華語雙語標示。這反映出兩個事實：業主預計大多數居民將是外國人，而且大多數是中國人；並且項目本身是馬來人和中國人的合資事業。作為中國「一帶一路」倡議的一部分，這塊地區是由柔佛馬來當局與「碧桂園太平洋景」開發公司（Country Garden Pacific View）合作出資建造的。他們的預測是，到二〇五〇年，當項目的所有階段都完成時，「森林城市」將容納七十萬居民。

現在它大半閒置、沒太多人入住。中國人擁有大部分已經興建完工的公寓，但很少有人住在那裡；有關居住權和外國人所有權的法令規定十分複雜，使得交易也很複雜。但這並沒有阻止碧桂園太平洋景，在政府的大力支持下繼續建設項目。馬來西亞陷在它與中國有深厚的經濟聯繫、可又對中國反穆斯林的政策懷疑，於兩者之間左右為難；目前還不清楚他們最終的忠誠在哪裡。但如果馬來西亞愈來愈朝著親中國的方向發展，碧桂園太平洋景將具有巨大的發展潛力，中國也將在丹絨柏勒巴斯及其不斷發展的港口影響力愈來愈大。

*****

所以，站在普萊河岸邊，在潮汐的溫柔拉扯中，我們可以看到亞洲悠久歷史的迴聲，以及它與歐洲的強烈遇合，它的現代化經濟發展的弧線，甚至未來可能出現的陰影，而且中國尤其虎視眈眈的站在旁邊。我們可以看到現代貿易的競爭現實，體現在丹絨柏勒巴斯港的規模和活力，也可以看到西方海軍力量的持續現實，體現在美國在鄰近的三巴旺設置據點。如果我們足夠仔細地觀察，我們也可以在漲潮和當地海岸線的侵蝕中，看到海洋在我們不斷變化的氣候未來中所扮演的角色。

這些對過去權力動態和未來快速變化的一瞥，在地球另一端的一個非常不同的地方也能看到；它就是在北極圈（Arctic Circle）上方的地球北端。

第一章 北極的祕密

在北緯六十九度線以上的極北地域，嚴冬帶來長達好幾個星期的完全黑暗，日復一日，太陽永不升起，只有人造光線打破無處不在的黑暗。然而到了一月下旬，地軸相對於太陽的變化足以產生一種獨特的現象，稱為「藍夜」（blue night）。雖然這段期間太陽不會出現在地平線上方，但每天有幾個小時的時間，有足夠的陽光照射到大氣中溫暖了黑暗。此時，出現一種暮光。陸地、海洋、山丘和天空，全都呈現出銀藍色的色調，彷彿整個區域都浸入了液態的錫膏。這片冰凍地形令人生畏的美麗在周圍的陽光中閃閃發光。

在藍夜時，很難分辨陸地在哪裡結束、海洋從哪裡開始。由於地處高緯度，北冰洋（Arctic Ocean）在一年中的部分時間冰封在在厚厚的冰層下，更是如此，除了最堅固的破冰船外，所有船隻都無法進入。即使是俄羅斯北部苔原沿岸的巴倫支海（Barents Sea），也經常因浮冰而無法通行。

位於巴倫支海西南方的挪威海（Norwegian Sea）在冰冷、但富含礦物質的北冰洋海水和大西洋海水之間形成了緩衝帶，大西洋的墨西哥灣暖流始於南半球大洋的上升流，但在向北的途中，由於加勒比海的炎熱而變暖。這些洋流的混合在全球洋流的流動中產生獨特而重要的作用，但它們也產生地域性的影響，使挪威海全年無冰，比其北方鄰海更適合航行。儘管如此，它仍然十分冰冷，冬季的平均溫度在華氏三十七度左右〔譯按：約攝氏三度〕，使它成為世界上雖沒有被冰困住、卻是最冷的水域。在暴風雨期間，強風和三十呎高的巨浪沖擊北邊芬馬克地區（Finmark region）的有如山高的海岸線，斯堪地納維亞半島（Scandinavian peninsula）的弧線便始於這個地區。挪威海的戲劇產生若干傳奇故事，從克拉肯海怪（kraken sea monster）的傳說到大漩渦的史詩故事，都很迷人。[1]

把內陸和挪威海分隔開的又長又深的峽灣的海水，並沒有變暖多少，但峽灣至少可以抵禦海浪和大風的侵襲。它們為偏遠的漁業社區、北極研究站、偶爾出現的小市鎮——甚至冷戰祕密——提供庇護。

這個地區最大的城市特隆瑟（Tromsø）位於北緯六九・六四度、東經一八・九五度，坐落在北極圈以北近二百哩，人口七萬左右，是從事北極科學研究的中心。在旅遊方面，每天有好幾班小型飛機，降落在鄰近的拉格內斯（Lagnes）機場，將歐洲、俄羅斯和現在頻繁出現的中國遊客帶到高北地區。他們穿著戶外裝備，帶著沉重的靴子和冰爪踏出飛機，很快便會在深夜坐上狗拉雪橇（或者，冒險性不是那麼高的晚餐郵輪），去雪地裡一睹北極光。

特隆瑟位於海岸這一部分最大的峽灣卡德峽灣（Kaldfjord）西邊約十公里，卡德峽灣直譯就是「寒冷的峽灣」。在特隆瑟南邊，有一個較小的巴爾斯峽灣（Balsfjorden）綿延近六十哩，在不同的間隔中，被從主航道分支出來的更小的峽灣打破。它們形成了有高度保護作用的深水入口，周圍四邊都有陡峭的斜坡，可以抵禦朔風的侵襲。

特隆瑟南邊十五哩處有一個這樣的入口。蘭姆斯峽灣（Ramsfjorden）從巴爾斯峽灣向東延伸三哩，然後向南急劇彎曲連接到大陸，陡峭的高山脊從各個方向保護它。在南邊的頭頂上，金字塔形的皮廷登（Piggtinden），陡峭的斜坡從周圍的林根阿爾卑斯山（Lyngen Alps）突出，在銀色的地形中清晰可見。

如果沿著蘭姆斯峽灣、貼近岸邊航行，藍夜發出的光線，剛好足以辨認出山壁上一個小開口。更靠近一點，會看到一條狹窄的隧道，儘管黑暗很快就吞噬了進入這個開口的微光。

---

❶ 雖然北歐傳說和艾德加・愛倫坡（Edgar Allen Poe）的著名短篇小說中描繪的漩渦是傳奇故事，但它是根據真實的現象所寫——挪威海有一系列強大的潮汐渦流，包括世界上最強的漩渦默斯肯渦流（Moskstraumen）。在潮汐最大時，它以十六節的速度移動，每小時將超過一千萬噸的水推過羅佛敦群島（Lofoten Islands）之間的狹窄海峽；這是地球上最危險的水域之一。〔詳見道格拉斯・邁爾斯（Douglas Myles），《巨浪：海嘯》（The Great Waves: Tsunami）（New York: McGraw Hill, 1985）。〕

一堵黑色的牆壁似乎顯示隧道來到盡頭——即使能見度有限，牆壁的表面光滑也暗示著某種人造、而非天生自然的東西。但是峽灣湍急的水流，讓人對這個神祕的入口難以一眼瞥視。

同一片山往東北約二千碼地方也鑿出類似的開口。如果有合適的安全許可，可以通過公路進入這個開口。這個開口並沒有被一道鐵牆堵住，它通向一條隧道，而隧道穿透山腹將近一哩。隧道最高處高八呎，寬度八呎，僅夠容納一輛汽車。隧道上方有數十萬噸堅固的輝長岩（gabbro），一種黑色的粗粒火山成岩。開車進入隧道，很難躲開深度幽閉恐懼症的感受。

這條路輕輕地轉入進入山的中心，繼續行駛大約一哩，就會碰到一個丁字路口。向左轉，會往山中繼續深入大約五分之一哩。突然，隧道變寬，頭頂也變高，會發現自己置身於一個光線充足的大房間裡，它有一個小型飛機庫那麼大。當山中的危險祕密暴露出來時，封閉感一掃而光、變成驚訝。因為在面前的不再是另一條隧道，而是一個設備齊全的潛艇碼頭。它不僅僅是個洞穴：歐拉夫斯文海軍基地（Olavsvern Naval Base），一個從山腹深處鑿出來的、原本機密的潛艇設施。

走進這個大房間就好像闖進冷戰的中心，或者走進詹姆斯・龐德（James Bond）〇〇七電影的場景一般。用神祕兮兮的方法走進這個實體規模如此大、深藏在山腹中的海軍基地，令人突然間赫然一驚，超乎預期和感受。

基地由兩個主要部分組成。第一部分是一條長隧道，從東邊一個開口進入，然後折入一條不到一千呎長的直形巷道。從這條主通道分支出去八個儲藏室，面積從一百六十到二百二十平方碼不等。這些儲藏室從山腹的花崗岩中挖鑿出來，房間裡建造了一系列水泥棚架，用以儲存彈藥。其中最大的一個房間裡，一系列紅色金屬架堆疊在一起，有如超大型的牛奶箱，用來存放魚雷。

由懸掛在天花板粗纜線上的一具大型高架起重機，透過遙控操作，幫助移動重型武器。設施中的兩個存藏棚架在地板上建了小水池：魚雷使用高度易燃的燃料，當重型武器進行檢查或維修時，水池中的水可以用來吸收和熄滅金屬碰撞可能產生的任何火花。房間本身由漆成黃色的沉重鋼門緊密封閉。它們本身就是不尋常的軍事基礎設施，它們是專門為這個基地建造的，由三呎厚的實心鋼鍛造而成，呈凸曲線——萬一基地其他任何部分發生爆炸，都會從門上彈開，彈回主通道，保護住房間裡面的彈藥。

通道的上方取名「三十二號大廳」，一點也不醒目——這個巨大的空房間，形狀像切成兩半的圓頂。這是一個巨大的爆破室，呈現寬大的弧形，設計主旨是掌控住爆炸產生的衝擊波，把它們翻轉、從隧道中射向峽灣。衝擊波會擊中東碼頭的外門，這扇門刻意製作得很弱，來自衝擊波的壓力就足以將它從鉸鏈上吹垮，把壓力釋放到峽灣中，俾便將設施本身蒙受的損害降低到最小程度。

基地的第二部分，令人印象更加深刻。這是潛艇碼頭。它與第一個通道平行，往山腹內延伸一千呎。然而，與第一個通道不同的是，這個通道往地下更挖了二十呎深，引入海水剛好淹到低於碼頭水平面。一扇大型金屬門裝在旋轉盤上，運作方式有如伊利河（Erie）或泰晤士河（Thames）上的運河閘門一樣：門旁邊的水閘可以將水從碼頭的後部排出，使房間變成乾船塢。在水下的地面上有一系列木塊，像鐵路枕木一樣，當水移走時，潛艇的底座可以擱放在上面。上方則裝置了泛光燈和起重機，方便地面人員維修或改裝停放潛艇的所有部位。強大的電纜使電動潛艇能夠充電，而燃料艙也可以重新加載柴油燃料。在通道的最高點，天花板上有一個切口，為基地工作人員提供額外的空間，以便對升高的潛望鏡進行維修。

附近是一系列重要的支援艙房：一個安全的通信室、一個強大的發動機室，以及一個標有「CBRN清洗」的區域——也就是說，這是供任何曾經暴露於化學、生物、放射性或核材料（chemical, biological, radiological, or nuclear materials）的人員清潔、擦洗的房間。

多年來，這個設施一直是北約組織最北端的有利位置。最初是在第二次世界大戰爆發之前啟用，整個設施按照嚴格的標準，花了將近四十年的時間鑿山挖海，才大功告成。最終的成果：在山腹內，挖出近三十萬平方呎不虞爆炸的空間，它有精心設計的通風系統，十分安全。在它上方，一千呎厚的堅固岩石保護基地免受空襲、甚至可抵禦核攻擊。即使世界上最強大的掩體破壞炸彈，也無法穿透山脈的外殼。在海水入口處，設施的四個側面受到兩個峽灣的保護，這些峽灣構成了它的銅牆鐵壁。陡峭的斜坡不僅可以抵禦強風。噴射戰鬥機、甚至現代巡弋飛彈在穿行周圍斜坡後都無法足夠快速地拉平飛越頂峰（斜坡從峽灣以近乎垂直的傾斜度往上升起），從小開口穿越出去。在這兒，我無法透露，還有一系列額外安全措施可以保護基地免受水下攻擊。

這個設施的首要目的是作為潛艇的泊岸碼頭。若是全部占用，一次可同時由三艘全尺寸的柴油潛艇停靠在基地內。濕船塢的空間足夠大，甚至可以停泊北約組織艦隊中最大的核動力潛艇，但現在洞穴的入口還不夠寬，無法讓它們進入；不過已經有擴大拓寬入口的計畫。在冷戰最激烈的時期，還有另一個可移動的碼頭漂浮在設施入口處外頭。那時期留下來的檔案照片顯示，美國海軍軍艦〈漢普頓號〉（USS Hampton）、〈奧爾巴尼號〉（USS Albany）、〈托雷多號〉（USS Toledo），以及不知名的海狼級（Seawolf）和洛杉磯級（Los Angeles class）潛艇，停靠在外部設施。強大的美國潛艇艦隊，會在北極冰層下跟踪蘇聯潛艇後，來到歐拉夫斯文基地休息及補充燃料。

設施的核心部位是一個作戰指揮中心。冷戰結束時，基地被捨棄不用，指揮中心也遭到遺棄，但挪威和北約組織作戰計畫的殘跡，仍可以從蝕刻在作戰計畫大牆上的地圖之模糊輪廓上依稀看到。挪威國防部廢棄的海圖，仍然放在中央桌子上面，沿著後牆的地圖抽屜中也放滿了地圖。相鄰的指揮辦公室有個巨大的圓頂窗戶，可以俯瞰地圖室，它與一個專用的通訊室相連。通訊室依然看得到，基地能夠接收北約組織最安全通信的各種安全措施的痕跡。

冷戰期間，歐拉夫斯文潛艇設施的目的，是幫助追蹤蘇聯艦隊的活動，這已經不再是祕密。它的位置相當完美。芬蘭沿著一千六百五十哩的挪威陸地大部分地區，位於俄羅斯和挪威之間，作為蘇聯軍隊和北約組織之間的中立緩衝區。然而，在最尖端的部位，挪威直接與俄羅斯接壤，是北約和蘇聯之間僅有的兩個陸地邊界之一。但這一片地區幾乎是無法通行的地形。從俄羅斯西北部邊緣最大的城市莫曼斯克（Murmansk）到特隆瑟的陸路交通，需要十四小時的艱苦車程，穿越芬馬克半島，這是一個高山高原，道路在那些高聳的崎嶇峰頂上只能算是裂縫，一年中的大部分時間，都被冰雪阻擋；因此，很容易防守。但是莫曼斯克和俄羅斯的北方艦隊（Northern Fleet），距離特隆瑟只有五百九十海里——對於快速巡洋艦來說，只是半天多一點的航程。如果蘇聯要對北約組織北部發動海基入侵，最有可能在特隆瑟及其周邊地區展開攻擊。❷

冷戰結束後，這個地區情勢相對平靜下，北約和挪威都不再使用此一基地。它逐漸遭到廢棄，並於二〇〇八年解除軍事用途。大多數的鋼門拆除了，指揮設施被遺棄，把安全通信設備拆卸一空。最後，挪威國防部將它賣給了民間公司。幾年來，一家民營業者用它作為遊艇船主租用的倉庫，方便他們在深冬月分保護船隻。它的一些車道和儲藏通道，則用來停放船舶、遊艇、滑雪板、雪橇、吉普車，甚至古董老爺車——包括一輛完好無損的一九五六年的櫻桃紅色X型捷豹（Jaguar）。它的武器室被改裝成儲藏室、深水潛水練習基地，和機床工作站。其中一間甚至改裝成訓練表演犬的設施。表演犬的跳躍裝備和基地的原始目的並存，現在就像某種形式的模仿紀念碑，標誌著後冷戰世界過度悠閒的享樂。

後來，挪威武裝部隊在二〇一八年重新取回基地。二〇一九年九月，挪威國防後勤組織（Norwegian Defense Logistics Organization）與一家海洋工程公司簽訂一份營運此一設施、並將它恢復到國防標準的合同。世界上最大的海運物流公司之一「威廉森集團」（Wilhemsen Group）的工程部門，展開一項快速修復計畫，讓它恢復軍用規格標準。目標是讓基地在二〇二〇年投入使用。到二〇一九年，美國正在與挪威談判簽署「部隊地位協議」（status of forces agreement），俾能讓美國海軍恢復進出歐拉夫斯文，可將潛艇部署到北極地區。

箇中原因直接點出本書的主題。

*****

❷ 第二次世界大戰期間，挪威遭到納粹入侵而淪陷，政府播遷到特隆瑟；英國皇家海軍奉溫斯頓・邱吉爾（Winston Churchill）以海軍部大臣身分下達的最後一道命令——他旋即晉任為首相——從特隆瑟將哈康國王（King Haakon），連同五十噸黃金、幾艘軍艦和一千多艘商船撤離挪威。

在過去的二十五年裡，我們愈來愈習慣於全球化經濟的物質利益，在這個世界中，生產可以跨越國界無縫接軌移動和流動，數量似乎無限，成本卻愈來愈低。亞洲和拉丁美洲的新興中產階級，可以負擔得起現代住房、空調和汽車，以及大大改善的醫療照護和衛生設施。在這個世界裡，美國在職父母可以很容易地付得起錢、供應家人的衣食需求，也買得起曾經是奢侈品的平板電視和筆記型電腦，向同一個亞洲和拉丁美洲中產階級，購買由他們碾磨和製造的廉價商品。在這個世界裡，非洲的城市已經成為創新中心，非洲大陸有四億公民擁有手機。在這個世界裡，美國城市居民可以駕駛德國、韓國、日本和義大利製造的汽車，在冬天時節購買覆盆子、金橘和鳳梨，並利用智慧手機工作和娛樂，智慧手機幾乎肯定是有史以來，最具全球一體化特色的消費者商品。當然，姑且不論其中利弊得失，這也是一個美國棉花種植園由孟加拉和寮國的種植者取代的世界；俄亥俄州的鋼鐵廠由越南和中國的工業生產所取代的世界；所謂「美國」飛機，使用俄羅斯鋼鐵和英國引擎以及德國軟體的世界。同樣，在這個世界，美國和歐洲的服務業公司、工程公司、科技公司和銀行，都從日益擴大的貿易流動中獲得巨額利潤。大家將要看到，這是一個誕生自海上貿易的世界。

幾十年來，大眾也已經習慣了世界頂尖軍事大國之間的關係相對穩定。可以肯定的是，這個世界並非沒有緊張局勢，世界較貧窮地區仍有暴力和戰爭；在這個世界裡，美國及其西方盟國沒有遭遇生死存亡的威脅；在這個世界裡，大多數國家在大多數時候都可以追求自己的國家野心和外交政策，不虞世界頂尖軍事強國之一會吞併他們的領土，或者他們會因全球核子大國之間的軍事衝突而陷入戰爭。大眾將會記住，這是美國軍事力量無遠弗屆的世界——特色就是美國的遠洋海軍舉世無敵。

在更長的一段時間裡，大眾已經習慣於輕輕鬆鬆、廉價地消費化石燃料——利用石油、天然氣和煤炭，為現代經濟和生活各方面提供動力。大家將會發現，藉由海上運輸石油、現在還有天然氣，這種作法愈來愈有可能。

隨著二十世紀末期和二十一世紀第一階段的經濟和政治動態的展開，它們以相對和諧的方式彼此並進流動——世界上人口最多的國家之間的相對禮讓，反映在經濟一體化的深化，以及在自然世界的進化過程中，有共同的利益，甚至共同的命運的意識。但是在表面之下，舊式的歷史模式——角力較勁、互不信任——正在逐漸加強。隨著時間的推移，當這些潮流彼此齊頭並進流動時，它們開始混合——也相互攪動。

*****

所有這些模式都出現在極北地區。

一八四五年，在英國帝國冒險主義的鼎盛時期，皇家海軍派〈恐怖號〉（HMS Terror）

尋找穿越北極的航路——所謂的「北方航線」（northern route）。這趟航行產生十分寶貴的科學發現——從此以後，海洋科學成為全球大國的主要指標。但它沒有找到北方航線，原因很簡單，根本沒有北方航線的存在。在所有有記載的歷史中，北極一年到頭都由厚厚的海冰層封鎖住。但是今天的狀況大不相同。從二〇〇〇年以來，北極平均溫度升高二點七度，這代表現在一年之中有幾個月時間，它的某些水域沒有冰。英國王室翹首企盼多年的北方航線，終於出現了。

這是自然界狀況令人不安的預兆，但從許多方面而言，也是經濟利多的徵兆。既然不再受到一年到頭結冰的阻礙，中國一支貨櫃船船隊在二〇一八年走這條航線，從上海到達德國漢堡，比傳統航線縮短九千公里。傳統航線必須跨越印度洋，穿過蘇伊士運河（Suez Canal）進入地中海，再穿越海克力斯之柱（Pillars of Hercules），沿著大西洋西海岸北上。隨著時間的推移，這條新航線可能會像蘇伊士運河的開通一樣，對全球貿易以及支撐它的地緣政治關係，產生重大影響。更重要的是，挪威海和巴倫支海外海的淺的大陸棚，愈來愈適合進行能源探勘。二〇一九年，世界上最大的石油及天然氣，在俄羅斯巴倫支海沿岸的亞馬爾半島（Yamal Peninsula）發現。而且，滿具諷刺意味的，新近無冰的水域為已經豐富的北極漁場增加更多的漁獲量。

然而，儘管北極具有種種商業前景——事實上，有一部分正是因為這些前景吸引人——

它也成為一個軍事競爭地區，因為世界海軍大國爭奪進出機會和影響力。俄羅斯已經將它的重要海軍資產轉移到北部基地，從這裡可以威脅到大西洋；而中國則開始建造破冰船艦隊，俾能利用這條新的北方航線；美國正在殘留的海冰底下恢復冷戰時期的警戒活動。雖然世界媒體的注意力，大部分集中在比較溫暖的南海水域，但是北方寒冷的水域，將是瞬息萬變的世界的另一個可能的引爆點。這只是本書描繪的廣泛鬥爭的一部分——它的核心是一場嶄新的全球軍備競賽，海軍在這場競賽中扮演著冷戰期間核武器所扮演的角色。

北極不是氣候變遷的唯一例子，也不是最重要的例子。在新的全球海軍軍備競賽中，它不是唯一、也不是最緊張的可能引爆點；並且還不是公海上最重要的全新貿易路線。但它是另一個罕見的地方，在這裡可以看到這些模式如何快速變化，在這裡也可以看到過去的遺跡、現在的形態，以及等待未來的早期跡象。歐拉夫斯文海軍基地將再次成為西方國家最北端關注危險未來的地點。

*****

承包修復歐拉夫斯文海軍基地的公司本身，就是個很有趣的實體，稍為檢視它的挪威母公司，可以發現公司與政府之間存在的密切關係。母公司是上市公司威廉森集團，它是世界上最大的海事網絡營運商，在全球擁有二千二百個布點，為各國公司和政府等提供海事支持服務。而威廉森集團的重要營運項目之一，它是世界上最大的滾裝船（ro-ro boats）營運商。

滾裝船究竟是什麼東西？

「滾裝」（ro- ro）是業界對「滾上、滾下」（roll on, roll off）的簡稱。滾裝船基本上是巨型渡輪，形狀呈四方形，船體龐大。它們專門設計用於將滾動載具（主要是汽車）運輸到世界各地的目的地——因此，它們完美地反映了全球經濟生產的變化世界。在美國買一輛汽車，很可能這輛汽車曾經在一艘大型滾裝船的十五個甲板之一上，度過了它的一部分生命，從日本、韓國或德國運往美東或美西海岸十幾個主要港口。但是「滾裝」船的用途，不僅僅是單純地運輸汽車。它們還用於運輸重型機械和設備——包括，美軍使用的器械。

美國軍事機構喜歡誇耀一聲令下，它有能力在短時間內將美國力量部署到世界任何地方。有限的行動，譬如部署特種部隊，可以由飛機或潛艇處理。但任何大規模部署都涉及將大量軍事裝備——裝甲運兵車、坦克、輕型飛機、直升機——運送到海外。除了入侵墨西哥或加拿大以外，一切軍事行動都涉及大型船隻。

美國海軍擁有一支由自己的後勤船隻和滾裝船組成的艦隊。一旦展開大規模動員，即使是美國海軍也不得不外包給商業市場協助。這包括美軍在九一一事件之後，大規模動員部署到阿富汗發動作戰。

美國將力量部署到中亞——實際上是從紐約的雙子星塔樓搬到地球的另一端——堪稱標誌著美國力量的頂峰。讓我們暫時擱置有關戰爭的持久性、或進行方式的任何政策問題不談。從純粹的後勤角度來看，發動戰爭是一件非比尋常的事。在人類歷史上，從來沒有一個國家的力量能夠在距離本國邊界整整半個地球的範圍內發動第一次針刺打擊，接著猛烈轟炸，然後大規模步兵部署——最後持續作戰多年。至少，這是自從諾曼第登陸作戰以來，令人印象最為深刻的力量投射壯舉——不論作戰的結果如何。更值得注意的是，部署到喀布爾（Kabul）和坎達哈（Kandahar）以及其他地點的大部分設備，都是由威廉森集團的滾裝船運送的。❸

軍事或其他重型設備用戶是否可以使用某一滾裝船，要考慮到幾個因素。第一個很簡單，便是大小如何。最大的滾裝船，例如：威廉森集團的〈騰斯伯格號〉（MV Tønsberg）是全世界最大的滾裝船，長度高達九百呎，寬度一百呎，總容量可達七萬五千噸。第二個因素是船體的重量。在最重的船上，這些滾裝船的高甲板，每平方公尺可承受高達十噸的壓

❸大部分設備在維吉尼亞州的紐波特紐斯（Newport News）裝載上船，然後在巴基斯坦卸貨，再經由陸路運往阿富汗。

力，這意味著它們能夠承載裝甲坦克。第三個因素是碼頭。滾裝船攜帶自己的泊靠碼頭，自行推進，安裝在船的後部，使它們幾乎能在世界任何地方停靠、並卸載沉重的貨物。要將坦克開上碼頭坡道，需要每平方呎數百噸的裝載能力。普通的滾裝船坡道可以處理每平方呎一百五十噸；最重的滾裝船，例如：威廉森集團用於阿富汗行動的滾裝船，可以處理每平方呎五百噸。

這是現代海上交通現實的另一個隱藏特徵，即使是世界上最強大的軍隊，也必須依賴民營部門的散裝運輸，才能將兵力部署到海外。這是美國的命運和國際安全動態，與海洋的控制聯繫在一起的另一種方式。

＊＊＊＊＊

所有這些對美國海軍、中國和俄羅斯來說都很重要，是十分明顯的。但是要瞭解它如何與經濟的日常運作聯繫起來，我們從北方的高潮轉向更日常的貿易現實，以及威廉森集團沒有替美軍服務時停靠滾裝船的地方觀察，會有幫助。就像當代貿易變化的許多特徵一樣，它在紐澤西州紐瓦克（Newark, New Jersey）顯而易見。

第二章 外圍；或將美國邊境往外推

每天，有成千上萬的紐約客乘坐計程車或優步（Uber）穿過林肯隧道（Lincoln Tunnel），進入紐澤西州的霍博肯（Hoboken）前往紐瓦克機場（Newark Airport）。一路上，許多人走七十八號公路上穿過紐瓦克海灣大橋（Newark Bay Bridge），這是全國最擁擠的公路之一。他們之中多數人低頭看 iPad 上的電視節目，或者用手機發簡訊和電子郵件，都是為了避開看到造成紐約市工業被邊緣的化工廠、倉儲設施，和鐵路站的黯淡景觀。美國其他地方，像是通往西雅圖、波士頓、休斯頓地方機場的沿線也有同樣類似的行程——幾乎沒有例外，大家都需要經過不再占據現代城市中心地位的主要海港。

如果這些專注在手機上的乘客能往窗外看看，注意他們經過的周圍環境，沿途他們很可能會看到至少一艘「滾裝船」停靠在紐瓦克港基爾・范・庫爾（Kill van Kull）碼頭——這是紐約巨大的港口最西邊的碼頭，也是多數人從未聽說的最重要的水道。他們買的汽車也很可能靠其中一艘滾裝船運送到美國，在紐澤西州紐瓦克卸貨，然後用卡車或火車運往全國各地的經銷商，最遠可至芝加哥。

紐約的港口歷史悠久。一五二四年，葡萄牙船長兼探險家喬瓦尼・達・維拉扎諾（Giovanni da Verrazano）從布列塔尼（Brittany）的一個母港乘坐〈王妃號〉（La Dauphine）帆船，為法國國王佛朗西斯一世（Francis the First）效勞。將近兩個月後，他的船靠近了卡羅萊納海岸外、現在稱為「恐懼角」（Cape Fear）的地區。然後他向北航行，略過切薩比克灣（Chesapeake Bay）和德拉瓦河（Delaware River）河口，最後遇到了一個他認為是大湖的開口。它實際上是哈德遜河（Hudson River）的河口。他當時並不知道，他航行經過的這一個狹窄通道，最後會以他的姓氏命名，並成為通往二十世紀最重要城市的海上門戶。

今天，很少有紐約客體驗到以舊方式進出港口和海港。他們搭乘飛機或火車到達冷峻、骯髒的拉瓜迪亞機場、紐瓦克機場或甘迺迪機場，以及美國鐵路公司（Amtrak）最近完工的莫尼漢火車大廳（Moynihan Train Hall）——它取代了賓夕法尼亞車站（Penn Station）恐怖的破敗環境。但是乘坐現代化貿易船隻的水手，仍然通過舊路線進入。在經過臭名昭著的灰色大西洋風暴和巨浪之後，它們沿著長島南岸向西航行，接近紐約市。

從東邊接近維拉札諾海峽（Verrazano Narrows）。繞過岬角後，它們從維拉札諾懸索橋底下穿過——這座大橋竣工時，正值美國國力鼎盛時期，是世界上最大的懸索橋梁。

在進入維拉札諾海峽後的最初幾分鐘內，視野會受限於史泰登島（Staten Island）和長島的岬角框，然後視野大開，從涵蓋廣闊的天然深水港，可看到東河（East River）和哈德遜河在此匯入大西洋。地平線上，有一個小建物很快會顯露出來，它就是自由女神像（Statue of Liberty）。西邊是湯普金斯堡（Fort Tompkins）的遺跡，以一八一二年戰爭期間紐約州州長丹尼爾・湯普金斯（Daniel D. Tompkins）的姓氏命名，當時英國皇家海軍封鎖住這片水域，不讓新興的美國進出。[1] 往東北邊看，曼哈頓下城的摩天大樓在天際中勾勒出輪廓，它們的倒影則在海港出奇清澈的水面中閃閃發光。

在風帆和蒸汽時代，直到一九六〇年代，從維拉札諾海峽開進紐約港的船隻，將向北駛向東河河口和曼哈頓南街港口（South Street port）的碼頭，或在布魯克林岸邊跨過東河。布魯克林大橋是世界上第一座鋼纜懸索橋梁，它是為連接曼哈頓和新布魯克林航運碼頭之間的鐵路而築。從一九〇〇年代初期到一九七〇年代中期，紐約是全世界最大和最重要的港口。

不過，對現代貨船並非如此。當今最大的貨船並無法進入紐約港，因為它在退潮時水位太淺，無法容納全球貿易體系高端的超大型船隻吃水。這些船隻繼續向南駛向深水港查爾斯頓（Charleston）。但是其他許多貨櫃船——包括快桅集團船隊、東方海外貨櫃航運公司（Orient Overseas Container Lines, OOCL）、地中海航運公司（Mediterranean Shipping Company），或赫伯—羅德航運公司（Hapag-Lloyd）的船隊，或是滾裝船、油輪、穀物輪船和龍骨較淺的散貨船，穿過維拉札諾海峽，但它們沒有繼續向北，而是轉向西南。在那裡，它們開進範庫爾（Kill van Kull）水道，這是一條狹窄的通道，位於史泰登島和紐澤西州東岸之間、長約三哩。它們必須小心航行——即使是中型貨船的吃水深度，通常也超過四十呎，雖經過多次疏浚作業，範庫爾水道在退潮時也只有五十呎深。輕微的錯誤轉彎、短暫的錯誤計算，若是讓船隻擱淺，都會扼殺美國東部數百億美元的進口貿易。

它們安全通過後，停靠在紐澤西州伊麗莎白港（Elizabeth）的碼頭，位置在紐瓦克之南。

內圍

如果一艘貨船或貨櫃船開了大老遠進入紐約港，它已經通過了好幾個同心圓的安全環——由情報收集、網絡監控、海岸防衛隊（Coast Guard）作業和海外計畫交織組成的龐大系統，它使美國處於全球貿易安全的核心。這套系統旨在保護美國對抗恐怖主義、禁絕大規模殺傷性武器（weapons of mass destruction）、傳染病的進口，以及毒品和仿冒商品的走私。它有效地將美國邊界從東、西兩岸向外延伸七千哩。這個議題容稍後探討。

即使通過系統的檢查、並且進入範庫爾水道，這些船隻仍有兩個關鍵的保護層需要通過。第一道關卡位於伊麗莎白港「海關和邊境巡邏局」（Customs and Border Patrol）安全防護區中間的一個大型、但不起眼的倉庫。這是三個中央檢查站（Central Examination Station）中的一個，每個檢查站都有十萬平方呎的室內空間，有六十個貨櫃卡車停靠站。從倉庫內部，海關和邊境巡邏局的探員，可以自行檢查貨櫃內的貨物，並無需卸貨，除非他們有特定的情報或有理由進行更深入的搜掘。

貨櫃門一旦打開，映入眼簾的是令人眼花撩亂的各式各樣打包方式，從嚴謹整齊到混亂堆置，無奇不有。有的貨櫃裡，散落整個公寓的家具、衣服、地毯和清潔用品，沒有另外打包或安排，就像匆匆忙忙的大學生，將宿舍家具統統塞進父母的卡車後面——只不過卡車換成世界上最大貨輪上的兩萬個貨櫃之一。在另一個場景中，一輛舊賓士汽車用皮帶吊掛在貨櫃的頂部——好像吊放在一堆衛生紙箱上面，海關人員就不會注意到它似的。更常見的是，貨櫃內的每一平方吋空間都擺放著整齊堆疊的棧板或箱子，棧板或箱子高八呎，寬八呎八吋，長四十呎。有的貨櫃裡，堆疊起裝箱的數十箱蘭姆酒——令人驚訝的是，在跨越七千五百海里的十二天海上航行中，竟然沒有打破任何一個瓶子。

不過，並非所有東西都在貨櫃卡車內進行檢查。海關和邊境巡邏局探員根據情報、檢舉或純粹的直覺採取行動，會挑選一些貨物，拉到倉庫地板上更詳細地檢查。如今，他們的主要任務是反恐——但老派探員仍然喜歡搜查違禁品。約翰是位粗魯的愛爾蘭裔海關官員，從業三十五年，他笑著說：「我們老派的人用老方法辦事。」

所謂老派的方法，就是將一排又一排的貨物堆放在倉庫地板上，手工詳細檢查。某一天，中央檢查站排列出來的貨物數量和種類之多，令人咋舌。包括一大排整齊堆放的加勒比海糖袋、一個棧板的五香粉、幾十袋的米，旁邊是裝滿芙蓉葉的麻布袋。老式音箱和盜版光碟旁邊，有一箱又一箱的丁烷打火機。在拖把、掃帚、水桶和清潔用品中間，有幾十個真空吸塵器躺在它們身邊。還有一排紙巾足夠把一個城市街區擦拭乾淨，還有數百台平面電視和立體音響。倉庫的一部分則全是家具——餐廳桌椅和客廳組件、床墊、枕頭和毯子，都用半透明的藍色塑膠布包裹起來。一箱箱的電池，裝滿各種顏色組合的跑鞋、T恤、牛仔褲和運動衫的箱子。一台X光機、一台呼吸機，和一台高端雷射印表機。充填玩具動物、兒童服裝和其他玩具。一排摩托車和幾輛二手車——其中一些狀況駭人，令人難以想像竟然有人會想要進口。各種類型的汽車零件和燃料罐。中國餐具、漱洗用品和一個裝滿性愛情趣玩具的貨櫃。大量的紙、繪畫、洗衣粉、動物標本、菜籽油、筆記型電腦、耳機、冬衣和乾花調色板。現代家庭消費的每一種可能，都排列在這裡等候檢查。

當然少不了食物。包括數百袋馬鈴薯、番薯和米。來自巴西的咖啡豆，來自印度的乳酪，來自巴基斯坦和泰國的乾麵條。還有專門市場的小眾商品，如：鴨腳、雞舌和鵝心。各種可以想像到的豬肉產品，主要來自中國——譬如：豬尾、豬舌、豬肉乾、燻豬肉、豬心、豬肝、豬蹄等等。

其中一些商品若是非法進口，將會退回。其他的則已經過了保鮮期，將會銷毀。但也有專為整個城市和整個美國東部市場規畫的新鮮商品和水果：一箱又一箱的柿子、柑橘和檸檬。好幾個棧板的番茄。裝滿香蕉的箱子。鳳梨、金橘、酪梨和荔枝，以及美國人期望能夠在當地市場購買的所有熱帶蔬果。也有在美國種植的水果，但只是季節性的，或者從拉丁美洲送來那些比從加州運送來更便宜的水果——價值數十億美元的藍莓、草莓、葡萄、蔓越莓、芒果、西瓜和蘋果等等。

針對活體的農產品，則有另一套特殊的檢驗制度。這並不意味著對每一樣水果都採樣檢驗——實際上每年有數以億計、數不清的水果和蔬菜，從這個港口進入美國。探員反過來與美國農業部的「植物保護和檢疫」（Plant Protection and Quarantine）部門合作，找出檢測疾病的科學方法。他們進行了詳細的實驗，以測量在特定類型植物中傳播的昆蟲、侵染、枯萎病和疾病，每千個有多少單位，並根據這些比率採樣。每個裝有農產品的貨櫃，都要打開來接受檢查。重點是防止可能損害農作物的害蟲輸入美國，但這也是抵禦食源性疾病的重要障礙——口蹄疫和亞洲豬流感是兩個最緊迫的問題。在新冠病毒肺炎肆虐之後——以及亞洲市場可能爆發新的豬流感的報導之後——這項服務功能顯得尤其重要。

海關和邊境巡邏局在這些檢查中發現，很多東西都只是廉價的仿冒品——山寨商品。幾乎可以透過中央檢查站內山寨進口商品的數量，來監測各種街頭品牌的流行程度。愛迪達球鞋（Adidas Yeezy shoes）是最新的時尚，也是最新的流行商品。Timberland 靴子是常見的熱銷商品，製造商使用一系列技巧來試圖躲避仿冒法則——譬如：進口的 Timberland 仿冒靴子鞋底，沒有品牌獨特的鞋底標籤，它們的標籤在國內產製，仿冒品要闖過海關、才能黏貼上去。海關攔下了有成百上千的假古馳（Gucci）、勞力士（Rolexes）、耐吉（Nikes）、Uggs 羊毛靴和 Beat 耳機。❶

再來是毒品。許多毒品使用愈來愈有創意的隱藏技術藏躲。數量如此之多，以至於海關人員將倉庫地板的一小部分，作為他們所謂的「隱藏博物館」（concealment museum）。可以理解，他們不會展現這些技術或談論最新的方法。但現在已成為常態，他們便毫不猶豫地展示出來，那些手法的惡性創造力令人震驚。包括胎內藏了大麻條的自行車輪胎、內裝通過檢查的簡單紙板箱，由於一位聰明的探員注意到紙板與正常情況不同，經過測試後確定，有心人已把古柯鹼變成一種膠水，塗在紙板上。有一個棧板的廚房毛巾，看似無害，但實際上將海洛因烤製進織物中。一個陶瓷馬桶，裡面的管道裡藏著冰毒。從阿爾及利亞進口的棗子，還連在藤上——水果卻浸泡了古柯鹼。一堆蜥蜴標本，胃腔中藏了 LSD 迷幻藥——這是聰明的主意，可是蜥蜴是禁止進口物品。一輛一九九二年分的寶馬（BMW）七五〇汽車，油箱裡裝滿了搖頭丸。美國人喜愛的種種惡習，也在這裡顯示無遺。

他們也找到錢。曾經查緝到一千一百萬美元塞進舊軌道零件中。還有一次，十五萬美元藏在乾草捆中。有時，乾脆就把一捆錢留在貨櫃前面——意圖行賄、懇請高抬貴手。

中央檢查站展示出來的物件，可以看到進口到美國的商品形形色色、種類繁多，以及美國人對消費這些進口產品的依賴程度。美國的每一個主要港口都在重覆這一幕。在世界上每一個富裕國家的港口城市——凸顯出海上貿易幾乎無所不在的性質，不再局限於香料和茶葉等特色商品，而是融入日常家庭消費和經濟生產的結構。

話雖如此，儘管中央檢查站內展示的物品種類繁多，數量驚人，但只有大約百分之五的貨櫃會拉出來檢查。現在以船運進口到美國的商品數量非常龐大，如果海關人員都把每個貨櫃拉出來檢查，將大大延緩整個美國經濟。

不過，有個關鍵的例外：核材料，它是最不能掉以輕心的查緝重點。

---

❶ 海關不但攔檢進口仿冒品，也稽查企圖闖關出口的違禁品。同樣的探員可以掃描出口貨物中是否有敏感的美國技術、被盜車輛和非法貨物。現在絕大多數執法功能都用電子化方法。

最後一道防線

在九一一恐怖攻擊事件之後，由於擔心恐怖組織試圖將髒彈或放射性裝置或化學武器走私進入美國，商務部和國土安全部合作，在伊麗莎白港建立新的方法，來掃描進口貨物是否藏了放射性材料。這聽起來很複雜，但經過試誤和技術創新，已經成為相當流暢的作業。進入伊麗莎白港的貨櫃，可以在週一至週五上午六點至下午八點卸貨。當它們這樣做時，卡車穿過一個檢查伽馬射線的偵測門。它看起來很簡單，就像一個非常大的金屬探測器，就像登機時走過的那種。這個偵測門高六公尺、寬八公尺，漆成黃色，釘上兩吋的金屬鉚釘，就像將飛機機翼固定在一起的那種。它們並排立著兩個，在港口的最後一個出口處。卡車開過來，緩慢地逐一駛過掃描儀，每小時有好幾百輛受檢。幾公尺外的一個小棚子裡，六名官員擠在一個狹小的空間裡，注視掃描結果。

結果會立即顯示在電腦終端機上，它顯示來自卡車後部貨櫃的熱度標記。挑戰海關和邊境巡邏局官員的，則是許多類型的商品都會產生輻射。包括：各種塑料、醫院設備，甚至煙霧警報器。不過，挺有幫助的是，每種類型的輻射都有特定的特徵。大多數情況下，卡車內的海關官員，可以分辨出無害材料釋放出的輻射、與他們該擔心的輻射之間的區別。系統亦經不斷改善。當這些「門型輻射偵測器」首次安裝在伊麗莎白港時，每天多達兩百個貨櫃會觸發紅旗，需要更詳細的檢查。隨著改進技術和增加探員培訓，現在減少到每天只有二十起。有時候仍然會觸發紅旗。例如，發出鉋一三七熱特徵的貨櫃，表示它裡面放了核材料或其他放射性材料。不過，這仍然可能是合法的：醫院進口的複雜的醫療設備，可能具有核成分，這是完全合法的。文件檢查過後，可以將貨櫃放行。如果訊號不明確或是文件不完整，官員必須將數據源和熱度標記送到美國某一個核實驗室，進一步檢查。華盛頓特區有一個實驗室同步實時監控所有這一切檢查，它幫助官員決定何時升級更複雜的檢測。到目前為止，鈷六十或其他類似違禁物質的熱度標記發出足以令人擔心的訊號，已經減少到每月一次。現在，離開港口的貨櫃百分百都要經過放射性物質掃描。

接下來，卡車載著從船上卸下的貨物，駛向伊麗莎白港周圍的鐵路線、公路站和機場等設施——從那裡再發送到美國整個東海岸地區。

*****

伊麗莎白位於工業和商業物流高度集中的樞紐地位。從伊麗莎白市中心短短的半徑範圍內，即可找到全國第二大港口、通往美國東北部的主要石油和天然氣輸送管、全世界最重要的數據電纜、美國最繁忙的兩個機場、紐約州八十九號公路、紐澤西收費公路、幾個火車站和華爾街。

半個多世紀以來，紐約一直是世界最大的港口，從各種尺度來看，它堪稱是二十世紀首屈一指、最重要的城市。進入二十一世紀初，紐約作為美國最大貨櫃港口的地位已由洛杉磯長堤取代——反映出經濟重心從歐洲轉移到亞洲，從跨大西洋貿易轉移到跨太平洋貿易。但是紐約在全球經濟中仍然扮演極大的角色，其方式與海上流通直接相關。總的來說，紐約和紐澤西的港口仍然是整個美國最重要的經濟房地產。港區包括一個水道系統，涵括紐約市和紐澤西州北部約六百五十哩的海岸線，以及本地的機場。就噸位和繁忙程度而言，它是美國第二大港口，對美國利潤最豐厚的大都會地區至關重要。二〇一八年，光是港口本身就進口了超過一千六百五十億美元價值的商品——如果計入流入附近碼頭的石油的話，金額更大。這比土耳其、南非或阿根廷還多。[2]

港口系統本身創造了四十多萬個就業機會，足以雇用比佛羅里達州坦帕市（Tampa）人口更多的民眾。[3] 它是支撐美國貿易的許多港口設施之一。二〇一八年，美國進口了約二兆八千億美元的商品。雖然這些進口貨物分布在四百多個港口、機場和邊境口岸，但很大部分進口貨物（超過百分之六十以上）通過十個主要港口設施進入美國。[4] 這些設施位於洛杉磯的長堤（Los Angeles/Long Beach）、舊金山的奧克蘭（San Francisco/Oakland）、西雅圖的塔科馬（Seattle-Tacoma）、邁阿密的羅德岱堡（Miami-Fort Lauderdale）、德克薩斯州的拉雷多（Laredo Texas）、安克拉治（Anchorage）、休士頓的舒格蘭和貝敦（Houston-Sugarland-Baytown）、底特律的沃倫和利沃尼亞（Detroit-Warren-Livonia），以及芝加哥的喬利埃特和內珀維爾（Chicago-Joliet-Naperville），每天運送超過八十億美元的商品進出美國經濟。這些貿易占美國整個國內生產毛額的近三分之一。讀者將會在本書第二部分結尾看到，這實際上低估了海上貿易對美國經濟或美國在世界領導地位的重要性。

另外，現代航運港口還有另一罕為人知的角色：對主要機場也至關重要。噴氣式飛機需要非常特殊類型的燃料，統稱為「噴氣燃料」也就不足為奇。甘迺迪機場、拉瓜迪亞機場和紐瓦克機場聯合起來，構成美國最大的機場系統，它們的燃料供應主要來自透過範庫爾水道運到紐澤西和紐約的石油儲存碼頭。

所有這些對紐約、美國東部沿海地區，以及美國整個經濟都很重要。但紐約港口的重要性遠遠超出它的經濟影響層面。它是美國國力影響最深遠、最具滲透力的關鍵樞紐——一個貿易情報和安全系統，向全世界數十個國家的領土投射力量，目標是把美國邊界向外延伸；套用海關和邊境巡邏局的話來說，目標是：「向外擴展安全區，使美國邊境成為最後一道防線，而不是第一道防線。」[5]

第二道周邊防線：紐約海岸防衛隊

傑森・塔瑪（Jason Tama）四十多歲，每天騎自行車往返於史泰登島的紐約港海岸防衛隊隊部，從事十二小時值班任務。上班之外的時間、週末不衝浪或滑雪時，大多陪著妻子和兩個年輕女兒，是個愛家男人。他出生在馬里蘭州安納波利斯（Annapolis）附近，成年後的歲月都奉獻給海岸防衛隊。他的父親是海軍文職人員，從周圍的地理環境和父親的影響，他到海上從事軍旅工作是順理成章的事。他自己對海軍和海岸防衛隊都很感興趣，但他的父親雖在海軍服務，卻說服塔瑪選擇海岸防衛隊——他認為兒子會喜歡較小的部隊和和平時期的任務。高中畢業幾週後，十七歲的塔瑪即到位於康乃狄克州新倫敦（New London）的海岸防衛隊學院（U.S. Coast Guard Academy）報到。隨後，塔瑪在船上和岸上以及華府總部服役二十年。服役期間，他獲得了加州大學柏克萊分校的海軍建築碩士學位和麻省理工學院史隆管理學院（Sloan School of Management）的企管碩士學位。隨後派往舊金山擔任海岸防衛隊首席預防官。

二〇一八年，他獲任命為紐約和紐澤西港的「上校」，這職位讓他負責監督海岸防衛隊在此一巨大港口的海事安全、安全保護和環境保護行動的各個方面。他指揮大約六百名穿制服的海岸防衛隊人員、以及三百名預備役人員和一百名文職人員，指揮著名稱平淡無奇的

「船隻交通服務處」（Vessel Traffic Service）的單位——實際上這是一個戰情管控中心，監控進出紐約港的商業、海軍和娛樂船隻的流動：有多頻繁呢？每週七天、每天二十四小時全天候進進出出，每八分鐘有一艘，每月有四千艘船隻；此外每天還有數百艘渡輪在港口來來往往穿梭。

如果在塔瑪上校的辦公室裡坐上幾分鐘，很可能會親眼目睹他如何執行最重要的職責。手機響了，他會耐心傾聽電話另一端的副指揮官或值班長，提出需要澄清的問題，聽取了答案。然後他果斷地說：「我同意。」等同頒發了「港口上校命令」（Captain of the Port Order）。他這樣做，等於動用近乎絕對的權力，海岸防衛隊總司令、國土安全部部長，甚至美國總統都無法推翻他的命令。

他的「港口上校」權力，可以追溯到一九一六年七月發生在紐約港的一起事件，當時在澤西市海岸附近的黑湯姆島（Black Tom island）附近的駁船上的武器堆有一枚炸彈爆炸。炸彈摧毀了大量武器，其中有二百多萬磅的彈藥，預備運補供應第一次世界大戰的盟軍。爆炸損壞了自由女神像及一哩外澤西市的建築物，也撼動了布魯克林大橋。遠在費城都能感受到震波。這是第一次大戰期間德國間諜在美國境內最重要的活動。黑湯姆事件導致國會通過一九一七年的《間諜法》（Espionage Act of 1917），法案首次為美國建立國內的情報偵蒐能力。它還賦予港口上校廣泛的權力來保護港口安全。

將近一個世紀以來，這些權力基本上維持不變。直到九一一恐怖攻擊事件。九一一之後，由於擔心恐怖分子或流氓國家，使用船隻將大規模殺傷性武器或相關材料走私入主要城市，國會因此通過另一項法律，即二〇〇二年《聯邦海上運輸安全法》（Federal Maritime Transportation Security Act of 2002）。它採納塔瑪上校的大量權力，予以擴大。實際上，這使他置身於全球情報收集和安全行動網絡的中間。

在過去，海岸防衛隊上校的管轄範圍和權力，僅限於港口本身的實質地形以及緊鄰的周圍水域。有了非法運輸或走私活動的提前警訊，海岸防衛隊可以在船隻進入港口之前攔截它。更常見的是，船隻一停靠在港口即加以檢查。現在，世界主要港口都連接到每天二十四小時全天候運作的全球資訊科技網絡，這個網絡把數十個國家的數百個港口，連接成一個單一的資訊系統，為全球貿易提供安全保障。

如果說伊麗莎白港的輻射偵測門或中央檢查站，是美國貿易的最內層防禦，那麼守衛最嚴密的一層就是第二層——紐約港的入口。為了保護它，美國海岸防衛隊與海關和邊境巡邏局密切合作，實施一項全球計畫，要求船舶在離港口入口相當遙遠的海上即表明身分、並提報重要訊息。從離岸二百哩或停靠前九十六小時，任何想要進入美國港口的船隻，都必須向海岸防衛隊提報「到港提前通知」（Advanced Notice of Arrival, NoA）。它提供給美國當局關鍵數資料，用以評估這艘船是否構成威脅、或是否可以獲准安全進入港口。從表面上看，該文件一點也不起眼，只是一件簡單的清單，列舉停靠過哪些港口、船員名單和貨物內容。事實上，它觸發了一系列具有全球、國家和地方執法能力的複雜法律和營運權力。

到港提前通知上面最重要的資訊，其一是這艘船停靠的最後五個港口的名稱。如果這些港口或它們所在的國家是美國情報界追蹤的幾十個港口之一，即會觸動警鈴——這份名單不斷更新，並受到嚴密保護。到港提前通知和其他情報匯流進入塔瑪上校辦公室。進入港口的每艘船隻，都必須通過他的團隊的審核。[6] 如果有問題的港口出現在觀察名單上，或者到港提前通知上的任何東西觸動警報，塔瑪上校會發出「港口上校命令」，海岸防衛隊則立刻展開行動。那艘船會被攔在紐約外海，海岸防衛隊的一艘船隻高速駛出，在它穿過維拉札諾海峽之前攔截它。

海岸防衛隊、海關和邊境巡邏局和其他執法機構之間協調蒐集和分享情報，在全國各地港口產生重大緝獲成績。譬如：美國執法史上最大的古柯鹼緝獲成績，是從圭亞那（Guyana）駛來的貨櫃船〈卡洛塔號〉（MSC Carlotta）上緝獲三千磅毒品。根據當地情報，海岸防衛隊和當地海關和邊境巡邏局探員登上了這艘正要進入費城港口的船。他們在散布船上的數百個貨櫃中，抄出四萬袋古柯鹼。

外層

一艘船離開海外港口，駛向塔瑪上校的港口，即已通過了另一道安全檢查。九一一恐怖攻擊事件之後，由於對恐怖分子走私行動的擔憂加劇，美國採用了所謂「貨櫃安全倡議」（Container Security Initiative, CSI）的規定，這是港口檢查、掃描方法、情報蒐集和港口遵守規定的監控系統，其運作範圍遠遠超出美國邊界。時間推到二〇一九年，百分之八十經由海運進口到美國的貨物，都是從參與貨櫃安全倡議計畫的港口運到美國的。它們包括歐洲所有的主要港口，以及韓國、新加坡、日本甚至中國的主要港口。貨櫃安全倡議透過國會制訂的「二〇〇七年貿易法」（Trade Act of 2007）推行，要求任何預備駛往美國港口的貨櫃或散裝貨物都必須披露製造商、賣方、買方和目的地；貨櫃在什麼地方裝貨、集運人、登記的進口商、原產國、關稅數據、船舶裝載計畫、以及貨櫃狀態的任何和所有更新資訊。與飛機的人員和貨物運輸相比，這個系統似乎平凡而明顯；但它為原本不透明、且監管不足的航運界帶來了透明度的革命。

就實際意義而言，這意味著美國海岸防衛隊以及海關和邊境巡邏局人員，已經進駐到數十個參與國家的港口作業中。他們不斷開發有關人員、毒品、武器潛在走私活動的資訊來源——可以在特定貨物或特定船隻離開外國港口之前即盯上它。如果他們不給這艘船一份乾淨的健康證明，它就不能駛出港口——至少在它提報目的地並非美國之前動彈不得。正如塔瑪所說：「使用大數據和情報，我們可以極力溯源分析供應鏈上游的威脅。」

貨櫃安全倡議計畫還為美國情報機關和海岸防衛隊，提供有關全球港口安全狀況的最新訊息，以及處理港口上校是否對來自可疑港口的船隻申報的艙單有信心的問題。受觀察名單影響的港口和國家的名字受到嚴密保密，但如果北韓的平壤（Pyongyang）、伊朗的裏海港口（Caspian Sea ports），以及巴基斯坦的瓜達爾（Gwadar）和喀拉蚩（Karachi）出現在名單上，並不足為奇。

如果收到的情報讓美國當局停止呼吸或擔心，他們可以發布「請勿裝載」命令。這代表有問題的貨櫃無法裝載到預定的船隻上。當然，美國無法實際阻止貨物的裝載或船舶的離港，但這樣的船隻永遠不會靠近美國海岸——船舶經營者和貨物輸送人會發現自己會在美國法院受到罰款和廣泛的法律制裁。船東可能會被禁止出口貨物到美國港口。不准進入廣大的美國市場，對任何全球製造商來說都是死亡之吻，因此這是一股強大的鎮懾力量。

這些計畫賦予美國具體工具，確保全球貿易流動。它們反映了深刻的美國安全概念，其根源在於美國立國初期和美國海軍組建的背景。這是「拒敵於外」的概念——也就是說，把戰鬥帶到敵人的海岸，美國人便不必在美國的土地上作戰。美國這種外交政策概念根源是在海上——讀者將在第三章中看到——它是美國實力概念的驚人延伸。

這些計畫還有另一個效果：它們使得美國海軍在全球巡邏。

航行於外圍

全世界最大的貿易中轉站是中國。貨櫃船、油輪和各式各樣的貨船，從香港、上海和北京等港口，向東跨越太平洋到達洛杉磯、西雅圖和溫哥華，或向南穿越印度洋，前往歐洲和美國東岸的港口。但是少數船隻卻做出截然不同的動作。它們關閉定位信標，向北行駛五百多海里，在朝鮮領海外停泊。它們是破壞制裁的船隻：一種現代走私客，通常是私人，有時則得到國家支持，它們出售商品或武器到受到制裁的國家。在這個案例，制裁的目標是朝鮮民主主義人民共和國（Democratic People's Republic of Korea）：自稱朝鮮，而西方通稱北韓，這個與世隔絕國家，在很大程度上因為自己建置的歐威爾式政府（Orwellian government），與世界其他地區隔離開來，現在又受到美國和聯合國祭出的多種不同制裁抵制。實施制裁既是懲罰它發展核武器，也因為它違反主要國際條約訂定的規則，另外也是為了防止朝鮮進口材料或燃料以發展更多的核武器。

制裁也禁止朝鮮出售生蝦、大米、礦物和它所生產的輕工業製成品，也不准它進口製成品、武器零組件和燃料。換句話說，除了少量燃料供應，足夠朝鮮人民取暖，但不足以為工業提供動力之外，全部禁運。走私客應運而生。船隻駛出長江、或北方靠近北京的港口，通常在黑暗的掩護下穿過黃海。從叛逃者的報告、以及被逮獲的走私客的證據拼湊起來，這些船隻有許多開到離朝鮮海岸僅十二哩出頭一點餘的地方，便停泊在技術上仍屬於國際水域的地界。然後等候當地商船與它們會合。接著，兩艘船轉卸裝載的煤炭或其他燃料，再轉運登陸。據估計，朝鮮以這些方式走私的煤炭和其他燃料，大約是制裁規定下允許數量的五倍。

走私煤炭是一回事，走私武器又是另外一回事。二〇〇三年，朝鮮被逮到走私軍火。那年稍早，美國情報界得知朝鮮正在將火箭走私運到阿拉伯灣葉門的港口，那裡是恐怖組織伊斯蘭國（ISIS）相關機構剛建立的據點。美國特勤人員設法追踪正在西班牙水域航行的朝鮮船隻〈蘇珊號〉（So San）。當時擔任美國國務院軍備控制主任的官員，正是脾氣火爆的約翰・波頓（John Bolton），他想要攔截這批貨物。應美國當局的要求，西班牙海軍護衛艦〈納瓦拉號〉（Navarra）試圖登上〈蘇珊號〉，而〈蘇珊號〉卻試圖逃跑。〈納瓦拉號〉向它船頭開了一砲，並用步槍掃射〈蘇珊號〉船尾，這時候〈蘇珊號〉才遵命停下來。西班牙海軍登上了這艘船。果如情資警告，他們發現了十五枚飛毛腿飛彈（Scud missiles）。

波頓要求國務院的律師告訴他，根據哪一項國際法，他可以沒收這些走私武器。令他大吃一驚的是，答案竟然是：「沒有任何根據。」在公海上走私武器並不違法，西班牙和美國的律師，認定他們沒有法律依據來扣押這些武器。最終，飛彈獲允繼續前往葉門。❷

波頓大怒，決定補救。在「貨櫃安全倡議」啟動的基礎上，美國召集了幾個盟國加入後來稱為「擴散安全倡議」（Proliferation Security Initiative, PSI）的行列。簽署國同意不在公海上使用船隻走私武器。但更重要的是，如果他們受懷疑走私大規模殺傷性武器、或與大規模殺傷性武器相關的材料，他們同意，允許美國或其他提出主張的國家登上懸掛其國旗[3]的船隻檢查。擴散安全倡議從那時起一直運作到今天——美國、德國、西班牙和其他海軍強國，都利用這個機制來攔截海上的可疑物品的流動。

這些計畫反映了冷戰結束後第二個十年的現實：美國是國際體系毫無爭議的領導者、大多數國際安全安排的構建者和砥柱，在保護貿易流通方面——尤其是海上貿易——居於領導地位。貨櫃安全倡議，反映美國市場無遠弗屆、以及美國有能力將它的市場力量發揮到極致。擴散安全倡議則反映雙重現實——美國獨自運作一支全球遠洋海軍，它不受挑戰地航行無阻；但它至少在某個程度上使用海軍，來執行海上開放貿易的規則和規範，並在其他國家濫用開放系統時，執行聯合國安全理事會的決定。美國海軍作為海洋自由的保障者這個概念，繼承自英國皇家海軍——這是第二次世界大戰後，這個昔日的帝國留下的主要遺緒之一。

數據大洋

所有的方案，都依賴持續而大量的數據流通。如果這些數據被駭客入侵，會發生什麼狀況？二〇一九年，塔瑪上校是第一位因為擔心網絡遭到駭客攻擊，而親自登上船隻檢查的美國港口指揮官。

二〇一九年二月，一艘懸掛美國國旗的貨櫃船，在前往紐約的途中申報到港提前通知，並以口頭警告港口當局，它認為船上的數據運作可能已被網絡間諜或干擾所滲透。到港提前

---

❷美國先得到葉門當局的保證，這些飛彈將僅用於防禦目的。這個承諾一直維持到二〇一五年，然後叛亂團體胡塞組織（Houthi）把飛彈用來攻擊沙烏地阿拉伯。

❸「懸掛其國旗」：國際海事法的一個奇怪之處在於，船舶可以懸掛任何允許「權宜登記」（registration of convenience）的國家之國旗。一艘船可以由美國公司所有，由荷蘭航運公司經營，由印度船員駕駛，在英國和南非之間航行，載運中國、日本和泰國的貨物；但出於法律目的，它可以在巴哈馬（Bahamas）或聖基茨（St. Kitts）〔譯按：聖克里斯多福（Saint Christopher）〕，或在十幾個允許這樣做的國家註冊。這就說明了為什麼世界上註冊船舶數量最多的三個國家，依序是巴拿馬、賴比瑞亞（Liberia）和馬紹爾群島（Marshall Islands）——這些國家的總人口僅有約為八百萬人。分配這些「旗幟」的業務由美國管理，這個單位就是「美國必要旗幟委員會」（American Committee for Flags of Necessity）。

通知告訴塔瑪的團隊，這艘船曾經停靠在亞洲和中東的一些高風險港口，它所載運的許多貨品當中有國防部的物品。現在他們報告可能遭到駭客攻擊，他們的路線和貨物便成了值得嚴正關切的問題。駭客有什麼意圖？是否某個國家具有敵對意圖、想要控制船舶，或破壞它的資訊科技和導航系統？是否有恐怖分子企圖搶占這艘船、將它撞入維拉札諾海峽，堵住港口，從而破壞極大一部分美國經濟？

塔瑪聯繫了海岸防衛隊新成立的「網絡保護小組」（Cyber Protection Team），以及紐約聯邦調查局的「網絡特偵組」（Cyber Task Force）。他們徵得船東同意，一起登船進行調查。

塔瑪以受過良好的訓練主持這項行動。在舊金山服務期間，他經常與希望在港口或灣區沿岸開發項目的科技公司的高階主管保持聯繫。當他回到華盛頓特區總部任職時，花了時間研擬建議，以幫助海岸防衛隊加深與西岸科技公司的互動，極大部分是為了加強網絡安全。

理論上，進入紐約港的任何船隻，許多關鍵導航系統都與易受攻擊的網絡斷開連接，以防止駭客入侵。但實際上，船員和我們其他人一樣，並沒有養成良好的網絡使用習慣。當船船靠近港口時，他們需要與當局溝通，填報記錄，並申請燃料、食物、水和其他物品的補給。所有這一切都以電子方式進行。在大副處理提貨單及監督船員和貨櫃上下船的艙房中，可能有數十個隨身碟，隨身碟中含有來自世界各地港口的相關檔案。它們通常插入船舶操作系統上的USB驅動器中。驅動它們的軟體會自動更新。認為這些更新都不會被滲透的想法，不言而喻是大謬不然。在報告遭到駭客侵襲的船上，塔瑪和他的團隊發現了一整個抽屜來自世界各地港口的隨身碟，其中一些港口列在海岸防衛隊的觀察名單中。

最後，軟體經過診斷後，證明這艘船沒有被惡意國家駭客入侵，只是被名為 Emotet 的惡意軟體感染；此一惡意軟體一直攻擊美國各地的政府機構和公司行號。這艘船似乎不是遭到鎖定為目標，而是受到隨機感染。儘管如此，這還是為航運業和海岸防衛隊敲響了警鐘。

船舶使用的數據中有一個關鍵部分是「自動識別系統」（Automated Identification System）。自動識別系統是九一一事件後的創新，它要求船舶不斷傳輸重要訊息。如：它的位置、名稱、大小、船舶類型、航線、速度、貨物、船員等等。在任何特定時間裡有九萬艘船舶在流動中，每一艘傳輸大約二十條基本訊息，而且每分鐘都在更新，這意味著在一天之內，有超過二十五億條數據流經自動識別系統——換算成全年便超過九千五百億條數據。所有這些資訊都有可能遭到網絡駭客入侵。

迄今為止航運業最大的駭客侵襲事件發生在二〇一七年六月二十七日下午。[7] 哥本哈根的快桅集團員工開始恐慌，因為他們的電腦螢幕一個接一個變黑。那一年稍早時候，與俄羅斯軍方有關聯的駭客，劫持了烏克蘭一家小型家庭經營的軟體業者的伺服器，六月間，駭客使用他們建立的後門釋放出一款名為 NotPetya 的惡意軟體。NotPetya 像野火一般蔓延開來，不分青紅皂白地自動發動攻擊。它癱瘓了全球各地的公司——不僅是快桅集團這家航運巨擘巨頭，默克藥廠（Merck）、聯邦快遞（FedEx）的歐洲子公司天遞（TNT Express），和俄羅斯石油公司（Rosneft），無一倖免。那次的駭客攻擊波及歐洲、美國及其他地區的六十多個國家，造成超過一百億美元的損失。[8]

快桅集團受到的衝擊殃及全世界。傑森・塔瑪是在一年後到伊麗莎白港任職；事件發生時，數百名卡車司機被困在港口外頭，因為允許他們進港、卸貨，以便送運的系統當機了。在等待貨物時，美東沿岸上下的鐵路線統統暫停。沒有人進得了大門。快桅集團那一頭一直沒有任何消息，港務局只好宣布快桅集團的碼頭關閉。托運人被困住，不得不在最後一分鐘另覓昂貴的替代運輸方式——或是臨時儲存，等待混亂釐清。快桅集團在全球的其他十六個裝卸碼頭，也發生同樣的情況。[9]

快桅集團船舶上的電腦沒有受到感染——但監控和指示這些船舶及其所有貨櫃移動的電腦受到了感染。其中的關鍵是公司網絡的網域控制器，它的功能之一是設定規則，決定哪些使用人可以進入哪些系統。他們只找到了一個乾淨的備份副本：非洲加納的一個辦公室裡，在NotPetya 襲擊之前碰巧受到停電的影響，因此它沒有受到惡意軟體的攻擊。在有如間諜驚悚片中的場景中，快桅集團急忙將備份送到快桅集團資訊技術部門所在的倫敦——可是加納員工都沒人持有英國簽證，於是隨身碟先送到奈及利亞機場，由兩名員工交接，然後再飛往倫敦。這需要一個多星期的時間，世界各地的快桅集團碼頭才恢復正常運作。這次襲擊使快桅集團的損失，達到二億五千萬至三億美元之間。[10]

這一切告訴我們，通信是航運業的關鍵。當卡車在港口卸下貨櫃準備運送時，它們會像上飛機一樣辦理「報到」，取得一個辨識號碼，不僅詳細說明貨櫃中的物品、以及它們要去哪裡，而且還輸入一個自動化系統，告訴卡車在哪裡卸載貨櫃，然後幫助起重機將它們裝載到船上，依此類推，直到貨櫃在目的港返送回到一輛新的卡車上。如果系統中的某一部分當機，整個過程就斷了——影響會波及到全球經濟。

從中國海岸到美國海岸，海上交通還有另一個關鍵方式會影響到美國經濟：數據在全球範圍內究竟如何移動。在談論數據流通時，常有人說「從空中飛過」；當然，有些數據確實通過無線電波傳輸。然而，極大量的數據是透過海路傳輸的。也就是說，它們經過海底電纜系統傳輸，連接大陸、連接經濟。全球九成三的數據傳輸，最終都經過海底電纜。我們現代世界的金融、互聯網通信、Zoom會議、亞馬遜訂購、線上商務、臉書、YouTube和抖音（TikTok），若無海底電纜，根本無法實現。❹

❹這就是為什麼微軟和臉書，在二〇一七年合作鋪設了迄今為止速度最快的跨大西洋電纜，能夠以每秒160 TB的速率傳輸數據。

事實上，由四百多條海底電纜組成複雜的電網，連接起世界上每個主要市場。看它們的地圖，就像在玩將世界主要城市的點連成一線的遊戲。電纜沿著各大洲的邊緣布線，從法國到葡萄牙，把歐洲團抱起來，然後從摩洛哥到南非，沿著非洲海岸迤邐而下。它們巨大的纜線從紐約穿越大西洋，幾乎連接到歐洲的每個地方。它們和貨櫃船走相似的路線，穿越地中海，通過蘇伊士運河，然後擁抱印度，再穿過麻六甲海峽到達北京和中國其他沿海城市。它們在中國會合、跨越太平洋，連接到美國西海岸——以及太平洋兩岸之間的任何地方。這些電纜集中在世界主要的金融首都並非偶然；這些首都與世界的主要港口相似，也並非偶然。

這個全球海底電纜系統，需要不斷更換和升級並不是新鮮事；或許令人驚訝的，這些電纜竟然最初鋪設於一八五〇年代，正值英國海上力量鼎盛時期。

著名的英國皇家海軍軍艦〈挑戰者號〉（HMS Challenger）也初步研究了對海床輪廓和海床深度狀況，這些狀況會影響到不同類型電纜的鋪設。〔為了紀念它從事的發現和科學探索之旅，美國也將第一架太空梭命名為〈挑戰者號〉。〕[11] 一位名叫威廉・湯姆森（William Thomson）的科學家和工程師，取得關鍵性的科學突破，設計出能夠承受深海狀況的電纜。他在一八五七年乘坐皇家海軍軍艦〈阿伽曼農號〉（HMS Agamemnon）出海開始鋪設電纜。一系列的失敗和災難並沒有使湯姆森或船東意志挫折。一八六五年，第一條完整的電纜鋪設完畢。跨洋電報電纜的開通，使英國與其前殖民地前哨站之間的通信更快，在記者、政府官員、貿易和航運公司之間傳遞新聞和資訊，取代了過去用於在倫敦和羅德島州的紐波特（Newport, Rhode Island）之間運送郵件的海上「包裹」。一八五八年，隨著第一條跨大西洋電報電纜的成功建置，一八五八年八月十六日的第一則電報電文：「歐洲和美洲因電報聯結起來。榮耀歸於至高無上的上帝。」第二天早上，紐約響起一百響槍聲向電報開通致敬，九月間又舉行了盛大的遊行和煙花表演慶祝。威廉・湯姆森因為這項貢獻，獲維多利亞女王（Queen Victoria）冊封為凱爾文爵士（Lord Kelvin）。

從那時起，電纜傳輸速度一直變快——技術、軍事必要性和資本主義的貪婪需求起了影響作用。這些電纜線把全世界主要金融和貿易中心、從紐約到香港和倫敦統統聯結起來。有位金融交易員告訴我：「大眾不瞭解海底電纜對我們這一行有多麼重要。」。當大公司準備進行交易時，他們不斷計算應該使用哪一條海底電纜連接到特定市場；速度是一個因素，但過剩和可靠性也同樣重要。

所有這些都使美國受益。在過去的三十年裡，美國占世界貿易中的比重逐漸減少到百分之二十二左右。如果看看美國金融業者在世界利潤中所占的比重，情況便大不相同。二〇二〇年時，比重有二至三倍之多。[12] 管理與進入紐約港的每艘貿易船、世界各地以美元為中介的每筆貿易交易相關的資金流通，以及通過通往紐約和全國其他港口的數據電纜向美國銀行提供的訊息，已成為推動美國經濟表現的重要組成部分。二〇一六年，美國公司記錄的利潤中有百分之五十由金融業貢獻。而這一切全都是通過海底電纜實現的。

塔瑪上校用來管理紐約和紐澤西港安全的工具之一，名為「區域海事安全委員會」（Area Maritime Security Committee）。它匯集了聯邦、州和地方當局以及華爾街。美國最大的金融公司之一也是委員會成員，協助海岸防衛隊發揮功能。當塔瑪問其中一位高階主管，他們為什麼關注海岸防衛隊的工作時，他們回答說：「你是市場推動者。海運供應鏈若是中斷將擾亂金融市場。」

*****

因此，告急的是美國經濟、美國安全以及美國作為全球經濟銀行家和全球貿易安全支柱的角色，這是一項影響全球數十億人的工作。然而，美國的地位源於英國海軍稱霸大洋，從而建立帝國基業的歷史階段。倫敦將保護世界各大洋的貿易流通視為使命——尤其是要保護英國貿易商，但是保護的對象並不僅限於他們；皇家海軍還保護盟國和中立國家的航運。事實上，英國皇家海軍在十八世紀和十九世紀所扮演的角色往往是崇高的，總是以暴力為後盾，有時候也不道德，但是對二十一世紀世界的格局產生了巨大的影響。

第三章　繪製今天的世界：我們是怎麼走過來的

沿著葡萄牙的大西洋海岸，卡卡維洛斯海灘（Praia de Carcavelos）綿延超過一哩，它那深金色的沙灘，是十三哩外的首都里斯本居民週末喜歡流連的度假勝地，圍繞海灘四周的岬角將塔霍河（Tagus river）與大西洋的海流分隔開。雖然咖啡館、餐廳和酒吧林立，里斯本居民也很喜愛光顧，卡卡維洛斯海灘卻很少有外國觀光客光臨，他們通常會到更南邊、更知名的阿爾加維（Algarve）海灘和度假村。

不過，卡卡維洛斯海灘有兩個值得注意的重要特色。頭一個肉眼不容易看到；它是第一條將歐洲大陸連接到英國、進而連接到美國，以及將歐洲連接到非洲，然後再連接到印度的海上電纜的樞紐。一八七〇年六月二十五日，《倫敦新聞畫報》（*Illustrated London News*）慶祝電纜線的竣工說：

> 馬爾他（Malta）、直布羅陀（Gibraltar）、法爾茅斯（Falmouth）之間的海底電報線順利建成，與英國—地中海、英屬印度海底電報線連結起來，形成從印度直到英國的海底通信，中間只有一段穿越埃及陸地，消息一公布，民眾十分滿意。

直到今天，卡卡維洛斯仍是無數海底電纜的樞紐，特別是連接歐洲大陸和非洲的電纜大多集中在此地。法爾茅斯—馬爾他—直布羅陀電報公司（Falmouth, Malta, Gibraltar Telegraph Company），後來更名為「大東電報局」（Cable and Wireless），早期公司主事者選擇把直布羅陀段的電纜安裝在這一帶的葡萄牙海岸，原因很簡單：它位於歐洲大陸的最西端。

同樣的地理位置形成海灘另一個重要特色，即聖胡利昂達巴拉堡（São Julião da Barra）的海上防禦工事。堡壘包括一個不很均勻的五邊形建築矗立在海平面上，以及俯瞰大洋的防衛哨所，與一個位居中央部位的警衛塔。它是葡萄牙最大的海上防禦工事，從二〇一三年起，也作為國防部長的官邸。儘管最初是由在一四六九年至一五二一年間統治葡萄牙的國王曼努爾一世（King Manual I）下令建造，但堡壘的建造卻遭到拖延，於一五五三年至一五五八年期間完工，是保護里斯本不受來自大西洋的攻擊的一系列塔樓和堡壘之一。

葡萄牙的征服者（conquistadors）❶譯註也正是從這些海岸啟航，展開他們的發現、貿易、征服和販賣奴隸的航程，對現代世界產生深刻的影響。聖胡利昂達巴拉堡的地下室地牢，後來因為在葡萄牙法西斯時期關押政治犯而聞名，更早以前則做為關押從西非返回的奴隸的牢房。幾十年前，葡萄牙的維塞烏公爵（Duke of Viseu）恩立克皇子（Infante Dom Henrique）在非洲幾內亞灣（Gulf of Guinea）加納（Ghana）海岸的艾爾米納（Elmina），建立了一個貿易站，將非洲奴隸帶回里斯本——這是第一批帶到歐洲大陸的非洲奴隸。到聖胡利昂達巴拉堡建成時，艾爾米納是非洲奴隸交易買賣的主要中心之一，許多在那裡被捕的奴隸都在聖胡利昂達巴拉堡潮濕的地下室度過一段時間。❷

❶ 譯注：征服者（conquistadors），指的是十五世紀至十七世紀，到達並征服美洲新大陸及亞洲太平洋等地區的西班牙和葡萄牙軍人、探險家。他們替主子在美洲、亞洲各地建立殖民地。

❷ 三千哩之外的艾爾米納堡依然屹立，保存完好，距離加納首都阿克拉（Accra）以西三小時車程。它俯瞰著幾內亞灣洶湧的海浪和強勁的海流。它是撒哈拉沙漠以南非洲地區，迄今仍保存的最古老的歐洲建築，是對於歐、非洲遭遇的殘酷性一個特別濃厚的遺跡。就像在聖胡利昂達巴拉堡一樣，它的最低一層打造為奴隸牢房，通過這座碉堡運送出去。艾爾米納堡還展示一些早期葡萄牙占領者穿戴的盔甲——他們的身材出奇的矮小。在歐洲奴隸貿易的鼎盛時期（當時艾爾米納已經從葡萄牙人手中交給荷蘭人，然後再移交給英國人），艾爾米納堡每年有多達三萬名奴隸住過這兒的地牢。

任何關於歐洲帝國主義在打造現代世界所扮演角色的論述，都應該強調，跨大西洋奴隸貿易在它建立過程中，不可或缺的核心角色，以及奴隸制大體上創造了歐洲的財富，使它能夠在聖胡利昂達巴拉堡興建之後四個半世紀，主宰著世界政治。然而，葡萄牙人最重要的航行並不是前往美洲或西非的奴隸殖民地。而是葡萄牙發現了一個謎題的解答，這個謎題一直困擾著歐洲的帝國主義者、探險家和十字軍——它避開了競爭對手西班牙雇用的克里斯多福・哥倫布（Christopher Colombus），找到通往印度的海上航線。具有諷刺意味的是，位於歐洲最西端的這個國家，第一個找到通往亞洲的海上航線，可是它完成此一壯舉的關鍵卻是向西航行、想要越過大西洋，而在大西洋上碰到一股風——我們今天所謂的貿易風（trade winds）1——把一艘小船牽入洋流，將它牽向南邊和東邊，然後繞過非洲南部海岸，再往上進入印度洋。❸

*****

過去五百年，世界貿易和軍事力量的動態是由海洋和海上競爭所塑造的。在這段期間，沒有一個國家或帝國能夠在不需布建一支能夠主宰公海的海軍和商船隊的情況下，成功地維持世界領先大國的地位。世界最著名的海軍戰略家艾佛瑞德・塞耶・馬漢曾經描述國家實力、經濟實力和海權之間的相關性，他寫下：「透過海上貿易和海軍霸權控制海洋，代表在世界上具有主宰的影響力……並且是國家實力和繁榮物質要素中的首要因素。」[2]

在現代時期，貿易和海軍力量之間以某種方式維持共生關係。[3] 對於某些大國來說，貿易跟隨它的海軍進入掠奪的地方——套用美國海軍的話來說，便是「貿易跟隨國旗」前進。其他國家則扭轉這種關係，讓貿易成為其力量的前鋒，隨後更強有力的措施——以及他們的海軍——才跟進。

在此之前，對於精心塑造現代世界的西方國家來說，海洋是他們經驗的邊界、社會的前沿和知識的極限。直到八世紀後期，北歐維京人（Norse Vikings）才划船橫渡北海（North Sea），襲擊、並在英格蘭北部建立屯墾區——在那個時代，這是一項令人驚佩的壯舉，但實際上這段航程只有幾百海里。更引人注目的是，在踏入十一世紀之交，北歐人萊夫・艾瑞克森（Leif Erikson）或他的同時代人（歷史記錄並不精確）橫渡大西洋，在今天的加拿大

❸ 與傳統的認識相反，貿易風並非以它所支持的貿易路線命名，而是來自中世紀的一句話「blow trade」，意思是穩定的路線或方向。參見林肯・潘恩，《海洋與文明：世界海洋史》（Lincoln Paine, *The Sea and Civilization: A Maritime History of the World*, New York: Vintage, 2013）

最東邊海岸建立了聚落。[4] 但這些都是例外。對於絕大多數的人類來說，在當時簡陋的海洋地圖上只是一片空白空間。海洋地圖上沒有島嶼和波浪，只標誌著怪物和想像中的生物——這就是他們有限的理解。

只有在伊斯蘭世界才有更大的跨洋運動和商業行為。最近的歷史顯示，早在西元前四世紀，即有跨越印度洋的主要貿易活動。[5] 伊斯蘭學者伊本・巴圖塔（Ibn Battuta）在一三二八年或一三三〇年（他的年代紀錄不確定）設法從阿拉伯半島的吉達（Jeddah）航行，這絕非偶然。他逆著紅海的風，向東南方駛向亞丁（Aden），最終到達非洲東海岸傳說中的島嶼桑吉巴（Zanzibar）。至少十年後，他更往東方航行，到達了中國。[6] 巴圖塔的《伊本・巴圖塔遊記》（*the Ribla*），僅證實了印度洋跨文化和跨大陸貿易的程度，這些貿易活動在十四世紀和十五世紀重塑了伊斯蘭世界。[7]

在很大程度上，這些發展只是附帶提及歐洲，只有在封閉的地中海，當時的歐洲各政治實體才有海戰競爭稱雄。歐洲大陸風聞絲綢和奴隸貿易的更廣泛發展，才使它與伊斯蘭世界聯繫起來，但那仍是遙遠的事情。大部分貿易是透過駱駝、馬和步行進行的，只穿過地中海東部邊緣的一段狹窄區域，把威尼斯帝國（Venetian empire）與伊斯蘭世界的財富連接起來。[8] 歐洲世界對超越其知識網絡的那個富裕市場之理解，籠罩在神祕和浪漫主義之中，就像對祭司王約翰（Prester John）和他的財富的傳說一樣，它激勵了早期歐洲多方努力，想要尋找通往亞洲的海上航線，但全都失敗。

當文藝復興（renaissance）前的歐洲，從黑暗時代（Dark Ages）的毀滅中崛起，開發出遠程導航的新知識和技術時，這一切都出現變化。很大程度上是受到香料貿易的誘惑，歐洲冒險家們開始透過遠洋航行進入亞洲、非洲和美洲。[9] 由此產生的商業和暴力遭遇也塑造了我們的世界。

今天，世人對海洋有一種浪漫感，但浪漫並不是歐洲展開海洋冒險的重點——重點是聲望和利潤。身為當時最具冒險精神的歐洲大國，西班牙和葡萄牙探險家闖入了「新」世界，瓦解了阿茲特克（Aztec）和馬雅（Mayan）文明，並為自己在遙遠的地方建立黃金、白銀和疾病的帝國，隨即傳播了流行病。葡萄牙則更加積極，開闢了一條通往亞洲的海上航線，追逐利潤，與埃及的馬穆路克王朝（Mamluks）和君士坦丁堡（Constantinople）的鄂圖曼帝國（Ottomans）爭奪香料貿易的控制權。

葡萄牙也有出於宗教因素的動機——歐洲的基督教國家，想要在穆斯林的本國領土上向他們施壓，來削弱穆斯林世界的影響力。（這是西方列強第一次、但不是最後一次，認定削弱穆斯林威脅的正確方法是，將戰鬥帶到阿拉伯世界。）這就是宗教和天意觀念，在歐洲早期探險活動中的角色，葡萄牙國王的演說曾引用《聖經》〈詩篇〉七十二章中的話來表達他們的野心：「他要執掌權柄，從這海直到那海，從大河直到地極。」[10] 結合宗教熱情和先進的大砲，葡萄牙的殘暴的探險家開闢了貿易路線，它成為當今全球化的前身。海軍上將詹姆斯・史塔夫里瑞迪斯（James Stavridis）是第一位出任北約組織總司令的海軍將領，對這時期曾寫道：「他們在十五、十六世紀偉大的發現之旅啟發了歐洲人，剝削了非洲人（通常手法極其殘忍），並在大西洋和印度洋之間建立起聯繫。有人稱這是海洋時代的黎明。」[11]

隨著葡萄牙人和西班牙人以及不久之後的荷蘭人，在他們遇到的土地上爭奪勢力，公海的主導地位成為全球大國最重要的衡量標準和工具。[12] 帝國時代深深地影響到現代世界，它首先是一個航海時代——海戰和海上貿易盛行。這是十分激烈的遭遇。葡萄牙詩人路易・賈梅士（Luís de Camões）在他的傳世史詩《盧濟塔尼亞人之歌》（*The Lusiads*）中談到：

> 如此的風暴和危險，
> 很多時候，死亡似乎迫在眉睫；
> 在陸地上，如此的戰鬥和陰謀，
> 如此可怕、不可避免的艱苦！。[13]

對印度洋而言，由國家支持的暴力是一種新現象。專門研究帝國時代的歷史學家羅傑・克勞利（Roger Crowley）寫到葡萄牙人在十五世紀遇到的印度洋時，有這樣的描述：

> 貿易系統、海洋風格、文化和宗教，以及一系列轉運中樞十分複雜地環環相扣：位於馬來半島的麻六甲（Malacca），比威尼斯還大，處理來自中國和遙遠的香料群島的貨物；印度西海岸的卡利卡特（Calicut），處理胡椒；歐穆斯〔Ormuz，譯按：《元史》稱為「忽里模子」〕，是通往波斯灣和巴格達的門戶；亞丁，位於紅海的入口、和通往伊斯蘭世界的神經中樞開羅的路線之起點。其他數十個小城邦散布在沿路海岸。它們交易從非洲來的黃金、黑奴和紅樹林木桿，從阿拉伯來的香和棗子，從歐洲來的金塊，從波斯來的駿馬，從埃及來的鴉片，從中國來的陶瓷，從錫蘭來的作戰大象，從孟加拉來的稻米，從蘇門答臘來的硫磺，從麻六甲來的肉荳蔻，從德干高原（Deccan Plateau）來的鑽石，從古吉拉特邦（Gujarat）來的棉布。在這片地區沒有人可以壟斷——它太廣闊、也太複雜……14

葡萄牙並不是那個時代唯一在印度洋展示實力的遠方大國。明朝鼎盛時期的中國也在印度洋遠播聲威。早先，宋朝商人已經從海上貿易獲得巨額利潤，但在蒙古統治末期，兩個商人的巧取豪奪證實了傳統儒家對海上冒險的不信任，官僚遂對海上貿易加以限制。❹不過，外國探險家和商人來到中國；他們大多來自伊斯蘭世界，他們從陸路和海上抵達，開始讓明朝人士接觸到在中國以外的地方可以找到相當的財富。十五世紀初，明成祖永樂皇帝決定打破儒家傳統，注重海上探險，命令他的朝廷建造一支能夠駛出沿海近洋、進入遠洋的艦隊。

明成祖這項決定的結果已載入中國的傳說，成為中國悠久歷史的偉大成就之一。曾獲這樣描述：「堪稱是十五世紀最昭彰顯著的單一現象。」[15] 在皇帝的忠臣鄭和的指揮下，明朝建造了一支由大約六十艘「寶船」組成的艦隊，其中最大的一艘有九根桅杆，可能至少是西班牙或葡萄牙艦隊中最大的一艘船的兩倍（不過它們的真實尺寸存有爭議。）[16] 這些船隨後裝載了明朝宮廷的貨物和財寶，在兩百多艘載運部隊、糧食、戰鬥和補給船隻的伴隨下，浩浩蕩蕩啟航。歷史學者李露曄（Louise Levathes）描述啟航的情況：「一四〇五年秋天，由三百一十七艘色彩鮮豔的帆船和兩萬七千多名船員組成的艦隊，準備從南京啟航。當船隻在長江中央集結成列時，雄偉的船首上雕刻的『眼睛』焦急地望向下游的大海。」[17] 所謂的「寶船艦隊」，以大艦隊陣仗，在一四〇五年（永樂三年）啟航西行，經過麻六甲的馬來人貿易站，進入浩瀚的印度洋。往後二十八年，這些船隻往返於當時的主要貿易轉口港——從麻六甲到卡利卡特到桑吉巴島附近的馬林迪（Malindi），展開大規模的文化外交。[18] 鄭和的航行扮演了重要角色，使麻六甲海峽維持相對的穩定局面，在此之前，這是一個無政府狀態的海盜幫派相互競爭的巢穴。[19]

鄭和遠航的原始著作很少保存下來，但是鄭和本人曾經寫下一段內容：

> 涉滄溟十萬餘里。觀夫鯨波接天，浩浩無涯，或煙霧之溟濛，或風浪之崔嵬。海洋之壯，變態無時，而我之雲帆高張，晝夜星馳。[20]〔編按：原文出於鄭和長樂縣石碑。〕

鄭和之於中國，就像獅心王理查（Richard the Lion Heart）之於英國一樣——一個代表國族早期實力的歷史傳奇人物，經常受渴望重拾中華帝國失去往日榮耀之中國愛國人士和民族主義者所津津樂道。[21]（而且正如現代史學所強調的十字軍東征的殘酷不仁一樣，最近的歷史著作也揭露，鄭和在印度洋上的接觸交往也遠非中國官方說法所描述那麼和平。）但是在一四三三年（宣德八年），也就是寶船隊七次航行之後，明朝新登基的宣德皇帝為了節約資源，撤回艦隊（明朝西北部邊疆遭到蒙古人襲擊），退回到內陸邊界。海洋歷史學家布魯

---

❹根據最近的造船學研究，早期的中國船舶的設計，實際上反映了工業船舶設計某些最重要的進步，尤其是早在西元三百年時代，中國帆船即已使用堅固的內部艙壁。參見 Larrie D. Ferreiro，《串連海洋：工業時代造船業的興起，1800-2000》〔*Bridging the Seas: The Rise of Naval Architecture in the Industrial Age, 1800-2000*,（Cambridge, MA: MIT Press, 2020）〕。這些早期帆船的卓越設計，由班傑明・富蘭克林（Benjamin Franklin）在他一七九五年撰寫的〈海洋觀察〉（Marine Observations）中注意到。

斯・史旺森（Bruce Swanson）寫道：「中國海權衰落的時機，再糟糕不過了，因為它恰逢歐洲海上勢力大舉擴張進入亞洲。」[22]

因此葡萄牙人（以及不久之後他們的歐洲競爭對手）在亞洲公海上，幾乎沒有遭遇任何阻力。克勞利寫說：「亞洲的大陸強國把海洋留給了商人。有小規模的海盜活動，但沒有保護他們的作戰艦隊，也罕有領海的概念。」[23] 這種情況即將改變。如果中國堅持它的海洋路線，中國與基督教帝國之間最早的持久遭遇可能會大不相同。但事實並非如此。葡萄牙遇到的是沒有中國海上力量的印度洋，因此能夠隨著時間的推移在帝國博弈中占了重要優勢。❺

葡萄牙在公海上享有一個多世紀的優勢，使它發展成為十五世紀末和十六世紀最無遠弗屆的帝國，它的勢力觸及到世界上有人居住的每個地區。從前文提到的亞馬遜中部的瑪瑙斯、到現在紐約港入口處的維拉札諾海峽，再到印度西海岸的果阿（Goa），葡萄牙的海上活動，勾勒出日後成為全球貿易聯繫鏈的連線狀態。[24] 不論葡萄牙在哪裡部署大砲，貿易路線都會隨之而至：所謂貿易跟隨國旗前進。自從葡萄牙在十六世紀崛起以來，海軍力量和全球貿易便密不可分——直到今天仍然如此。

到了十六世紀末期，英格蘭已在海上挑戰西班牙和葡萄牙。一五八八年，在法國格瑞福蘭（Gravelines）海岸附近的一場決定性戰役中，英國海軍擊敗了西班牙無敵艦隊（Spanish Armada），展示出它日益精進的航海和海戰技術。在造船方面的進步，導致英格蘭很快就取代葡萄牙，隨即建立全世界最大、最富有的帝國——直到美國海軍出力打造出現代美國的強大地位。25

全球化，是現代政治的棘手問題，也是相當誤用全球經濟的描述，通常被認為是一種當代的現象。其實，早在十六世紀歐洲崛起的歷史，便是全球貿易的故事。可以肯定的是，它不是自由貿易，而是全球貿易。事實上，直到今天，全球貿易和權力仍遵循帝國時代設定的模式和途徑。當代世界的參數在很大程度上，取決於十八世紀末和十九世紀初，歐洲殖民探索與逐漸式微的東方帝國交會的方式。

即使像瑞典這樣的歐洲小型帝國，在全球範圍內只是小角色的，它在這個帝國探索和貿易的階段也扮演了重要角色。26 德國和比利時在全球的足跡並不太大，但是它們卻以可以想像到的最殘酷的方式，占領和掠奪中非和東非的自然資源。27 在歐洲主要大國中，法國加入遊戲較晚，到十八世紀才在美洲、西非和北非、中東取得屬地，後來又在東南亞取得一

❺ 這個時期葡萄牙人的主要競爭對手是鄂圖曼帝國。鄂圖曼帝國既是海權、又是陸權國家，這一點在帝國時代的描述中常常受忽視，但是葡萄牙—鄂圖曼帝國的競爭，在十八和十九世紀著名的法英對抗出現之前，很早便影響到紅海、非洲東海岸和蘇伊士的發展。

小塊立足點。林肯・潘恩（Lincoln Paine）在撰寫他對海洋和文明的權威性描述時，評論了這一項海洋活動，他說：「它們使地球上原本互不相連的地區之間，建立新的聯繫成為可能，並為歐洲在世界舞台上逐漸崛起奠定了基礎。」[28]

但要充分理解這種崛起以及現代世界的形成，主要是英國在亞洲的經濟、殖民和最終的帝國角色至關重要。英國逆轉了葡萄牙的遊戲——國旗跟隨貿易前進。

公司

英國的工業革命，經常被描述為關於新技術和製造實力的故事，而這些都是必不可少的因素。然而，為英國成長提供財務奧援的，是從印度進口的大量棉花，以及從它東方殖民地進口的其他自然資源。[29] 歐洲文明在十八世紀，尤其是十九世紀的開花結果，是全球貿易帶來的巨大經濟收益的產物——較公允的說，是由壓迫制度和契約勞工支撐起來的。[30]

不過，英國某些最重要的帝國互動關係，最初並不是透過軍事占領、而是透過商業交往進行的。早在一五五三年，少數英國商人即成立了一家後來稱為股份公司的實體，恰如其分地命名為「新大陸商人冒險家公司」（Company of Merchant Adventurers to New Lands），又名「莫斯科公司」（Muscovy Company），旨在與俄羅斯進行貿易。[31] 將近五十年之後，在一六〇〇年又成立了一個類似的機構《英國東印度公司》（English East India Company），往更遠的東方進行風險投資，其影響更為深遠。荷蘭、丹麥、葡萄牙、法國和瑞典王室，迅速跟進模仿這項作法，在接下來的幾十年裡，紛紛建立自己類似的「公司」。[32] 按照今天的說法，大眾會認為它們是合資企業，它們與王室的關係十分密切。❻ 它們成為歐洲探索前進的矛頭尖鋒。[33]

最重要的是英國東印度公司，到了十八世紀中期，它的規模龐大和勢力強勁，以至於大眾逕自稱呼它為「公司」，不必明指它的名字。[34] 在兩個世紀的過程中，它結合了貿易、商業外交和私人部隊——經常得到倫敦官方外交和武力的支持。「公司」逐漸從商業組織蛻變為半主權力量的故事，既是皇室的合作夥伴，也是競爭對手，它有悖私人領域和公共領域之間的有效分類。威廉・達林普爾（William Dalrymple）是專門研究英國在印度發展史的主

---

❻ 這些合資企業中有一家哈德遜灣公司（Hudson Bay Company），它替英國開闢了在後來的加拿大和美國之貿易路線。關於這家公司的歷史，可參見彼得・紐曼（Peter C. Newman）的傑作，《冒險家的公司：哈德遜灣帝國如何決定了大陸的命運》〔*Company of Adventurers: How the Hudson's Bay Empire Determined the Destiny of a Continent*（Toronto: Penguin Canada, 2005）〕。

要歷史學者，他使用一個令人咀嚼的字詞來描述它的性質：他簡單地稱它為「無政府狀態」。[35] 在它兩個世紀的營運中，受到英國王室的支持，它逐漸地、有意識地、並且在最後殘酷地瓦解印度北部的莫臥兒帝國（Mughal Empire）、以及緬甸王國（Burmese Kingdom），並吸納印度南部德干蘇丹國（Deccan sultanates）的殘餘。然後，在一個更加漸進和微妙的過程中，它和中國接觸，幫助英國加速清朝的滅亡。[36]

雖然這些東方帝國大都比他們的歐洲競爭對手更大、更強勁，但歐洲控制了公海，使它的冒險家掌控強大的優勢。事實上，最近的一些歷史表明，這正是歐洲人相對於強大的亞洲對手所擁有的關鍵優勢。薩曼（J.C. Sharman）的專書《弱者帝國》（*Empires of the Weak*），針對對那個時代的某些傳統假設做了重要的修正，提出一個令人信服的論述：歐洲人有能力控制公海，而不是現代化或政治制度、甚至船堅砲利的武器優勢，才使歐洲帝國能夠收服亞洲帝國。（歐洲力量的全盛時期恰逢亞洲主要帝國中心的貪汙和腐爛，也是事實。）[37]

無論內部衰敗、政治制度或海軍實力的角色如何，隨後發生的一切的重要背景，是那時的印度和中國帝國幾乎完全崩潰，在世界事務中打開一個空隙。它們是十八世紀世界上最大的兩個經濟體，它們的衰頹創造了一個空間，西方勢力趁虛而入，歐洲和後來的新世界將從中獲利超過一個半世紀。[38]

＊＊＊＊＊

在十八世紀末期，英國的殖民野心和利潤，被它在前些年獲得的領土上的民粹主義叛亂破壞，這塊領土很快就稱為美利堅合眾國。美國戰爭並沒有削弱整個大英帝國，而是使它將重心重新放在東方的屬地上。[39] 在歐洲大陸，英國捲入與法國無休無止的戰爭。在非洲，利潤豐厚的奴隸貿易仍在繼續，但是與法國不斷發生摩擦，而在中東，和法國的敵對關係以及當地的叛亂也削弱了英國的野心。[40]

然而，在東方，英國人在殖民競賽中躍居主導地位，部分原因是葡萄牙和荷蘭已經式微、不再是帝國的競爭者，而且有很大一部分是因為英國擁有強大的海軍。他們從印度所掠奪的財富是無與倫比的。在失去美洲殖民地之後，倫敦對在東方擴張的胃口愈來愈大，並將目光進一步轉向亞東，轉向中國大清帝國難以估算的財富。英國在拿破崙戰爭（Napoleonic Wars）中的勝利，也使他們能夠對印度洋上的法國屬地採取行動。

前面已經仔細敘述過，隨著英國加深對印度和印度洋的控制，殖民體系最重要的經濟特色成為英國、印度和中國之間出現的三角貿易。英國和整個歐洲都對中國的茶葉以及絲綢、家具和其他商品產生濃厚的興趣。這些商品的貿易規模起先很小，但在十八世紀末期和十九世紀初期有所增長。但是當英國用黃金換取茶葉時，使它對中國產生巨大貿易赤字——這讓倫敦和東印度公司的主人愈來愈擔心。（這和今人抱怨中國對美國享有巨大的「經常帳盈餘」無殊。）

為了改變這種等式，英國開始輸出它在印度種植的鴉片，以滿足剛起步的中國市場對此一毒品的需求。增加鴉片流入中國，開始緩解了英國在三角貿易中流失的黃金。它變成了中國的國內問題，因為鴉片貿易對健康的危害，開始對中國社會造成影響。儘管如此，英國和歐洲的貿易還是繼續擴大。[41] ❼ 到了一八二八年，鴉片占英國對中國出口總值的一半以上。[42] 一八三四年，英國王室取消賦予東印度公司的壟斷專利權，大量民間商人湧入中國。鴉片貿易更進一步增長。[43]

歷史發展到這時，中國與外界的貿易受到嚴格控制。在與外國商人早期不安的接觸後，中國朝廷建立謹慎的制度，來限制外國人與中國人的接觸。他們將對外貿易的壟斷權利交給少數家族，稱之為「公行」或「行商」（Cohong or Hongs），並禁止外國人進入中國本土。清廷在珠江口的廣州畫出一小塊地區安置外國商人。他們在這裡建立了十三洋行（factories）——這名詞並不指生產設施「工廠」，而是為當時的行商（factors）提供的住房。它們是提供給英國、法國、俄羅斯、德國和其他歐洲貿易商的住房和倉庫的集合體，他們保持貨物持續穩定流入中國。到一八三〇年代中期，鴉片占了貨物流通的很大一部分。

一八三六年，中國朝廷與廣州總督一起發動一場試圖消除鴉片貿易的運動。清朝派欽差

大臣林則徐前往廣州取締鴉片貿易，包括銷毀鴉片箱，並阻止英國對廣州的滲透。[44] ❽

緊張局勢加劇；英國人從貿易中獲得太多利潤，無法容忍受到清廷限制。多年來，英國人一直試圖打開中國市場以便深化貿易。早在一七九三年，他們便曾嘗試直接向中國朝廷提出外交申訴。喬治・馬戛爾尼勳爵（Lord George Macartney）率領著名的外交使節團到北京，請求朝廷進一步開放鴉片貿易。有一幅外交使團的畫像顯示馬戛爾尼勳爵覲見大清皇帝〔乾隆皇帝〕。他的日記中有一段話敘述覲見時的狀況：他「受到了極大的禮貌接待，受到了極大的熱情款待，以極大的警惕性注視著他，也以極大的禮貌拒絕了他。」[45] 他的任務沒有什麼成果。一八一六年，馬戛爾尼一位翻譯官的兒子喬治・斯當東（George Staunton）擔任阿美士德伯爵（Earl of Amherst）赴北京外交代表團的副使。這一次，斯當東建議阿美士

❼ 甚至美國也在一七八四年加入鴉片貿易，《中國皇后號》（Empress of China）成為第一艘進入中國水域的美國商船，距離美國獨立僅只八年。〔參見：Mark Green, *By More than Providence*, (New York: Columbia University Press, 2017), 22.

❽ 在中國歷史上這已經不是第一次了。西元八七八年，叛軍違抗皇帝的旨令，屠殺了在廣州建立貿易基地的阿拉伯和波斯商人〔編按：唐末乾符五年，黃巢起事，血洗泉州後揮軍廣東〕。〔參見伯恩斯坦 William Bernstein, *A Splendid Exchange* (New York: Atlantic Monthly Press, 2008), 68.〕

德不要向中國皇帝磕頭，英國人甚至沒有獲得「嘉慶」皇帝的接見。外交交涉失敗。然後，就像後來經常發生的情況一樣，外交失敗之後變成軍事升級。

到了一八二〇年代後期，清朝利用它有限的海軍力量，阻止英國快船沿珠江向上游航行，迫使它們停靠在河口三角洲的伶仃島（Lintin）。一八三九年，林則徐打擊英國貿易的活動開始加強，這位中國欽差大臣沒收並銷毀了數十箱英國供應的鴉片。一八三九年九月，沿海地區發生數起小規模衝突，一八三九年十一月，在廣州灣的穿鼻（Cheunpi）發生軍事對抗，二十八門砲的〈渥拉吉號〉（Volage）和十八門砲的〈風信子號〉（Hyacinth）這兩艘英國護衛艦，與封鎖港口的二十九艘中國船隻交火。英國船隻壓倒性的軍事優勢獲得大勝，在英方幾乎無人傷亡的情況下，摧毀掉中國的帆船隊。[46] 用研究中國海軍力量的歷史學者布魯斯・史旺森的話來說：「海洋不再是長城的延伸。」[47]

此後，局勢迅速升高。在英國，政客一直爭論，因中國封鎖他們的市場，要求報復的利弊和成本——但發起全面作戰的決定，最後並不是在倫敦做出的。一八四〇年一月三十一日，負責指揮亞洲英國軍隊的東印度公司當局逕自向中國宣戰。[48] 英國政府到一八四〇年四月，才通過對中國開戰的動議。戰爭的目的是有限的：為的是迫使中國人開放、進行更廣泛的貿易。帕默斯頓爵士（Sir Palmerston）是倫敦的外交大臣，他的名字將永遠與「砲艦外交」（gunboat diplomacy）這個名詞聯繫在一起——這個字詞含有相當諷刺的意味，因為它指的是運用海軍力量在談判「自由」貿易時達成更好的條件。事實上，長期以來，帕默斯頓一直拒絕派遣英國軍隊協助鴉片商人，他認為英國不能「為了讓英國臣民違反他們生意來往對象國家的法律，而進行干預。」[49] 但最後，現場發生的事件（以及來自英國鴉片貿易商的強烈遊說）迫使他不得不點頭。

隨著英國加強在珠江的軍事行動，他們將注意力集中在距中國大陸正南方大約二十哩的天然大港香港。這個港灣具有深水、受到保護且易於防禦的水域，很容易前往南中國海及更遠的地方。在與中國公開衝突之前，港口和周邊地區曾用來作為補充淡水供應的地點。但在隨後的戰爭中，英國海軍和貿易商開始大規模使用香港港口。一八四一年一月二十六日，在簽署《穿鼻草約》（Convention of Chuanbi）後，香港島被英國人占領，不過雙方都對草約不滿意；帕默斯頓稱香港為「一個荒島，島上幾乎沒有任何房子。」[50]

軍事行動愈演愈烈，所謂的「第一次鴉片戰爭」（First Opium War）打得如火如荼。它以不同的強度持續進行兩年半。在全盛時期，英國有十六艘砲艇進入中國水域。[51] 到一八四二年夏天，中方意識到他們的火力的確不如人，只好求和。結果是一八四二年八月二十九日簽訂了《南京條約》（Treaty of Nanking）。南京條約終結了十三洋行控制貿易的壟斷地位，並在廣州之外加開廈門、福州、寧波和上海等四個新的通商口岸。中國賠償英國人的鴉片損失，並將香港割讓給英國。一八四三年，中英雙方又簽署《虎門條約》（Treaty of the Bogue），補充《南京條約》，並增加更多條款。這兩項條約規定，英國公民若因違反條約或中國法律，應由英國法庭審判；如果中國授予其他歐洲列強其他權利，中國也將授予英國同樣的權利。

《南京條約》和《虎門條約》是現代歷史上影響深遠的文件之一。這兩項條約有效地確立了構成直到今天全球貿易安排的法律核心原則——用現代術語來說，就是「治外法權」（extra-territoriality）原則和「最惠國待遇」（most-favored nation）原則。無論出於何種意圖和目的，它都注定了晚清帝國的命運，使中國在英國強權面前屈居於從屬地位。雖然清朝統治到一九一二年，但從一八五〇年代起，由於內部叛亂和歐洲列強從外部入侵交互作用，逐漸削弱了清朝的力量。這為所謂的「百年屈辱」奠定了基礎，現代中國政府在與西方打交道時，仍然如此形容這段歷史。它也鞏固了黃金、茶葉和鴉片的三方貿易，為英國在未來一個世紀的世界金融霸主地位提供了資金。[52]

接下來的時期就是英國「統治大海」（ruled the waves）的年代，吉伯特和蘇利文（Gilbert & Sullivan）編寫的一首歌，成為這個時代的國歌，這句話即出自其中。

偉大的繞道

在十九世紀的剩餘幾年，以及進入二十世紀之後，英國繼續稱霸公海，居於主導地位。但是挺諷刺的是，它的主要競爭對手法國的一項創新壯舉卻大大提升了英國的主導地位。

鑒於海權在帝國競爭中扮演的關鍵角色，以及全球貿易對巴黎和倫敦的財政收入日益重要，英國統治者腦海裡的首要任務是審視他們與法國的長期競爭，其中一部分就是誰對海洋有更大的控制權。法國和英國無休止的陸地戰爭，如百年戰爭（Hundred Years' War）、三十年戰爭（Thirty Years' War）和拿破崙戰爭，大家都耳熟能詳；但對關鍵航道的控制是英法競爭十分重要的部分。[53]

與大英帝國在亞洲的擴張並行的是，法國對中東西半部也具有帝國宰制地位，特別是黎凡特（Levant）和埃及。[54] 透過帝國征服和作戰打造現代中東是一個獨特的故事——但它在埃及與我們的活動交會。

一八三〇年代，法國在中東的殖民地位日益增長，並派遣一名領事到埃及的亞歷山卓（Alexandria），此君的名字日後將因連通兩塊海洋而載入史冊。法國領事費迪南・瑪麗・李西普子爵（Ferdinand Marie, Vicomte de Lesseps）將歐洲殖民冒險家長期以來的夢想變成了事實。埃及雖然是內陸國家，地處一端是地中海和歐洲港口，另一端是印度洋外圍的中間地段，是一塊相當小的土地，即西奈半島（Sinai Peninsula）。多年來，大家一直在思考如何開闢一條海上通道，一條運河，以連接兩塊海洋的可能性。沒想到李西普完成了這項創舉。

李西普從他抵達埃及的第一天起，即開始探索一條穿越埃及的水道的構想。雖然運河的早期支持者巴托羅密・普洛斯培・恩方廷（Bartholome Prosper Enfantin）於一八四六年成立了蘇伊士運河研究小組（Suez Canal Study Group），但是一八四九年一位不友好的埃及赫迪夫（khedive）❾譯註登基，否決了他的計畫。直到一八五四年，李西普才獲得另一位比較友善的的赫迪夫的許可，成立一家公司，以法國特許和法國工程師開始工作。李西普開始為那個時代最宏大的工程奇蹟規畫（儘管此時已出任英國首相的帕默斯頓反對這個計畫，認為不切實際的這個法國夢，只會給包括英國在內的鄰國帶來麻煩。），蘇伊士運河公司於一八五八年開始運作。運河在一八五九年至一八六九年間開挖，將地中海南方的塞得港（Port Said）與北方的地中海連接起來、穿過西奈半島的一系列大湖，包括大苦湖（Great Bitter Lake）。〔大苦湖將在第二次世界大戰即將結束時，舉行一場影響深遠的會談。〕[55]

法國人就這樣實現了工程奇蹟和經濟革命。蘇伊士運河在帝國時代的鼎盛時期，透過為從亞洲到歐洲的海上貿易，開闢一條捷徑航線，改變了全球貿易關係。譬如說，藉由運河的開挖，李西普將倫敦到孟買的距離足足縮短了一萬七百公里。它把亞洲到歐洲的海上航行時間減少了一半，成本也減少了一半。它允許船隻不須行經好望角（Cape of Good

Hope）——這是一個很奇特的名字，好望角海域風暴的規模和嚴重程度相當著名，在它海岸沉沒的船隻數量極多。[56] 避開好望角，並在亞洲和歐洲之間開闢這條更直的路徑，對貿易來說是一個巨大的福音。[57]

這對法國的影響力也應該是一個巨大的福音。但是，一八八一年，埃及一名軍官發動針對埃及和蘇丹領導人赫迪夫的政變，法國和英國共同派遣軍艦前往亞歷山卓海岸以示支持赫迪夫。在城市發生騷亂導致五十名歐洲人喪生後，法國將艦隊召回國內。同時，英國發出最後通牒，當最後通牒被拒絕時，開始轟炸埃及地中海沿岸的亞歷山卓港。他們接著占領埃及大部分地區，並取得對蘇伊士運河的有效控制。法國的撤軍代價高昂，因為誰能控制海上貿易的問題，即將成為帝國鬥爭的主要戰利品。控制住蘇伊士運河就取得主要優勢。[58]

運河本身，很快成為歐洲這兩個最活躍的殖民主義者、以及他們各自的競爭對手之間緊張關係的根源。法國和英國，都不相信對方會允許這條通道開放進行貿易。因此，埃及和對

❾譯註：埃及在一八〇五年拿破崙部隊撤出後，成為鄂圖曼帝國的屬國，元首穆罕默德・阿里（Muhammad Ali）自稱赫迪夫（khedive）。這個王朝國祚一直綿延到一九五三年，末代國王法魯克一世（Farouk I）被納瑟（Gamal Abdel Nasser）推翻，成立共和國。

這條運河的控制，成為倫敦和巴黎之間，長期帝國競賽中的重要大獎。[59] 最後，經過多次摩擦，他們決定透過外交協議來解決問題。他們與當時的其他歐洲帝國——德國、奧匈帝國、鄂圖曼帝國、西班牙、法國、義大利、荷蘭和俄羅斯——開會，制訂了一些遊戲規則。他們的使節後來簽署了《君士坦丁堡公約》（The Convention of Constantinople），條約規定在戰爭或和平時期，運河都應該自由通行。這是利用外交，就列強在海上的行為，訂定一系列承諾的早期例子——現在稱之為「海洋法」的這一套公約和法律，後來編入了一條叫作《海洋法》的總體條約。與日後出現的其他大部分海洋法一樣，《君士坦丁堡公約》是一份在禮讓與和平時期受到尊重的文件，在戰爭時期，則立刻被棄如敝履。[60]

儘管如此，一八八八年公約簽署後的五十年裡，運河大體上是開放的，尤其是從印度和亞洲殖民地進入歐洲市場的貿易能夠自由流通。

第一次世界大戰短暫地中斷通過蘇伊士運河的貿易流動，不過它在戰爭結束後迅速重新開放。這個時候，蘇伊士運河是全世界最重要的水道，是全球貿易流通的重要動脈。幾乎所有從亞洲流入歐洲港口的航運都經過蘇伊士運河。隨著現代工業化和隨之而來的能源革命的到來、以及在阿拉伯半島發現石油，蘇伊士運河的重要性更是大為增加。從一個模糊的夢想到挖掘工程、再到一條重要的貿易動脈，蘇伊士運河成為大英帝國晚期架構的重要特色。[61]

航向世界大戰

兩百多年來，英國一直保持著在公海上的強勢海軍，以及它能允許的全球地位。62 但是到了二十世紀初期，它面臨新的爭霸權對手：德國。進入二十世紀之交，柏林試圖挑戰倫敦在海上的霸主地位。英國在英吉利海峽及其他地區的地位受到威脅，促使倫敦建造更大型、更強大的護衛艦。由此產生的增強軍備，是導致第一次世界大戰的動態關鍵因素之一。63

對於這場大殺戮的原因，或是歐洲列強在戰爭爆發前的十年中，所採取的具體行動和決定的相對重要性，歷史學家在許多基本面上存在不同看法。64 但是，對於英國外交部一位相對低階官員，自動自發所寫的一份備忘錄的重要性，大家卻有驚人的共識。這位官員歷任「登記系統」（registry system）的各個部門工作——基本上這套系統是英國政府的檔案管理系統，處理來自帝國各個角落的許多不同的電報。

這位官員艾爾・亞歷山大・巴比・威查特・克羅爵士（Sir Eyre Alexander Barby Wichart Crowe）在當時可謂是德國事務專家，而當時的英國外交部，仍然自豪地配備「具有天賦的業餘人士」。克羅出生在萊比錫（Leipzig），他的母親有德國血統，他的妻子也是德國後裔，他大部分青年時期都在柏林度過，所以至少可以說雖是外行人，卻對德國文化和有相當程度的瞭解。更重要的是，他曾在外交部主司非洲保護國事務的部門任職，基於職責參與了德國、法國、英國、美國和其他歐洲大國之間關於摩洛哥地位的談判——談判最終達成了一九〇六年的《阿爾赫西拉斯條約》（Treaty of Algeciras）。之所以會簽訂這項條約，是因為德國企圖阻止法國在摩洛哥建立保護國，並分化一九〇四年之後發生的法英協約關係。然而，德國的努力失敗了，會議之後英國和法國比以往任何時候都更加親密——並且對崛起的德國抱持懷疑態度。這些談判塑造了克羅對俾斯麥時代德國外交關係的觀感。[65] 一九〇七年，他顯然對自己在檔案處的角色感到有些厭倦，並且注意到最近在西班牙的談判，他主動寫了一份長備忘錄，探討英國與德國的關係，尤其更加具體分析，英國該如何回應德國明顯希望擴大其海軍兵力和商業影響力的問題。這是一份文字冗長、浮誇的報告，反覆討論英德歷史和條約談判——但是它關於大國角力動態的核心論點，塑造了迄今世人對國際關係的理解。[66]

日後，稱為「克羅備忘錄」（Crowe Memorandum）的這份報告，有三個基本主題。第一個主題幾乎像是順便提一下，闡述英國對作為世界海洋和貿易路線守護者角色的理解。然後，他闡明了美國學者艾佛瑞德・塞耶・馬漢最近發表的海權理論的含義：

> 英國外交政策的大體性質，是由它位於歐洲海岸外緣，此一不可改變的地理條件決定的，它是一個擁有廣大海外殖民地和附屬國的島國，它作為一個獨立共同體的存在和生

存，與具有優勢的海上力量密不可分。這種優勢的巨大影響，在馬漢上校的經典著作中已有描述。現在沒有人對此提出異議。海權比陸權更強大，因為它就像它所移動的元素一樣無處不在……

其次，他談到德國希望在國際事務中，能具有更廣泛的領導地位。他描述了在此一過程中，現代國家與國家關係的基本困境：

現在，德國很可能不會、將來也可能永遠不會，有意識地珍惜任何具有如此顛覆性質的計畫。它的政治家群已公然憤慨地駁斥了計畫。他們的否認可能是完全誠實的，而且他們的憤慨可能是有道理的。如果是如此，他們將最不可能與英國發生任何形式的武裝衝突，因為，德國知道，目前兩國之間沒有爭議的理由，因此它將難以想像，根據所陳述的假設，將來會出現這種情況。英國不尋求爭吵，永遠不會讓德國有正當理由冒犯。

這一切看起來都很好。但隨後克羅描述後人以他名字形容的兩難困境：

但這不是英格蘭可以安全地冒任何風險的問題。

換句話說，固然德國的意圖可能是和平的，但是英國不能冒險，萬一德國改變意圖，跑來挑戰英國的主導地位，那要怎麼辦？因此，英國別無選擇，必須向柏林明確表示，如果德國選擇嘗試，將要付出高昂的代價。67

在倫敦的權力圈中，克羅的論點引起共鳴，英國統治者的回應，是進一步投資於他們的海軍力量。

直到今日，大國政治的一個特徵仍然存在，那就是一個大國認為另一個大國具有優勢，即使只是出於防禦原因，也會試圖縮小差距；但是隨後第一大國看到這一點，認為這是對它霸主地位的挑戰，遂採取行動要保護自己的優勢。結果就是軍備競賽，以及威脅和不安全感的螺旋上升，它可能導致國家之間發生戰爭。

克羅的思想後來由英國外交部採用，它與一九〇九年至一九一七年擔任首相的德國政治家狄奧博爾德・馮・貝特曼－霍爾韋格（Theobold von Bethmann-Hollweg）的用詞遣字之間，存在很強大的相似性。一九一三年，貝特曼－霍爾韋格認為，要成為「真正的大國，」德國必須「擁有一支強大的艦隊……不僅只是為了保衛它的商業，而是為了它此一總目標的偉大。」68 他把注意力投向削弱英國的海軍優勢。德國將海軍與英國海軍之間的差距，視為對德國雄心構成威脅，開始投資興建一支更強大的艦隊。當然，英國反過來將德國的整軍經武，視為對英國力量的直接威脅，開始回應。一八九八年，德國通過了《第一項海軍法》（First

Naval Act），撥出經費將在未來六年內建造七艘新的戰鬥艦。它把這個造船計畫交付給海軍上將艾佛瑞德・馮・鐵必則（Alfred von Tirpitz），他曾為爭取此一法案的通過極力奔走。[69] 馮・鐵必則的野心更大，決心建立一支強大的艦隊，要讓英國感到有必要做出外交讓步。馮・鐵必則的計畫，主張德國將艦隊擴大一倍，包括建造兩個新的戰鬥艦支艦隊和十艘巡洋艦。它後來稱為「風險艦隊」（Risikoflotte/ risk fleet）。其目的根本不是為了在公海上打敗英國，而只是為了讓英國維持其霸主地位的成本愈來愈高。[70]

英國的反應是設法超越德國人，於一九〇六年啟用稱為〈英王陛下的無畏艦〉（His Majesty's Ship Dreadnought）這一種新型超級戰艦。〈無畏艦〉和緊隨其後的同級船艦在兩個主要方面徹底改造了戰鬥艦：首先，它配備「全大砲」的武器，比以前的船艦擁有更多的大口徑火砲；其次，它是第一艘由蒸汽渦輪機提供動力的大型戰艦，使〈無畏艦〉的速度比同時期其他戰艦都要快。就戰鬥艦來說，〈無畏艦〉是如此的具有革命性的大不同，以至於先前所有的戰鬥艦，都稱為〈前無畏艦〉（pre-dreadnoughts），而下一艘無畏艦級的軍艦，在英國更是以令人難以置信的速度迅速建造完成，英國擁有的工業資源，幾乎可以接二連三興建出來，而且每艘都比前面完工的船艦更大型、更強大。德國望塵莫及。[71]

但德國還有另一張王牌可以打，一項顛覆性的新技術：潛艇。作為兩國中財力比較遜色的國家，德國投入這場海軍軍備競賽的資源有限，而英國可以根據需要進行建設和擴張。於是乎，德國將戰術轉向發展潛艇。

這在戰爭開始時變得很重要，當時英國的第一步是封鎖英吉利海峽。德國透過部署U型潛艇，設法將封鎖戳破大洞。一九一四年八月，德國派出九艘U型潛艇艦隊進入北海，發起了史上第一次潛艇戰巡邏。它的目標是擊沉英國船隻，減少英國的數量優勢，而且德國人將把北海整個變成作戰地區。德國的潛艇離海岸愈來愈遠，繞過英國進入大西洋。雖然這個動作讓倫敦相當難受，但最終卻適得其反、惹火上身。因為一九一六年德國的潛艇活動，開始給一個非常不同的國家——美國——帶來成本。德國在大西洋航道對美國船隻的攻擊，最後將美國捲入了戰爭。一九一七年美國參戰，於一九一八年幫助結束了歐洲大陸的大殺戮。[72]

英國在挑戰之下結束了大戰、也出現一些變化，但它仍然控制著龐大的帝國，並且仍然被視為當時的主導大國。可是它的海軍力量已被削弱，英格蘭銀行財庫也已枯竭了。[73]美國正在崛起。

新興海洋大國

隨後的兩次世界大戰中間的歲月是一個混亂的時期。這個時期有個奇怪的特徵，美國消極、被動，它在一八九〇年代的某個時候，經濟方面已經超過了英國，但在不情不願地被捲入第一次世界大戰之前，一直選擇局限它對全球政治的參與。戰爭結束後，它又回到了更加沉默的位置。

自美國立國以來，它一方面有擴張海軍力量的需求，另一方面又不願使用它，依違於兩者之間，實際上幾乎是美國的特色。[74] 美國獨立後不久，想要自己發展出一支海軍。這個決定引起爭議：由於能夠投入新國家軍隊的資源有限，許多人認為華盛頓應該捨棄海軍，而只依靠大西洋海岸和任何潛在挑戰者的母港之間距離遙遠，而其他人反對海軍，其理由是它會需要提高稅負，而且會有一個機關壓制自由。[75] 在美利堅共和國成立後的頭一百年裡，儘管喬治・華盛頓堅決相信「如果沒有一支決定性的海軍力量，我們就無法做出任何具有決定性的大事，而有了它，一切榮耀、光榮的事都有可能做到」，對於海軍力量並沒有一貫的立場。[76] 海軍力量對於深化與美國後院、墨西哥和南美洲廣闊地區的貿易，並不重要。而在亞洲，美國並不希望挑戰英國的主宰地位，也沒有尋求這樣做：它只埋頭在亞洲進行商業活動，並為歐洲在此一地區的廣泛的安全努力略盡綿薄之力——用今天的話來說，美國在亞洲搭英國海軍的「便車」。[77]

美國的態度在十八世紀行將結束時開始發生變化，那時它開始在大西洋遭受出沒北非巴巴里海岸（Barbary Coast）的海盜對美國航運的騷擾。國會終於在一七九四年同意，撥款建造六艘護衛艦，正式建立新的美國海軍。[78] 美國海軍陸戰隊的戰歌一開頭就是「的黎波里海岸」，不是沒有理由的，因為美國第一次派遣海軍和陸戰隊出國作戰，便是派到的黎波里（Tripoli）、今天的利比亞，而當年正是巴巴里海盜的主要巢穴。（美國是參加瑞典已經進行的追剿海盜作戰。）⑩在巴巴里海盜的的黎波里老巢擊潰他們，乃是呼應葡萄牙人「直搗敵人大本營」的信念，並為日後美國在中東投射力量立下先例。79

然後，在新國家測試過它的海軍和陸戰隊特遣隊後不久，美國與昔日殖民主子英國爆發的一八一二年戰爭（War of 1812），鞏固了海軍對美國國防的重要性，也使得新生的海軍鞏固了它在和平時期的重要性。80

即使在美國建國初期，亞洲也很重要。商船和新成立的美國海軍都到來到亞洲。中國是主要目標，因為聽說中國具有一些世界上最熱門的商品，例如茶葉、瓷器和絲綢，吸引了美國創業家橫渡太平洋。然而，航行需要一個橫跨大洋的港口網絡，因此美國試圖擴大它在整個地區的布局。81

由於中國和印度被英國主宰，美國把它的野心轉向日本。美國海軍准將馬修．卡爾布瑞斯．裴理（Matthew Calbraith Perry）奉派去建立一個區域立足點，以便強化美國在太平洋地區追求利益的能力。針對這個目標，美國試圖對日本做出英國已在中國所做的事：利用優勢的海軍火力，迫使這個古老的亞洲國家開放、允許外國商人進入日本及其市場。自從十六世紀以來，荷蘭、英國和耶穌會商人一直試圖打入日本，但成效甚微。他們都沒有裴理在一八五三年率領著名的旗艦，駛入東京灣橫須賀（Yokosuka）時所擁有的強大海軍火力。裴理的艦隊稱為「黑船」（Black Ships），有四艘船在海灣停泊了六天，威脅要使用武力確保將米拉德・費爾摩總統（Millard Fillmore）的一封信遞交給日方。日本人連續幾天拒絕接受這封信，但是到了七月十四日，終於在〈薩斯奎哈納號〉（Susquehanna）的十三響禮炮聲中，正式收下這封信。一八五四年初，裴理率領十艘船和一千六百人回來接受回覆。三月八日，在三個軍樂隊演奏〈星條旗〉（The Star-Spangled Banner）聲中，裴理在橫濱上岸，展開為期三週的談判，最終導致港口開放、准許美國船隻進出——日本也對外開放。[82]

這些不斷增長的利益需要保護。能威脅美國船隻安全的，並不僅出現在巴巴里海岸。一八三一年，蘇門答臘海岸的居民，劫掠了一艘美國商船，殺死幾名船員。次年，一艘美國護衛艦奉派往前往蘇門答臘，將那個城鎮燒毀。[83] 一八三五年，美國成立東印度支艦隊（East India Squadron），負責保護從中國到阿拉伯的美國商業利益。[84]

再一次，如果不是美國在此後不久從亞洲大舉撤退，亞洲與西方之間的互動歷史可能會

❿ 湯瑪斯・傑佛遜（Thomas Jefferson）總統想要派去領導巴巴里戰爭的第一人選，是曾經當過英國海盜、後來成為美國海軍軍官的約翰・保羅・瓊斯（John Paul Jones）。本書稍後，將會看到以他的名字命名的驅逐艦。

以完全不同的方式展開。美國之所以撤退，是因為它陷入了南北戰爭的內戰，消耗掉大量精力。海軍的艦艇轉用於封鎖南部邦聯。內戰結束後，美國已經精疲力竭、轉而向內，專注於戰爭結束後展開的大規模「重建」過程。85

直到一八八〇年代後期，美國才再次向外看，這一次，是西班牙在它附近水域，特別是古巴島周圍探勘引起的。（這不是古巴島最後一次在美國外交中扮演極其重要的角色。）美西戰爭並沒有在這兩個國家國土開打，而是由兩國海軍在古巴海岸及其周邊地區、以及西班牙在亞洲最主要殖民地菲律賓的外海交戰。美國海軍分別在菲律賓馬尼拉灣（Manila Bay）和古巴聖地亞哥海戰（Battle of Santiago de Cuba）贏得兩場決定性的勝利。美西戰爭的第一個結果，是美國在海外建立第一個殖民地菲律賓。第二個結果是塑造了一位剛擔任海軍助理部長、並做出許多導致美西戰爭重大海軍決策的人士之思想，他就是狄奧多・羅斯福（Theodore Roosevelt）。86

雖然美國海軍在馬尼拉灣贏得決定性的勝利，但實際上它是透過海軍戰術、規畫和運氣的結合取得了勝利。與當時的許多國家海軍相比，美國的軍艦沒有它們現代、沒有它們那麼大、也沒有它們那麼有效。美國進行內戰時，已經落居人後，世界各地鐵甲艦取代了早期的木製帆船。美國決策者開始意識到他們的海軍已經過時，隨著海外市場的成長和海上通信的重要性上升，他們在一八八三年啟動一項現代化計畫，有助於帶領美國進入美國海軍擴張的新時代。一八七〇年，美國擁有世界第十二大海軍——到二十世紀之交，已經躍居第五大。[87]美西戰爭讓美國認識到自己的海軍缺陷，也讓美國嘗到了增加海上責任的滋味。[88]

美國在亞洲的現身不僅限於日本。美國於一八四四年在斐濟（Fiji）、一八五六年在薩摩亞（Samoa）和一八八一年在馬紹爾群島（Marshall Islands）設立領事館，以保護美國在和中國貿易的中繼站的利益，它增加了在夏威夷（Hawaii）的部署，以便建立一個太平洋營運基地來支持貿易活動。[89]每一個動作，它都在追求深思熟慮的戰略——這個戰略部分受到現代海洋戰略之父艾佛瑞德・塞耶・馬漢的影響，也得到年輕的狄奧多・羅斯福的擁護——它要把美國的防線推向更西邊的太平洋。美國海軍領導人和政界人士，敏銳地意識到日本海軍日益增長的威脅，試圖建立一個海洋周邊以保衛美國本土。[90]一八九八年，兼併夏威夷是在羅斯福擔任海軍助理部長期間實現，這項舉措構成此一戰略的頂峰，深入太平洋、建立一個永久的美國據點，美國海軍力量可以輕易地從夏威夷延伸到關島（Guam）和福爾摩沙（現在的台灣）。它為美國在亞洲的防禦戰略樹立了模式，至今仍然存在。

在這段期間，美國也開始在打造國際航運標準和法律協議方面扮演重要角色。譬如，一八八九年，美國在華府特區主辦「國際海事會議」（International Maritime Conference），旨在解決各國在繪製海圖方面的重要歧異。種種不同方法使得導航變得相當複雜和困難。會議提議成立一個永久常設國際委員會，由它協助各國解決繪製海圖方面的歧異——這個委員會迄今仍然存在，名稱為「國際海道測量組織」（International Hydrographic Organization），總部設在摩納哥（Monaco）。[91]

一九〇一年九月威廉・麥金萊（William McKinley）去世後，狄奧多・羅斯福繼任總統；他上任時非常清楚美國不斷增長的海上潛力，以及美國海軍本身的不足。隨著他就任總統，他渴望美國扮演更廣泛的國際角色，以及能夠執行它的工具。[92] 他接下來所做的事為現代美國的力量投射奠定基礎，而獲得第一批殖民地代表美國開始進入危險的帝國競爭事業。

羅斯福總統為了展示美國海軍力量不斷增長，經常向馬漢請教。⓫ 一八九〇年，擔任新成立的美國海軍戰爭學院（US Naval War College）院長的馬漢，出版了《海權對歷史的影響》（*The Influence of Sea Power Upon History*）。這本經典著作論述海上優勢的重要性，強調需要有強大的海軍和強大的商業艦隊。馬漢的論點首先是財富始於貿易，而國際貿易取決於海上商務——因此一個國家積累財富的能力又取決於它控制海洋的能力，所以這就是國家海權的功能。他強調需要建設一支更大的海軍、興建巴拿馬運河和取得海外基地。[93]

老羅斯福將馬漢的許多政策銘記於心，並開始向世界展示它們。日俄戰爭（Russo-Japanese War）和一九〇六年英國皇家海軍〈無畏艦〉的下水，更激發了擴大美國艦隊的急迫感。羅斯福任內，巴拿馬運河開工興建。一九〇七年，老羅斯福派遣一支美國海軍戰鬥艦隊巡弋全球，展示美國日益增長的海軍力量。十六艘戰鬥艦、連同護航艦和大約一萬四千名水手，參加了羅斯福的此一「大白艦隊」（Great White Flee）——之所以如此命名，是因為羅斯福下令將這些船艦船身漆成上白色，而不是當時其他大多數國家海軍習用的灰色。大白艦隊航行四海，拜訪美洲、地中海和亞洲各地港口。特別是，這次航行旨在向英國和日本發出信號，表明美國海軍現在可以部署到世界各地。94

這次航行象徵著美國海軍勢力和全球無遠弗屆的新時代來臨了。接下來，隨著第一次世界大戰在歐洲爆發，美國海軍繼續壯大，不僅是船艦數量增多，兵員也大幅增加。到第一次世界大戰結束時，美國海軍擁有近五十萬名軍官和士兵——是世界上最大的海軍力量。95

一九二一至二二年，也就是第一次世界大戰結束後，世界上最強大的幾個海軍強國在華盛頓召開所謂的《華盛頓海軍會議》（Washington Naval Conference）。會議是因為世界海軍均勢發生重大變化而催生的——日本海軍正在壯大，英國海軍固然以艦艇數量論仍然是世界上最大的海軍，但隨著艦艇的老化、已經變得過時，而美國則在大戰期間展示強大的海軍實

⓫兩人交情親密之至，以至於當羅斯福離開華府特區去主持「驍勇騎士兵團」（Rough Riders）時，馬漢搬進他家居住。參見：Peter Karsten，"The Nature of 'Influence'：Roosevelt, Mahan and the Concept of Sea Power"，*American Quarterly* 23, no. 4（1971），589。

力。面對潛在衝突的威脅，美國、日本、中國、法國、英國、義大利、比利時、荷蘭和葡萄牙的代表坐下來試圖限制海軍競爭。會議的主要成果是簽訂《華盛頓海軍條約》（Washington Naval Treaty），這項里程碑的協定，試圖藉由限制海軍建設來防止另一場海軍軍備競賽。它為英國、美國、日本、法國和義大利這五個簽署國家規定了噸位比，訂出主力艦和航空母艦的最大噸位。美國和英國的噸位比例最大，等於正式承認美國海軍與英國海軍一樣強大。[96]

然而，戰爭結束後，美國退回到頑固的立場。除了沒有廣泛的殖民地存在之外（美國確實有一些殖民地，除了菲律賓以外，特別是在加勒比地區還有一些），美國在第一次世界大戰結束時，已經成為全球最大的經濟體。但它還未選擇承擔號令各國或積極參與的角色。結果是二十年的混亂、報復，這樣的定位直接導致一九三〇年代末期全球重新陷入大殺戮。[97]

一九三九年德國發動戰爭時，美國最初的反應與之前它對一戰相似，想置身於二戰之外，但是這次有一個關鍵區別：現在這位富蘭克林・狄拉諾・羅斯福總統（Franklin Delano Roosevelt，狄奧多・羅斯福的堂親）決心不再重蹈第一次世界大戰覆轍。儘管他在國會遭遇強烈的政治困難，小羅斯福從一開始便對將美國帶入戰爭持開放態度。他透過計謀策略和閒聊攀交情，努力說服國會，在英國與德國作戰的早期階段提供物資協助英國。小羅斯福與邱吉爾，以及他與國會之間的斡旋交涉，首先出現一項行政決定，即所謂的「驅逐艦換基地（destroyers for bases）協議——小羅斯福同意將美國老舊的四十艘軍艦借給英國，換取英國將巴哈馬（Bahamas）和西半球多個基地交給美國使用九十九年。後來又出現「租借法案」（Lend-Lease program），美國的工業基地提供船隻和物資幫助英國作戰。98

然而，把美國帶入戰爭的，則是另一個海軍大國日本。從一九二〇年代末期開始，部分是受到裴理率領艦隊闖入東京灣的衝擊，日本一直在亞洲推動擴張主義政策，在一場殘酷的戰役中占領了滿洲，後來又占領上海和南京。日本的擴張主義使它和亞洲的英國艦隊的衝突愈來愈頻繁。一九三〇年代末期，英國開始封鎖日本戰爭機器迫切需要的關鍵材料——石油和橡膠——之供應。日本試圖運用它日益強大的海軍來突破封鎖。接下來，戰爭在歐洲爆發，可能蔓延到整個大英帝國。一九四一年十二月七日至八日，發生一樁決定命運的大事——日本發動它認為將在亞洲對英國和美國致命一擊的行動，同步攻擊英國在新加坡和香港的據點，以及美國在菲律賓、威克島（Wake Island）、關島的據點和夏威夷的珍珠港（Pearl Harbor）。雖然日本偷襲珍珠港殺害數千名美國水兵、並且嚴重破壞美國的太平洋艦隊，但它未能摧毀發動偷襲時不在港內的三艘美國航空母艦。它們將成為美國太平洋海軍戰略的核心。

歌利亞的崛起

珍珠港事件之後，美國海軍在兩個戰線的作戰中得到極大成長。在歐洲，美國海軍證明了自己的價值，尤其是在義大利和諾曼第登陸戰中，對美國和其他盟軍地面部隊起到關鍵性的支援作用。同時，美國海軍在大西洋努力展開反潛艇作戰，這是保護為歐洲戰爭供應補給的船隊安全的重要努力。[99] 然而，美國海軍在太平洋真正承擔第二次世界大戰的重任，航空母艦和海軍航空隊發揮極大的作用。美國海軍在中途島（Midway）、珊瑚海（Coral Sea）和瓜達爾卡納爾島（Guadalcanal）等著名海戰中，與日本艦隊交戰，使盟軍的「跳島」（island hopping）戰術，終於打斷日本的補給線，為戰勝日本奠定基礎。[100]

二戰結束時，美國海軍增加了將近一千二百艘作戰艦艇——占世界作戰艦艇總數的百分之七十以上。[101] 更重要的是，它已經執行並展現有能力、也有意志進行全球海戰。結合美國在歐洲地面戰爭中的角色，美國在二戰中的行為證明美國在陸地和海上都是領導全球的大國。它從戰爭中脫穎而出，比剛投入戰爭時更加強大。美國擊敗了當時全球第二位海軍大國德國；也擊敗了亞洲最強大的海軍大國日本；這是在以前海軍的競爭對手俄羅斯協助下完成此一大業的。更重要的是，它是在軍事和殖民方面，與當時的全球主導大國英國密切合作下完成的。

在長期主宰公海的過程中，英國建立了由港口、基地、補給站和燃料站組成的網絡，為它的全球艦隊提供動力和支援；現在，英國把這個網絡的大部分設施讓給美國使用。美國海軍幾乎實質上獨霸全球大洋。透過鞏固它在日本沖繩（Okinawa）、菲律賓蘇比克灣（Subic Bay）、北歐冰島等地的基地，美國迅速鞏固了自己的地位。在這樣做的同時，它開始接管英國以前在中東的主導地位。[102] 英國外相歐內斯特・貝文（Ernest Bevin）在一九四七年寫道：「今天的美國，處於英國在拿破崙戰爭結束時的地位。」[103] 美國已經取代英國，成為世界舞台上的主導力量。

在完成所有這些成績時，美國——尤其是美國海軍——扮演兩個關鍵角色，一個是從英國皇家海軍繼承而來：作為全球貿易流動的保障人，以及作為能源自由流動的保證人。時至今日，它們仍然是美國動態實力的基礎。[104]

有兩項事件——一次是領袖峰會，一次是戰爭——體現並鞏固這個變化。兩者都發生在蘇伊士運河。全球權力與海洋控制權之間的相互作用對兩者都至關重要。

回到蘇伊士

第一件事是主要領導人之間，進行了一項高峰會議。它是祕密進行的，當它為人所知時，幾乎沒有得到媒體或外交界的報導，並且在第二次世界大戰之後，如何建立國際秩序的敘述中也被忽視。然而，它開啟了七十年來對地緣政治至關重要的一段關係。[105] 它塑造了中東的命運、影響全球石油貿易，以及美國在戰後世界的實力投射。

日期是一九四五年二月十四日，就在美國總統富蘭克林・羅斯福與英國首相溫斯頓・邱吉爾、蘇聯總理約瑟夫・史達林（Josef Stalin）在雅爾達（Yalta）舉行決定性的會談之後幾天。地點是在美國海軍重型巡洋艦〈昆西號〉（USS Quincy），它停泊在西奈半島的大苦湖中，這是蘇伊士運河系統的一部分。在船上，羅斯福和由海軍將領和顧問組成的代表團等待著貴賓蒞臨。早些時候，美軍驅逐艦〈墨菲號〉（USS Murphy）已經駛往沙烏地阿拉伯的吉達，迎接這位貴賓。這表明當時美國和沙烏地阿拉伯之間的接觸有限，因為美國海軍沒有吉達港口的最新海圖，並且美國在沙烏地阿拉伯幾乎沒有外交官，沒有辦法弄到一份海圖。美國海軍不得不向阿拉伯美國石油公司（Arabian American Oil Company）借來一張海圖，外界一般通稱這家公司為「阿美石油公司」（ARAMCO）〔「阿美石油公司」（ARAMCO）之前的本名，是加利福尼亞標準石油公司（Standard Oil Company of California）〕。[106]

〈墨菲號〉在吉達接到它的乘客——四十八個人、七隻綿羊和一個華麗的國王寶座。就在十四日中午之前，〈墨菲號〉與〈昆西號〉會合，寶座也轉送到〈昆西號〉上。它的主人是沙烏地阿拉伯的創建人阿布杜拉・阿齊茲・伊本・紹德國王（King Abdulaziz Ibn

Saud）。這是總統和國王第一次、也是唯一一次會面，也是國王第一次離開自己的國家。在吉達，謠言四起，傳說國王逃亡出國或被美國人綁架。他的後宮嬪妃因為想到他們的保護者永遠不會回國了，而舉行儀式哀悼。

兩位領導人的會談進行了四個小時。討論重點是來自歐洲的猶太難民的命運，以及國王是否會支持在巴勒斯坦（Palestine）建立猶太家園的想法（他並不支持）。兩位領導人還討論了農業問題——羅斯福總統提議提供技術，協助阿卜杜拉・阿齊茲國王，灌溉沙烏地阿拉伯土地、發展農業（國王禮貌地拒絕了這一提議，告訴總統，他太老了，不能學當農民。）這些政策議題可能沒有得到推進，但國際政治有時候涉及到個性，而不是政策。羅斯福讓這位沙烏地領導人折服。他還說服這位沙烏地領導人，美國並沒有追求在此一地區建立主宰的關係，只希望是開放和相互支持的關係。他們根本沒有談到石油問題。

然而，石油是這次會議的重點。國王非常清楚總統的巧妙提議。美國提供了二戰期間盟軍耗用的大部分石油，儘管政府和工業界之間空前合作以保持供應流動，但大家已經敏銳地感受到壓力。羅斯福知道，讓本身的供應來源多樣化，並且抗拒英國將美國的石油公司擋在中東之外的舉動，對美國來說十分重要。在大苦湖會議之後不到幾個星期，沙烏地核准阿美石油公司中意的一條輸油管路線，從王國位於達蘭（Dhahran）的主要油田通往地中海，沙烏地石油因此流向歐洲、然後再運到美國。跨阿拉伯輸油管（Trans-Arabian pipeline,

Tapline）於一九五〇年投入營運；美國投資者提供了資金和專業知識，並且至少在早期分瓜大部分利潤。[107] 同時，美國開始在沙烏地阿拉伯建造機場，這是它對國王做出安全承諾的明顯體現。

當邱吉爾發現美國總統背著他和沙烏地國王會面時，非常憤怒，匆忙安排自己的峰會以便重新控制局面。但他在國王面前既喝酒又抽雪茄後，情勢就很糟糕，因為這凸顯了英國人的麻木不仁和傲慢的形象。阿卜杜拉・阿齊茲國王堅信，他的國家的未來，取決於擁抱未來的國家為夥伴，而不是與殖民歷史聯繫在一起的國家。[108]

這些事件代表了戰略和經濟夥伴關係的開始：美國承諾保障沙烏地阿拉伯的安全，換取沙烏地實質上保證石油可以自由流動。這種關係姑且不論利弊如何，都將美國置於阿拉伯世界的中心，而將英國推擠到一邊。沙烏地人得到保證，他們將受到保護，不會受到那些覬覦沙烏地石油財富的鄰國的傷害（這一承諾，在數十年後伊拉克入侵科威特時，取得了最大的成果）。美國獲得了對抗蘇聯在中東影響力的堡壘，因為它的軍隊提供本地區的安全保障。[109] 沙烏地願意充當搖擺不定的石油生產國，以及美國決心取得中東的供應，對於二十世紀末期和二十一世紀初期的全球經濟和國際安全架構是十分重要的要素。他們將專制又神祕的王國，與領導自由世界的國家聯結在一起。它讓美國在全球事務中扮演關鍵角色，作為石油流向西方經濟體的保證人。[110]

接下來，蘇伊士運河中發生的更具戲劇性的事件，使得世界事務從英國霸權轉向美國霸權的變化具體化。

第二次世界大戰期間，英國關閉蘇伊士運河，阻止敵人貿易通過，而能夠通行運河，對盟國來說是重要的戰略優勢，傷害了德國。戰爭結束後運河重新開放，貿易恢復。但作戰模式的轉變，不僅只是美國的相對實力崛起。第二次世界大戰的結束也是歐洲殖民統治體系終結的開端。一九四七年，為了加速大英帝國從印度撤出，總督蒙巴頓勳爵（Lord Mountbatten）將印度的獨立提前到一九四七年八月十五日，同時沿宗教路線劃分國家（過程中引爆大規模暴力和遷徙）。印度獨立之後，在巨大的國際壓力下，緬甸（一九四八年）、印尼（一九四九年）和利比亞（一九五一年），分別由各自的殖民大國授予獨立。英國首相哈羅德・麥克米倫（Harold Macmillan）所謂的「變革之風」，吹遍歐洲列強在非洲、拉丁美洲、加勒比海和亞洲的殖民地。這股風也吹遍中東，進入開羅；一九五二年，一場革命在開羅推翻了法魯克國王（King Farouk），趕走英國軍隊，埃及恢復獨立國家的地位。111

然而，蘇伊士運河仍處於國際控制之下，仍受君士坦丁堡公約確立的國際協議的約束。二戰後的第一個十年，一直保持這種狀態。但隨著革命領袖賈邁勒・阿卜杜拉・納瑟（Gamal Abdel Nasser）在埃及鞏固權力，均勢開始發生變化。納瑟是一九五二年革命不可或缺的主角人物，但是遵守三年過渡安排的約束，他在一九五四年才接任總統。一九五六年他正式當選為總統。同年七月，納瑟宣布決定將運河收歸國有。

納瑟的決定，引爆了一場全面性的國際危機。在倫敦，安東尼・艾登（Anthony Eden）首相與他極具影響力的內閣大臣班傑明・狄斯雷利（Secretary of State Benjamin Disraeli）及國會，進行了磋商。艾登發現，在外交政策上意見分歧的英國卻團結一致，認為不能允許埃及將運河收歸國有。最根本的是——稍後還會再談論這個主題——運河的關閉，有可能中斷從沙烏地阿拉伯到倫敦的石油流動，然後會危及英國經濟。法國也受到了此一危機的影響——與英國一樣，法國的經濟也變得依賴從中東通過蘇伊士運河流出的石油。[112]倫敦和巴黎開始合謀應對。

這場大戲還有另一個演員：以色列，它於一九四六年新建立為一個獨立國家，並且在宣告建國幾天之後，遭到阿拉伯國家的攻擊。以色列與阿拉伯國家的敵意，尤其是與埃及的敵意，有增無減。它認為納瑟的民族主義和他想在運河確立埃及的完全主權，直接威脅到以色列的生存。[113]英國、法國和以色列祕密協商如何對付納瑟的挑戰。

一九五六年十月，納瑟再次威脅收歸國有，以色列迅速採取行動阻止他，派遣數萬名以色列軍隊進入西奈半島，控制蘇伊士運河東岸。根據他們的祕密協議，英國和法國在第二天呼籲停火。二十四小時內埃及沒有回應，英國和法國也將軍隊開進西奈半島。「火槍手行動」（Operation Musketeer）見證了數萬名英國和法國軍隊在西奈半島和以色列軍隊會師。[114]

英國首相安東尼・艾登沒有料想到的是，蘇聯反應的規模之大和憤怒程度。經過二戰期間結盟之後的十年，美國和英國已經與蘇聯進入冷戰。蘇伊士運河危機是冷戰，可能升高為實際衝突的最初時刻之一。蘇聯總理尼基塔・赫魯雪夫（Nikita Khrushchev）一直試圖交好埃及的納瑟，他認為英國的舉動是為了阻止俄羅斯的前進，有一部分也的確是如此。赫魯雪夫盛怒之下，揚言要在西歐發動核子攻擊。[115]

蘇聯的反應如此激烈，意味著蘇伊士運河危機變成了美國的問題。美國在第二次世界大戰結束時，已經成為世界上最大的強國、世界上最大的經濟體，擁有全世界最大的海軍，因此它在蘇伊士運河也有重大的利害關係——就像它嚇阻和圍堵蘇聯的反應，也涉及到重大利害關係。因此，關鍵人物很快就變成美國總統狄懷特・艾森豪（Dwight D. Eisenhower）。如果說艾登對赫魯雪夫的反應感到驚訝，那麼艾森豪的反應則更讓他震驚。艾森豪不顧國會民主黨人和他自己的國務卿狄恩・艾奇遜（Dean Acheson）〔譯按：應該是約翰・佛斯特・杜勒斯（John Foster Dulles）〕的反對，堅定地威脅說，如果英國、法國和以色列不從危險的立場上撤退，他將針對他們發動制裁。受到艾森豪的強烈壓力，英法兩國很快即撤軍。幾個月後，以色列也撤軍，不過它已獲得艾森豪的支持，要求埃及保證，埃及將維持以色列在西奈半島和周邊水域的利益。

研究這一時期的歷史學家普遍認為，這一事件是大英帝國殘餘影響力瓦解的一刻，也是美國全球實力全然顯現的一刻。[116] 蘇聯總理赫魯雪夫也退讓一步，不過他確實獲得當初希望英國和法國退出西奈半島的結果。在最近成立不久的聯合國中，安全理事會同意派出一支中立部隊到西奈半島，以幫助維持和平——現代維和作業的誕生。埃及在事件終結時，得到國際承認它對運河具有所有權，雖然所有權也附帶某些條件。⑫ 國際上出現一項新的公約，監督向西奈半島部署聯合國緊急部隊，並且保證蘇伊士運河的自由通行。[117]

*****

美國在蘇伊士運河事件後確立了全球強國的地位，願意並能夠（憑藉其海軍無遠弗屆的影響力）向世界另一端部署軍事力量，以確保它在石油自由流通和貿易自由流通中的利益。[118] 正如林肯・潘恩所寫：「和十六世紀的葡萄牙一樣，美國艦隊的存在，是為了投射力量和保障貿易，並不是為了與實力相當的艦隊作戰，因為沒有這樣的對手存在。」[119] 美國海軍繼承、購買或借用（在某些情況下，透過施加相當大的壓力）英國基地和燃料站網絡中的一些據點——譬如位於印度洋中的狄亞戈・加西亞島（Diego Garcia）和新加坡的三巴旺海軍設施。

如果說蘇伊士運河危機，鞏固了美國在世界事務的霸主地位，它也產生其他的作用。它向全球航運業和依賴它的國家發出警告。運河關閉八個月，對全球貿易造成重大打擊。不僅石油流通受到限制，通過蘇伊士運河的工業產品的流通也受到限制，導致了在關閉期間幾個月中，全球貿易嚴重下滑。一九五六年三月運河重新開放時，全球企業大大鬆了一口氣。120

更糟糕的事情還在後頭。

⓬在這次事件，雖然埃及在軍事上輸掉戰爭，但在政治上取得勝利：在西方國家的中東戰爭中，這種模式不會是最後一次。

HSBC
未来资产
MIRAE ASSET

第二部
圍堵世界——一九五六年至二〇一七年

新加坡海峽〈馬德里號〉上的猴島

任何航行於海上的船隻，視野最好的地點是水手通稱為「猴島」（Monkey's Island）的位置。在帆船時代，猴島通常只是一個小平台或籃子，綁在主桅桿三分之二高的地方，大小約可容納一個人，水手可以從這裡用望遠鏡或肉眼掃描地平線。在現代船舶上，它便是船長艦橋上方的屋頂，也是整艘船的最高點，可從艦橋甲板外一組陡峭的金屬樓梯登上。不過，它仍然用於導航，是船上雷達塔、無線電天線和衛星標幟的所在。當站在超大型貨櫃船〈快桅集團馬德里號〉上的猴島時，可以從兩百三十呎的高度俯瞰大海，周圍的海洋，一覽無遺。

新加坡海峽的入海口，正好是溫暖的南海與爪哇海混流的地方，在這兒可經常看到擠得水洩不通的船隻。從小型漁船到大型油輪、巨型貨櫃船應有盡有，數百艘船隻在狹窄的海峽航道中移動，航道深約八十二呎。任何一天，都有超過兩千艘各種級別的商船通過這塊水域。

到了晚上，每艘船都必須亮出跑馬燈和信號燈，右舷綠色、左舷紅色，以顯示方向；桅頂則是白色的，以顯示位置。從底下的艦橋傳來新加坡海岸防衛隊源源不斷的導航指令，他們的英語平靜而準確，沒有因船長爭先恐後發出的緊急又憤怒的呼叫聲打斷。這裡絕不是平靜的海面，景色更讓人聯想到，從紐約市的辦公大樓俯瞰交通尖峰時段憤怒的喇叭聲和緩慢蛇行的車子。從這裡，船隻駛過新加坡市中心摩天大樓的璀璨燈光，向東北進入南海、或向西南駛入麻六甲海峽。在任何特定時段，都有一百多艘載有價值數百億美元貨物的船隻慢慢經過霍斯堡燈塔（Horsburgh lighthouse）附近。新加坡海峽在二十一世紀的重要性，就如同十九世紀末蘇伊士運河的重要性：它們都是世界上最重要的水道，也是世界經濟的關鍵動脈。

從蘇伊士過渡到新加坡，不只是一場革命，而是好幾場革命的故事。包括全球航運和貿易技術、世界大國之間的關係、世界經濟地理學以及貿易本身的性質，全都發生革命性的變化。這些變化過程也讓中國重新回到全球經濟強國的前茅，它改變了美國的經濟，也開始讓美國與周圍世界的關係變得更緊張。

第四章 西潮升起

散裝貨運和西方財富（一九五六年至一九八〇年）

海上霸權幫助英國人建立了大英帝國，也奠定現代世界的特性，二次大戰之後，海權更是美國成為全球新角色的關鍵。一九五六年發生在全球最重要航道上的蘇伊士運河危機，泯除了一個多世紀以來，英國在公海和全球政治主導地位的最後痕跡，也象徵並鞏固了世界權力從倫敦轉移到華盛頓手中。[1] 蘇伊士運河危機使得美國的實力更加擴張，也確保它在掌控能源自由流通和保護全球貿易方面的新角色更為具體化。

這種變化也標示冷戰最危險階段之一的開始：蘇聯將目光從關注本身安全和東歐緩衝區，擴大到更廣闊的歐洲、甚至其他地區，以便在全球競爭中爭取效忠和資源。不過，海軍競爭雖是美蘇對抗的一部分，它還不是美蘇爭霸的最前沿；核子飛彈取代海軍力量，成為大國安全角力的主要工具。

然而，在世界經濟事務中，海洋即將變得更加重要。蘇伊士運河危機以及整個一九五六年是全球航運業的轉折點，逐漸並徹底改變世界經濟。隨之而來的變化也促使西方勢力在一九七〇年代、一九八〇年代和一九九〇年代取得巨大的經濟收益。

在本書前面幾章，我們看到帝國、國家和海軍如何將他們和周圍的世界縫合在一起。也有像十七、十八世紀，由國家認可的「公司」，如東印度公司這樣的半民間實體，因為貿易和利益組成，且擁有發動戰爭和建立自己的殖民地的合法權力。不過，最後，它們被證明只是王室的延伸，而不只是私人利益。二次世界大戰之後的世界裡，重塑世界貿易的不僅僅是國家，私營公司和企業家也扮演關鍵的角色。

在第四章和第五章，我們將介紹兩家位於世界兩端的公司，它們都是家族企業、父子相傳，誕生在戰爭的懸崖上，也是世界變革的典範。

其中，第一家誕生於波羅的海貿易，在歐洲即將捲入全球衝突的大環境中成長。

現代維京人

有一張老照片是一八三七年廣州十三洋行（International Settlement in Canton）的建築，這是最早允許外國人與中國人行商貿易的地方。照片前景有幾幅國旗，來自駐廣州代表人的國家，也就是當時幾個貿易大帝國的國旗：英國當之無愧，荷蘭、法國、俄羅斯、瑞典和美國都躋身其中。還有一面國旗來自還沒有提到的貿易帝國——古老的丹麥王國，紅底上有白色十字架，即使是黑白照片也很容易辨認。在十九世紀中葉，丹麥仍然是個有相當地位的王國，也是一個貿易大國。[2] 它的國力雖然在二十世紀初期逐漸消退，但它的地位一直延續到今天。不過，不是反映在丹麥這個國家，而是反映在從一九七〇年代起，就是世界上重要的全球貿易公司之一。

在哥本哈根（Copenhagen）歷史悠久的港口區大街（Bredgade）上，古董店和藝術畫廊林立，面對的是古典石灰岩建築和路德會教會，附近是阿美琳堡皇宮（Amalienborg Palace）的莊嚴庭院和皇家雄偉宅邸，從十八世紀中葉以來，丹麥王室便居住於此。在一片石灰岩中，有座不尋常的建築脫穎而出，這座建築採用灰色和紅磚外牆，與砂岩交錯，上升到一組尖頂，頂部是鍍金的洋蔥形圓頂。這是哥本哈根亞歷山大・涅夫斯基大教堂（Alexander Nevsky Church），建於一八八一年至一八八三年之間，由沙皇亞歷山大三世（Tsar Alexander III）個人提供經費興建，用於慶祝他與丹麥出生的瑪麗亞・費奧多羅夫娜（Maria Feodorovna）〔譯按：丹麥國王克里斯蒂安九世（Christian IX）的女兒〕的婚姻。俄羅斯和丹麥王室之間的聯婚，以及十七世紀莫斯科建築風格的亞歷山大・涅夫斯基教堂的存在，鮮明地提醒我們，哥本哈根過去是波羅的海貿易中心（也是俄羅斯和德國之間的緩衝國家），以及波羅的海冰冷海水在帝國生活中扮演的主角角色。[3]

當亞歷山大・涅夫斯基教堂於一八八〇年代後期建成時，俄羅斯是世界最大的經濟體，與英國、德國和美國結盟。[4]波羅的海是俄羅斯與西方貿易的關鍵動脈，當時提供服務的是聖彼得堡（St. Petersburg）港，它是俄羅斯首都、也是最重要的經濟中心。[5]俄羅斯船隻可以從波羅的海向西駛向富裕的英國市場。但是到達英國之前，會先遇到厄勒海峽（Øresund），這是現代丹麥和瑞典之間的狹窄海峽，把波羅的海與北海分開來，北海則是英國港口的所在地。在最寒冷的冬天，厄勒海峽的水面會結冰，但沒那麼堅固，強大的水流會衝破表層，把大塊碎片推向丹麥海岸，這些碎片在海浪的壓力下堆積在一起。每一波冰碎片又把較早的冰碎片向上推，它們擠成一堆，指向每一個角度，就像有人在海岸邊打碎了一塊巨大的玻璃似的。但大多數年分，厄勒海峽全年都可以通行。

哥本哈根位於厄勒海峽，有史以來一直控制通過它的航運，也是俄羅斯、瑞典和波蘭港口與倫敦港口之間的重要樞紐，為此穿越這條貿易航線對俄羅斯帝國（以及德意志帝國）至關重要。[6]第一次世界大戰和第二次世界大戰，波羅的海也扮演關鍵角色，英國（及後來的美國）船艦駛出英國南部港口，試圖限制德國從波羅的海進到大西洋。

自古以來，波羅的海地區的貿易都用帆船快艇，直到十九世紀初，蒸汽船的出現才開始改變商業生態。貿易船隻停靠在哥本哈根舊港口中心，先在那裡記錄它們的貿易，港口距離亞歷山大・涅夫斯基教堂只有兩條街。有一位名叫彼得・馬士基・莫勒（Peter Maersk Moeller）的年輕丹麥海員在海關工作，也見證了從帆船變成蒸汽船的歷史。莫勒先是在別人的快艇服務了二十年之後，決定利用商業變動自行創業。一八八六年，他買下一艘英國製造的蒸汽輪船〈蘿拉號〉（S.S. Laura），穿梭於波羅的海，為每個主要港口的客戶運送貨物。莫勒那時期的航行日誌保存在哥本哈根舊海關港口區的小型現代博物館內，博物館在亞歷山大・涅夫斯基教堂的拐角處，位於舊海關大樓隔壁。莫勒第一份工作是在海關擔任書記，小而精確的筆跡記錄了船隻航行的地點和載貨詳細訊息。一八九〇年，〈蘿拉號〉在丹麥、德國、拉脫維亞和瑞典的二十個不同港口停靠六十九次，運送穀物、麥麩、動物飼料、大麻、油菜籽、黑麥、石灰石和鐵路枕木。

到了一九〇四年，生意蒸蒸日上，莫勒決定和兒子阿諾德・彼得・莫勒（Arnold Peter Moeller，他習慣使用 A. P. 莫勒之名）在丹麥菲英島（Funen island）南海岸的斯文堡市（Svendborg）成立「斯文堡輪船公司」（Svendborg Steamship Company）。斯文堡與波羅的海和北海之間另一條主要通道接壤。公司第一艘船是艘英國造的貨輪，可載重二千二百噸，〈斯文堡號〉的標誌是在淺藍底色上襯托出一顆七角白星，日後成為國際商業中著名的標誌之一。❶

八年後，也就是一九一二年，A.P. 莫勒決定申請許可建造自己的船隻，成立「一九一二輪船公司」（Dampskibsselskabet af 1912）。那一年聽起來似乎不是擴大業務的好時機，因為歐洲即將陷入第一次世界大戰大殺戮。但是，戰爭雖然擾亂人民生活和極大部分的商業世界，也推動了經濟活動。簡而言之，行動中的軍隊必須使用大量能源、武器、食物和衣服，不論身在何處都需要即時取得供應。對於供應商品的企業來說，戰爭創造了巨大需求，運輸貨物的企業（包括：航運公司）也一樣。第一次世界大戰主要是在歐洲大陸上進行，卻必須從整個波羅的海，甚至遠及歐洲東南部的土耳其海岸調動部隊和運輸貨物。從一九一四年到一九一八年，供應戰爭物資是莫勒父子輪船公司的重要業務。

戰爭結束時，莫勒父子做出更大膽決定，即創辦自己的造船廠。他們選擇在歐登塞（Odense）附近運河上的一個地點，歐登塞跟斯文堡同處丹麥中央大島上，位於連接波羅的海和北海的航道上。歐登塞造船廠於一九二〇年交出公司第一艘自建船隻，一年後又交出第一艘柴油貨船。也因為造船廠的協助，當年只是小型家族企業經營的「斯文堡航運暨輪船公司」（Svendborg Shipping and Steamship Companies），逐漸轉變為今天的全球巨擘。現在名稱為「A.P. 莫勒—馬士基公司」（A. P.Moeller-Maersk Company）〔譯按：台灣取名「快桅集團」〕大的航運公司，旗下船隊擁有七百多艘船。[7]

兩次世界大戰期間是快桅集團／馬士基的成長和擴張時期。一九一九年，快桅集團在紐約市開設第一個海外辦事處，往後半個世紀，紐約是全球航運和貿易樞紐。第一次世界大戰使得原本的國際貿易樞紐倫敦式微；當它從戰爭中恢復過來後，必須與紐約新興市場競爭。美國成為世界上最大的經濟體，擁有最大的海軍，以及僅次於倫敦的證券交易市場。一九二三年，紐約市的生產量占美國所有製造業的十二分之一，對於一家航運公司而言，更重要的是，全美國一半的進出口都經過紐約港，每隔二十分鐘，便有一班遠洋輪船通過紐約港。[8] 對於一家具有國際野心的船運公司來說，紐約是一個極其重要的停靠港。

在紐約開業後不久，快桅集團／馬士基也取得重大突破。在那個時代，全球貿易分成兩個面向：農業和自然資源貿易從殖民地流向「中心」（即殖民大國，以及美國）；工業產品貿易則流向工業大國（尤其是歐洲，還有美國和日本）。作為第二類工業貿易的一部分，快桅集團／馬士基設法取得一份重要合同——替福特汽車公司（Ford Motor Company）運送汽車零組件到日本橫濱港，因為福特在橫濱有裝配工廠。❷ 這是他們第一條固定路線交運。在這個基礎上，他們進一步發展業務，於一九二八年開設「馬士基航運公司」（Maersk

❶ 根據彼得．馬士基．莫勒寫給他妻子的信，這個標誌代表一顆出現在他眼前的天上星星，在那個多雲的晚上，他正為罹患重病的妻子祈禱儘快康復。——取自作者二〇一八年四月參觀哥本哈根馬士基博物館所做的筆記。

❷ 這是個驚人的提醒，一般認為的當代現象——跨洲的全球供應鏈——早在第二次世界大戰之前即已開始了。

Line），經營由巴爾的摩（Baltimore）經過巴拿馬運河的跨太平洋航線。在那個時期，該公司有六艘船跑這條路線。到了一九三七年，公司船隊數量大增，所有航線上共有四十六艘船。

對快桅集團／馬士基來說，第二次世界大戰那幾年，遠比第一次世界大戰期間更複雜。❸ 在丹麥遭到入侵、並向納粹投降的前一天，A. P. 莫勒下令，如果丹麥被侵入，公司在丹麥水域以外的所有船隻，全都改為直接向紐約分公司報告。[9] 馬士基在接下來的戰爭期間，透過紐約經營他們的船隊，從一九四一年六月起，大部分船隊都擔任美國海軍的支援單位，響應美國控制外國船隻支持戰爭。馬士基一半以上的船隊在戰爭期間損失了，但莫勒還擁有丹麥一家武器工廠最大的股份，在納粹占領期間，武器工廠和歐登塞造船廠都被德國人徵用。戰後，公司因此被罰款，不過他們對盟軍戰爭的貢獻也得到了重視。[10]

二戰之後，歐登塞造船廠開始快速造船計畫，以便將船隊恢復到戰前水平；終於在一九五六年達到了這個目標，還擴大了油輪業務。一九四六年至一九六六年間，實際上是油輪業務和石油運輸帶動公司的成長。到一九五〇年代中期，快桅集團／馬士基的油輪是將沙烏地阿拉伯石油運往歐美市場的最大船隊——實際上，實現了羅斯福總統與紹德國王於一九四四年達成的協議。但是實際上使這家中型公司能夠躋身全球食物鏈頂端的關鍵，因它是最早能應用新的航運技術、改變船舶設計和運輸技術的公司之一，這些技術將成為一九七〇年代以來西方經濟增長的基石。

散貨運輸和貨櫃化的出現

海上貿易已經進行了一千年以上，一直以來，處理海上貨物的基本方式幾乎沒什麼改變。貨物由人工或滑輪搬運，然後由起重機放進船的貨艙。鬆散的貨物，如煤炭或小麥，用劏子鏟入貨艙。食品、家具或機器零件則裝在各種板條箱中運輸和存放在碼頭上，然後盡量塞進貨艙。用於包裝的板條箱有各種各樣的形狀和尺寸，用於包裝一蒲式耳的番茄、一座鋼琴、一輛小卡車或一箱箱的香蕉、咖啡或橡膠的板條箱，各個不同。貨物必須小心裝載以防止在航程中損壞；損壞運輸中的貨物是運費的主要因素。甚至在裝上船之前，它們就被運送到世界各地的港口，在那裡它們會在碼頭等待合適的船隻和裝卸工——通常一等就是好幾個星期。[11] 然後裝卸工負責裝卸這些板條箱；接下來重新包裝和重新裝載貨物以便陸上運輸。現代起重機和堆高車減輕了勞動的挑戰，但從廣義上講，這些船舶包裝技術，與伊本・巴

---

❸ 簡單地說，當邱吉爾要求海軍大臣開始準備派出皇家海軍封鎖從瑞典和挪威向南航行、載運重要的鐵礦砂供應的德國船隻時，丹麥和瑞典之間的海峽似乎即將成為英國和德國之間初期的海上戰場。海軍大臣向邱吉爾說明，封鎖涉及到極大的後勤和政治困難，邱吉爾才放棄這個想法。

圖塔在十四世紀初所看到的，大致上沒有什麼改變。[12]

然而這一切都將發生變化，透過規模和標準化展開改變。正如標準化把汽車從為菁英專門訂製的歐洲汽車，帶到亨利・福特（Henry Ford）的大規模工業化生產一樣，貨櫃標準化也把貿易僅占世界經濟活動的一小部分的世界，帶到了一個海上貿易成為我們經濟生活的每一個部分的主要特色之世界。

這是一個有很多來源的改變。第一個是技術的轉變，它是如此的初級和重要，事後回想起來，很難理解為什麼它沒有更早發生。貨櫃其實很簡單，只是一個長方形的金屬容器，一個箱子。經濟學家馬克・李文森（Mark Levinson）對航運經濟學的仔細研究，最先記錄了貨櫃化的引入對經濟產生巨大影響。他說，這種創新是「對全球工人和消費者產生廣泛影響的一項發展」。[13]

走上貨櫃化道路的創新，最早始於十九世紀。早在一八三七年，匹茲堡（Pittsburgh）的航運業者詹姆斯・歐康諾（James O'Connor）測試了一種可以在火車和輪船之間平穩移動的箱子；但是州際商務監理機關阻止他繼續研發。[14]十九世紀後期，英國和法國的鐵路嘗試使用木箱搬運家具，把箱子從火車車廂轉移到馬車上。[15]從那裡，不同的工程師和公司東主對如何最有效地運輸有不同的點子，到第二次世界大戰開始時，美國和許多歐洲國家已經開發了部分貨櫃系統。至關重要的是，後來美國陸軍開始在火車上使用木箱，作為加快運送補給品的技術。[16]它在第二次世界大戰期間進一步試驗這一類技術。但真正的突破發生在朝鮮戰爭期間。

美國陸軍繼續進行試驗，開發出縮寫為CONEX的貨櫃快遞系統（container express system）——這是一系列標準化的板條箱，可以一次堆疊三個的高度。這成為陸軍策畫將軍隊需要的物品從美國運送到朝鮮半島、打韓戰的後勤作業技術，〔並因此在韓國建立了一個美軍在亞洲的大型後勤的樞紐和基地，由釜山港（Busan）提供支援〕。[17]美國參與朝鮮戰爭，以及在韓國留駐軍隊，不斷由美國提供後勤補給，成為現在美國和亞洲之間大規模貿易不可缺少的第一塊板塊。其中大部分是透過不斷發展貨櫃系統的標準尺寸箱子跨越太平洋。

不過，這項創新僅限於軍方，並沒有影響到商業運輸。然而，在韓戰結束後不久，發生了兩件事，開始把它從特定的創新轉變為全球工業革命。

第一件事是蘇伊士運河危機，導致船東開始尋找散裝解決方案，以便能夠吸納蘇伊士關閉的巨額成本。它啟動了船舶設計的變革，首先是在散貨船和石油運輸船領域，隨著時間的推移，這將改變工業貨物運輸的經濟學。巧合的是，與此同時，美國卡車運輸業一位經營者麥爾坎・麥克連（Malcolm McLean）開始模仿「貨櫃快遞系統」，發展商業解決方案。

麥克連是美國卡車運輸創業家，經常碰到貨物在美國港口碼頭排長龍延誤的問題，貨物屢被延誤，增加運輸公司的成本，他便想解決這個問題。他的第一個創新建立在「貨櫃快遞系統」概念上，更進一步，他把卡車直接開到船上，航行於北卡羅萊納州、紐約和羅德島之間，避開東海岸繁忙的交通。然而，他很快意識到效率不高，因為卡車占用的空間超過了它們裝貨所需的空間，一旦開上船，卡車就不能用於其他載貨。[18]

一九五六年四月二十六日他改了一個方法，把五十八輛拖車——卡車的後部，也就是只是貨櫃——放到一艘從油輪改裝、取名為〈理想X號〉（Ideal-X）的貨船上，從紐澤西州伊麗莎白港開往德克薩斯州的休斯頓。他經營的「海陸服務公司」（Sea-Land Service）成為第一家成功地將貨櫃無縫地從陸地移動到海上、再回到陸地的公司——有效地建立了全世界第一家貨櫃航運公司。[19] 更具體地說，他是第一個開發出商業上可行的「多式聯運」（intermodality）技術的人。簡單地說，所謂多式聯運就是在鐵路、卡車和海運之間運用兩種以上運輸方式、無縫移動貨物的能力。

然而，貨櫃化並不容易流行。航運業根植於傳統和根深柢固的利益。李文森在研究貨櫃化對運輸成本的影響時，顯示出貨櫃化如何遇到來自傳統利益的重大阻力——譬如，碼頭工人工會擔心面臨失業風險，港口營運商擔心不得不耗費巨資改造基礎設施。有些人根本不瞭解創新；其他人則擔心它真正能夠持續多久，以及它會產生什麼影響。港口設施也需要修改——為了接收大量貨櫃，他們需要更大的倉儲區，這是極大的資本投資。改變行業標準並不容易。[20]

麥克連不斷創新。到一九六一年，他將從二戰退役下來的船隻重新改裝，以容納更多的貨櫃，光是一艘船上就可以容納多達四百七十六個貨櫃，當時被描述為「龐然大物」。[21]

整個一九六〇年代，貨櫃化開始慢慢延伸到運輸業的不同領域。一個重要因素是國內和國際先後就貨櫃的標準大小展開談判。如果整個行業要投資於船舶、貨櫃倉儲區、起重機和採用貨櫃化所需的相關改造，則必須先就貨櫃的大小尺寸取得一致——這樣行業的每個部分才能調整、接受同樣的改變。但在早期階段，並沒有標準尺寸的貨櫃。雖然使用貨櫃愈來愈普遍，但是每個公司似乎使用不同的尺寸；譬如，在歐洲，貨櫃通常是四至五呎高的木箱；而美國陸軍的「貨櫃快遞系統」的箱子是鋼製的，長寬高分別是八・五呎、六呎和一〇・五呎。[22] 它們的設計也各個不同：有些貨櫃用帶鉤的起重機搬運；有些則有插槽，因此可用堆高車移動。這對貨櫃運輸極具革命性影響的「多式聯運」構成挑戰：如果貨櫃不能輕易從一家公司的船隻轉移到另一家公司的火車、再到另一家公司的卡車上，每家公司都須為每個客戶的不同需求提供各種尺寸的貨櫃，並且必須根據適合運輸的貨櫃選擇運輸方式。

直到一九六〇年代，標準化才真正開始出現。首先是通過美國國內的談判，然後是涉及美國和歐洲主要經濟體的國際談判。國際海事組織（International Maritime Organization）發布了貨櫃的全球標準，規定術語、尺寸、標記、裝載等等。它幫助建立我們今天所知道的貨櫃版本：八呎寬，八呎六吋高，二十呎長。這種貨櫃現在是行業標準，運輸量以「二十呎標準貨櫃」（Twenty-foot Equivalent Units, TEUs）計算。[23]〔不過目前大多數船隻大都載運雙倍長度——四十呎長——的貨櫃箱，相當於兩個標準單位。[24]〕

接下來，標準化貨櫃更加廣泛受到採用。各地港口開始調整它們的技術和實體地理，落實貨櫃化。港口營運商結合先見之明和資本，早早地朝這個方向邁進，獲得豐厚的回報。鹿特丹（Rotterdam）便是一個例子。它在第二次世界大戰期間被德國轟炸摧毀，到一九五〇年代，它正在重建和更新港口基礎設施。鹿特丹港的管理人員押注在未來趨勢，決定投入新的貨櫃模式，留出土地、並興建有十個泊位（也留下空間可以增建更多泊位）的歐洲貨櫃總站（European Container Terminus）。鹿特丹很快便超越倫敦，成為歐洲最大的港口，後來又超越紐約成為世界上最大的港口（以處理貨物的噸位計算）。[25]在鹿特丹迎接第一艘貨櫃船的同一年，香港決定研議是否將自己的港口基礎設施推動貨櫃化。[26]以世界標準來講只是小港口的香港，做出這樣的決定，也使得它成為世界上最大的港口。

雖然這些創新已經站穩腳跟，但要普遍實現採用貨櫃還有一段路要走。譬如：一九六六年，快桅集團／馬士基委託對航運趨勢進行規畫研究，雖然它預測了貨櫃航運的成長，但是報告中所預期的成長還沒有大到需要投資在新船舶上，以迎接貨櫃化。短期內，公司能繼續專注於以棧板為準的運輸。

但是，地緣政治再度顯示它將有助於改變貿易。

＊＊＊＊＊

李文森對貨櫃化、多式聯運和標準化在一九六〇年代和一九七〇年代促進航運業的轉型，進行了相當具有說服力的研究，卻存在奇怪的落差。到了一九六〇年代末期，這些創新愈來愈站穩腳步，可是李文森的研究困惑地指出，運輸成本還是沒能下降。原因可能並不存在於運輸經濟學領域，而是蘇伊士運河再次關閉的基本事實，而且這一次一關就是好多年。

蘇伊士運河第二次關閉得更久，之所以發生的背景或多或少與第一次關閉相同：因為埃及威脅要把它收歸國有，隨即與以色列發生軍事衝突。這一次，埃及又威脅要將運河收歸國有，引發了一九六七年六月五日至十日之的六日戰爭（Six Day War），以色列部隊長驅直入、攻進埃及和敘利亞領土的中心地帶，最後控制了戈蘭高地（Golan Heights）和西奈半島。雖然以色列快速、決定性地贏得戰爭，運河還是關閉了，不僅因為埃及布下水雷，以色列空軍擊沉的船隻也阻斷了它。運河一直關閉到另一場後續戰爭，即一九七三年的贖罪日戰爭（Yom Kippur War）結束兩年之後；贖罪日戰爭的結果截然不同。在這場戰爭中，埃及、敘利亞和約旦聯手突襲以色列，讓以色列措手不及。以色列藉由美國的大規模空運和補給才復原、並倖存下來。美國在戰爭過後花了兩年時間，排除水雷和清理沉船計畫之後，運河才在

一九七五年恢復通行。❹

蘇伊士運河關閉推高了航運價格，並對油輪和散裝貨船船東造成更大壓力，逼迫他們開發更大、更有效率的航運設計。[27] 伴隨一九七三年贖罪日戰爭出現的石油輸出國家組織（OPEC）禁運，導致石油價格飛漲——這是西方經濟體第一次遭受重大石油衝擊。[28]

危機來襲時，貨櫃運輸已經傳播得更廣，在很大程度上這是受到第二個地緣政治因素——越南戰爭——的影響。

在麥克連起伏跌宕的職業生涯中，他發現與美國軍方維持良好關係有助於他取得承攬合同、也能支持他的創新。即使在「海陸公司」的早期階段，美國在德國派駐大量美軍部隊，必須提供補給他們，美國陸軍出現巨大的後勤需求，麥克連從中受益匪淺。在一九六〇年代後期，蘇聯入侵捷克，導致美國在歐洲增強兵力部署，他們需要不斷地從美國取得物資補給——其中愈來愈多的貨物通過貨櫃運輸。[29] 但是關係真正結出果實是在越戰期間。

將貨物運往越南的巨大成本，促使軍方積極尋找解決方案。麥克連與他們不斷談判，請他們採行貨櫃化，軍方終於在越南的金蘭灣（Cam Rhan Bay）和菲律賓的蘇比克灣採納（後者是美國殖民征服菲律賓所取得的早期戰利品之一）。美國陸軍大規模使用貨櫃為越戰提供補給，使得貨櫃運輸成為全球貿易的首選。[30]

接下來進一步的演變以迂迴方式進行。第一次蘇伊士運河危機導致散裝貨船和油輪行業轉向建造更大的船隻。世界貿易組織二〇一三年的一份報告簡單地說：「突然面臨遠距離運輸石油、煤炭、鐵礦和其他大宗商品的費用，航運業決定投資大型、專業的散裝貨船以及處理這些新船所需的港口設施。」[31] 需要尋找有效方法繞過蘇伊士運河的關閉，導致航運設計的創新。具體來說，油輪這一行業開發出更大型、更具成本效益的船隻。

大多數船舶的基本設計類似一個平放的肋骨籠。最重要的是龍骨：一條長長的樑柱從船的最前部一直延伸到最後部——也就是從船頭（bow）到船尾（stern）。由龍骨延伸出一系列肋骨，沿著龍骨的長度均勻伸出，並從船身兩側、所謂左舷（port）和右舷（starboard）升起，上升到吃水線的正上方。肋骨包裹在船殼中：船殼可以是木頭或玻璃纖維或鋼板材質，包圍住水面以下的整個區域，吸收空氣並產生浮力。使一艘大型鋼船保持漂浮的是海平面以下聚集的水之浮力。但是所有這些木頭或鋼板以及水下的空氣都會產生很大的阻力，使船的速度變慢。[32] 因此，在十八和十九世紀的大部分時間裡，海洋工程的努力是為船體找

❹ 一九六七年運河關閉時，有十五艘船被困在大苦湖中。這些船隻一直困在那裡，直到一九七五年運河重新開放。雖然船員們可以脫身，也定期換班，但船隻一直留在那兒，最後被沙漠的沙塵覆蓋——它們得到「黃色艦隊」（the Yellow Fleet）的綽號。脫困之後，只有兩艘船恢復航行。

到更緊湊的形狀——更陡峭的V字形，在保持穩定和浮力的同時，可以減少水中的阻力，並使船隻航行得更快。軍艦和商船都是如此。

蘇伊士運河危機發生後，情況改變了。危機之後，油輪設計師的基本創新是從V形船體轉向U形船體，有更寬的橫樑（beam）——橫樑是船舶從一側到另一側的尺寸。[33] U形船體使船的速度較慢，但是船身更長、更穩定；在油輪行業來講，速度較慢是可以接受的權衡取捨。[34] 當時，歐洲百分之五十以上的石油進口來自中東，而一艘油輪從波斯灣經蘇伊士運河到英國只走六千二百哩，運河一關閉，油輪不得不繞過好望角，行程增加到一萬哩。更大的船隻改變了價格等式——如果它們承載更大的負載量，即使航線更長，它們仍將與通過蘇伊士運河的航行一樣合乎成本效益。一九六八年的一篇文章認為，與穿越蘇伊士運河的八萬噸油輪相比，一艘二十萬噸級的船繞過好望角，可以節省百分之三十四的成本。紐約一位石油分析師寫說：「超級油輪不會取代蘇伊士運河，但它們將在很大程度上，讓這個行業在沒有蘇伊士運河的情況下還能繼續生存。」[35] ❺

在一九六〇年代和一九七〇年代初期，與油輪行業不同，貨櫃行業仍然使用舊的船舶設計標準，以V形船體減少水中的阻力，俾能有更快的速度。但速度快代表油耗也大。一九七三年的油價飆升嚴重打擊了貨櫃航運業。[36]

隨後，由美國陸軍和麥克連推動的貨櫃化和多式聯運創新，以及由蘇伊士和油價促進的

U型船體設計創新，兩組創新合併了。兩者的融合催生了當今巨型貨櫃運輸船的早期前身。

建造大型船隻競賽

最早將這些創新結合在一起的是快桅集團／馬士基。雖然他們在一九六〇年代中期遠離貨櫃化，但是進入一九七〇年代時，他們改變了方向。一九七〇年，彼得・馬士基・莫勒的孫子阿諾德・馬士基・麥金尼・莫勒（Arnold Maersk Mc-Kinney Moeller），在一九六五年他父親去世後接管了公司，他決定建造第一艘完全配備支援貨櫃化的貨輪。快桅集團／馬士基在一九七四年一月接收〈斯文堡・馬士基號〉（Svendborg Maersk）的交船，這艘船從日本的建造港口出發。它複製了當時大型油輪的一些U形船體設計，在貨艙和更直的船體壁上創造更多空間，從而簡化了堆放貨櫃的過程。

---

❺ 二〇二一年三月二十三日，台灣貨櫃船〈長賜號〉（Ever Given）在蘇伊士運河擱淺，困在現場。數百艘等待通過運河的船隻等待了六天，而地方當局竭盡全力拖曳或以其他方式移動這艘船。事件在社交媒體上引發大量評論，探討全球供應線的脆弱。

全貨櫃船的出現使快桅集團／馬士基——以及其他全球航運業者——能夠擴大他們的載運量和執勤頻率。快桅集團／馬士基從一九二六年起即經營從歐洲到亞洲的船運。但是新的貨櫃船使他們能夠逐步、並隨後大量增加他們可以運載的貨物量。

貨櫃船和貿易量齊頭並進、大幅增長。在美國工業實力、歐洲戰後重建，以及這些航運新技術的推動下，世界經濟迅速增長，一九五〇年至一九七三年間的增長速度超過了一九一四年之前的鼎盛時期。[37] 歐洲和美國是這種貿易的主要推動者和主要受益者。一九五〇年，美國經濟按二〇一二年美元計算，接近二兆四千萬億美元；到了一九八〇年，當貨櫃化貿易被完全採用時，它已增長到六兆八千億美元。[38]

按價值或數量計算，世界最大的港口排行榜，也顯示了這種增長、及那個時期的「世界」貿易幾乎完全由西方主宰。一九六九年，世界上最大的貨櫃港口是紐約、奧克蘭、鹿特丹、雪梨、洛杉磯、安特衛普（Antwerp）、橫濱、墨爾本、費利克斯托（Felixstowe，在英格蘭南部）和不來梅（Bremen）。[39] 排行榜上唯一的非西方港口是日本的橫濱，日本當時是亞洲唯一的工業化民主國家。這些經濟體合計占全球出口的百分之九十以上。[40]

隨著西方貿易的增長，對貨櫃運輸的需求也不斷增長。快桅集團／馬士基和它的競爭對手一直爭奪更大規模，其他主要航運公司緊追不捨。當時他們的主要競爭對手是歐洲大型業者，譬如：總部設在日內瓦、但由義大利人所有的地中海航運公司（Mediterranean Shipping

Company, MSC）；法國人擁有的達飛海運集團公司（CMA CGM），這家公司是由「海運公司」（Compagnie Maritime d'Affrètement, CMA）和「通用航運公司」（Compagnie Générale Maritime, CGM）合併而成；以及德國人擁有的赫伯—羅德航運公司（Hapag-Lloyd）。[41] 這些航運公司的國籍反映了歐洲在過去二百年間，推動全球貿易方面扮演的重要角色。它們從二戰後巨額投資重建歐洲，和與美國貿易的加強中獲利不菲。

令人驚訝的是，當時只有一家美國公司躋身全球航運公司前茅（麥克連的海陸公司）。或許這反映了一個事實：儘管美國經濟規模龐大，但在那個時期，美國經濟主要是由國內消費驅動——由在美國製造、銷售和使用的商品驅動。在一九六〇年代初期，只有百分之五的美國經濟是由出口驅動的，即使經過二十年的全球化之後，在一九八〇年，這個數字也僅上升到百分之十。[42] 另一方面，歐洲極端依賴貿易，而且，歐洲航運公司的規模和分量反映了這一點。

快桅集團／馬士基及其歐洲競爭對手，繼續競賽建造大型船隻。雖然公司已躋身大型貨櫃航運公司的行列，它的競爭對手仍然不斷奮起直追。一九七七年，它擴大了第一代貨櫃船的大小，使它們能夠載運一千八百個標準貨櫃。[43] 一九七八年，它委託興建一艘能夠載運二千一百二十四個標準貨櫃的船隻。[44] 並繼續挺進：在一九八〇年代中期，它委託興建命名為〈童話馬士基號〉（Marchen Maersk）的新船，這艘船由歐登塞造船廠自己興建，能夠承載五千個標準貨櫃，是麥克連在一九六一年航行「龐然大物」的十倍。[45]

船舶規模的擴大恰恰反映了全球貿易量的增長——事實上，兩者幾乎是同義詞。一九五〇年，當快桅集團／馬士基重建航運船隊、填補二戰期間喪失的船隻時，全球貿易總額為六百一十億美元。[46] 船舶設計和貨櫃化的發展——以及貨櫃的標準化——有助於推動貿易大規模成長，隨之而來的是西方經濟體的總體規模也大幅擴大。沒有其他任何因素能像大規模航運促成的運輸成本的大幅降低一樣，更能解釋一九七〇年代、一九八〇年代和一九九〇年代經濟合作發展組織（OECD）經濟體的增長。[47] 到一九九〇年，當〈童話馬士基號〉航行跨太平洋航線時，全球貿易已經一飛沖天、猛增至三兆五千億美元。[48] 快桅集團／馬士基已經成為世界上最大的航運公司。

但到了那個時候，更大的變化正在發生。為了瞭解和具象化看清它們，需要把目光轉向地緣政治和亞洲，以及幫助塑造當今世界的第二家家族企業。

第五章 全球化的大班
貨櫃化與亞洲的崛起（一九八〇年至二〇一二年）

一九六〇年代和一九七〇年代的國際貿易，主要由歐美西方民主國家主導，但是到了一九八〇年代初期，亞洲資本主義國家，如韓國、台灣、日本以及新加坡這個城市國家，也出現日益增長的動力。光看這個時期開始攀升全球排行榜的航運公司的名稱和起源便很驚人，譬如日本的「三井株式會社商船公司」（Mitsui O.S.K. Lines）、新加坡的「美國總統輪船公司」（American President Lines）、台灣的「陽明海運公司」（Yang Ming Marine Transport Corporation）等等。這些國家中的每一家航運公司都設立公司，建造或委託建造自己的貨櫃船，而且每個公司都在爭奪蓬勃發展的世界貿易市場份額。所有這一切，都由一九八〇年代日本的經濟繁榮放大，在一片榮景之下，日本成為世界第二大經濟體。

但是一九七〇年代和一九八〇年代亞洲最大的航運公司，並非來自上述任何國家。它設在英國屬地香港。

香港在兩個現代全球大國的故事情節中扮演奇怪的重要角色：第一個是英國，當它在一八三〇年代遇到香港時，實力和影響力正處於巔峰；第二個是中國，當時它卻處於最低點。挺諷刺的是，當英國東印度公司第一次在鴉片戰爭尋求倫敦支持，將香港作為重要戰利品時，帕默斯頓勳爵半開玩笑地說：「它永遠不會成為貿易中心。」[1] 一百三十年後，香港已是世界上最大的港口。[2]

就像一九六〇年代到一九八〇年代，歐洲和大西洋貿易的擴張反映在家族企業怡和集團／馬士基的變化和成長一樣，亞洲在世界經濟角色的擴大也反映在一家位於香港的家族企業公司。全盛時期的東方海外貨櫃航運公司事業集團是亞洲最大的航運集團。❶

*****

香港之所以如此重要，部分原因在於它的創業文化大部分從上海繼承而來，許多香港最重要的企業家族，都起家於一九三〇年代的上海，當時上海是世界第三大城市，也是國際航運和金融（以及間諜活動和帝國競爭）的重要中心。[3] 香港董氏便是這樣的一個家族。

一九二二年，英國小說家薩默塞特・毛姆（Somerset Maugham）的一篇短篇小說向西方讀者介紹了「大班」（Tai-Pan）的概念——一個融合了商業領袖、富家子嗣和貿易霸主角色的人物。❷如果要在當今之世找到一位相當於「大班」的人物，香港董氏家族當之無愧：他們是本地商界領袖、政治人物、國際企業大亨，也是香港最重要的航運王朝的後裔。

東方海外貨航的創辦人董浩雲原名董兆榮（Tung, Chao Yung），外界一般稱呼他CY董。一九一二年出生在上海郊外，同一年，彼得・馬士基・莫勒父子創立他們的公司。和快桅集團／馬士基一樣，董浩雲創立的公司留在私人手中，父子相傳，協助打造現代全球化。他的公司也和一九一二年的丹麥造船公司（Danish Shipbuilding Company）一樣，誕生於瀕臨戰

---

❶有一段時期，東方海外貨櫃航運公司的母公司「東方海外（國際）有限公司」在美國政府援引CFIUS法令〔即「外國在美投資委員會」（Committee on Foreign Investment in the United States）的規定〕，強迫它出售之前，甚至擁有美西的長堤港。這項法令授權美國政府可以以國家安全為由限制美國公司出售給外國公司。〔譯按：原書標示為Overseas Orient Ltd，經查公司網站，英文正確名稱為：Orient Overseas（International）Limited。〕

❷詹姆斯・克拉維爾（James Clavell）的小說描述他所謂的「貴族之家」（Noble House）的建立，進一步普及了「大班」的概念——小說內容大致仿寫亞洲最古老的英國貿易公司怡和洋行（Jardines）的故事，怡和洋行在中國的主要交易室，仍然屹立於著名的上海外灘，它在香港的五十二層高摩天大樓，剛建成時是亞洲最高的商業大樓。怡和大廈在一九八〇年代主宰了香港的天際線，它那仿照船舶舷窗形狀的窗戶、以及居住者的聲名，為它贏得了「千愚之家」的不幸綽號。

爭邊緣的世界。

上海交通大學校園內有座小型博物館，細述了董浩雲公司的故事。上海交通大學乃於一八九六年因光緒皇帝接受上海士紳建議成立，校名「南洋公學」，這些士紳渴望發展上海居民的知識和創業活力。上海商人雄心勃勃，有心扭轉不平等條約帶來的中國國運日衰的趨勢。他們投資於教育、工程，以及可明顯看到中國不如外國列強和外國公司的一個行業——航運業。4

反映了時代的意識型態，現代中國大學可以是相當莽率的事務。但最早的大學，包括上海交通大學在內，仿照英式紅磚樓房大學的樣子，由圍繞著種滿紫杉樹和黃楊木的中庭組建起來——維多利亞式、哥德式，以及中式風格都在大學的中庭展現。這些建築物正好與舊上海的建築物相互呼應。

交通大學校園邊緣有一座小型建築，是一九三〇年代上海獨有的灰紅磚兩層樓建築風格。門一打開便進入懸臂式大廳，貫穿整個建築的天窗，讓整個大房間充滿了陽光。旁邊廂房是主要的展示間，描繪中國自一四〇〇年代以來的海上探險歷史，講述上海漁民首次穿越東海淺水區的冒險經歷，其中，鄭和和寶船艦隊位居最顯眼的榮譽位置。從側邊樓梯可以走上二樓的畫廊，畫廊占滿整個二樓空間，裡面全獻給董浩雲。

一九二八年，十六歲的董浩雲開始在日商國際運輸株式會社（Kokusai Transport

Company）當實習生，學習運輸業基本知識。一年後，他轉到中資銀行金城銀行旗下的通成公司任職。通成有一家子公司天津航業公司（Tianjin Navigation Company），它簽有一份合約，為停靠在上海碼頭的大部分船隊提供服務——當時，它是少數幾家沾得上邊、參與海上貿易的中資公司之一。

董浩雲奉調到天津航業公司任職，迅速獲得晉升。二十三歲時，公司派他擔任天津市船東協會（Tianjin Shipowners Association）副會長。當時歐洲人主宰的上海有個明的顯特徵，便是外灘前停靠許多高大的船隻、運茶葉的快船和蒸汽船，外灘是上海閃閃發光的新建海濱碼頭。董浩雲畫廊裡所展示的數十張棕褐色照片，大都是怡和洋行（Jardine Matheson）、太古洋行（Butterfield & Swire）、美資旗昌洋行（Russell & Co）的上海輪船公司（Shanghai Steam Navigation Company），以及進出舊上海濱江港口的其他歐洲和日本公司的蒸汽船、郵輪和貨船的照片。這些洋行每天都在重述十九、二十世紀之交中國的落後。

董浩雲在天津航業公司工作的第一天，便給老闆上了份報告，強調公司所服務的都是歐洲或日本公司的船隻，而不是中國船隻；他說：「以後不應該再像這個樣子。」[5] 他日記中寫到，需要讓中國擺脫落後，重建鄭和時期的記憶，引領中國的實業家和創業家踏入航運貿易的重要行業。[6] 一九六四年，他寫道：「鄭和（中國歷史上稱為「三寶太監」）七度下西洋，遍訪亞洲和非洲。五百五十年前，這個史詩般的事件發生在哥倫布發現新大陸之前。」

在相關的段落中，他向中國工業界提出問題：「我們怎麼能不繼續征服海洋？」[7] ❸

一九四一年，董浩雲創辦自己的航運公司：中國航運有限公司（Chinese Maritime Ltd），在外灘十二號的三〇〇室、三〇一室和三〇三室設立辦事處，這棟大樓的主要租戶是香港上海匯豐銀行（Hongkong and Shanghai Banking Corporation）（現在外界更熟悉它的英文縮寫名稱 HSBC，通稱匯豐銀行；也是亞洲最大的銀行）。董浩雲創立的公司後來也成為亞洲經濟崛起的關鍵參與者。[8]

不過，上海過去是（現在還是）充滿矛盾的城市。它充滿了國際商業活力，但是清朝滅亡後，工人運動也在一九二〇年於此地興起，與蘇聯建立聯繫，成立中國共產黨。一九三七年董浩雲註冊成立公司時，上海即將被暴力撕裂。早在一九二〇年代後期，上海已經成為蔣介石及其國民黨民族主義勢力殘酷屠殺的現場。[9] 更糟糕的事情還在後頭。一九三七年七月七日，日本入侵中國，在著名的蘆溝橋事件中發生小規模衝突——這一天恰好就是董浩雲第一個兒子出生。

那年夏天稍晚，日本人步步進逼，一九三七年八月，日、中軍隊在上海市中心的黃浦江畔發生衝突。到戰鬥結束時，也就是三個月後，這場淞滬保衛戰已經造成多達三十萬人死亡。這是現代歷史上傷亡慘重的戰鬥之一，直到第二次世界大戰殺戮更甚、才超過這一記錄。[10]

二戰爆發之時，董浩雲在香港登記註冊公司，時間剛好是香港被日本占領之前，也恰恰好是日本偷襲珍珠港（Pearl Harbor）的前一天。國民政府在重慶設立臨時首都，董浩雲也在重慶建立據點。一九四六年抗戰結束，他回到上海。但中國陷入更多的衝突，因為在戰前已經開始撕裂的內部分裂，現在更為加劇，中國再次陷入內戰。一九四九年，毛澤東的紅軍打敗了國民黨蔣介石，迫使他流亡台灣；毛澤東成立中華人民共和國。毛澤東的第一個行動是把上海與外界隔絕。這座多災多難的鍍金城市關閉門戶，退出世界市場，也從世界的想像中消失。上海外灘主要洋行大樓最高的尖頂安裝了一顆紅星，象徵共產黨君臨全市。[11]

此時董浩雲已經離開上海。一九四八年，他看到共產黨接管的風險愈來愈大，將生意和家人永久搬到了香港。

*****

❸在香港立定集團基業後，董浩雲曾想拍一部關於鄭和的電影，他找了香港著名電影導演提出這個構想。導演告訴他：「浩雲兄，你不會想拍這部電影的；你會賠上一大筆錢。」董浩雲臨終時還未能實現這個野心。（作者專訪董建華，香港，二〇一九年十一月一日。）

中國航運有限公司很快成為香港最重要的公司之一。董浩雲意識到大膽行動的重要性，因此收購了一艘超過一萬噸的輪船〈天龍輪〉（Tien Loong）。它成為現代歷史上第一艘由華人擁有和管理的船隻，航行大西洋、抵達歐洲。[12] 一九四八年，他更進一步，旗下〈通平號〉（Tung Ping）成為第一艘駛往美國的華人船隻。[13] ❹ 航運簡直就是他的生命；他說：「本人自幼即對海洋發生興趣，以船為第二生命。」[14]

與同時代的快桅集團／馬士基一樣，中國航運有限公司首先透過油輪貿易發展全球業務。早在一九五九年，也就是第一次蘇伊士運河危機後，董浩雲便下訂單建造〈東方巨人號〉（Oriental Giant），當它交船時，它是亞洲最大的船隻。一九七三年，他委託建造巨型油輪〈海上巨人號〉（Seawise Giant），這艘船名副其實——一九七九年交船時，它是全世界最大的船隻。[15]

但真正促使董浩雲的公司走在香港全球化角色前沿的，還是像快桅集團／馬士基一樣，能夠早早進入國際貿易的貨櫃化。一九六五年，董浩雲將一系列散貨船改裝成半貨櫃船。一九六六年，他擔任香港的貨櫃化委員會委員。一九七一年，他承諾、委託興建兩艘完全貨櫃化的船隻——〈東方司令官號〉（Oriental Commander）和〈東方金融家號〉（Oriental Financier）。一九七三年，在快桅集團／馬士基接手〈斯文堡・馬士基號〉的時候，董浩雲成立另一家公司來深化他的貨櫃投資——東方海外貨櫃航運公司。

在接下來的十年裡，隨著香港的崛起，東方海外也蒸蒸日上；或者應該反過來說，東方海外的蓬勃發展帶動香港突飛猛進。一九六六年十二月，董浩雲擔任委員的香港貨櫃委員會提出報告：「除非香港有一個貨櫃碼頭可以為這些〔新貨櫃〕船隻提供服務，這個殖民地的貿易地位將受到不利影響。」16 當局根據委員會的建議立刻採取行動——一九六九年，歐洲、日本和美國的營運商共同出資興建頭三個碼頭。同年七月，香港首次迎來了一艘全貨櫃船到港（在碼頭峻工之前）；一九七二年，新設施〔今天稱為葵青貨櫃碼頭區（Kwai Tsing Container Terminals）〕的第一號碼頭正式啟用；一九七六年，五個貨櫃碼頭也全面投入營運。一九七〇年至一九七二年間，香港的出口量從三百萬噸增加到三百八十萬噸，外貿額成長百分之三十五——這是在貨櫃碼頭全速營運之前就締造的成績。17

透過這一切，董氏家族成為香港貿易發展的中流砥柱。的確，董家是中國命運不斷變化的活生生具體代表，中國有悠久和苦難的動盪歷史；經歷一九四〇年代共產黨奪權、接管中國大陸的危機；香港成為中國工業實力某種境外安全閥的獨特角色；香港轉變成為現代金融和貿易的樞紐；最後重新回到中國大陸懷抱。

❹這裡，「Chinese」指的是董浩雲的血統族裔，不是指他的國籍。

＊＊＊＊＊

今天的香港是一個充滿戲劇性的地方，陡峭的山壁突然朝向港灣藍灰色的海水急劇降落，但在降落過程中卻由岸邊一排排霓虹燈閃爍著的摩天大樓阻擋。從某些角度來看，摩天大樓似乎比香港著名的太平山頂（Victoria's Peak）還要高，事實上，自然景觀仍然是香港島的頂峰。在晴朗的日子（現在已經很少有了），從太平山頂，肉眼即可看到數哩之外、越過九龍灣（Kowloon Bay）的中國大陸，也可以看到現代化的香港港灣正面對著天際線。一直到二〇一七年，香港還是世界上最大的港灣，這些都是全球化「大班」幫忙創造的。❺

董氏企業帝國的總部非常靠近海港，它不是在現代香港金融業群聚的光鮮中環，而是在比較樸實的灣仔，一個靠近舊港口的寫字樓（辦公大樓），外表並不起眼。董建華的辦公室位於「海港中心」三十三樓，它那大理石川堂在任何西方城市的商業區都可以看得到，不過擺設在角落裡的中國古董可就不一樣，走出三十三樓電梯，就會知道你是在香港。

門一打開，即有三名工作人員等著迎接來客。他們親切、迅速地護送來客到接待室，如果穿了外套的話，接待員會取走外套（香港的冬天滿冷的），等候的時候，她會送上熱茶。在中國，總是要等待，但這裡是香港，不會等太久。

董建華身高約五呎七吋，總是衣冠楚楚，西裝都是特別訂製的，銀髮修貼在太陽穴邊。整個人散發出兼具經濟和政治權力、隨時可以發揮男人的沉靜與自信，四十年來，他都是香港經濟崛起的核心人物。

在他的辦公室外廳等候幾分鐘後，工作人員引領進入裡面密室。這是一個現代化的辦公套房，寬大的辦公桌靠在一排大窗戶邊，一系列黑色皮革沙發形成一個矩形空間，讓賓主雙方可以安靜地交談。沙發後面牆上有一組黑白照片，捕捉了東方海外貨櫃航運公司的技術發展，以及船隻愈來愈大型的演進歷史。這些船舶也構成一九七〇年代、八〇年代和九〇年代香港經濟增長的支柱。

當董建華進入辦公室打招呼時，臉上帶著溫和的笑容。他穿著西方世界生意人的制服——炭灰色的西裝、筆挺的白襯衫，兩者都是精心量身縫製。然後他請來客再稍候片刻，隨即消失，踏進另一間個人專用辦公室。當他再度出現時，西裝上衣已換成羊毛質地的黑

❺儘管《紐約時報》專文推許、介紹過董浩雲，他又與世界領袖交好，並且擁有世界船王的聲望，董浩雲仍然不認為自己是權貴要人。一九五〇年代，他把兒子送到英國就學。當時他告訴兒子：「你不能在香港上大學，因為它專收菁英，而我們不是菁英家庭。」——（作者專訪董建華，香港，二〇一九年十一月一日。）

色毛式中山裝。或許更衣純粹是出於禦寒的需求，但是這個動作多少也透露這位先生的本質：他雖然是全球化和現代企業的代表人物、J.P. 摩根國際理事會（International Council at J.P. Morgan）成員、徹頭徹尾的資本家，骨子仍是個中國人。董建華不像他父親對海洋擁有無限的憧憬和愛好。他帶著有點悔意的微笑說：「他是個羅曼蒂克人物。我只會數鈔票。」

起先，董建華抗拒被拉進家族企業。當他負笈英國念書時——一九六〇年，從利物浦大學（University of Liverpool）畢業，取得海洋工程學士學位——母親傳話給他，要他回香港協助父親。但是當他父親到英國來看他、問他有何計畫時，董建華並沒有提議要回香港。「我告訴家父：『我認為，您還沒有到需要我襄助的階段。我希望留在英國，多學點做生意的竅門。』」他父親另有想法，讓董建華喜出望外的是，父親並沒有堅持他一定要回香港。「他告訴我：『到美國去，那是個具有未來發展性的國家。如果到了美國，一定不會後悔聽從我的建議。』我果真毫不後悔。」董建華在美國住了十年，其中有幾年在奇異公司（General Electric）任職。他父親經常到美國看兒子，有時候一年高達十次，後來甚至在紐約市第五大道購置公寓。

倦鳥總有歸巢的一天。一九六九年，董建華回到香港，從企業內部學習生意，逐漸接管經營決策。董浩雲一九八一年過世，公司交棒給董建華。他很沉重地回憶那段時期：「對我來講，那不是輕鬆的時刻。」不僅是他從愈來愈喜愛的美國被召喚回家，他也發現公司負債累累、財務十分吃緊。「我們遭遇到一些財務困難。當時的利率是百分之十三、十四，我們負債很大，我必須設法找出一條生路。」

他是如何找出生路的？有一段時候，十分神祕。但日後傳出涉及中國出手相助。香港本地大亨霍英東（Henry Fok）協助安排一億二千萬美元的貸款拯救董氏企業。其中五千萬美元據傳來自中國大陸控制的中國銀行（Bank of China），另外相當大的數目來自中國招商局（China Merchants）——中國交通部所屬事業。18 這是董氏企業與中國大陸關係的開端，也是中國大陸對西方世界門戶開放的新起點，這項關係將塑造東方海外貨櫃航運公司往後的大部分發展。

董建華經營公司十四年，在這段期間使它轉虧為盈。關鍵不是新的貿易路線、或新的船舶設計、或新的事業夥伴，而是新的技術。他說：「生意就是生意。能做的最好的事情，唯一能做的事情，就是知道我們在運輸鏈中扮演什麼角色，以及為什麼是我們、只有我們是最重要的。我們能為客戶做到哪些其他人無法做到的事，而且還讓他們願意支付費用？多年來，我們的淨利潤率更高，但他們願意付錢。為什麼？因為我們是第一個能夠廣泛利用創新和技術來改變現狀的公司。」

說得明白一點，公司在董建華主持下，成為結合貨櫃化和電腦化的先鋒。直到相當晚近，全球航運業一直抗拒電腦化——直到今天，許多港口和許多航運公司仍然透過傳真機傳送紙本文件做生意。董建華預見了利用電腦追蹤貨運，可以大大提高客戶托運的貨品從出發點送達目的地的效率。

到了一九八三年，東方海外公司已經躍居全世界排名第六大的航運公司。[19] 它在香港的成長上扮演關鍵的角色——香港的成長就很了不起。一九七四年，香港打破國際紀錄，一天之內即起卸三千五百多個標準貨櫃箱。也就是那一年，香港的貨櫃碼頭總共起卸了七十二萬六千個標準貨櫃；到了一九八九年，全年起卸數字更高達四百五十萬個——增加量超過百分之五〇〇。[20] 一九八七年，香港超越鹿特丹和紐約市，成為全世界最大的貨櫃港口。金融與商業法等相關行業也有大幅成長，香港成為西方全球化在亞洲最重要的定錨點。

接下來，十年之後，香港出現十分戲劇化的改變：一九九七年，英國在香港一百五十多年的殖民統治畫下句點——香港主權回歸中國。

*****

當香港回歸中國控制時，它把強大的經濟動力帶進中國大陸核心。中國已經開始探索海外市場，一年之後，將加入世界貿易組織（World Trade Organization, WTO）❻譯註；擁有香港，等於給中國經濟打了一劑強心針。

一般人很容易忽略掉這一點的重要性。中國正在努力打造國際經濟戰略，而它的領導人全都出身中國共產黨，幾乎沒人曾在國外居住或工作過。〔編按：周恩來與鄧小平皆留法勤工儉學，鄧時間稍長，在法國五年、蘇聯一年。藉由勤工儉學，周鄧二人均參與了中國共產黨早期在歐洲的組織。〕他們毫無對外貿易的經驗，中國也沒有貿易的基礎設施。此時，突然之間，全世界最大的貿易港口——具備所有的基礎設施、關係、金融家、國際律師——落到中國手中。甚且，香港回歸中國等於是在英國海外帝國的棺木上釘上最後一根釘子。這是歷史上極大的諷刺之一——這一組蕞爾小島曾經是大英帝國掠奪中國財富的重要據點，現在即將反轉角色。

中國門戶開放

本書前文提到一種觀點，即當大英帝國的征服幾乎同時導致印度和中國從世界舞台上消

---

❻譯註：這個說法值得商榷。一九九九年十一月十五日，美國代表團在北京與中國代表團談判結束，只是兩國政府簽署有關中國加入世貿組織的協議。中國正式加入世貿組織、成為第一百四十三個會員國是二〇〇一年十二月十一日。台灣則稍後於二〇〇二年一月一日以「台澎金馬個別關稅領域」加入世貿組織。

失時，國際事務出現了一個空隙。當時，中印兩國各自約占世界經濟活動的四分之一，這個數字下降到各自僅占世界生產毛額（GDP）的百分之三左右。[21] 歐洲貿易、帝國權力和財富流入了這個空隙。歐洲（以及新世界）在近一個半世紀中大獲其利，主導世界政治和全球經濟，與其人口規模或內在資源完全不成比例。像丹麥這樣以全球標準而言只是小小的國家，卻可以成為重要的貿易帝國，這表明歐洲扮演的角色不成比例。但隨著貨櫃化的出現和地緣政治的變化，這一空隙即將開始彌合。

這些變化將在一九九〇年代末期和二〇〇〇年代初期表現出來。但它們可以追溯到一九六七年秋天——當時有希望爭奪總統寶座的前任副總統理查・尼克森（Richard Nixon）寫了一篇關於中美未來關係的文章；這篇文章將影響到他總統任內，以及二十世紀後期的外交。一九六七年十月，尼克森的想法出現在頗有影響力的期刊《外交事務》（*Foreign Affairs*）上；他認為，美國需要轉變它在亞洲的交往方式，必須把中國帶回國際舞台。他的邏輯很簡單：他認為美國需要中國來幫助它制衡蘇聯。但他以更哀悼的語調立論：「在這個小星球上，不能讓十億近似最有能力的人，生活在憤怒的孤立中。」[22]

十三個月後，尼克森當選美國總統。一九六九年二月，上任不到一個月，尼克森寫了一份備忘錄給他的國家安全顧問亨利・季辛吉（Henry Kissinger）——後來出任國務卿——指示他研究如何通過私人管道與中國接觸的可能。[23] 同年六月二十六日，《第十七號國家安全決定備忘錄》（National Security Decision Memoranda 17）下令修改在一九五〇至五三年朝鮮戰爭背景下對中國實施的一些貿易管制；它還取消了對與中國做買賣的美國公司的外國子公司的監理限制。24

然後，悄悄的外交開始了。十二月三日，美國駐波蘭大使華德・史托賽爾（Walter Stoessel）傳訊給中國駐華沙大使館，表示尼克森願意與中方實質性會談。在接下來的兩年中，美方透過駐東歐各國大使館向中國示意，表示美方願意和中方直接會面，討論中美關係的升溫。25 一九七一年四月，巴基斯坦管道打通了，巴基斯坦駐美大使阿加・希拉利（Agha Hilaly）遞交中華人民共和國第一任總理周恩來的一封信，邀請美國派特使到北京會談。26

季辛吉開始準備這次旅行。當時這個議題極其敏感，因此旅行必須祕密進行。季辛吉於一九七一年七月飛往越南，與越南領導人磋商美軍在當地的作戰，然後再飛往巴基斯坦。到了伊斯蘭馬巴德（Islamabad），他假裝肚子疼，然後偷偷飛到北京，和周恩來會面。❼ 會

❼ 巴基斯坦找了替身扮演季辛吉，來進一步迷惑任何觀察家——這個替身快速連續吃了六個芒果，真正肚子痛。結果，巴基斯坦必須找個從未聽說過季辛吉是何許人物的醫生來替他看病，這樣他們的詭計才能繼續演下去。見：Chris Tudda, A Cold War Turning Point（Baton Rouge: Louisiana State University Press, 2012）, 81.

面很成功：一九七一年七月十一日，季辛吉從美國駐巴基斯坦大使館發送一封電報給尼克森，其中有一個簡單的字：「尤里卡（Eureka）」四天後，即七月十五日，尼克森透過全國電視台宣布他即將訪問中國。[27]

這歷史性的訪問發生在一九七二年二月二十一日至二十八日。尼克森拜訪了周恩來總理和毛澤東主席，他們共同商定了一份公報，列出促進兩國和平關係的一項協商好的「路線圖」——這是一個外交術語，僅表示潛在的協議之粗略概況。[28]

尼克森一九七四年辭職下台，可能減緩了兩國之間關係的升溫；但是傑拉德・福特（Gerald Ford）上任後，立即寫一封信給毛澤東，承諾繼續實行開放政策。談判繼續快速進行。一九七六年美國大選，民主黨候選人吉米・卡特（Jimmy Carter）脫穎而出、當選總統；他也繼續這個政策。卡特在一九七九年一月給予中國全面外交承認，並於一九七九年二月鄧小平副總理到美國進行象徵性訪問時，正式確認美中建交。這條路整整走了十年。[29]

在冷戰的最後十年中，美中關係持續升溫，儘管隆納德・雷根（Ronald Reagan）總統試圖取消卡特在美台關係上向中國做出的一些讓步。外交承認仍然存在，雙方關係也繼續升溫。一九八九年，中國人民解放軍進入北京天安門廣場，強行驅散聚集在那裡呼籲民主改革的數萬名學生抗議者，造成數千名平民死亡，中美關係暫時受挫。美國暫停軍售和對中國的正式訪問。然而，喬治・布希（George H.W. Bush）總統透過私人管道傳話表示，這些事件不會破壞廣泛的中美關係。[30] 但是隨後發生的另一件事——柏林圍牆倒塌——卻使整個關係出現不同的思考角度。

柏林圍牆倒塌，蘇聯也跟著瓦解——隨之而來的是美國與北京和解的根本原因也出現變化，當初是出於重新平衡全球政治事務以對抗莫斯科的願望，美方才和中國修好。這時候，對中國開放的外交進程已經進行了二十年。在此一過程中，中美兩國都找到了建立更密切關係的另一個原因：貿易。

由於冷戰開始逐漸平息，蘇聯在米海爾・戈巴契夫（Mikhail Gorbachev）領導下開始開放，中國的決策者開始擔心，如果他們置身於西方領導的全球貿易和金融體系之外——自從一九四九年掌權以來，他們一直如此做——將會失去經濟成長的大量機會。在尼克森撰寫文章後的幾年裡，西方經濟一直穩步成長。一九八〇年，中國的國內生產毛額為一千九百一十億美元；儘管中國人口幾乎是美國的四倍，這個數字與美國的國內生產毛額為二兆八千六百億美元一比，慘不忍睹。[31] 換言之：中國公民的平均年收入不到美國一般老百姓水平的四十分之一。[32]

因此，中國領導人做出一些非正統的事情：它改變了路線。很重要的一步是，一九八六年，中國正式申請加入當時的主要貿易機構「關稅及貿易總協定」（General Agreement on Tariffs and Trade）——它在一九九五年改組為世界貿易組織。[33] 他們並不孤單：在未來幾年裡，蘇聯也在改革者戈巴契夫總統的領導下申請加入，不過它的申請花了十分長的時間才能推進。[34]最後，數十個在冷戰時期既未加入西方陣營、也未加入蘇聯集團的「開發中世界」國家，也加入了世貿組織。但事實證明，中國的爭取加入最具重要性。

*****

人生轉了一圈。到中國加入世貿組織時，香港主權已經回歸中國，不再歸英國人掌控的香港，它的首任特區行政長官正是董建華。他們的財富與命運將繼續同步成長，但是現在他們的命運與中國的命運、以及中國重新踏入世界，交織在一起，重新進入世界。東方海外貨櫃航運公司成長，香港成長，世界貿易成長，中國也成長。二〇〇三年，董建華的東方海外貨櫃航運公司擁有〈東方海外深圳號〉（OOCL Shenzhen），運載能力為八千零六十三個標準貨櫃。中國擁有的一艘船現在已是世界上最大的貨櫃船。[35]

第六章 大鎖國

洋山港和中國盛況再現（二〇一二年至二〇一七年）

長江是亞洲最長的河流，也是中華文明自古以來的生命線，長期以來，扼守長江口的上海一直是中國經濟中心。但是從一九四七年到一九八四年，將近四十年時間，中國關閉了上海，與全球貿易隔絕。這就好比，美國在一九五〇年代決定關閉紐約證券交易所，並封鎖紐約港一樣。

然而，當中國決定改變路線時，上海再度成為中國向西方和全球化開放的實際中心和象徵，時間是在香港回歸前十年。[1] 一九八四年，中國政府開放外資進入上海，當時的領導人鄧小平欽點上海為「龍頭」——中國自由化的前鋒。[2]

隨之而來的轉變，最能在上海浦東區的變化看出端倪——一九八〇年代初期，外灘對面的地區仍是綠地和農田，中產階級家庭搭乘渡輪來野餐，逃離上海市中心的炎熱和喧囂。開放上海的決定也徹底改變它的田園風光。

為了標示中國對外開放的開始，當局啟動了興建中國第一座現代摩天大樓。一座一千五百三十五呎高的東方明珠廣播電視塔（Oriental Pearl Tower），從兩個以霓虹燈和尖頂桅杆覆蓋的紫色圓頂中拔地而起，它是浦東第一座主要建築，大約同時，兩側很快便出現兩座摩天大樓，然後是愈來愈多的酒店和辦公大樓。[3] 二〇〇五年，《不可能的任務》（Mission Impossible）系列影片製片人到中國出外景，在上海拍攝第三集，（就當時而言，是很不尋常的作法），片中展現上海宏偉的商業和高聳入雲的高樓大廈，上海的天際線因此在國際盛名遠播。[4] 今天，浦東區如雨後春筍不斷出現更高的建築物，已經很難辨認。就像處於全球經濟影響力巔峰的美國，透過紐約和芝加哥競相建造摩天大樓來炫耀自己一樣，中國也利用上海的天際線來展示它的財務、工程和建築實力，彰顯在世界舞台日益增長的國力。[5]

上海的天際線現在由三座醒目的建築所主宰，它們都在浦東同一個街區相互毗鄰。一九九四年，上海開始興建八十八層的金茂大廈（Jin Mao Tower），這座建築是現代建築的傑作，融合了現代主義和東方主義。當視線在十六個懸臂和鋁殼之間移動時，眼睛會不斷向上。整棟樓都由金線銀絲包裹著，就像有人用龍鱗包裹克萊斯勒大樓（Chrysler Building）一般，頂部的尖刺塔樓更發揮完整的效果。竣工後，它是世界第五高樓和亞洲第一高樓，也是中國經濟實力不斷增強的象徵。[6] 第二座是上海環球金融中心（World Financial Center），於二〇〇八年向公眾開放，它曾短暫獲得世界第一高樓的頭銜。[7] 最引人注目的是緊鄰北面的上海中心大廈（Shanghai Tower）。上海中心大廈建於二〇〇八年至二〇一四年間，現在是世界第二高樓。除了種種先進工程，它擁有世界上第二快速電梯——從一樓直達一百零八樓的觀景台，只需要二十七秒鐘。[8]沿著大樓高度一路向上，樓身在上升時柔和地扭轉，創造出優雅的建築美感和設計功能，這樣的設計是為了對抗颱風。大廈裡還有專門為上海蓬勃發展的藝術界年輕創新者，所設的嶄新博物館和藝術畫廊。在浦東和上海市中心，充滿動力的建築和充滿活力的文化生活中，在在慶祝中國的崛起。[9]

＊＊＊＊＊

從上海中心大廈觀景台，可以遠眺上海的多組天際線，俯瞰舊法租界、外灘和長江支流黃浦江。來人會看到載運煤炭和貨櫃的駁船不斷駛經上海市中心。但是現在很少看到船隻泊靠上海碼頭，除了偶爾有內河郵輪停靠。隨著具有巨大船體的超大型商業貨櫃船的出現，最重要的貿易船隻再也無法沿著黃浦江航行到上海碼頭。上海有可能在全球貨櫃港口彼此競爭規模的競賽中落在後面，然而，中國最需要貿易出入及它提供的成長機會。

因此中國共產黨在二〇〇五年祭出它最拿手的辦法——設法繞過問題。具體來說，它在離上海海岸十七哩處填海造地、將兩個小島合併在一起，創建一個新的深水港，統稱為洋山。

在洋山新港，才能真正看到中國經濟再現的規模。10

中國的崛起和加入世貿組織是個相互交織的故事。二〇一八年，《華爾街日報》一篇文章，將中國加入世貿組織描述為「世界打開了中國大門」。11 它幫助創造了今天中國所呈現的巨大經濟體，基本數字道盡故事內容。一九九九年，也就是對外外交開放二十年後，中國的國內生產毛額已成長到一兆美元左右，十年後，它更成長到五兆美元。12

不過，中國主要弱點之一是它的人口規模，遠遠超過境內可用的自然資源規模。如果要繼續成長，便必須從境外取得自然資源，並進行工業產品的貿易。因此中國開始探索如何在海外獲取資源。

現在，中國近三分之二的龐大人口居住在華東邊緣，中國百分之九十六的人口居住在「胡煥雍線」（Hu Line）❶編註 以東地區，這條線畫分出中國東部人口稠密地區和西部人口稀少地區。13 當然，中國有進入歐洲巨大市場的陸路，但這些路線綿延數千哩。橫貫西伯利亞的公路和鐵路已完成連接北京和莫斯科的困難工作，即使跨越了四千七百三十五哩的距離，也只覆蓋了從北京到倫敦行程的三分之二。14 即使中國大量投資在通往西部的交通和貿易基礎設施，中國連接全球市場的最簡單、最快速的方法是擺脫它長期的內陸整合歷史。這也是從十五世紀以來，中國第一次即將跨向大海。

中國開始在海外尋找大量自然資源時，也遇到像英法早期在海外冒險受到局限的基本問題，及如何將貨物帶回家這個簡單的成本問題。就中國而言：考慮到從中國到達歐洲或美國的距離實在十分遙遠，要使它與世界其他地區的貿易經濟有實惠可言，就需要有能力大量運輸物品。

新的貨櫃船技術，在最佳時機出現的完美解決方案。散裝貨運輸和貨櫃化貿易是最大的關鍵，它允許大量的、合乎經濟數量的自然資源流入中國國內市場。同樣的，大量廉價製成品也從中國流出到西方的已開發市場。

隨之而來的是兩種類型的指數型成長——貨櫃運輸的規模，以及這些船隻進出中國港口所裝卸的貨物數量。船舶大小的成長速度幾乎完全符合中國從一九九〇年代中期至今天的驚人成長。如果沒有貨櫃化貿易的出現，中國就不可能實現成長。15

❶ 編註：胡煥雍線，簡稱胡線。一九三五年，地理學家胡煥雍根據人口密度，從黑龍江黑河（舊稱璦琿）至雲南騰沖畫出一條線，這條斜線顯示了中國人口的分布，也幾乎是年降雨量的分界。

上海的新港口

從上海市中心開車到新港口是種解脫，可以跨出現代工業和郊區規畫的單調現實。與大多數令人興奮的大都會一樣，上海周圍環繞著數哩的郊區和輕工業的枯萎景象，無可否認，對上海居民而言，與共產主義晚期搖搖欲墜的基礎設施相比，這已經相當不錯了，但是城市景觀實在難以令人振奮。沿著五十二號公路向南開了二十哩，工業建築逐漸不見，換成供應上海二千四百萬人口糧食需求的農田——高壓電線，甚至是毗鄰高速公路的核電廠穿過農田，核電廠的雙冷卻塔從路邊的休息站幾乎伸手即可觸及。

從公路的盡頭，可以進入現代港口，但首先必須過東海大橋。這聽起來有點陳腔濫調，但是不講便很難寫出中國的故事。東海大橋落成時，是世界上最大的跨海大橋，隨後，上海在北邊建造了一座更大的大橋，把上海的市場與北方的貿易路線連接起來。（另一座連接香港、澳門和珠海的大橋，則是全世界最長的跨海大橋。〔編按：港珠澳大橋〕）[16] 東海大橋的規模和在颱風頻生的東海的地理位置，則是一個工程奇蹟，晴天的時候，可以看到它彷彿一條二十哩長的大蛇，蜿蜒穿過上海和新港島嶼之間的開口。整座橋像龍的尾巴一樣彎曲和扭轉，這也是一種工程解決方案，旨在抵禦颱風；看起來又像是浦東摩天大樓形狀的視覺延續。[17] 而從構思到竣工，東海大橋僅僅花了四年時間。

東海大橋雖然建築精巧，但開車走在橋上，與上海外灘的浪漫風味相去甚遠。沒有盡頭的灰色混凝土橋樑在灰色的東海周圍蜿蜒展開。大型風電場提供了視覺趣味，但只有在陽光直射下，才能看出巨大的旋轉風扇是白色的、而不是灰色的。幾艘灰色鋼質船體的海軍巡洋艦偶爾會出現，然後又潛入地平線以下。巨大的規模和無盡的單調，令人有快要窒息的工業沉重感。

二十分鐘後，車子駛下東海大橋，島上的青山和停靠在原有港口的中國傳統漁船，暫時打破了枯燥的景觀。這些漁船屬於島上為數不多的原住民所有，大多數人被迫搬遷，讓地給現代化的上海港口。

從山腳下，有一條路蜿蜒而上，沿著懸崖底部陡峭的兩側到達山頂。沿路都是現代化的公寓大樓，住著來這裡檢查他們的貨物、泊位或只是驚嘆洋山港的規模的外國客人。越過峰頂來到另一邊，會以為是個觀景台可觀賞整個港口，再轉個彎，才意識到它只是港口的第一部分而已。遠處，巨大的起重機和貨櫃群，遠遠大過原來第一個觀景台所看到的景觀。

來到觀景台的遊客，通常會受到主任趙亞平（譯音）、副總經理何彩雪（譯音）迎接。他們負責港口的日常營運，都是漁村的原始居民。島上許多居民被迫遷離，其中許多人在新港口獲得工作，並安置在東海大橋大陸那一端的新公寓樓裡。其他人則從上海東部乘坐公司交通車通勤上下班，光是單向車程即需要將近兩個小時。工業的灰澀、規模、強迫搬遷和港口工人艱苦的工作條件：洋山港也是說明中國經濟崛起令人不安的最好例證。[18]

港口分成四個階段建造。抓住中國向世界經濟開放和加入世界貿易組織帶來經濟繁榮的時機，可謂恰逢其時。到二〇〇二年，上海已經成為世界第四大貨櫃吞吐港。[19] 在接下來的十年中，上海更是穩步、埋頭苦幹往世界最大港口排行榜攀升——到了二〇一七年，它終於名列榜首。[20]

港口布局很簡單。原來的洋山山坡後方是一大片填海造陸產生的海埔新生地。沿著它的東部邊緣排列著四十多台貨櫃起重機，每台高約三百呎、寬二百呎，每台都能在三十秒內將一個兩萬磅重的貨櫃吊到貨船上。港口基地有十萬多個貨櫃——就全場的工業規模來說，相當於一天的工作量。所謂的「橡膠輪胎龍門架」——基本上是裝在車輪上的起重機，四十呎高，頂部是容納司機的一個玻璃和金屬小洞——擺放在八呎的輪子上，在港口周圍移動，把貨櫃從停靠站移回原動機，然後再返回，保持貨櫃從船到港口不斷地移動。

港口的最新部分，第四期，於二〇一七年完工，乍看之下，它與其他部分相同。但是，仔細觀察便會發現非常重大的不同：這兒沒有人。這一區是全世界最大的，也是最早完全自動化的貨櫃碼頭。貨櫃的移動、船舶的卸載，都由相同的起重機和相同的手推車進行，但在四期碼頭，它們由電腦控制。高度複雜的人工智能和機器人系統監控整個作業流程。洋山港四期工程的規模、複雜性和取代人力，預示著中國的未來，甚至全球化的未來。[21]

中國走出去

隨著香港的回歸以及它帶來的貿易和投資機會，中國更往前推進，鼓勵企業到海外投資。它不但有助於中國海外業務拓展，也有助於國內經濟的成長。隨著加入世貿組織的新承諾，中國加速國內市場的開放，鼓勵中國企業在國外經營，有助於它們獲得國際經驗，可以再幫助它們跟上進入中國市場的外資企業的步伐。

這個戰略經歷幾個階段的演變。從一九八六年開始，隨著中國加入全球貿易展開談判，中國允許國有企業開始投資海外市場。一開始效果相當有限；一九八六年至一九九一年間，中國企業在國外市場投資僅約十億美元。[22] 從一九九一年開始，冷戰已經明確地被丟進歷史的垃圾桶，中國決定擴大開放，開始允許私有企業也可以到海外投資。在這同時，一九九七年，泰國市場危機迅速蔓延到亞洲其他地區，引爆亞洲金融危機。一九九四年，中國做出了人民幣與美元掛鉤的重要改革決定，因此在全球金融市場被危機衝撞時，中國也受到了影響。[23] 在一九九九年，中國加入世貿組織的談判進入最後階段時，當局決定正式並深化海外投資戰略，宣布了一項後來稱為「走出去戰略」的政策。

投資的重點是中國發展所需要的原材料和自然資源。在中國「走出去戰略」的最初幾年，國有企業帶頭，將投資重點放在海外資產的併購上。中國很快便意識到這不是獲取資源和改變戰略的最有效方式。因此，國有企業和私有企業都受到鼓勵，投資到自然資源和基礎設施項目——他們的基本邏輯是，如果輸送更多的自然資源到全球市場，中國可以透過商業交易單純地獲得它們。

這項戰略進一步演進。中國意識到，大多數自然資源的全球供應相當充足，中國的投資便轉向更直接的專注盈利，因此投資於可盈利之處——通常是透過買下關鍵行業的大量股份。隨著時間的推移，這項政策演變成更廣為人知的「一帶一路」倡議。[24]

貨櫃化和散裝運輸使它成為可能。原始數據說明了這個故事：中國對外投資從一九九一年的九億一千三百萬美元增加到二〇〇一年的九十七億美元，到二〇一六年更達到二千一百六十億美元的高峰。[25] 一九九八年至二〇〇八年間，全球自然資源貿易從六千一百三十億美元成長到三兆七千億美元，資金湧入傳統和新的商品出口國家的財庫。[26]

通常就是這樣簡單地寫成中國經濟成長的故事。事實上，中國對資源的巨大需求導致全球大宗商品價格上漲，形成大宗商品超級週期。[27] 資源豐富的低度收入國家因此獲得了重要的經濟機會，僅在二〇〇五至二〇〇八年的大宗商品繁榮高峰期，光從石油就得到一兆美元的收入。[28] 這有助於創造條件，導致一個不尋常的現象：世界上每個開發中國家都在增長，只有處於戰爭狀態的國家除外。[29]

收益相當可觀。奈及利亞從一九九〇年的人均所得五百六十七美元，上升到二〇〇八年的二千二百四十二美元；加納從三百九十八美元，上升到一千二百一十美元；拉丁美洲開發中國家的人均所得從二千五百美元，躍升至七千六百七十二美元。[30] 中國的大宗商品超級週期改變了「第三世界」。

所有這一切將再反過來改變世界事務。從一個北半球富裕國家可以對開發中國家訂規矩、要求遵守國際政治條件的世界，商品超級週期創造了一個新的現實。六十多個國家從低度所得狀態成長到中等所得狀態，並且從成長也獲得了外交影響力。到二〇〇〇年代後期，這些國家中最大的國家稱為：「新興市場。」後來，更稱為：「新興大國。」這些國家開始在全球事務中發揮更大的影響力。北半球富裕的歐洲國家和自由世界不再能逕自主宰遊戲規則；他們現在必須與「全球南方」競逐影響力。中國的投資不是唯一的因素：西方的援助也在某些地方扮演了有用的角色，譬如：越南和衣索比亞；區域組織也不無貢獻。但是，中國主導的大宗商品超級週期，為這些國家的經濟崛起創造了基礎條件。[31]

接下來都是關於中國的故事。看看全世界最大港口的排行榜，可明顯看到中國開始扶搖直上。二〇〇一年，撇開香港和台灣的高雄不談，中國只有上海這一個港口進入前五名，排名還低於新加坡和釜山，僅略勝當時歐洲、也是西方最大的港口鹿特丹。[32] 到二〇〇五年，新加坡躍居榜首，其次三名都是中國的港口：香港、上海和深圳——當然，此時香港已歸屬中國。二〇一〇年，前十名大港口，中國已占了六個——包括：廣州，這個中國與西方最早爆發貿易衝突的地方。在這個階段，歐洲在前十名中只剩下鹿特丹一個——而美國一個都擠不上。洛杉磯和紐約都被踢出世界貿易的頂級水平之外。[33] 到這個時候，世界貿易的三分之二以上，在它旅行的某個階段都要通過中國投資的港口。[34]

從此以後，港口排行榜沒有太大變化，不過，鹿特丹在二〇一三年跌出前十名——中國港口的數量繼續增長，銳不可擋。二〇〇二年，深圳是世界第六大港口，年標準貨櫃吞吐量七百六十一萬八千箱。到二〇〇五年，達到一千六百萬個標準貨櫃，到了二〇一五年，更達到二千四百萬個標準貨櫃——歐洲最大的貨櫃港口鹿特丹的兩倍多，但即使是數量，也與貨櫃港口的新全球冠軍上海，相形見絀：上海處理的標準貨櫃超過三千五百萬個。[35]

*****

二〇一七年，上海成為世界第一大港口。二〇一八年，它是超過「四千萬個」貨櫃落地的地點——十年前，美國最大的港口洛杉磯服務的貨櫃僅略超過七百萬個；上海這個數字實在驚人。即使在二〇一八年，洛杉磯也僅裝卸了九百五十萬個貨櫃。洋山不僅是世界上最大的港口：**它比美國競爭對手大了四倍多。**

從洋山港，貨櫃現在流向世界上每個主要經濟體——高達一百五十個國家。到二〇一七年，中國的國內生產毛額成長到十二兆美元，二十年內增長了十倍多。在現代經濟學的編年史中，這是一個無與倫比的成功故事。按價值計算，最重要的貿易對象是美國。二〇〇一年❷譯註，中國加入世貿組織之年，美國最大的貿易夥伴是它的鄰國加拿大和墨西哥，以及它的盟國日本。現在不是了。二〇一五年，中國成為美國最大的貿易夥伴。36

在標準等級、灰澀、經濟成功、強迫遷徙、自動化、和以工程克服大洋和丘陵的阻礙之間，上海及它的新港口是現代中國令人欽佩的一切，也是令人震驚的一切。就像外灘上的那顆紅星，它的根本矛盾是有目共睹的，它的巨無霸規模設計得令人生畏，它的精緻、它的歷史、它的文化麻木但不受壓制。上海對於即將到來的世界來說，就像紐約之於美國國力的黃金時代一樣——無論是好是壞，它們都是占主導地位的經濟、技術和貿易巨人。37

❷譯註：中國在二〇〇一年十二月十一日正式加入世貿組織，成為第一百四十三個會員國。

第七章 供應全球之船
貨櫃如何改造貿易（二〇一七年至今）

舊日港口像是人類的大汽鍋，也是繁忙的勞工和商業中心，充滿紛爭和腐敗。它也是文化交流、衝突和融合的世界主義小縮影。反之，現代貨櫃港口則是工業運作，幾乎不用人力，像上海洋山港第四期的碼頭，根本看不見人影。然而，舊港口過去的活力仍然有跡可尋；從來自世界各地，堆積在岸上色彩繽紛的貨櫃即看得出來。

這些貨櫃有來自德國赫伯－羅德航運公司的橙色；義大利地中海航運公司的鮮黃色；日本川崎汽船株式會社（"K" Line）的橘紅色；台灣長榮海運的綠色；韓國現代集團（Hyundai）的鮮紅色和韓國全球（KISAC Global）的粉紅色。東方海外貨櫃航運公司的貨櫃漆上紅色、反白的標誌，上面還都畫著梅花標誌（或許是為了喚醒大家，他們早期與國民黨的關係。）還有漢堡南方公司（Hamburg）的紅底貨櫃、配上乳白色公司標誌；以及韓進海運（Hanjin Shipping）的青藍色，南非的南非海上貨櫃航運公司（Safmarine）的鮮藍色和法國達飛海運集團的深海軍藍。更多名氣不大的貨櫃則有灰色、棕色、鐵鏽色，偶爾來點紫色，平添不少視覺效果。❶譯註 這些名稱和標誌，也述說了航運貿易真正全球化的故事。而世界各地的許多港口，到今天為止，數量最多的則是帶有白色七角星的淺藍色貨櫃，屬於丹麥的快桅集團。

一九三六年，快桅集團／馬士基涉足跨大西洋貿易時（就在上海即將陷入暴亂，東方海外貨櫃航運公司前身即將開業的前一年），該公司擁有三十八艘船。全球出口總額為二百一十億美元。[1] 在中間的幾十年裡，全球貿易激增，航運業也蓬勃發展。到二〇一六年，全球有超過五萬五千艘商船在一百五十多個國家註冊，船員超過一百五十萬人。[2] 儘管競爭激烈，快桅集團／馬士基仍保持世界最大航運公司的地位。二〇一八年，僅快桅集團／馬士基一家業者在一百三十五個不同國家就雇用了八萬八千名員工，集團旗下七百九十四艘船每年停靠將近九萬次港口，也就是說每天二百四十次、或每六分鐘一次。[3] 快桅集團／馬

❶譯註：日本川崎汽船株式會社全名 Kawasaki Kisen Kaisha, Ltd.，為日本第三大航運公司，"K" Line 是它的品牌簡稱。德國漢堡南方公司（Hamburg Sud）全名 Hamburg Südameri kanische Dampfschifffahrts-Gesellschaft，即漢堡南美輪船公司，已於二〇一七年賣給 A.P. 莫勒—馬士基公司旗下的馬士基航運公司。韓進海運是韓國最大航運公司，在高雄港有專用港區。南非的南非海上貨櫃航運公司全名 South African Marine Container Lines N.V.，一九九九年由 A.P. 莫勒—馬士基公司併購，但是馬士基航運公司決定仍保留此一品牌營運。

士基現在的載運量，幾乎占全球所有貨櫃運輸量的五分之一。[4]實際上，它就是通往新世界經濟的一艘全球供應船。

快桅集團／馬士基船舶停靠在全球將近三百五十個港口。但是按照貨櫃數量計算，它們最大的停靠港是洋山港。這也凸顯一個根本事實，即中國雖已重新回到它在世界經濟體名列前茅的歷史地位，但中國尚未（迄今為止）創造出一個單獨的經濟領域，或一個以亞洲為中心的單獨的經濟活動中心。中國仍是包含在更廣泛的全球經濟體中的一個巨型規模經濟。

這也導致另一個關鍵點：即現代貨櫃貿易不僅有助於擴大規模和數量，也改變了貿易性質。現在的「貿易」，指的是零組件如何在全球供應鏈中流動——零組件在像快桅集團／馬士基營運的大型貨櫃船上航行。

〈馬德里．馬士基號〉的航行

一九九六年六月，〈女王．馬士基號〉（Regina Maersk）交船後，快桅集團／馬士基躍居首席，號稱擁有全球最大的貨櫃船，這是世界上第一艘突破六千個標準貨櫃門檻的船舶，[5]❷一九九七年，造船廠交付的〈主權．馬士基號〉（Sovereign Maersk），以承載八千個標準貨櫃的能力擊敗〈女王號〉。[6]二〇〇三年，它們短暫地輸給了東方海外。

二〇〇六年，〈艾瑪・馬士基號〉（Emma Maersk）又從〈東方海外深圳號〉奪回第一名地位；它能夠承載一萬四千七百個標準貨櫃。[7] 二〇一〇年五月，〈艾巴・馬士基號〉（Ebba Maersk）締造可承載一萬五千零一十一個標準貨櫃的記錄。[8] 接下來，在二〇一一年，快桅集團／馬士基下單訂製第一艘「三E級」貨櫃船〈馬士基・麥金尼・莫勒號〉（Maersk Mc-Kinney Møller），❸譯註 它在二〇一三年六月十四日交船，承載能力為一萬八千個標準貨櫃。[9] 幾年內，其他幾家公司——哥倫比亞船舶管理公司（CSM）、地中海航運公司（MSC）、中國遠洋海運集團（COSCO）——都接收了相同標準貨櫃範圍內的新船。但快桅集團／馬士基在二〇一七年接收〈馬德里・馬士基號〉時，保住最大貨櫃船的榮銜，成為第一艘突破兩萬個標準貨櫃門檻的巨型船隻。[10]

它在二〇一八年失去了第一名的寶座，再次輸給了東方海外的新船〈東方海外香港號〉

❷ 當馬克・李文森（Marc Levinson）撰寫關於貨櫃化經濟學的里程碑研究報告時，他對貨櫃船的巨大規模感到敬畏：當時貨櫃船的承載能力增大到四千個標準貨櫃。

❸ 譯註：快桅集團／馬士基向韓國大宇造船下單訂製「三E級」貨櫃船。三E源自三個基本設計理念：因大運量而產生的經濟效益、能源上的高效和更加環保（Economy of scale, Energy efficient and Environmentally improved）。

（OOCL Hong Kong）。但是快桅集團／馬士基堅持認為它的船實際上比對手大；因為東方海外測量〈香港號〉承載能力時，是假設它承載的每個貨櫃平均重量為五千磅；快桅集團／馬士基則假設它的每個貨櫃平均為七千磅。按這個標準，〈馬德里號〉仍然比〈香港號〉大。

不論怎麼說，〈馬德里號〉是一艘龐然巨物。

事實上，它是如此的龐大，以致於在海上第一次看到它時，大腦根本沒辦法完全處理映入眼簾的景象。從洋山港碼頭底部，一艘像〈馬德里號〉這麼大的船，在它才繞過十哩外的外港島嶼後幾分鐘，即可看到。當〈馬德里號〉滿載時，堆放在甲板上的貨櫃有十二個之高，這非常壯觀具象，但也令人困惑。從那個距離看，溫和的U形船體幾乎消失在上方的矩形之外，這個對比的矩形是由甲板上方所有貨櫃和船體本身上面好幾層組成。蘇伊士運河危機之後，散貨船追求更大船時，所考慮的重點因素之一，就是要使用有更寬船體的船隻。〈馬德里號〉現在把它提升到一個全新的水平，船體寬度為一百九十三呎。船體寬且深，再加上甲板上堆疊的貨櫃箱產生一種視覺圖像，大腦不易解讀它為一艘船，看起來更像是一整排大型的公寓大樓或一座巨型工廠，令人困惑的是，那個看似非常堅固的矩形，竟然慢慢地朝觀者的方向移動。如果把整個城市街區背靠背的十二層公寓樓房（兩棟樓深度），放到海上浮游，整個矩形街區的整體體積還比〈馬德里號〉略小一號。只有靠近它，船體柔和的U字型才顯現出來，才讓人明白漂浮在水面的龐然大物其實是一艘船。為什麼龐大的全球貿易量是美國經濟規模的四倍，從〈馬德里號〉的宏偉視覺就可以明白了。

一般習慣上認為航空母艦是海上巨無霸。以目前服役中、全世界最大的航空母艦——美國的〈尼米茲號〉（USS Nimitz）為例，海上排水量高達九萬七千噸（排水量多寡是衡量海軍軍艦大小的主要方法）。[11]〈尼米茲號〉確實是一艘巨大的軍艦。但是不比不知道，〈馬德里號〉是它的兩倍大，滿載時排水量為二十一萬二千噸。[12]如果把兩艘〈尼米茲號〉航空母艦並排堆疊在〈馬德里・馬士基號〉上，仍然有剩餘空間可以容得下紐約帝國大廈（Empire State Building）。

若從外部梯子爬到〈馬德里號〉的甲板，更明顯地，會發現這不僅僅是一艘船，而是一座浮動工廠。貨櫃通常由鋼鐵製成，每個各為二十呎長、八呎寬和八呎高，或是四十呎長、八呎寬和八呎高。這些貨櫃相互堆疊，使用鐵桿把它們固定到位、並分隔開每一列貨櫃。一個典型的二十呎標準貨櫃有超過四千磅的鋼材——因此，如果〈馬德里號〉滿載，光是貨櫃就有近九億磅、即四萬五千噸的鋼材。相比之下，全世界最高的建築物哈里發塔（Burj Khalifa）興建時只使用三萬九千噸鋼材。

體驗〈馬德里號〉大小的另一種方法是親自到船上走一圈。以一個中等身高和步伐速度的健康人來說，環繞〈馬德里號〉甲板需要整整七分鐘和九百步，距離為三千呎。這與步行八個半足球場所需的時間大致相同。或者換個方式：把貨櫃從船上取下來平放，堆疊兩層高，就像放在火車上運送時那樣。大多數人都曾有停在鐵路平交道前，等候貨運列車全速駛過的經驗。一列裝有一百節車廂的貨運列車通過平交道路口，可能需要長達兩分鐘的時間。但要承載與〈馬德里號〉相同的負荷量，需要五十趟這樣的列車。〈馬德里號〉上的貨櫃背靠背堆疊，全長可達四十一萬一千三百六十呎、即七十八哩長。

但是，〈馬德里號〉的龐大和經濟力量在貨艙才更能充分顯現。

在船上堆放貨櫃有兩種不同的系統：一種用在甲板上方，另一種用在甲板下方。在甲板上方，貨櫃船設有一系列所謂的綑綁塔（lashing towers）——這是互相鎖定的金屬管道系統，依照船的寬度排列，高達七個貨櫃堆疊在一起，形成一個鋼面結構，堆疊起來的貨櫃可以透過縱橫交錯的鋁桿固定在框架上。這些綑綁塔每個相距四十四呎，距離剛好足以讓身體健壯的海員在四十呎貨櫃兩側，二呎寬的狹窄走廊中作業。它們由一系列鋼製舷梯和板子連接在一起，這些舷梯通道用螺栓固定在金屬拱門間，略高於普通人高。穿過這些舷梯，這種體驗就像走過工業化版的迴廊——彷彿古老修道院那種有頂棚的走道，拱形天花板，敞開一側。

從綑綁塔的最低層，身體健壯的海員可以進入貨艙中的第二個存儲系統。船體設計成U形意味著，一旦卸下貨艙門（它本身就是工業作業，因為每一個艙門都有好幾噸重），就會呈現一個完美的矩形形狀，可以把貨櫃放進去。綑綁塔下方是一系列鋼牆，將船體分隔成同樣四十四呎寬的隔間，引導通道在船寬上排列成八・八呎的空間，貨櫃可以整齊地裝入其中——彼此堆疊達到十二個之高。

要到達其中一個艙位的底部，首先要經過綑綁塔最低的舷梯到達其中心。從那裡，鑽出舷窗，抓緊欄杆，把身體鑽進梯艙裡。經過陡峭的攀爬，來到底下第一層，位於貨艙下方、但仍高於水平線。然後繼續下降。五十呎之後到達側樓梯，它以六十度的角度向下傾斜，大約是普通樓梯斜度的兩倍陡峭。在船上，在下降時總是必須向前走，緊緊抓住欄杆。走過九道這樣的樓梯之後，已經往下走了一百呎、進到貨艙深處。然後走出拱門，踏上金屬地板上——〈馬德里號〉的地板漆成海泡綠色。

從這裡，伸長脖子向上仰望鋼質船體、綑綁塔和它上方的貨櫃。一堵巨大的貨櫃牆，面前有二十四個高，二十四個寬，貨艙下面有十二個貨櫃，上方有十二個，頭頂上最高的貨櫃箱在二百二十呎的高處。它略為高出坎特伯里大教堂（Canterbury Cathedral）的尖頂，但是寬度為二十五倍。

〈馬德里號〉和像它這樣的船隻是現代商業的巨神，也是全球化的大教堂。

*****

〈馬德里號〉上面成千上萬的貨櫃並不是隨意堆放的；它們要擺放在船上哪個位置有一

組複雜的計算方式。變數包括它們的重量和它們預定要在哪裡卸貨，以便特定港口的貨櫃可以集中放在同一個艙室中，允許下一個港口的操作員指導裝載和卸載這些貨櫃的起重機進行工作。但同樣重要的是：它們是否攜帶危險物品？因為這些貨櫃不僅能裝衣服和電視機等無害物品。它們還裝有關鍵的工業產品，例如核反應爐的組件、爆炸性化學品、農業用發動機、鋰電池和印表機墨水等。美國和歐洲大部分重工業都靠這些貨櫃內的貨物啟動。

在〈馬德里號〉上，確保這些貨櫃安全堆放的工作屬於年輕的波蘭籍大副馬欣．古勞斯（Marcin Kulas）。當船隻抵達洋山港裝卸貨物時，「港口上校」必須上船討論艙單、並幫助查核內容。馬欣坐在一台運用「北極星」（Lodestar）軟體的大螢幕電腦前，整艘船的貨櫃堆置資訊全在裡面。危險物品標為紅色、安全物品標為綠色。一份裝載計畫的影印複本放在他面前的桌子上，馬欣的工作是確保反覆檢查裝有危險物品的貨櫃，是否在船上適當分布。最危險的是火災，因為很多物品都是易燃物，特定內容需要特定的消防工具或化學品。一個貨櫃起火，很容易在另一個貨櫃也起火，如果用來撲滅第一個貨櫃火焰所需的化學物質，與撲滅第二個貨櫃火焰所需的化學物質不同；或者更糟的是，可能因此助長火勢，那就麻煩大了。因此，危險品貨櫃的分配要訣在於限制火勢蔓延的風險。馬欣大副檢查計畫的細節，再三反覆檢查每個貨櫃的位置。像船上的每一個水手一樣，他的第一個、通常也是唯一的想法是，能夠安全下船。他渴望回到格但斯克（Gdansk）的家，與他疼愛的妻子和兒子相聚，玩玩他實際生活中熱愛的美式雙門高性能轎跑車。

船員的背景既反映國際貿易性質，也反映航海國家的歷史，馬欣只是其中之一。〈馬德里號〉有位船員彼得．博德甘．穆拉特（Peter Bodgan Murat），他是脾氣暴躁但相當迷人的俄羅斯人，擔任船上第二號工程師。彼得．保羅．漢德里克（Peter Paul Handrick）在赫伯羅德航運公司開始他的職業生涯，然後愉快地從海上生活退休，回到德國，買下一戶老房子、整修一新，第二年卻眼睜睜看著它毀於祝融。他回到海上，原因很簡單，必須要賺錢；在赫伯羅德公司由快桅集團／馬士基收購後，他也登上了這家丹麥公司船隻。另外，安德魯．休斯（Andrew Hughes）是來自英國曼徹斯特（Manchester）的年輕實習工程師。他原本是銀行行員，覺得工作很無聊，於是重回學校上課，取得海事研究文憑。船上的船員，從場區、施工區，再到輪機室，都來自印度、泰國和菲律賓等古老的航海國家。他們的頭頭是來自民答那峨島（Mindanao）的菲律賓人理查．柯波拉茲（Richard Corporalz）。他那濃密的鬍鬚、捲曲的小鬍子和大耳環，看起來像是安排到在船上拍攝舊世界海盜電影的角色。

帶領這些人、操作這艘巨輪穿過東海和南海的險惡水域，然後再穿過糾結的新加坡海峽的是米克爾．詹森（Mikkel Jensen）船長。如果現代還有維京人的話，一定是他。他那肌肉發達的胸膛布滿了紋身，一條龍蜿蜒攀附在身上。他的手臂和軀幹部位也都覆蓋著紋身，（水手習慣用這些刺青來象徵某一次特定的航行經驗），米克爾身上有一隻錨，象徵他第一次橫渡大西洋、有一艘船象徵繞過好望角，這條龍實際上象徵他第一次到中國。他身高五呎七吋、金色短髮，他捨棄正式襯衫和長褲的船長制服，更喜歡卡其色短褲和 Teva 涼鞋以及白色的快桅集團馬球衫。

詹森船長於一九七五年出生於丹麥的菲英島，「一九一六年造船公司」（Shipbuilding Company of 1916）在此成立。他第一次接觸大海不是透過家人影響，而是透過學校。在他十六歲那年，一位當地船長來到他的高中班上談論海上職業，他的想像力立刻受海洋捕獲。一九九五年一月，他第一次出海、到一艘船上擔任廚師。他在早期的一次事故中傷了背部，確定廚師的工作並不適合自己。他申請進海員學校，但是被快桅集團／馬士基拒絕，不過，法羅航海學校（Faroe School of Navigation）接受他、培訓他，他在那裡獲得了執照。接著在伊斯瓦斯特航運公司（Esvast Shipping）找到一份工作，在北海的石油鑽井平台附近駕駛待命救援船——北海是地球上最洶湧和最危險的水域之一。[13] 就航海而言，這是極端艱險的訓練。他任職八個月後，再向快桅集團／馬士基求職，這一次獲得公司接受，時為二〇〇一年四月。到二〇一二年，三十六歲那年，他已經是一名船長，二〇一七年又獲任命為快桅集團／馬士基三艘旗艦極大型貨櫃船（ultra-large container ships）之一的船長。

這些極大型貨櫃船的船長在船上必須全天候二十四小時待命，因此他們一次輪班工作好幾個星期，然後由副船長接班。這表示他們共用一個艙房，因此在船上時艙房不能過度個人化。更重要的是，在波濤洶湧的海面上，船上的任何東西都必須能用螺栓固定在牆上、或是關在吊櫥內。因此在詹森船長的艙房裡只有最基本的必須品：妻子的照片、增肌維生素、補品以及一面丹麥國旗。

身為〈馬德里號〉的船長，必須擔負一個極端複雜的金屬、電子浮動城市，還要掌管法律安排、船員責任以及價值高達十億美元的貨物。但是對於詹森船長來說，考慮到他負責運送的貨物量，他首先想到的事情似乎太平淡無奇了。他說：「每次航行開始時，我必須首先考慮兩件基本事情。我有足夠的燃料嗎？我有足夠的食物嗎？」

還有一項簡單但極其重要的工作，即在船隻進出港口淺水區時一檢查、再檢查和三度檢查吃水深度，因為間隙可能只有船體下方兩公尺。貨櫃的精確堆放會改變船隻的重量。天氣、潮汐、貨物總重量、分布情況；所有這些變數都必須納入複雜的計算，以確定船隻是否以及如何進入、並停泊在泊位上。出港時，船長全神貫注在這些操作上，運用手邊每一項現代和老式的導航輔助。在某些地方，要穿過貼近碼頭水道的狹窄通道，會非常複雜和令人提心吊膽。「這是一個極大的挑戰；船的兩邊都只有幾呎寬，在底下也只有幾呎深。犯了任何錯誤，就會擱淺。」

詹森船長一駛出內港、朝開闊的水域前進那一刻，他的思緒立刻轉向更大的恐懼。對於較小的船隻來講，風暴和在海上沉沒的可能性是一個永遠存在的憂慮。但是像〈馬德里號〉這樣巨大的船隻改變了等式。從大多數的紀錄來看，要使船沉沒，波浪必須上升到超過船本身長度的高度。在某些情況下，面對這樣巨浪的船隻可能無法頂住，會被推入巨浪下方形成的凹陷中，進而翻了船。科學家們曾經從理論上討論過一百九十呎高海浪的可能性，但在真實情況下，從來沒有過這麼大的巨浪。[14] 有史以來在海上記錄到的最大海浪，約為一百四十呎高。[15] 在這樣的高度，〈馬德里號〉所面對的海浪，僅比船身長度的十分之一多一點，不會對它的穩定性構成威脅。[16] 船隻會有一個稍微大一點的憂慮，則是橫梁翻動。同樣的計算也適用。如果波浪比船隻寬度還高，那麼理論上它可以在船駛上迎風面時，將船翻轉到一側。這種情況，只發生在非常罕見和極端的條件下，但還是有可能的。[17] 即使如此，擁有一百八十呎橫梁的〈馬德里號〉，並沒遇過足以讓船側翻如此寬度的巨浪。天氣不是極大型貨櫃船的敵人。

當新船員或乘客登上〈馬德里號〉時，他們會收到兩把鑰匙。第一把鑰匙打開位於船隻前三分之一部位的十四層住宿高塔的艙室房門。❹ 第二把鑰匙，則旨在拯救他們的性命。船隻可能因種種原因陷入危險。但對於現代貨櫃船來說，最大的恐懼不是船身破裂或撞毀；而是起火了。

起火的原因可能是發動機的電氣故障，也可能是用來清潔發動機的油抹布堆放在貨櫃箱中時燃燒，或貨櫃中的危險物品在高溫下燃燒，當船隻駛經中國南海時，氣溫可以高達華氏一百二十九度〔譯按：攝氏五十四度〕。[18] 船上裝有無數的消防裝置、泡沫、水和其他材料，旨在撲滅發動機或貨櫃中可能存在特定種類的化學品、或其他促進劑起火燃燒。在貨櫃中。有複雜的火災警報系統，貫穿整艘船和每個貨櫃堆垛，因此船長或他的主要幹部可以從艦橋上二十四小時全天候監控火災情況。但歸根究柢，火就是火，所有的預防措施未必足以阻止它爆發。如果火勢失控，船員唯一的選擇就是棄船。

當他們棄船逃生時，如同在電影《怒海劫》（Captain Phillips）所顯示的，使用片中出名的救生艇，船長在面臨海盜襲擊時如何逃離〈馬士基・阿拉巴馬號〉（MV Maersk Alabama）。快桅集團／馬士基和許多類似的船隻，所攜的救生艇看起來更像潛艇，由一圓柱形硬塑膠外殼打造而成，塗上鮮豔的橙色。救生艇裝滿了安全裝置、十二天的供水和老式的導航設備。

但是在爬上救生艇之前，船員要先做別的事情。他們用第二把鑰匙打開艦橋上救生艇旁

---

❹ 把住宿塔設計在船的前三分之一部位，是快桅集團／馬士基三E級系列船隻的重要創新。當住宿塔和艦橋設置在船的後部時（這是傳統作法），從艦橋能看到船首的視野需求，限制了貨櫃可能堆疊的高度。把艦橋向前移動，快桅集團／馬士基能夠把船上的貨櫃增加三層高。

邊的一個大箱子，裡面有救生背心和超現代的救生衣服。這些櫻桃紅色的氯丁橡膠套裝，重近十磅，很難爬進去。基本程序是將救生衣套裝平放在甲板上，然後像鑽進睡袋一樣，先把自己的腳塞進救生衣裡，從腿的部分向上拉、並一一穿好固定住，確保靴子中沒有多餘的空氣或水。然後把救生衣拉鍊拉到腹部，雙手穿進巨大的袖子中、把手指伸入手套中。接下來摸索穿過厚厚的氯丁橡膠，將帽子拉過頭頂，把救生衣拉鍊拉到脖子的高度，現在，從頭到腳都包裹在兩吋厚的氯丁橡膠衣中，可在零度的冷水中存活長達十二小時。這時候才能進入救生艇。艙口關上，大副拉動救生艇內的一個把手，將其從錨定的起重機上解放出來，救生艇沿著拉索高速下降到海平面，再投射到大海中。從頭到尾是個極其繁瑣的程序，但詹森船長確保每位船員和每位乘客，都「反覆演練」所有必要的安全和疏散程序——尤其是在發生火災時，能夠派上用場。

在海上平靜的日子裡，米克爾陶醉於他的工作中。「我最喜歡的時候是風完全安停下來。水面平靜，幾乎看不到一絲漣漪。海洋呈現出玻璃般的質感，就像在冰面上划行一樣。我可以從水的鏡面反射中看到船的每一個細微地方。我可以這樣看著海好幾個小時，永遠不會厭倦。」聽他描述他對平靜的大海的熱愛，讓我想起馬克吐溫（Mark Twain）描述他旅遊大西洋的一段話：「陸地上任何地方都找不到這種寧靜、這種舒適、這種和平、這種深深的滿足感。如果可以的話，我將永遠航行，再也不生活在堅實的地面上。」[19]

就像他對自己的工作感到興奮一樣，詹森船長相當懷念這個行業的往日時光，對他、對船和對船員而言，從前一切都很單純。「過去，當船長下船時，我們必須立即去見A. P. 莫勒〔老董事長〕，告訴他我們看到了什麼。告訴他第一線的工作方式，奈及利亞、沙烏地阿拉伯和巴西等地市場的情況。但那是在我們擁有全球訊息之前的狀況。我猜現在不再需要這麼做了。但舊的方式也有一些好處呀。」

令他覺得特別惱火的，則是遠地飛來、鉅細靡遺都要插手的管理。當電腦響起「叮」的一聲，顯示總部傳來新的電子郵件訊息，要求更新路線或要他改變速度，減速或加速或改變路線時，他會大聲咒罵：「他媽的！」他討厭七千多哩外的路線規畫者和技術人員的微觀管理。「他們不知道我們面臨什麼樣的狀況，讓這樣的船減速意味著什麼、我們為浪費燃料付出了什麼代價。他們心血來潮一聲令下，改變了我們什麼時候到達和什麼時候離開的時間，我們計畫的一切都被吹走了！」

他可能會抱怨，但他無法逃避。即使在晚上燈已經熄了，每隔幾分鐘，安靜的艦橋便會被收到新訊息的尖聲信號打斷。有些訊息具有相當大的戲劇性張力，譬如在附近水域將出現新的海軍軍事演習；有些則稀鬆平常，譬如公司對於加油程序或人力資源規則的更新。有些訊息轉告氣象更新，其中許多與船隻的實際旅程毫不相干。最重要的是提供通過前方航道的船隻或港口營運商的最新訊息，更新他們向前航行的計畫和狀況。馬賽船長可以不喜歡它，但這是現代航運的現實，數據時時刻刻在流通。

所有這些數據都流向位於船中心、甲板上方二百呎的艦橋中的一系列電腦終端機、甚高頻（VHF）無線電波和衛星接收器。在〈馬德里號〉這樣巨大的船上，艦橋的橫向寬度已經很大，超過二百呎，與波音七四七飛機機翼展開時相同，巨大的玻璃包裹的雙翼跨越了船隻的整個寬度，剛好超過，以便船長在駛入港口時可以看到船體的任何一側。在前面及後面，巨大的擋風玻璃雨刷把六十扇窗戶中的每一扇窗都刮得乾乾淨淨，不沾雨水和霧氣。❺

在南海的汪洋大海中，景色與堵塞的新加坡海峽截然不同。南海是世界上最重要的經濟貿易航道，在航運最繁忙的正午、週間的幾天，從艦橋上三百六十度俯瞰，平靜的碧藍大海，點綴著〈馬德里號〉船頭攪動產生的白色泡沫——但是，東、西、南、北，統統都看不到一艘船。連續幾個小時，船長和大副輪流用雙筒望遠鏡掃描地平線，詹森船長也密切關注雷達，但一天中的大部分時間都沒有別的船隻穿過〈馬德里號〉的航線。這片海面是如此之大，如此之廣，以致世界海洋貿易的浩瀚縮小到一艘船的大小，四面八方都由空曠的水域包圍。

艦橋的中央是操舵控制台，以一個小方向盤、一個小操縱桿和一個油門為中心，很像飛機駕駛艙中的配置。艦橋唯一老式的部分是電話聽筒，船長可以用它來呼叫特定的船員到艦橋報到，或發出一般警報。操舵控制台正前方是一個顯示推進力、方向和阻力的螢幕：它會顯示船隻在大洋中的實際位置，並連接到一系列的螢幕，這些螢幕各自連接到衛星、電子郵件和甚高頻無線電波，它們結合在一起、構成所謂的「綜合艦橋系統」（Integrated Bridge System），讓船長掌握周圍和前方海域豐富的數據資料。它們包括陀螺羅盤、回音測深儀、測速儀、衛星導航、雷達和「電子海圖顯示和資訊系統」（Electronic Chart Display and Information System, ECDIS），後者是一站式的數據蒐集系統，顯示船隻與海面特徵、洋流和周圍船隻的相對關係。這些船隻和〈馬德里號〉都在不斷發出自動識別系統數據。類似於飛機上的黑匣子，但更複雜的是，自動識別系統會不斷更新海面上每艘已註冊船舶的名稱、類型、航向和方向——每分鐘生成數億個數據點，全部經過電腦計算、並處理回艦橋前方海上交通的實時圖像。

這個資訊應該足夠了，但有一個事實要注意：大多數海軍艦艇不會傳遞它們的自動識別系統數據。它們享有豁免，因為如果這樣做會傷害它們的安全，船舶就不必分享這些數據。何況，並非所有的漁船都有自動識別系統轉發器（transponders）。按規定，它們應該要有，

❺ 詹森船長非常講究清潔。在他第一次登上〈馬德里號〉執勤時，對橋翼上經常出現灰塵相當沮喪。因此他買了一個小型吸塵器機器人，它可以不斷地在地板上上下移動，邊走邊清潔。但是到了晚上，很容易被這個黑色的小圓形物體絆倒。所以現在，吸塵器裝了一個亮粉色的塑膠豬，這在乾淨的艦橋上顯得很不協調。

但偏偏它們就沒有。20 因此自動識別系統數據可以確保不會撞到另一艘貨櫃船或油輪，但它不會阻止撞到一艘海軍護衛艦，或把一艘拖網漁船壓到龍骨底下。❻ 所以說雷達仍是避免在夜間撞到船的重要工具。這是種數據增強型雷達：使用嵌入式鼠標右鍵單擊船隻的雷達特徵，螢幕會顯示一條虛線，及時顯示船隻的方向。船長可以看到他是在通過、還是在交叉的航線上，如果是後者，他將略微修正航線。他只需要輕敲操縱桿就可以。

為了安全起見，詹森船長還使用了一種較舊的、更傳統的設備：一副雙筒望遠鏡。白天或黑夜的任何時候走到艦橋上，一副或另一名海員站在船長左側的窗戶前，不斷掃描地平線，以尋找船隻或它們的燈光，並跟蹤這些位置以確認雷達或自動識別系統數據沒有錯誤。

這些數據，全由快桅集團/馬士基位於哥本哈根的全球數據管理中心蒐集和整理的。管理中心每週七天、每天二十四小時作業，每小時可處理數十億條數據。

雖然〈馬德里號〉和全球貨櫃貿易的龐大數量令人震驚，但它們的影響實際上存在於這些大數字和小數字的對比上。以二十三這個數字做個例子。這是從船長到工程師、到船員、再到廚師，掌管這艘巨大船隻航行全球的全部人數。一九一〇年，彼得・馬士基・莫勒駕駛〈蘿拉號〉輪船穿梭波羅的海時，他的船最多可裝載十六萬五千立方呎的貨物，相當於一百二十一個標準貨櫃。他的船有二十四名船員。因此，〈馬德里號〉的貨運勞動效率提高了一百七十倍以上——這還沒有考慮到以同一個貨櫃裝卸到船上、以及轉移到卡車和火車上

的效率之巨大提高。❼

還有一組小數字：六吋長、四吋寬、兩吋深，重八磅。這是一個鎖定夾的大小。它是一塊特別設計、並漆成黃色的鍛造金屬，每側插入兩個拉片。鎖定夾，顧名思義是把貨櫃箱的底腳與下方的貨櫃箱、或綑綁塔鎖定在一起。對於貨艙中的七個貨櫃箱，綑綁塔提供一個固定的金屬結構，鋁製紮帶可以將貨櫃固定在這一結構上。在此之上，只靠鎖定夾把它們固定在一起。對於綑綁塔上方的五層貨櫃箱，這些六吋長、四吋寬的金屬夾是唯一把價值超過十億美元的貨物固定在一起的小玩意兒。

當船開進港口，船員準備在二十四小時內裝卸七千個貨櫃時，夾具的關鍵作用便十分明顯了。21 這些小小的金屬道具是關鍵——它們使貨櫃能夠牢固地安裝在貨櫃火車上、或是

---

❻ 這種危險在二〇一七年得到了承認，當時兩艘美國海軍艦艇在九個星期內分別在日本和新加坡附近，與民用油輪相撞。見 Robert Faturechi, Megan Rose, and T. Christian Miller, "Years of Warnings, Then Death and Disaster: How the Navy Failed Its Sailors," ProPublica, February 7, 2019.

❼ 規模還在不斷擴大。在〈馬德里號〉的艦橋上，船員會講八卦，傳說有人要啟用一艘二萬四千個標準貨櫃的大船。他們說的一點都沒錯：二〇一九年九月，地中海航運公司將一艘載有二萬三千七百三十六個標準貨櫃的大船駛離中國天津港。

安放在原動機或運輸卡車的後面，現在可在道路和高速公路上隨處看見它們。它們使「多式聯運」，在運輸方式之間無縫接軌的能力成為現實。實際上，就是這個微小的金屬道具將現代全球化鎖定在一起。

超越自由貿易

從亞當・斯密（Adam Smith）和大衛・李嘉圖（David Ricardo）以降，自由貿易的標準概念就很簡單。某一個特定的國家，比如葡萄牙擅長生產特定的波特葡萄酒（port wine），因為它有特殊的地理或生長環境，可以培育葡萄牙軟木橡樹、收穫軟木的樹木，生產其獨特的葡萄酒。另一個國家，比如英國，理論上可以種植軟木橡樹、並發展相關產業。但這樣做效率極低，因為它沒有適合的天氣或適合的土壤。它所擁有的優勢是高效率的布料生產。所以更有效的做法是葡萄牙從英國買布，英國從葡萄牙買酒。雙方都透過這樣做而節省了大量的錢，並使他們的公民可以獲得多樣化的產品。這種導致農業和製成品貿易的專業化和比較優勢，是最早的貿易形式、以及十八和十九世紀貿易大規模成長的基本要素，從鴉片到茶葉到香料再到鐵礦石，都是如此。[22]

這仍然是農產品貿易的重要部分。加勒比海地區在香蕉種植方面具優勢，而菲律賓則在種植鳳梨較有優勢。因此，這些國家大量生產這些產品，並將它們銷往無法有效（或在某些情況下根本無法）種植它們的美國和歐洲市場。在全球貨櫃運輸進一步創新後，農產品運輸市場擴大，冷藏貨櫃〔航運業稱之為「冷藏箱」（reefer）〕使得各種各樣的農產品在任何季節都可以運送到世界各地。23

快桅集團／馬士基是冷藏箱技術的早期創新者之一，而冷藏箱現在是它商業模式的重要組成部分。十二月，可以在美國的喜互惠（Safeway）超級市場買到新鮮香蕉（以及芒果和鳳梨），是因為快桅集團／馬士基、東方海外和赫伯羅德航運公司等航運業者，從加勒比海港口將大量香蕉運往美國各地的港口。24 香蕉是世界上第四大最有價值的食品，僅次於小麥、大米和牛奶。25 羅絲・喬治（Rose George）在二〇一三年撰寫有關全球貨櫃貿易文章時指出，一艘貨櫃船（當時最大的貨櫃船可承載一萬五千個標準貨櫃）可以運輸高達七億四千六百萬根香蕉。26 現在，最大的貨櫃船可以運載十二億根以上的香蕉。

但全球經濟中更重要的部分，根本不是這樣運作的。事實上，談到工業化產品時，「貿易」的概念已經過時了。隨著貨櫃化和電腦化，以及董建華在一九八〇年代開創的兩者的結合，實際上發生的事情是：在世界各地生產製成品的方式出現根本的轉變。27

貨櫃化，與航運設計和電腦技術的進步，一起採用「及時」生產（'just in time' production）的概念，將它推廣到全球。及時製造是一種組織和管理理論，起源於一九六〇年代和一九七〇年代的日本，目的是減少生產系統的低效率，改善從供應到交貨的時間。要這麼做，它依賴的是收到訂單才生產東西。譬如，與其製造一輛紅色的豐田可樂娜（Corolla），然後讓它一直擺在庫存裡等待有人買它，不如等到有人下了訂單，才非常快速地組裝它。如果有客戶訂購藍色的車子、或是帶天窗的車子、或帶手動變速箱的車子，廠家便根據訂單製造。這是一種高度回應消費者需求的方式。要讓這套系統運作順暢，需要在短時間內交付精確的零件和供應品。這種管理哲學的第二部分是，它在製造部分商品的公司，和將它們組裝為成品的公司之間，做出重要區隔──它注重專業化，並將它進一步提升到生產鏈的上游。這套系統主要由日本公司為國內生產而開發。但是藉由貨櫃化和電腦化的結合，便有可能採用這種模式、並使它全球化。28 現在，廠家製造的大部分產品，都是作為全球及時製造流程的一部分生產的，這套流程把美國中西部與德國斯圖加特（Stuttgart）和越南河內，尤其是中國，統統連接起來。

一般可以在哥倫比亞船舶管理公司、南非海上貨櫃航運公司、長榮，還有東方海外和快桅集團／馬士基等等，世界各大航運公司的貨物艙單和航線中看到這種動態。快桅集團／馬士基的航線，把亞洲和非洲的世界製造業主力廠商，與西方的消費大國連接起來。從貨櫃數量和貨櫃所裝載物品的價值來看，上海是它最大的目的地。許多船隻從上海向東走，前往洛杉磯和洛杉磯地區的雙子大港長堤，或者到塔科馬和美國西北部的貿易雙子中心西雅圖。但更多的船隻向南航行，穿過東海和台灣海峽的是非之地，進入世界上最重要的水道——南海。[29] 從南海，到達擁擠的新加坡海峽和危險的麻六甲海峽。然後橫越浩瀚的印度洋，經過佩里姆島（Perim），沿著紅海到達蘇伊士運河。從蘇伊士，它們駛經地中海，到達鹿特丹港和費利克斯托港，或是繼續跨洋前往美洲。最賺錢的一條路線是從上海一路到美國東海岸——紐約、波士頓和查爾斯頓。貨櫃如此持續不斷地流動，為歐洲和美國市場提供了穩定的製造業投入，以及組裝產品——構成全球生產網絡的一部分，經濟學家稱之為「全球供應鏈」。

美國人今天消費的很多東西，都是透過這種方式生產的。以美國最有價值公司的代表性產品 iPhone 為例。可以肯定的是，這是美國設計的產品，並且是由美國人擁有的公司；但產品內只有很少部分由美國製造。它的加速度計（用於測量運動）由德國博世公司（Bosch）提供，由它位於中國、韓國、日本和台灣的工廠生產。音訊晶片來自美國公司思睿邏輯（Cirrus Logic），它在英國、中國、韓國、日本和新加坡製造它的零組件。電池由韓國三星在全球八十多個國家的工廠生產。相機來自高通，總部設在美國，但在巴西、澳洲、印尼、印度和東亞製造。陀螺儀來自瑞士，快閃記憶體來自日本，觸摸螢幕控制器來自以色列、希臘、荷蘭、比利時或法國；Wi-Fi 晶片來自前面提到的一些國家，或墨西哥、加拿大、泰國、馬來西亞、菲律賓、德國、匈牙利、法國、義大利或芬蘭。標誌性的玻璃螢幕由美國老字號公司康寧設計，但在澳洲、比利時、巴西、中國、丹麥、法國、德國、香港、印度、以色列、日本、韓國、馬來西亞、墨西哥、菲律賓、波蘭、俄羅斯、新加坡、南非、西班牙、台灣、荷蘭、土耳其、英國和阿拉伯聯合大公國的工廠生產。[30] 整體而言，任何一支 iPhone 的零組件可能在亞洲、歐洲、拉丁美洲、和中東三十多個國家製造。幾乎每組零件都在生產航程中的某個時間點通過船舶運輸。

即使是簡單的產品也反映出類似的模式。以「能多益巧克力榛果醬」（Nutella）為例。是從義大利進口的吧？是的，但它用來自巴西、印度、墨西哥和澳洲的糖；來自印尼和馬來西亞的棕櫚油；來自土耳其、阿根廷、喬治亞、南非、澳洲或塞爾維亞的榛果；來自象牙海岸、奈及利亞和加納的可可；來自巴西、印度和義大利的卵磷脂；和來自中國的香草醛（一種合成版本的香草）。（牛奶相對本地化，它來自瑞士。）[31] 這些配料在許多不同的地區集中在一起——截至二〇一二年，歐洲有五家工廠，俄羅斯有一家，北美洲有一家，南美洲有兩家，澳洲有一家。二〇一二年。因此，一罐「能多益巧克力榛果醬」需要從至少十一個國家進口，並分發到大約七十五個國家銷售。[32] ❽

所有這一切都是透過大容量、低成本的貨櫃運輸才能實現，出於經濟目的，它幾乎抹煞了地理的比較優勢。

過去，運輸成本是英格蘭生產商與匹茲堡生產商，爭奪麻薩諸塞州市場時的重大障礙——但是現在，從曼徹斯特到波士頓的貨櫃運輸成本非常低，很容易與用卡車載貨跨越兩個州的成本競爭。對於馬來西亞、泰國或巴西的低成本製造商而言，情況也是如此。譬如「蓋璞」（Gap），它是一家無處不在的成衣物件零售商，喜歡在廣告和促銷活動中強調它的美國身分；《紐約時報》形容它「跟米老鼠一樣代表美國。」[33] 事實上，「蓋璞」和「老海軍」（Old Navy）的衣服是在舊金山設計的，但在東南亞製造——主要在印度、越南、柬埔寨和孟加拉製造，使用越南和寮國的棉花——然後用愈來愈大的貨櫃船運往世界各地販售。[34]

以這種方式進口到美國的數量之多極其驚人。二〇一八年，光是洛杉磯港便進口了五十七萬九千四百零五個標準貨櫃的家具、三十七萬三千九百三十四個標準貨櫃的汽車零件、三十五萬四千五百七十八個標準貨櫃的服飾、二十三萬三千一百五十七個標準貨櫃的鞋類，和二十一萬八千五百五十四個標準貨櫃的電子產品。[35] 這還僅是洛杉磯一年進口標準

❽有時，這種供應鏈達到了荒謬的程度。鮭魚是挪威常見的食物，在本地捕獲。但在從挪威的超級市場買到它之前，就先將大量挪威鮭魚冰凍起來，運往中國，由中國的工廠切成魚片，然後經過新加坡或丹戎柏勒巴斯運回挪威，供消費者購買。（它有助於解釋當代全球化最奇怪的景象之一：在新加坡的購物中心和酒店大堂中，可以從自動販賣機買到挪威鮭魚片。）

貨櫃總量的百分之一八・五。即使這一百七十多萬個貨櫃裝載的貨物數量驚人，不妨再想想，一個四十呎的貨櫃可以裝載：二輛汽車；六十台冰箱；兩百張床墊；四百台平板螢幕電視；一千五百箱可樂；四千箱鞋子；七千八百令紙張；或九千六百瓶葡萄酒。36

*****

因此，在美國消費的大部分商品，都依賴於不斷流入美國市場的貨櫃。無論最後是通過紐澤西州伊麗莎白港的中央檢查站掃描，還是在主導美國貿易的其他港口進關，美國的消費通常都是從貨櫃流通開始的。這改變了美國經濟，因為貨櫃革命幾乎消滅了運輸成本作為現代生產的因素。用李文森的話來說：「運輸成本不再能夠庇護那些以近距離客戶為優勢的生產商。即使有關稅以及時間延誤，馬來西亞的工廠也可以比紐約市中心成衣區的廠商，更便宜地將女衫送交先驅廣場（Herald Square）的梅西百貨公司（Macy's）。」37 因此，勞動力成本相對較高的美國製造業，開始從低成本製造的亞洲、非洲和拉丁美洲輸入產品，因為貨櫃化使這些國家能夠把他們的產品銷往美國市場。隨著這一發展，製造業就業機會便消失了——大約消失掉二百四十萬個就業機會。38 貨櫃化是一九七〇年代和一九八〇年代西方經濟繁榮的關鍵因素，但是到了一九九〇年代和二〇〇〇年代，它也是美國經濟「去工業化」

（de-industrialization）的關鍵驅動因素。當目睹一個貨櫃置於火車上穿過市中心，或者放在大卡車上沿著九十五號州際公路行駛，也就是將眼前一個製造業就業機會流向亞洲，使賓夕法尼亞州西部和俄亥俄州東部的空洞化，以及美國東北部鋼鐵業和汽車工業的式微。美國製造業就業機會的流失，愈來愈被歸咎於中國加入世界貿易組織，這當然是一個關鍵因素；但如果沒有全球供應船隻的連結組織，中國——以及越南、馬來西亞、台灣和印度——不可能搶走美國的製造業就業機會，這些船以低運輸成本將低成本的製成品流入美國經濟。[39]

這一個事實透露示出貨櫃化和航運革命、全球化在全球範圍內蔓延開來，以及全球供應鏈的出現，對美國產生的廣泛影響。但是，每一艘船和每一個貨櫃都伴隨著非常不同的美國經濟價值意義，特別是紐約港周圍的金融業者：將近百分之九十的進口貨物都以美元計價交易。[40] 當中國向印度出售農用發動機時，當印度向巴西出售棉花時，當巴西向德國出售大豆時，當德國向俄羅斯出售汽車零件時，當俄羅斯向美國出售鋼鐵時——所有這些貨物，都以貨櫃船或散裝貨船運送到世界各地，它們全都以美元支付。隨著這些國家成長，它們的全球投資也增長——其中大部分以美元進行。這些美元中的每一塊錢，都由美國金融業者處理，其中大約百分之七十由美國會計師事務所追蹤，這些美國業者創造了巨額利潤。

它凸顯的是貨櫃化幫助推動了美國經濟的深刻變革。在一九三〇年代，全球貿易只占美國經濟活動的一小部分。在一九六〇年代，情況也是如此。到一九八〇年代，美國經濟大約有一成是由全球貿易推動的；這是一個重要的變化，但按照全球經濟的標準來看，比重仍然很小。時間快進到二〇一五年，現在，有三成美國經濟是由全球貿易流動，及它所產生的投資和服務驅動的。[41] 用小布希總統（George W. Bush）任內的聯邦運輸部主管政策的次長的話來說：「美國的多式聯運貨運系統——現在已經無縫融入全球供應鏈——支撐著國家的經濟成長和繁榮。」[42]

這是更廣泛現實的關鍵部分，這個現實便是全球經濟成長——無論是在中國、印度、俄羅斯、越南、巴西還是其他地方——已經與美國在金融、會計、物流管理、行銷和設計方面的就業增長相匹配；這些部門統稱為服務業。這些都是高薪、高學歷的工作。相對於有兩百四十萬個製造業就業機會，流失給中國和亞洲其他地區的低成本製造業——七百萬出頭的服務業就業機會，便是由同樣的現象創造的。[43]

當看著一個貨櫃從鐵路移動到卡車、再到船上，可能也正目睹美國製造業的空洞化，但同時也可看到美國服務業的擴張、會計工作的開創，以及美國經濟獲得巨額淨利。一九四七年，美國金融業者占美國經濟非農業部門獲利的一成。現在，經過七十年的貿易擴張，它們占美國經濟非農業部門獲利的五成。[44] ❾

但是——這一點的重要性不容低估——這些利潤只由比例愈來愈少的美國人享用。也就是說，全球化的貿易和投資，以及隨之而來的金融化，是美國經濟不平等加劇的關鍵驅動因素。這造成了反抗全球化的緊張局勢。

美國這種經濟金融化，以及它賦予在紐約港、西雅圖港、休斯頓港、洛杉磯港兩哩半徑範圍內工作者的巨大影響力和力量。扭曲了美國的政治。沿岸主要城市和金融階層的財富和權力的鞏固，相對於美國內陸地區的空洞化，是全球金融危機、這場危機缺乏問責制，以及美國銹帶〔編按：工業衰退地區的俗稱〕和內陸州民粹主義憤怒的興起背後的主要因素。[45] 它促成了川普當選總統、伯尼・桑德斯（Bernie Sanders）普受歡迎、二〇二一年一月六日華府特區的騷亂，以及大幅削弱了美國在世界上廣泛角色的政治支持。[46]

川普在二〇一六年當選總統後，大眾經常可看到他帶著他的勝利地圖。它顯示全國出現廣大的紅色海洋，沿著海岸（有時在內陸）點綴著一些小藍點。不過，如果把地圖轉換為三度空間以反映人口集中度，就會出現非常不同的畫面。代表共和黨的紅色遍布全美國大部分地區，它們大半是平坦的，但在四十多個升高起來、顯示人口集中的地方，它們絕大多數是代表民主黨的藍色。[47] 城市收入現在占美國國內生產毛額的百分之八十四，城市和農村之間在政治和經濟上的差異是現代美國的主要特徵。[48] 而這些城市中最大的一個，與海上貿

❽ 經濟學家將這種發展，稱為美國經濟的「金融化」。

易有相當密切的連結。

＊＊＊＊＊

與此同時，美國在全球金融中的關鍵角色和全球貿易的日益擴大，造成了關鍵的不平衡：一種使全球化經濟與美國的國際安全角色相對立的失衡。為什麼？如果說貨櫃化、全球化和金融化在美國國內造成經濟和政治的失衡，那麼它也造成美國海軍在確保全球海洋貿易（和能源）流動方面所扮演的角色，以及誰從中獲利之間的第二個失衡。

當第二次世界大戰結束，美國海軍從英國皇家海軍接管過來，擔任這一重要的全球角色時，正是美國本身——當時占世界經濟的百分之五十——及它戰時的歐洲盟友，主要從全球貿易中獲利。[49] 隨著日本成為戰後盟友和民主國家，並進入全球市場，它也隨之成長，後來的亞洲民主國家和亞洲盟友，如韓國、台灣、新加坡也是如此。整個西方從紐約到鹿特丹、到雪梨、到橫濱的貿易商品流通中獲益。簡而言之，美國海軍正在保護盟友的貿易。[50]

這些盟友在隨後的七十年中變得富有。它們的成長在很大程度上依賴美國海軍在保護海上商業航線方面的角色。這些行為者在保護公海和保護貿易流通方面扮演什麼角色？他們承擔了多少的成本？

更重要的是，隨著中國和俄羅斯加入世貿組織（以及印度、巴西和馬來西亞等許多國家的開放），改變了全球商業的地理格局，因此，貿易與安全之間關係的動態開始產生變化。把時間推進到今天，美國海軍保護的貨物和能源的貿易流通，使中國和俄羅斯受益——它們根本不是盟友，而且愈來愈是對手。51 ❾編註 美國還會有多久，同意扮演保護海上貿易流通的角色，讓富裕的盟友和潛在的敵人都一起受惠呢？

*****

二〇一九年，這些問題一直盤旋在董建華的腦海中。事實上，自從中美關係在南海開始緊張以來，這些問題便已浮現。二〇一七年開始的貿易戰使得情況更惡化。對於東方海外貨櫃航運公司的歷史而言，便是利用海洋和香港將中國帶回世界，並與西方建立密切聯繫，現在中美關係惡化，在政治和經濟上都會帶來災難。

❾編註：在歐洲國家提議下，中國海軍亦出動護航艦隊，自二〇〇八年至今，為保護地中海和印度洋之間來往的船隻，在索馬利亞亞丁灣海域護航。

更重要的是，這個行業正在發生變化。使東方海外在一九九〇年代和二〇〇〇年代初期領先競爭對手的技術優勢，已經遍及整個行業。董建華眼睜睜地看著他父親的公司在同行間失去優勢。它仍然是亞洲最大的航運公司，也在二〇一八年啟用世界上最大的船隻〈東方海外香港號〉。可是航運業的動態並不站在東方海外這一邊。「我們保持領先，因為我們保持技術優勢。但是當快桅集團／馬士基在技術上趕上我們時，他們的規模要大得多，我們無法競爭。我在公司內部與我們的同事討論過。我們認為，再過一段時間之後，只會剩下五、六家真正的全球航運公司。為了在這樣的規模下競爭，我們必須投注大量資金。我反過來決定把公司出售。」

他果真把公司賣給了北京的中國遠洋海運集團（COSCO Shipping Lines）。這實在太諷刺了。董建華的父親董浩雲從上海逃難到香港，以逃避共產黨接管中國。他把他的公司和香港港口，打造成西方全球化在亞洲的關鍵中心。香港回歸中國，非常重要地協助中國進入全球市場和經濟崛起。促成中國成長的相同因素導致了航運業的變化，最後竟迫使東方海外將自己出售給一家受中國共產黨控制的國有企業公司。[52]

對董建華這一代人來說，在國際事務中追求穩定勝過一切，而這種穩定對於香港的金融和商業財富也至關重要。[53] 幾十年來，這種穩定是由北京尊重香港個別的制度所維持的；現在它已被中國的箝制嚴重侵蝕。它要由更廣泛的中美關係穩定所維持。

社會安定是香港發展的基本條件。但安定不是美國與中國同行的方向。

第三部
國旗跟著貿易前進

從中國南端的新加坡海峽往北行，可達廣闊的越南水域，位於西邊的馬來半島已超出視線範圍，東邊則是婆羅洲島（Borneo），壅塞的交通慢慢舒緩❶譯註。從這裡向北航行二到三天，是一望無垠、流動的南海海域，主航道上有足夠的空間讓貨櫃船和油輪行走。通過其間的貿易量雖然龐大，但海域如此之大，以至於很多時候，五十浬範圍內只能看到三四艘船。微風吹過廣闊的海域時（颱風季節除外），深藍色的海水濺起白色斑點，海鳥追逐著船隻，大多是有條紋的海鷗和白色的燕鷗，牠們在船頭波浪上方飛行，偶爾衝入海中捕捉因船滾動而攪動起來的魚兒。從喧囂、幽閉、恐懼的新加坡海峽走出來時，廣闊的大海立刻給人一種空曠、平靜的感覺。

❶譯註：婆羅洲（Borneo），印尼人稱之為加里曼丹島（Kalimantan），面積逾七十四萬平方公里，是世界第三大島嶼，僅次於格陵蘭和新幾內亞，也是亞洲第一大島。島上有印尼、馬來西亞和汶萊三個國家。

不過，外表是會騙人的。

二〇一九年八月二十四日半夜一點五十八分二十七秒，安靜的〈馬德里號〉艦橋被一條通過「國際海事衛星組織」（Inmarsat）衛星廣播傳來的全球「增強型群呼系統」（Enhanced Group Call system, EGC）訊息給打破。標題是「收到緊急EGC」，強調「NAVAREA X1 警告：日本海」。電文寫著：「北韓可能於八月二十四日從北韓發射彈道飛彈。發射的彈道飛彈估計降落在日本海的日本專屬經濟區之外。所有船隻均需注意進一步消息，在看到墜落物體時注意安全距離。所有船隻請向日本海上保安廳（Japan Coast Guard）報告相關訊息。」❷

在中國東部沿海，即所謂的「近海」地區，立即產生骨牌效應。當天上午稍晚，另一則EGC訊息警告說，菲律賓海軍在菲國群島沿海地區，即南海最東端的水域，啟動新的海軍演習。日本海上自衛隊（Japan Maritime Self- Defense Force）（即日本海軍）在東海進入高度警戒狀態。下午早些時候，中華民國海軍宣布將在中國大陸和台灣島之間的狹窄海峽以南地區，進行實彈演習的警告。中午時分，在北緯二十二度三十七分、東經一百一十九度四十四分位置，台灣海峽南端以西，五艘台灣護衛艦搭載艦對艦導彈，跨越〈馬德里號〉艦首，以三十節的速度往菲律賓海方向前進。

當天稍晚，美國海軍一艘神盾級驅逐艦在〈馬德里號〉位置西北方二哩外航行。中國一艘配備艦對艦「魚叉」飛彈（harpoon missiles）的護衛艦尾隨著它，密切注意這艘美國軍艦的動靜。與前一天一片平靜的海域大不相同，整個下午大部分時間裡，〈馬德里號〉和在它附近航行的另外兩艘貨櫃船，很不安地發現自己置身美國和中國軍艦之間，它們相互保持密切監視。

海面下，大量潛艇——中國的、美國的、日本的和俄羅斯的——都在就定位。❸

*****

近年來，中國南海一直是美中緊張局勢討論的主題。可以確定的是，中國海軍在這些水域積極巡邏，與美國海軍正面交鋒，這代表中國戰略思想的巨大轉變，打破了中國近五百年的外交政策傳統。就西方社會所知，這是正在重塑世界的變化。

但是影響所及遠遠超出南海海域。針對北韓試射飛彈的訊息，亞洲各國海軍在日本海、

---

❷取材自作者筆記，〈馬德里・馬士基號〉，二〇一九年八月二十四日。

❸二〇一九年，據估計，僅在東海和南海，就有兩百多艘全尺寸的潛艇進出活動。見 Zhenhau Lu, "US and China's Underwater Rivalry Fuels Calls for Submarine Code of Conduct to Cut Risk of Accidents"《南華早報》March 21, 2019.

東海、台灣海峽和菲律賓海域立即反應，西方馬上感受到，大國在亞洲緊張局勢的動態不僅限於動盪的南方，而是整個西太平洋都捲入其中。今天的西太平洋已經有如冷戰時期的東德；是世界主要軍事強國之間緊張局勢的前線。[1] 西太平洋的深水已經取代歐洲內陸，成為地緣政治緊張局勢的斷層線。

有些海上競爭者，如日本和俄羅斯，是從帝國時期便是亞洲競逐海軍強勢的對手。實質上，美國也是老面孔：雖然美國海軍自從第二次世界大戰結束以來才有一支全球遠洋海軍，但它在亞洲水域的活動歷史十分悠久，從一八二〇年代中期以來，美國海軍雙桅帆船即追隨美國商船之後，跨越太平洋、進到亞洲水域活動。[2] 緊張局勢並不僅限於西太平洋；印度洋、北冰洋，甚至大西洋，都可能再次成為大國角力爭雄的場域。不僅具有悠久海軍傳統的國家才爭奪影響力；由於賭注相當大，以至於即使是在其漫長的帝國歷史和近年的現代歷史中，一直拒絕發展海軍力量的印度，也爭先恐後地投入港口和基地的競逐活動。

當然，最重要的新因素是中國自己。直到十六世紀中期以來，中國才成為海上大國。但在過去短短的二十年裡，它迅速改變了亞洲海軍力量的平衡，並威脅到亞洲以外的地區。在這個過程當中，也迫使美國展開十分重要的辯論——不僅是討論美國海軍應該如何應對，而且討論美國願意承擔哪些風險來捍衛公海和全球貿易流通。

*****

美國海軍戰爭學院，曾經是以培訓美國海軍菁英軍官為主的機構，由艾佛瑞德・塞耶・馬漢主持，坐落在羅得島州紐波特市納拉甘西特灣（Narragansett Bay）的寇斯特海港島（Coasters Harbor Island）上。附近的紐波特市有歷史悠久的木製倉庫和殖民時期住宅，反映它曾經是主要捕鯨中心的歷史遺緒，市內的海洋路（Ocean Drive）仍有廣闊的豪宅，這些豪宅在美國鍍金時代曾有范德比家族（Vanderbilts）和亞斯都家族（Astors），以及美國其他最富有的家族居住過。戰爭學院本身比較樸實，不過，建於一八九二年的魯斯大樓（Luce Hall）已具有周圍市鎮的宏偉氣勢。

幾年來，海軍戰爭學院每兩年舉辦一次軍官、將領和學者的聚會，對美國主要對手進行高等級的評估。在整個冷戰期間，海軍戰爭學院的研究重點是蘇聯艦隊。近年來，它的重點則是中國人民解放軍海軍。

二〇一九年五月，大會召開，有兩百多名軍官和學者參與。來自美國駐韓國艦隊、日本橫須賀美軍基地以及歐胡島（Oahu）太平洋艦隊總部的第一線海軍軍官，全都穿著筆挺的白色制服；而海軍總部的將領則穿著綠色和藍色制服。美國主要智庫和大學也派代表出席。他們聚集在一起、研究一個問題：中國是否試圖建立一支真正的全球遠洋海軍？如果是的話，它的目的是防禦性的、還是攻擊性的？

在走廊裡，現代生活的特色產品表露無遺，人人都在使用 iPad、iPhone、筆記型電腦查看辦公室或家庭生活。但是當會議正式開始時，安全規則要求所有相關人員把他們的電子設備存放在附近的儲物櫃中。會議室裡面，筆和紙取代了平板電腦。在場景、制服和老式的寫作方式之間，這個房間讓人想起更古老的海軍會議的歷史，這些會議試圖塑造帝國競爭對手之間的權力平衡。

擺在會議面前的問題很簡單：隨著中國發展為全球商業大國，擁有遍布全球的商業基地網絡，接下來中國海軍會不會跟進？對於房間裡的太平洋艦隊領導層來說，答案是顯而易見的：當然，是的，中國正試圖建立一支全球海軍，並挑戰美國的霸權。但對於海軍戰爭學院中國海洋研究系的細心學者來說，答案卻不是那麼顯而易見。有證據支持這個結論，但也有證據反對這個結論。在他們看來，他們的工作是篩選證據，挑戰顯而易見的斷言，並讓數據帶領他們得出明確的結論。他們的方法一絲不苟，包括詳細研究中國共產黨文件、衛星分析中國造船廠，以及對中國國庫建設和維護不斷擴大的艦隊所需成本，進行經濟研究。

馬漢在擔任學院院長時認為，真正的海權大國必須擁有海上貿易、海軍艦艇和海軍基地網絡等形式的全方位資產。中國已經發展成為世界領先的海上商業大國，這一點已經很明顯。讀者將在下文中看到，同樣明顯的是，它正在發展一支由水面艦艇和潛艇組成的更有效的艦隊。但是基地呢？中國是否有意圖或有能力在印度洋和太平洋、或甚至更遠的地方建立一個相互加強的基地網絡？與會的學者和海軍軍官，就如何解讀中國從非洲東海岸到黎凡特西部不斷增加取得港口，以及接下來會發生什麼，展開激烈辯論。

聆聽海軍戰爭學院的辯論，就好像觀看英國外交部重新撰寫《克羅備忘錄》（見本書第三章）。當他們花了兩天的時間辯論中國的動機時，決定性的現實也呈現出來：無論中國目前的能力如何，它都會增長；無論中國目前的動機是什麼，它們都可能改變。中國目前的意圖可能僅限於保衛它的海上貿易；這種立場將挑戰美國海軍本身的角色認知、即美軍要維護全球航行自由的概念，但它未必是要挑戰美國的核心利益。但如果中國的意圖改變了呢？如果中國和俄羅斯的海軍更緊密地合作來挑戰美國呢？隨著討論的繼續，不可避免的結論開始出現。套用克羅的話來說，「這不是美國可以安全地冒任何風險的問題。」

*****

下面，本書將首先注意中國在二十一世紀初年重回大海，努力加入國際，以對付貿易碰上新版本的舊威脅——海盜問題——的情況。它的努力似乎預示著中國將集中力量與既有大國合作的前景。但隨著它的地位愈來愈高，它的信心也愈來愈強，可是它的不安也愈來愈大。

因此，它轉向了更廣泛的權利主張和海軍野心，最初它是在周圍海域試探，隨著它在華東海岸海域深化艦艇和「基地」網絡，它向「近海」投射力量的能力增強了。但在無可模仿的、不斷升級的軍事邏輯中，隨著中國在近海安全的深化，更大的當務之急是它在遠洋的脆弱。因此，一個島接著一個島，一個海接著一個海，中國對其第一道防線的意識向外伸展，直到它進入美國海軍仍認為對美國本身利益和美國防禦至關重要的水域。在南海緊張但有限的角力，已經演變成為近乎全球的海軍軍備競賽，這螺旋式的上升，有可能把全世界最重要的兩個大國捲入戰爭。

第八章　二十一世紀海盜

全球貿易之保衛（二〇〇五年至二〇〇九年）

一旦人類開始透過船隻運送有價值的物品，可以肯定，必然有歹徒覬覦，企圖攔截這些船隻，搶走戰利品。——史蒂芬・詹森（Steven Johnson），《全體人類的敵人》（*The Enemy of All Mankind*）1

新加坡島東端有個大型碼頭伸入樟宜灣，它是位於新加坡、馬來西亞和印尼巴譚島（Batam Islands）之間的深水港，也都濱臨新加坡海峽，在新加坡東方十哩處。沿著碼頭，灰色船體的新加坡共和國海軍巡防艦和護衛艦緊密地排列著。❶ 新加坡以其高效政府、亞洲金融關鍵角色聞名於世，對於常客來說，南洋土生華人（Peranakan）美食也聞名遐邇。它也是世界上最先進的反海盜行動的所在地。

新加坡是另一個像香港的小地方，在現代歷史的結構中扮演極大的角色。一八二四年，它變成英國殖民地，也是倫敦深化它在亞洲運作管理的一部分。在一九二〇年代和一九三〇年代，它成為來往馬來半島北邊之石油和橡膠的重要運輸樞紐——這兩種商品對於那個時期飛速推進的工業發展至關重要。新加坡在石油和橡膠貿易中的角色，也使它成為日本帝國海軍在一九四一年突破英國和美國對其進口的封鎖之軍事行動的關鍵目標。一九四二年二月，新加坡成為英國在亞洲第一次嘗到重大失敗的地點。

戰後，新加坡回歸英國殖民統治。一九六六年，它與馬來西亞一起宣布脫離英國獨立；兩年後，它脫離馬來西亞聯邦，成為獨立的國家。新加坡能夠迅速發展，得益於高效率（但並不民主）的政府體系，以及巨額投資於人民教育。到一九八〇年代，新加坡已經成為亞洲重要的金融和貿易中心。[2] 在接下來的四十年裡，它成功地持續加速成長；到二〇一九年，人均所得略高於六萬四千美元，成為世界上第八位最富有的國家。[3]

這一切都要大大歸功於新加坡戰後領導人，但他們也得到地理位置的幫助。新加坡幾乎可說是命中注定，要藉著亞洲經濟成長的浪潮上升，因為它毗鄰亞洲通往中東和歐洲的海上門戶：麻六甲海峽（Malacca Strait）。

麻六甲海峽綿延六百多哩，連接中國南海和印度洋最東端。隨著中國重新進入全球經濟，它超越了蘇伊士運河，成為世界上最重要的經濟要衝。

長久以來，麻六甲海峽便是各方角逐的重地。西元六〇五年至一〇二五年間，橫跨印尼群島大部分地區的三佛齊帝國（Srivijaya Empire）主宰象牙、錫、樟腦、肉荳蔻和檀香木等物品的貿易，通過海峽到達印度和中國。[4] 隨著香料貿易在十五世紀大盛，阿拉伯和阿曼商人控制了麻六甲海峽，並在周圍建立好幾個貿易城鎮。之後，它落到葡萄牙人手中，[5] 一個多世紀後，又被荷蘭人奪走，占領了一百年。這個時候，英國人不可避免地介入，他們在海峽西緣（現在的馬來西亞）的喬治市（George Town）〔譯按：今天馬來西亞檳城州首府〕建立一個基地，尋求從那裡掌握麻六甲的貿易。[6]

不同尋常的是，英國人並沒有試圖將荷蘭人趕出這個地區，因為發現他們面臨共同的威脅：海盜。海盜猖獗對香料貿易構成極大危險，以至於這兩個歐洲宿敵擱置歧見，共同對抗威脅。他們簽署英荷條約（Anglo-Dutch Treaty），建立不列顛海峽殖民地（British Straits Settlement），並清楚畫分了英國和荷蘭的領土，雙方並同意在各自的海峽地區巡邏，共同

---

❶ 當然，新加坡護衛艦並不孤單：它們就停泊在美國海軍軍艦旁邊。附近的三巴旺碼頭，以前是英國皇家海軍基地，現在是名字不起眼的「西太平洋後勤團」（Logistics Group Western Pacific）總部——實際上這是強大的美國第七艦隊的一個單位。雖然就官方說法而言，美國在新加坡沒有基地，但三巴旺碼頭，實際上是美國海軍的重要前進基地，反映美國在亞洲駐軍的豐富歷史：它是美國海軍長江巡邏支隊（Yangtze Patrol）的直系後裔。這也是美國海軍在一八五四年派往中國的第一支部隊。

努力削弱海盜造成的破壞。[7]

到了二十一世紀之交，除了船隻的大小和參與反海盜努力的國家數量大增之外，情況幾乎沒有什麼變化。隨著亞洲貨櫃運輸量開始急劇增長，過去幾十年來一直處於休眠狀態的海盜活動，開始在麻六甲海峽內及周圍航運激增。美國非常擔心麻六甲海峽可能發生大規模恐怖襲擊，因此提議派美軍艦艇進駐。[8]

麻六甲海峽之所以特別脆弱，容易受到海盜攻擊，有三個特點。第一、它很窄：最寬的地方只有二十五哩寬。第二、它很淺：有很大一段地區，只有八十九呎深，而且在邊緣地區還更淺——這意味著，船隻必須通過非常狹窄的通道，很容易被鎖定為目標。第三、它很偏遠：它與群島國家接壤，這些國家的首都遙遠，對離島的主權控制充其量也是鬆散的。印尼是周邊三個國家中最大的一個，由數以千計的島嶼組成，它的中央政府長期以來相對薄弱、而且極其遙遠。例如，從麻六甲鎮到印尼首都雅加達（Jakarta），空中距離超過六百二十一哩，以浬計算則是這個距離的一半。在這一大片空曠的空間，海盜非常猖獗。

海盜所造成的潛在成本非常高。任何船隻遭到海盜扣留或船員被綁架，船東都會面臨直接損失——更不用說生命損失的風險了。但經濟成本遠遠超出了一艘船隻所面臨的風險。海上保險——為海盜所支付的費用，便隨著最古老的國際金融效益而擴大。

今天的航運公司必須費心為它們的船舶和貨物投保，以抵抗現代形式的損失——主要是意外事故，但也有二十一世紀突然又猖獗的海盜打劫。也就是說，它們必須向全球大型航運保險代理公司支付保險費——其中最重要的是倫敦勞埃德保險社（Lloyd's of London），簡稱勞合社。

正如汽車保險公司根據投保人居住社區的犯罪率和事故發生率，收取不同的保險費一樣，勞合社和其他海上保險代理公司，也會對容易發生事故的航線收取高額保險費。若是航行在有戰爭傷損風險的地區，保險費還會更高。當二〇〇五年麻六甲水域的海盜活動激增時，勞合社宣布麻六甲為「戰爭風險區」，導致保險費飆漲。

這不是一個小問題。航運是一個競爭十分激烈的行業，利潤很低，因此保險費等的成本會重大影響收支損益、及交易商品的價格。價格飆升不僅影響實際遇到海盜打劫的少數船隻，而且影響了所有試圖通過此一航道航行的船隻。也可說是全世界一半的船隻，承載著全世界一半的貿易量。9

如果保險費率維持在「戰爭風險區」水平，便很難預測它對整個世界經濟會有什麼影響。但至少它會增加通過這些水域的貿易溢價效應——請記住，它可是占世界貿易的一半數量。如果持續下去，經濟後果將達高數千億美元，甚至更多。10

世界各國政府的觀點當然一致，它們團結起來對付麻六甲海盜問題，希望說服勞合社取消戰爭風險的指定。就像英國和荷蘭在十九世紀聯合起來對付海盜一樣，各國政府在二〇〇六年簽訂《打擊亞洲海盜區域合作協定》（Regional Cooperation Agreement on Combat-ing –Piracy and Armed Robbery Against Ships in Asia, Re-CAAP），聯手對抗二十一世紀的海盜。在新加坡海軍的領導下，它們於二〇〇九年成立「海上安全特遣部隊」（Maritime Security Task Force）——這是一個沿海國家的聯盟。它們增加巡邏、分享有關海盜的訊息，並發動聯合突襲——都是為了快速應付海盜襲擊，尤其是綁架事件，並嚇阻新的海盜。[11]當它們聯手合作時，現代國家可以使用個別海盜無法使用的武器：大數據。[12]

隱藏在樟宜海軍基地後方一座不起眼的建築，外表看來可能是個會議設施，也可能是一個訓練中心。事實上，裡面是「資訊融合中心」（Information Fusion Center），新加坡海軍軍官在這裡蒐集和整合全球航運資訊，把它們轉化為行動項目，特別是在海峽積極巡邏的三個國家海軍特別有用。「資訊融合中心」的核心是一個戰情室，和在電影和電視節目中看到的極為相似。裡面有好幾個傳送實時（real time）全球數據的大螢幕和一組由新加坡海軍軍官操作的電腦，實時跟蹤流通的資訊。這些數據來自公司、全球數據庫、國際海事組織和北約等國際機構，以及現在組成此一聯盟的二十多個國家的商業船隊。

在他們的辦公室裡，領導層有他們自己的作業區域的個人地圖，一個大螢幕上面，詳載全球事件數據，以及使用資訊科技和人工智慧計算法，來追蹤前來麻六甲海峽的貨櫃流向的細節。從辦公室窗戶看出去，可以看到數十艘大小不一的貨櫃船的船體，從小型到極大型，都在排隊等待清關。

樟宜基地所處理的資訊數量驚人。在任何時候，「資訊融合中心」都可以精確定位每年通過麻六甲海峽的九萬艘船隻中任何一艘的位置——這些船隻裝載數百萬個貨櫃、代表數百萬個偷渡恐怖分子、大規模殺傷性武器、人員和其他不法貨物進入世界各地港口的機會。

戰情室和數據流入「資訊融合中心」是作業的一半；另一半是一個簡單的會議室。會議室裡坐著現在已經加入這項努力的二十四個國家的海軍武官。這可不是一小部分國家：坐在會議桌旁的二十四個國家，加起來占全球國內生產毛額和全球軍事費用幾近百分之七十。然而，與北約或歐盟的海軍戰情室不同，這些國家不是盟友；它們之中許多國家是激烈競爭的對手——例如，印度與巴基斯坦都一起參與。（最近的參與者之一是中國。）[13]

這是打擊海盜的最初聯盟；它非常的成功。二〇〇六年，也就是展開運作一年之後，勞合社取消了戰爭風險的標註。麻六甲海峽雖然很關鍵，但就地理而言，是個相當小的一塊地區。就在麻六甲海盜肆虐已握於控制之下，更大的問題現身了——一族新的海盜威脅著更大範圍的海洋。

印度洋的海盜

印度洋的面積略小於太平洋和大西洋，廣闊得難以想像。最狹窄的地方，也有六千多哩寬，是美國陸地寬幅的兩倍多。它覆蓋了二千七百萬平方哩的地球表面，位於四大洲的邊緣：北面亞洲、西臨非洲、東眺澳洲，南望南極洲（Antarctic）〔在它匯入南冰洋（Southern Ocean）沿岸之後〕。有二十億人居住在印度洋沿海地區。即使是一艘現代化的高速船隻，也需要將近五天半的時間才能橫渡印度洋，到達非洲或中東海岸。在這段航行時間裡，極不可能遇到另一艘船，或發現除了船上人員以外的任何人類活動。

當船隻到達距離桑吉巴海岸（the coast of Zanzibar）一千哩以內時，情況就變了。接下來，每前進一哩，遇到另一艘船的機率就開始上升。但這可不是一件好事。

站在桑吉巴的印度洋海岸，彷彿又回到更早的時代。桑吉巴柔軟的白色沙灘和溫帶海水，綠色松石滲入海藍寶石，可與加勒比海島嶼中最漂亮的島嶼相媲美。空氣中到處瀰漫著丁香的香氣。阿曼蘇丹（Sultan of Oman）於一八一八年在桑吉巴種植丁香樹，試圖打破印尼壟斷利潤最為豐厚的香料貿易。[14] 充滿活力的紅色胡椒子覆蓋了一片又一片的內陸農場。

與本書中所遇到的其他地區幾乎一樣，非洲東海岸一直是帝國之間為控制貿易而進行作戰的場域。❷ 東非歷史上最成功的帝國，也許是最不為人所知的阿曼帝國（Omani Empire），它從十七世紀初期開始就控制著大片領土，這片領土從它的大本營——阿曼的馬斯喀特（Muscat）向北延伸超過一千哩，也向南延伸相等的距離。阿曼人從阿拉伯半島開始，發展出先進的航海技術，使他們能夠延伸勢力範圍、並擴大香料和奴隸貿易，最北至現代的伊朗和巴基斯坦的瓜達爾港（Gwadar），南至現代的索馬利亞，再延伸至肯亞和桑吉巴〔今天的坦尚尼亞（Tanzania）〕。十九世紀的阿曼帝國是如此重要，以至於阿曼蘇丹的機要秘書阿邁德・賓・納曼・阿・卡比（Ahmad bin Na'aman Al Kaabi）成為第一位訪問美國的阿拉伯使者；他於一八四〇年從桑吉巴航行到紐約，在紐約會見了美國副總統理察・門特・詹森（Richard Mentor Johnson）。[15]

阿曼人於一六九八年在蒙巴薩（Mombasa）（當時是東非的主要港口城市）擊敗葡萄牙人，後來於一八三二年在傳說中的桑吉巴市建立新首都，把它的運作中心從馬斯喀特轉移到桑吉巴島的石頭城（Stone Town）。[16] 直到今天，石頭城仍大量呈現了阿曼占領時期的建築

❷讀者若對阿曼帝國歷史感興趣，可以參閱羅伯・卡普蘭（Robert D. Kaplan）對印度洋的全面（和頗有遠見的）著作，《季節風：印度洋和美國力量的未來》（紐約：蘭登書屋，二〇一一年）。（*Monsoon: The Indian Ocean and the Future of American Power*）（New York: Random House, 2011）.

和文化遺產。像迷宮般的狹窄、高牆街道由三層樓高的灰色石屋包圍，城裡頭的小路淨是這種石屋。市中心的「奇蹟宮」（Palace of Wonders）是第二任桑吉巴蘇丹的寓邸，有一座高聳的鐘塔——從鄰近的愛默生旅館（Emerson Hotel）可以看得最清楚。它是早年桑吉巴開發的遺蹟，深受西方觀光客喜愛。❸雕刻精美的巨大紅木門，標誌著本市更重要的市政建築入口。它的市場在熱帶陽光下，擺滿從印度進口的各種顏色編織的紗籠服飾（kikoy）；另外，從中國進口的廉價塑膠和聚酯商品，目前在中東的每個市場都占顯著地位。在桑吉巴的東海岸仍然可以看到阿曼帝國防禦工事的廢墟，仍然按照阿曼設計所建造的單桅帆船，在東非這片豐饒的水域進行著漁獲貿易。

德屬東非殖民地坦干伊克（Tanganikya）於一九六一年獲得獨立，並於一九六四年與桑吉巴合併，組成現代國家坦尚尼亞。從此以後，它大體上處於和平狀態。不過，它是世界上貧窮的國家之一，幾十年來一直在社會主義政府的領導下，政府既腐敗、又低效率。它在一九九〇年代獲得了民主形式，到二〇〇〇年代中期開始經濟發展。它在非洲大陸的港口三蘭港〔Dar es Salaam，意即「和平之家」〕現在是非洲東海岸的第二大港口。17

但是，任何駕駛大型貨櫃船經過桑吉巴島、進入三蘭港的人都不會關注坦尚尼亞的成長。從二〇〇〇年代中期開始，桑吉巴海岸再次因另一種危險而聞名。這一次，威脅漁船的不是遙遠的帝國，而是威脅遠洋客輪和貨櫃船的現代海盜。

二〇一一年，桑吉巴海岸發生一次富戲劇性、和後果嚴重的襲擊事件，當時七名海盜乘坐一艘小船、襲擊巴西國營石油公司（Petrobras）的石油和天然氣探勘船〈海神號海洋鑽井船〉（Ocean Rig Poseidon）。它是巴西與坦尚尼亞合資的一家大型企業的探勘船，在印度洋的坦尚尼亞領海探勘新油氣田。這次攻擊造成多人受傷，最後被船上的保安人員擊退，坦尚尼亞救援人員迅速馳抵達距離三蘭港海岸八十二海里的現場。那一年，當局總共逮捕了十八名在桑吉巴水域發動襲擊的海盜，他們全都來自索馬利亞（Somali）。18

麻六甲海盜可能歷史悠久，但當今最老練的海盜則是索馬利亞海盜。他們沿著一條與阿曼帝國幾乎完全相同的路線，幹著這一行老勾當。他們從索馬利亞海岸的城鎮出發，經常利用阿曼人堡壘的廢墟作為行動基地，乘坐裝有舷外發動機的小型單桅帆船，在索馬利亞、肯亞、坦尚尼亞、葉門和阿曼的白色沙灘海岸上下巡迴，甚至遠渡大海、來到巴基斯坦海岸附近的水域。自從二〇〇八年以來，他們已經發動了數千次有案可稽的攻擊。

對於西方觀眾來說，索馬利亞海盜在二〇一三年的電影《怒海劫》中首次亮相，這是根

❸本書即將定稿之際，阿曼政府開始修復「奇蹟宮」，但是進展十分不順。鐘塔和前蘇丹時期的大部分原始外牆竟然倒塌了。

據真實事件改編拍攝的電影。二〇〇九年四月八日上午，〈馬士基．阿拉巴馬號〉在前往肯亞蒙巴薩的途中，於索馬利亞海岸遭到海盜劫持。這批海盜的目標以前所未有的目標，他們綁架了美國籍船長理查．菲利普斯（Richard Phillips）。這是一百年來美國第一次，需要派兵在一艘被海盜劫持的船上營救美國公民。劫持〈阿拉巴馬號〉的海盜，這下惹上了世界上最大、最強的海軍力量——現代美國海軍。四月九日，美國海軍軍艦〈班布里奇號〉（U.S.S. Bainbridge）攔截了這艘船。此後不久，〈班布里奇號〉船員登上〈阿拉巴馬號〉，俘虜了大部分海盜、並營救了商船船員。船長乘救生艇逃脫，卻被海盜追上。四月十二日，美國海軍海豹突擊隊（U.S. Navy SEALS）突襲了救生艇，救出船長，殺死三名海盜，並俘獲了第四人阿布都瓦里．阿布都卡迪爾．穆斯（Abdulwali Abdukhadir Muse）。[19] 穆斯成為一個世紀以來第一個在美國法庭受審的海盜。[20] 從歷史的稜鏡來看，這是美國的一項相當了不起的行動——在遠離家鄉的半個地球之外，投射海軍力量、保護國民不受海盜襲擊。

話雖如此，儘管咸認是世界上最大的海軍，但即使美國海軍也無法單槍匹馬地巡邏整個印度洋。因此，正如鼎盛時期的英國皇家海軍尋求荷蘭人的幫助來對付麻六甲海盜問題一樣，美國海軍也尋求盟友的幫助。而且還出現一些有趣的合作夥伴。

反海盜聯盟

二〇〇五年，聯合國國際海事組織從位於倫敦泰晤士河（Thames）畔的總部開始發出警告，提醒各方，通向印度洋的亞丁灣，海盜襲擊事件上升。[21] 過去十年中發生過幾次襲擊，但是二〇〇五年急劇上升，超過十起以上。這一年，以及隨後的兩年，每年大約發生十幾起海盜襲擊事件。位於亞丁灣北岸的葉門是恐怖團體「基地組織」（al Qaeda）一個附屬單位的所在地，這一事實加劇了對他們的擔憂。「基地組織」另一個分支單位「青年黨」（al Shabab）也正在索馬利亞無政府狀態的領土上站穩腳跟。

二〇〇七至〇八年，情況變得更糟。攻擊次數在二〇〇七年暴增至五十一次，而後在二〇〇八年更飆升至一百一十一次。[22] 襲擊事件從亞丁灣蔓延到印度洋。二〇〇七年，索馬利亞海盜襲擊了世界糧食計畫署（World Food Program）船隊中的一艘船，它正運送食物以緩解索馬利亞的危機——當時估計有二百萬至三百萬索馬利亞人面臨飢餓。[23]

各國政府採取行動作出回應，從聯合國安理會開始，他們發出集體呼籲，要求迅速採取行動保護世界糧食計畫署的船隻，並解決日益嚴重的海盜問題。[24] 這使得國際律師爭先恐後找出古老的國際法領域之一「海盜法」——主要是十八世紀歐洲列強之間的一系列法律安排，但是十九世紀以來即罕有更新。[25] 為了更新對付二十一世紀海盜的規則，律師群採取了兩個相應的步驟。當代國際法的基本原則之一是，國家主權延伸到海洋——也就是說，授予每個擁有海岸線的國家十二哩的專屬主權區，即所謂的「領海」。其他國家可以通過稱為「無害通過」（innocent passage）的條款航行通過這些水域，（就國際法概念來說，這很不尋常，）它實際上解釋了一個關鍵原則：其他國家的船隻可以通過一主權國家的專屬水域，如果船隻不會威脅或傷害有關國家的話。不過，這意味著外國海軍不能合法駛入索馬利亞領海去打擊海盜，因為海軍的行動並非「無害」。因此，海盜所要做的，便是撤退到離海岸十二哩的領海外緣，就可以逃避被追捕。為了打擊索馬利亞海盜，聯合國安全理事會放棄這一規定，給予任何願意參與打擊海盜的國家有權進入索馬利亞領海打擊海盜。它賦予這些國家權力使用「一切手段」鎮壓海盜——換句話說，即有權使用武力。[26] 這時候，亞丁灣裡已經有一批船在巡邏。在九一一事件之後，美國成立了所謂的「一五〇聯合特遣部隊」（Combined Task Force 150），以防範海灣地區的恐怖活動。它將來自德國和英國等北約核心盟國的海軍，與美國其他安全夥伴組合在一起。[27] 這支部隊的一部分後來重新編入「一五一聯合特遣部隊」（Combined Task Force 151），專責在亞丁灣執行反海盜任務。

索馬利亞海盜的反應非常機靈。他們根本沒有從「一五一聯合特遣部隊」巡邏的亞丁灣撤退，反而是更擴大了威脅範圍，向更遠的印度洋移動，向南到桑吉巴，往北到阿曼和巴基斯坦。海盜襲擊事件繼續攀升，經濟成本也在上升。

歐盟也介入，派出自己的海軍特遣部隊「四六五聯合特遣部隊」（Combined Task Force 465），代號「亞特蘭妲行動」（Operation Atalanta）。總共二十六個歐洲國家參與了亞特蘭妲行動。[28]後來，為了進一步擴大巡邏範圍，北約組織成立第三個特遣部隊，代號「海洋盾牌行動」（Operation Ocean Shield）。海洋盾牌行動的核心是美國、丹麥、義大利、土耳其和英國等五個北約盟國。其他國家——例如烏克蘭——透過聯盟夥伴關係的安排也參與了這支部隊。[29]

但真正讓索馬利亞沿海的海上行動變得有趣的是，幾個不尋常的夥伴也加入行動：大韓民國和土耳其加入海洋盾牌行動，阿拉伯聯合大公國、巴林和巴基斯坦加入一五一聯合特遣部隊。中國和俄羅斯海軍也開始與北約部隊一起巡邏。[30] 這是個令人矚目的展現。冷戰期間，西方國家一起巡邏，分享情報；但也就僅止於此。在冷戰結束後的第一個時期，西方大國扮演了更廣泛的全球角色。現在，一系列非西方國家的影響力正在增長——第一次獲得權力，或者重新獲得權力。它們與西方、以及與既有國際體系的關係，是一個關鍵問題。在這兒，它們似乎是和西方合作。

起初，協調方面出現問題，對於海盜若是被捕，要如何處理，爆發爭論。[31] 然而，這些細節獲得解決，並結合陸上的努力——包括聯合國和非洲聯盟（African Union）幫助維持摩加迪休（Mogadishu）港口的安全，和歐盟海軍在索馬利亞內河的巡邏——海盜活動開始減少。❹反海盜行動開始奏效。攻擊次數在二〇一〇年略有下降，然後在二〇一一年急劇下降。32

這不僅僅是經濟上的成功。這似乎暗示了一個世界，在這世界中，美國、歐洲和「新興大國」——中國、俄羅斯、土耳其、印度、巴西和其他國家——的共同利益，將勝過它們之間相互競爭的歷史本能。所有這些國家都是由海上貿易形成的單一、一體化的全球經濟的參與者。它預示著一個世界，主要軍事強國可以拋開舊的競爭模式，為共同的經濟利益而合作。

或者說，這是想得太美了，令人難以置信？

*****

隨著時間的推移，對於中國在反海盜行動中的角色開始出現不同的看法。西方海軍規畫人員擔心中國利用這些行動用於不同的目的：訓練人民解放軍海軍在遠離中國海岸的地方開展行動。

這些行動讓中國在增加出擊次數、穿越棘手的麻六甲海峽，以及測試他們在浩瀚的印度洋上，保持船隻與國防機構及其他部門間有效通信的能力方面，得以廣泛的練習。❺可以肯定的一點是，所有這一切對打擊海盜工作很有用。但在西方國家的心中，開始出現一個問題：中國不斷擴大的角色真的只是為了保護貿易嗎？或者它將發展海軍能力作為更廣泛的力量投射努力的一部分——事實上，它是否考慮更強大有力地重返大海呢？[33]

---

❹ 參與「亞特蘭妲行動」的歐洲國家，不希望將被捕的海盜關押在自己的國家，因為這樣做的成本很高。英國主管海盜問題的特使、鬥志昂揚的凱倫・皮爾斯（Karen Pierce）（後來先後出任英國駐聯合國大使，和駐美國大使）有個簡單但又頗具戲劇性的提議：把船擊沉了，不就結了？最後，西方國家決定另闢蹊徑，向肯亞（Kenya）、塞席爾（Seychelles）和模里西斯（Mauritius）提供更多援助，如果這些國家願意在他們的法庭審判索馬利亞海盜、並將他們關押在他們的領土上的話。後來大部分都在肯亞處理審判和監禁。見 Jay Bahadur, *The Pirates of Somalia: Inside Their Hidden World*（New York: Vintage Books）, 2012.

❺ 把時間快進到今天，中國的角色已經愈來愈大、而且還在繼續增長。截至二〇一八年，中國已經出動不下三十次編隊，每次編隊都涉及多艘護衛艦或驅逐艦——包括他們的江凱二級（Jiangkai II）飛彈護衛艦〔譯按：又稱054A型飛彈護衛艦〕等先進艦艇——在亞丁灣和印度洋西部邊緣巡邏。

第九章 近海

重回海上強權的中國（二〇〇九年至二〇一五年）

歷史的經驗告訴我們：向海則興、背海則衰。

——習近平對中共中央政治局發表的講話，二〇一三年 1

現代歷史顯示，想要主宰世界事務的國家，都得有個面對海邊或靠近大洋的首都。威尼斯（Venice）從亞得里亞海（Adriatic Sea）內的潟湖打造海上帝國；鄂圖曼人從分隔博斯普魯斯（Bosphorus）和馬爾馬拉海（Marmara Sea）的金角灣（Golden Horn）海岸爭奪霸權；葡萄牙從歐洲大陸最西端的港口城市里斯本主宰公海，靠著塔霍河口的岬角保護里斯本，不受大西洋洋流的影響；倫敦沿著泰晤士河的潮汐而發展，離匯入英吉利海峽、進而再到北海的河口，只有三十哩。即使是美國第一代獨立運動領袖，將美國國會從偉大的港口城市費城（Philadelphia）搬遷時，還是選擇了波多馬克河（Potomac）上的一個地點，距離切薩皮克灣（Chesapeake Bay）❶只有二十五哩，而切薩皮克灣是世界上較大的內陸水道之一，它的鹹水可迅速流出進入西大西洋。

中國則不然。自從十三世紀以來，統治中國的歷代王朝和共和國都把政府權力所在地放在北京，（北京城逐漸演變成現代城市）。[2] 隨著時間推移，中國統治者也加強了紫禁城外的防禦城牆和護城河。一九二〇年代內戰爆發之前，中國在距離最近的海岸一百哩外的高牆城市內，建立了一座防禦嚴密的堡壘來統治它的「中央王國」。

當毛澤東領導的共產黨完成他們的「長征」並占領北京時，毛澤東站在紫禁城對面的天安門廣場宣布勝利。共產黨運動的本質雖要推翻中國帝制統治者（及其後短暫的共和國）的權力結構，但作為政府，它仍然把自己安置在紫禁城旁邊，舊日皇家園林和湖泊中的「中南海」。[3] ❷編註

中南海的正式入口「新華門」位於天安門廣場另一邊，但很少使用；它只為最正式和最

❶ 切薩皮克灣一度是不少惡名昭彰的海盜藏身之地，見 James L. H. Goodall, *Pirates of the Chesapeake Bay: From the Colonial Era to the Oyster Wars*（Charleston, SC: The History Press, 2020）.

❷ 編註：元朝在北京建大都，蒙語以「海子」稱水多之處，也將湖泊稱為海。紫禁城西側有三海：北海、中海、南海，中南海泛指中海和南海的區域。

重要的國事訪問貴賓開放。國家元首身分以下的訪客，都得從紫禁城後牆進入大院後方。整個大院坐落在北京市中心一系列小湖泊的岸邊，其中最靠近的小湖取了令人不解的名字叫「中海」。

進入大院，訪客將入到一個大型接待區。在這裡，有幾個房間用來接待來訪部長、政要、企業執行長，偶爾也接待學者。其中有許多是舊式迎賓大堂的現代變體，配上乳白色地毯和長毛絨皮革扶手椅，領導人座位背後的主牆上，裝飾有古典風格的大型畫作。其中有個房間最高可容納十二人的代表團，專供最高領導人和訪客「私下」會談，附近則是黨領導人的辦公處所。

大院中靠東，有座最豪華的一棟樓，專供主席、副主席和其他最高領導人使用，借用所推翻的統治者悠久歷史，來傳達中央政府的現代權威。這是一棟傳統風格的兩層重檐樓閣，斜瓦頂、以曲梁支撐並用木雕裝飾，始建於明朝，清朝康熙時重建。裡面沒有現代裝飾，由精雕細琢的木屏風，隔開接待區與大廳的其他部分。以中國傳統紅色及充滿活力的黃色和藍色塗漆的木柱，支撐著大廳的天花板。幾面牆上掛著先祖的字畫，平添了歷史感。唯一具有現代風格的是一排舒適的椅子，供現代外賓代表團就座。這棟建築正式名稱為紫光閣，還有個符合想像的舊稱：「平台」，原是皇帝臨高檢閱比武、騎馬射箭之處。

想要了解中國與海權關係的演變，可以把自己化身為最高領導人，從高度安全的中南海大院，思考中國在世界地位的思維會有所幫助。走在中國共產黨最高領導人辦公室兩側的棧道上，從園林和中海向外眺望紫禁城的外牆，很容易感受到中國從這個位置持續統治一千年的厚重和堅實感。

不過，當看得更遠時，一切都變得不確定了。會發現自己的化身從一九八〇年代開始，便在一個由美國及其西方盟友主導的全球經濟活動中，尋求成長和發展（自從冷戰結束以來更是如此）。同時試圖在深深依賴海外礦產資源和能源資源流入，及向國外市場銷售自家製品的世界中成長。在擔心海上貿易流通的安全性時，將會遇到令人困惑的地理環境。

當中國領導人從北京到上海、或廣州或其他主要沿海城市視察時，他們不會像葡萄牙人、英國人或美國人那樣，從那裡看到一望無際的水域。反過來，他們像德國人一樣，看到的是一連串局限他們通往公海的通道。

現代中國的經濟是圍繞三大經濟區組織起來的。第一是北京及其周邊地區，即環渤海經濟圈，以天津港作為北京通往黃海的門戶。[4]第二是長江流域，上海是中國的金融、技術和出口樞紐，上海的洋山港碼頭在這裡通向東海。第三是珠江三角洲，廣州和香港支撐著中國在南方的經濟活動，透過南海進行進出口貿易。但在渤海、東海和南海的外頭是朝鮮半島和中國所謂的「第一島鏈」——日本，從它的南部海岸一路延伸到台灣海峽的一連串的島嶼；然後是台灣島；再來是菲律賓群島。

朝鮮半島和這一系列島嶼，從根本上限制了中國的海洋空間。這些島嶼上的國家都是美國的盟友或安全夥伴。它們全都提供基地或基地使用權給美國海軍——將中國所謂的「強大敵人」的權利帶到了它的海上大門面前。❸

隨著中國在一九八〇年代和一九九〇年代的鞏固，它開始有足夠的信心和財富來重新定位中國的安全理念，超越沿海防衛態勢。中國與蘇聯（「近敵」）漫長的北部邊界更加複雜，雖然它與蘇聯的地緣政治競爭很快便消退，讓中國有更多資源可用於海軍活動。事實上，在華東和華南海岸，中國開始相信它可以阻止潛在的外國海岸線入侵。隨著時間的推移，它開始有信心在「近海」自衛——甚至將自己的力量進一步投射到這些海域。[5]

封閉的海洋

大國的政府是龐大而笨拙的物件，由相互競爭、爭奪空間和注意力的沉重機構所塑造——無論是威權制度或民主制度都幾乎一模一樣。但有時一個人便足以在這些機構中產生巨大影響，影響到國家的發展軌跡。劉華清就是這樣的一號人物，他從一九八二年到一九八七年擔任中國解放軍海軍司令員，二十多年來歷經各種不同要職，重新塑造中國海軍的戰略、領導、人事和組織理念。[6] ❹

劉華清的想法也許很奇怪，他十分借鑒塑造狄奧多・羅斯福和十九世紀末期英國海軍將領的一位學者的洞見，也就是前面提到的艾佛瑞德・塞耶・馬漢。[7]

如同西方軍神卡爾・馮・克勞塞維茨（Carl Von Clausewitz）對於地面戰爭的戰略思想，馬漢的海上戰略和海軍衝突的理論建樹也並駕齊驅。馬漢在他的經典著作《海權對歷史的影響》中，闡述了海權理論。他的洞見始於地理的中心地位、及控制全球地圖上關鍵咽喉點，它們是海權和貿易必備的概念，對於航海國家的生計而言是極其重要的。他強調基地網絡，以及在網絡之間安全航行的能力之重要性，也就是說必須建立他所謂的「交通線」[8]——現在的海軍用語稱之為「海上交通通道」。❺

---

❸中國學者傾向於不把新加坡視為第一島鏈的一部分，但它的確與南海南端相連，並且提供美國海軍相當於駐軍基地權利，完成對中國「近海」的包圍。

❹他並不是單槍匹馬這樣做。那些不熟悉現代中國的人，可能會認為，因為這是個共產主義政權（現在愈來愈專制），它不會允許對其政策進行辯論。事實上，中國多年來一直允許它的不同軍種、學院、大學和智庫內部，就海軍戰略進行相當自由的辯論。

❺馬漢還創造了「全球公域」（the global commons）這個名詞——適用於所有國家、共享海洋的概念；這是現代美國海軍戰略的核心原則。（見 Michele Flournoy and Shawn Brimley, "The Contested Commons," *Proceedings*, July 2009, https://www.usni.org/proceedings/2009/july/contested-commons.）

如前所述，有用的港口和它們之間交通條件的結合，構成局勢的主要戰略輪廓。海軍作為將整體聯繫在一起的有組織的力量，已視為軍事努力的主要目標。[9]

簡而言之，國家實力取決於能否控制一個國家的商業、與海外貿易關鍵海上通道的連接（與一九九〇年代的中國情況截然不同）。對於馬漢來說，和平時期的商業是通往國家繁榮和偉大之路的真正途徑。「軍事考慮只是從屬於其他更大利益的附屬品。」[10] 他認為，海軍競爭是經由用心努力創造國家財富和偉大所產生的副產品。海軍的目的則是確保海上貿易——在他看來，這是一個國家財富和內在力量的必要條件（sine qua non）。

這並不是說馬漢的戰略不是軍事的，而它確實是。他特別強調海軍前進基地和艦隊的重要，以及國家之間對關鍵地理重點控制權的競爭。更重要的是，馬漢認為，一個強大的國家，必須在它試圖保護的地理範圍內擁有一系列基地，每個基地都在彼此可以呼應的範圍內，以便在戰爭時可從距離範圍內的基地增援前進另一基地。類似的概念支撐了美國在太平洋的擴張——從兼併夏威夷、取得威克島，接著是馬紹爾群島（Marshall Islands）和關島（Guam）。它們是美國跨越太平洋到菲律賓和日本的最終海軍前進基地墊腳石。[11]

馬漢在美國的影響力在二戰後的幾十年裡逐漸減弱。哈福德・麥金德（Halford

Mackinder）的著作提出：「陸權」——控制工業中心地帶的經濟生產力——比海權更重要。[12] 這似乎與美國和蘇聯，這兩個面積廣闊的陸地強國之間的競爭動態相吻合。當然，中國也是一個大陸強國，控制著相當大的工業中心地帶。但它的成長戰略依賴於貿易；這意味著它依賴海洋。隨著中國海上貿易的增長——並且愈來愈成為它整體國家經濟實力的核心——馬漢關於成長與海權之間關係的思考開始塑造中國海軍戰略。[13]

這時出現最重要的概念：中國的規畫者開始提到他們渴望擁有「珍珠鍊」（a string of pearls）——一串可以保護中國海外利益的、增援的基地網絡。但中國要想擁有「珍珠鍊」，首先必須能夠在第一島鏈之內開展有效的海軍行動。它必須在近海先發展與美國海軍及其盟友相匹敵的能力。

於是中國開始發展它的海軍力量。劉華清制訂了一個七點計畫，以建立能夠在近海保衛中國利益的海軍。它包含人員培訓、科學教育、取得港口及後勤和維修能力、武器現代化（以二十年的時間全力以赴）、發展核潛艇部隊、最後要能產得一艘航空母艦。[14]

當時，中國國內的批評者認為他的計畫過於雄心勃勃。現在再回頭看，令人驚訝的是，中國已完成了他計畫的各個面向。他不僅使中國能夠防禦它的海岸線，而且能將力量投射到廣闊的近海地區——總面積約二百萬平方哩的海域。

在這個過程中，中國不僅遇到了自己的地理環境的考驗，也遭遇到鄰國的抗拒。❻

牛舌：漫天叫價的中國權利主張

二〇〇八年三月，中國外交部政策規畫師鄭振華和美國駐北京大使館館員會面。目的是說明中國對南海提出權利聲索的根據。他帶來了一份印好的聲明，上面寫著：「南海這些虛線，表明中國自古以來對南海諸島具有主權，證明長期以來對南海海域的權利主張和實際管轄。」[15]

背後的原因，是接下來的一年，即二〇〇九年，是攸關海事問題的重要一年。十年前，《聯合國海洋法公約》（UN Convention on the Law of the Sea）已獲得世界各國政府通過並生效。當時，聯合國訂出十年的期限，允許各國根據法律提出海洋領土所有權的主張。《聯合國海洋法公約》允許各國在沿著大陸棚上擁有十二哩的專屬領海，以及從其海洋邊界向外延伸二百哩的經濟區（在專屬經濟區裡，它們有捕魚和能源探勘特權）。如果各國有離島，也可適用同樣的規則，但各國必須展示它們對這些島嶼具有有意義的控制。時間逐漸逼近提出權利主張的最後期限，一個懸而未決的問題是：中國將如何表述它在近海的權利主張？

當中國提出它的權利主張時，美國的中國觀察家大吃一驚。因為鄭振華提出的虛線（從大使館迅速回報到華府），顯示了中國大規模掠奪土地的海洋版本。他在地圖上所畫的虛線因其形狀而稱為「牛舌」，代表了對大約一百四十萬平方哩的海洋提出主張。[16] 在這片廣闊的海域中，中國聲稱對南海的一系列岩塊、半島嶼和「地貌」（land features）（太小而不能算作島嶼）擁有特定主權。

中國的巨大主張集中在西沙群島（Paracels）、南沙群島（Spratly Islands）和黃岩島（Scarborough Shoal）的地貌上。這三個地貌共同構成了含括南海中心地帶的不平衡三角形。西沙群島距越南中部海岸約二百五十哩，位於中國海南島之南二百二十哩，一直延伸到一個小島永興島（Woody Island）（位於北緯一六・八三六六度，東經一一二・三三六八度）。南沙群島在東南方，位於馬來半島北部海岸之外海。黃岩島距離中國海岸大約四百哩，就在菲律賓主要島嶼的西面。[17] 透過對這三組地貌提出權利主張，中國有意鯨吞極大部分的南海，這些地貌合攏起來包圍住航道——馬漢所關注的「海上交通通道」。[18]

中國並不是唯一一個在南海提出聲索主張的國家。中華民國（台灣）、越南、菲律賓、馬來西亞和汶萊等五個國家地區，對這些地貌及其周圍海域的某種組合，也提出了權利主

---

❻ 接下來，本書將集中在過去十年中國部署規模最大的地區，即南海、東海和台灣海峽。讀者沒忘記的話，本書第二章已討論到近海，當時言及在朝鮮海岸外的黃海，突破制裁封鎖的行動。大韓民國（韓國）擁有七萬名兵力的強大海軍，是在這水域不容忽視的因素，也是中國在制訂近海戰略時必須正視的。

張。不過，他們的主張要溫和得多，而且更針對靠近其海岸的島礁。

中國的聲索主張並沒有特別具有說服力。[19]但話說回來，其他競爭對手的主張也沒有強大的說服力。在現代，這些島嶼都不以有意義的占有居住的方式，以這樣的常識來認定「屬於」一個國家。相互競爭的國家，試圖通過一系列富有創意的作法來強化他們的主張——在競爭地區建立海事研究站、架設燈塔、在地貌上設置氣象站和衛星控制站——甚至建立所謂的「特別觀鳥台」。[20]然而，用一位著名的法律學者的話來說：「從某種意義上說，這些占領和相關活動可以當作主張國的論據具有缺陷徵兆」，並且各國「充分顯示出，這些領土基於古老的俗例，卻當作十拿九穩的法律。」[21]

他們很快便占有島礁。同時，中國也以穩定的節奏部署海軍護衛艦、巡洋艦和驅逐艦，支持它的權利主張。

東海——宿敵

中國提出南海領土主張後不久，立刻把目光向北掃向東海。但在那裡，它遇到了比地理更強大的障礙——日本海軍。

戰後時期，西方已習慣把日本看成和平主義國家。日本的基本大法——第二次世界大戰後，美國占領當局為戰後日本起草的《憲法》——明白禁止日本為進攻目的重新武裝，也明確規定日本不參與交戰。就連它的武裝部隊，也稱為日本自衛隊（Japan Self-Defense Force）。日本甚至不願參加諸如聯合國維持和平等等溫和的國際安全活動。[22] 日本的反軍國主義，因它曾在日本占領朝鮮和滿洲期間的過度行為，以及長崎和廣島慘遭原子彈轟炸的反應，現在深植於日本的政治文化中。[23]

但有個關鍵的重大例外：防禦中國並不是交戰，而是明顯的自衛，因此不在日本憲法禁止範圍之內。日本保衛自己、抵禦北京的能力十分強大。[24] 就其海軍力量而言，尤其強大。從遍布日本列島的眾多基地延展開來，日本海上自衛隊是世界第四大海軍，也是有效率的海軍之一。它擁有四萬五千八百名官兵，共有一百一十四艘船艦。除了這支水面艦隊，另外還有大約二十艘潛艇，以及其他支援艦艇。[25] 除此之外，還有一支擁有一萬四千名人員的高效率海上保安廳艦艇作為輔助力量。[26] 二〇〇六年，它決定將兩艘大型驅逐艦委婉地稱為「直升機驅逐艦」，但實際上，下一步就是邁向航空母艦。[27] 二〇一八年，日本政府宣布將把大型的出雲級（Izumo-class）「直升機驅逐艦」改造為「多用途作戰驅逐艦」，能夠起動噴氣式戰機。無論出於何種意圖和目的，這些船隻都可作為航空母艦，這標誌著日本自二戰以來首次擁有這種特殊的海軍武器。[28]

日本列島包圍住東海，日本沿著列島部署這支部隊。因此，它在中國最具生產力的地區——上海以東的長江三角洲這塊華東沿海地區——包圍了中國：東海也擁有豐富的資源（尤其是石油和天然氣——將在第四部分討論），增加了兩國之間的競爭壓力。

整個日本，就是一組群島。它主要的島嶼從東北的北海道（Hokkaido）迤邐到西南的九州（Kyushu）。在更南和更西的地方，還有一串小島，從九州海岸的大隅諸島（Osumi Islands）經沖繩（琉球）（Okinawa），一直延伸到距台灣海岸僅八十七哩的尖閣諸島（Senkaku Islands）〔譯按：釣魚台列島〕。二〇一〇年，就在這兒，中國人和日本人差點打起來。

起先，美國對日本的條約義務是否涵蓋這些由日本管理、但無人居住的島嶼，存在某種程度的模棱兩可。歐巴馬總統在二〇一四年明確宣布，日本管轄的這片地區是在條約涵蓋範圍內，這一來消除了不確定性。[29]

當中國宣布從韓國濟州島（Jeju）正下方的海岸到台灣以北（包括釣魚台列島在內）的空域，畫一個「防空識別區」——即中國將禁止外國飛機飛行的區域時，❼譯註 歐巴馬命令兩架具有核武能力的 B-52 轟炸機飛過此一空域。[30]

因為與南海局勢不同，東海有一個轉折點——日本不僅是條約盟國，美國還與它有共同防禦的承諾。《美利堅合眾國與日本國之間相互協力及安全保障條約》（Treaty of Mutual Cooperation and Security between the United States and Japan，簡稱《美日安全保障條約》）第五條規定，如果日本受到攻擊，美國承諾保衛日本。這不僅僅是形式上的規定，因為日本東京灣的橫須賀港是美國海軍在海外最大的軍港，設置「橫須賀海軍設施」（United States Fleet Activities Yokosuka）。連同府中空軍基地（Fuchu Air Base）、橫田空軍基地（Yokota Air Base）、佐世保海軍基地（Sasebo Naval Base）和沖繩海軍陸戰隊營地、鳥居站陸軍基地（Torii Station Army Base）以及日本各地的小型營地，有來自所有軍種的超過十萬名美軍和眷屬進駐，另外還有數以千計的日本人在其中工作。[31]

以上這些，都使日本成為中國近海活動的嚴重障礙，更不用說它更廣泛的野心，也受到阻礙。

雖然釣魚台列島／尖閣諸島的對峙後來沒有升級為直接對抗，但是日、美兩國的反應也沒有讓中國完全退縮。取而代之的是，中國在合法的商業和海警總隊活動，與軍事騷擾之間的灰色地帶，繼續進行高節奏的活動。[32] 譬如，二〇一〇年，中國一艘拖網漁船（中國海

---

❼譯註：防空識別區（air defense identification zone），縮寫ADIZ。它的範圍大於領空，但不是領空。基於國家安全和空防需要，一個國家單方面畫定一個空域為防空識別區，以利軍方迅速定位管制，並沒有國際法效力。二〇一三年十一月二十三日，中國宣布在東海設立防空識別區，要求在區域內飛行的航空器需向中國通報飛行計畫，若不配合識別要求、或拒不服從指令，軍方「將採取防禦性緊急處置措施」。

上民兵的一部分❽）與一艘日本海上保安廳巡邏艇在靠近釣魚台列島附近擦撞。日本逮捕中國船長，引發中國的抗議和外交危機。33 二〇一二年十二月，中國政府飛機自一九五八年開始有紀錄以來，首次進入日本控制的空域。34 一位防衛省官員告訴記者：「我認為……在這一點上，雙方都沒有利益或意圖將衝突升高，不過，在一個狹小的局限空間內，有很多空中和海上活動，所以總是有擦槍走火出事的可能性。」35

然而，釣魚台列島／尖閣諸島給美國帶來了相當尖銳的困境。如果中國認為這只是虛張聲勢，嚇唬不了美國，怎麼辦？或者賭美國總統不會為遙遠的一堆島礁，真正跟十二億人的中國開戰？很少有美國政界人士或安全事務分析人員疑惑，如果日本的主體受到攻擊，美國是否會履行對日本的安全義務。但是，值得為只有一小群山羊出沒的島礁開戰嗎？情況似乎很荒謬。❾

美國與第一島鏈下一個島嶼——台灣——的安全關係問題，就沒有那麼荒謬。

閃爆點福爾摩沙

台灣海峽分隔了中國大陸與台灣島，沿著台灣島從北而下有二百四十五哩。海峽最寬處為一百一十哩；最窄處為八十一哩。它也相當淺，海峽大部分海域，水深都不到四百九十呎。

台灣的歷史相當複雜。台灣土著在十七世紀因漢人大規模移民入台而遷移，漢人在此的統治在明朝時落入荷蘭人手中。一六八三（康熙二十二年）年，台灣併入清朝版圖，兩百餘年後，於第一次中日戰爭（甲午戰爭）後，清朝於一八九五年將台灣島割讓給日本。❿編註日本在第二次世界大戰期間，利用台灣作為重要的工業基地和重要港口。戰後日本投

---

❽日本防衛省官員把這些漁民稱為「小綠漁民」，讓人想起俄羅斯派往克里米亞的「小綠人」〔譯按：意指非正規部隊〕。

❾這樣的困境，稱為「尖閣悖論」（Senkaku Paradox）——因為美國不能退縮，也不能令人相信它會為如此小的利害，承諾與中國發動戰爭。參見 Michael E. O'Hanlon, *The Senkaku Paradox: Risking Great Power War Over Small Stakes* (Washington, DC: Brookings Institution Press, 2019).

❿編註：台灣的歷史複雜，明代末期已有不少閩粵沿海的漢人到台灣謀生，他們跟台灣原住民時而通婚合作，時而敵對。一六二四年（明天啟四年），荷蘭與西班牙人相繼佔據台灣南、北部沿海平原，一六四二年西班牙被荷蘭逼退，由荷蘭人統治台西與南部。一六六二年（明永曆十六年；清康熙元年），打著反清復明口號的鄭成功將荷蘭人全部驅離，開始台灣的明鄭時期。一六八三年（康熙二十二年）台灣併入清朝版圖，一八九五年（光緒二十一年），甲午戰爭後，清朝將台灣、澎湖、遼東半島割讓給日本。日本二戰投降後，一九四五年（民國三十四年），台灣由繼任清朝政府的中華民國接收，陳儀在台北代表受降。二戰結束後四年，一九四九年（民國三十八年），因國共內戰失利，中華民國政府遷台，據台澎金馬，共產黨則在中國大陸建立中華人民共和國。

降，由一九一二年在大陸建立政權、並取代清朝的中華民國接管了台灣島。

在內戰期間，中華民國政府敗給中國共產黨，丟了大陸，於一九四九年退守台灣。隨著時間的推移，它從一黨專政過渡到多黨民主，因此成為中國領導人腹背上的兩根刺——實質上既少了塊中國領土，意識上又構成威脅。[36]

台灣與美國的關係也很複雜。美國雖然在一九五〇年承認中華民國的國民黨政府，但明確排除介入台灣海峽。不過，杜魯門確實在朝鮮戰爭期間，將第七艦隊派往台灣海峽。一九五〇年代，台灣在金門、馬祖等外島的部署，引發了第一次台海危機。美國沒有採取軍事行動，而是升高它的立法標準，通過《福爾摩沙決議案》（Formosa Resolution），賦予艾森豪總統保衛台灣的權力。北京在此退讓。[37]

隨後，中華民國和美國簽訂《中美共同防禦條約》（Sino-American Mutual Defense Treaty），條約從一九五五年一直維持到一九七九年，它規定，如果台灣受到攻擊，美國將出兵保衛台灣。一九七二年，在季辛吉就外交承認北京進行談判之後發布〈上海公報〉（Shanghai Communique），承認中華人民共和國是「中國唯一的合法政府」。與此同時，美國部分是由於國會的敦促，採取了「一個中國」政策。在「一中政策」下，美國並未正式承認中國對台灣的主權。相反，華府玩弄外交手法，表示認知到中國的立場，即台灣是中國的一部分。因此，它與中華人民共和國建立正式關係，與台灣建立非正式關係。[38] ⓫譯註《共同防禦條約》一直持維到一九七九年，當時吉米・卡特總統正式斷絕與台灣的關係，並廢除了《共同防禦條約》。但是同年，國會通過《台灣關係法》（Taiwan Relations Act），允許美國與台灣進行非正式外交，但更重要的是向台灣出售防禦性軍事裝備。39

重點是銷售防禦性軍事裝備。出售新設備和翻新的美國艦艇和飛機，使台灣能夠發展成為一支強大的海軍力量。到二〇一八年，台灣的海軍力量包括三萬八千名官兵、二十八架飛機和一百一十七艘艦艇——它們全都致力於保衛台灣狹長的領海。其中包括一支小型潛艇艦隊，但更重要的是四艘驅逐艦（原先是美國的驅逐艦）和大約兩打護衛艦，它們是根據與美國的許可協議建造的。40 從法國購買的艦艇增強了作戰艦隊。中華民國海軍還有一艘飛彈艦艇、十幾艘巡邏艦、掃雷艦和多達九艘兩棲艦艇，可以跨越台灣海峽、進行坦克登陸和人員移動。此外，快速作戰支援艦、研究船和救援打撈行動等輔助艦艇，也完善了它的海軍戰力。最近，他們已委託建造一艘大型兩棲艦艇，並開始開發自己的柴油潛艇艦隊。41

⓫ 譯註：這份文件因詮釋立場而處於各說各話。一說為上海公報並沒有承認中華人民共和國是「中國唯一的合法政府」。公報的說法是：美方認知到（acknowledged）海峽兩岸所有的中國人都堅持一個中國，台灣是中國的一部分。美方對這一立場不提出異議（not to challenge），並重申它對由中國人自己和平解決台灣問題的關心。

所有這一切，仍讓台灣面臨對岸更強大、更精緻的力量，但是台灣已投資於「不對稱作戰」——基本上是大衛對抗哥利亞的戰術——譬如在水域布放大量水雷，或有能力布設大量水雷，及使用小型快攻艇和從卡車發射的反艦巡弋飛彈，以削弱中國大陸的優勢。

如果中國和台灣之間發生直接衝突，這一切仍然可能使中國占上風，但是就台灣這樣大小和人口的國家而言，要和中國這般大小和人口的國家作戰，這已經會比起常態來得平等。

現在沒有法律要求美國介入台灣，但是仍有一系列政治和其他原因，美國或許會介入。台灣以前是盟友，現在又是防務夥伴。台灣在美國高科技供應鏈中扮演關鍵角色，尤其是在電腦晶片方面。不僅是科技方面：在新冠病毒肺炎疫情（Covid-19）爆發後，中華民國是第一個向美國提供個人防護設備的國家。42

還有反中的情緒需要考慮，而從華府國家安全機構的角度來看，這還涉及到美國的聲譽。最重要的是，中華民國是民主國家，受到許多美國人認為是美國最重要的對手所威脅。

另外：如果中國將台灣重新納入中國政治實體核心，它會突然獲得跨出第一島鏈的海軍基地。日本南部海岸將更容易受到中國海軍的攻擊，而美國在西太平洋其他地區的防禦，也更加暴露在中國兵力的威脅下。台灣已經成為美國在亞洲的力量和聲譽的辯論中的一大因素；但它也是中國打開第一島鏈的鑰匙。因此，攸關到美國的前進部署態勢。

如果中國考慮採取軍事行動占領台灣，就必須做好準備阻止美國海軍在近海之內增援台灣艦隊（及其自己的部隊）。換句話說，中國必須能夠在近海以外發動所謂的「反干預」行動——跨出第一島鏈，進入更廣闊的菲律賓海水域，或甚至往東遠至關島。這需要大幅強化解放軍海軍的力量。

強化海洋

中國必須考慮美國海軍在近海的存在，是三個不同但強化美國概念的產物：亞洲存在聯盟體系，以及美國將保衛選擇、與美國結盟的小國的想法。美國海軍進入亞洲已有悠久歷史，可以追溯到一八四〇年代。美國海軍有一根深柢固的觀點，認定它的核心功能之一——從英國皇家海軍繼承而來——保護海洋自由。

這是今天美國外交官所指的「基於規則的國際秩序」的重要組成部分。所謂的「規則」就是《聯合國海洋法公約》——美國國會尚未批准通過、但已實際實施和執行的國際法。⓬

⓬ 說起來似乎滿諷刺的，美國海軍就是這樣專注於執行美國國會拒絕批准的一項國際法。然而，這就是美國處理許多這類條約的方式，例如《全面禁止核試驗條約》（Comprehensive Test Ban Treaty）也是如此。

這些規則，規定任何國家有權航行通過其他任何國家的領海，只要它們航行的目的是「無害的」——本書在第八章已提過「無害通過」這個概念。只有擁有領土主權的國家，才能在其水域捕魚或開發它的海床資源，而任何國家都可以航行通過。除其他作用之外，這使它成為反擊任何在其海岸附近經營海上勢力範圍的大國的方式。如果是唯一能夠在每個國家的外海活躍的全球大國，這會是一套非常舒服的規則；如果像是中國這樣一個新興的、有企圖心的大國，那麼這套規則就不那麼讓人感到舒坦了。

美國執行海洋法的基本機制，就是所謂的「自由航行作業」（freedom of navigation operations），它有個很遜的縮寫 FONOPs。也就是說，美國海軍故意將船隻直接駛過它認為允許開放航行的水域，即使另一個國家聲稱它們是其領海的一部分，並且挑戰此一國家是否阻擋。[43] 值得公允說一句話的是，美國在盟國和對手的領海都進行這種自由航行作業，吻合它聲稱這麼做是不偏袒任何國家、只扮演規則仲裁者的說法。⓭ 但是它特別重視在中國現在聲稱擁有主權的水域進行自由航行作業。

即使美國海軍在近海的部署只是為了保衛《海洋法公約》（美國甚至也不再真心保持這種姿態），這些「自由航行自由作業」也使美國軍艦能夠大力阻擾中國在台灣海峽、乃至南海和東海的軍事任務。[44] 因此，從一九九〇年代後期開始，中國將精力和努力集中在建立反擊能力上，以捍衛它在近海的利益，並阻撓或限制美國海軍在這些水域內的自由。

聯合國法庭終於對中國漫天叫價的權利主張作出裁決，駁回大半主張。但是中國對此一裁決的反應，基本上是聳聳肩——根本不甩這項法律，照樣自行其事。45 隨著時間的推移，它的動作變得愈來愈清楚，便是將這些島礁改造為解放軍海軍的基地。

有個認識近海動態的關鍵點：大部分區域都非常淺。走在航線上的大型貨櫃船堅守狹窄的通道，深度會急降到超過二哩深。但它們也經常穿行在深度不超過兩、三百呎的子航道中，小心翼翼注意拖曳行動。當它們航行時，會仔細關注海圖上顯示的許多沙洲、淺灘、珊瑚礁和水深極淺的其他地貌。這對於捕魚和石油探勘等活動非常有用。它也有助於填海造陸、製造海埔新生地——把很小的「島礁地貌」變成更大的低窪土地。

中國就此展開了在這些水域軍事化建設的初始階段。在它聲稱擁有權利的地貌上進行疏浚、填海造陸和建設，最後在南海，尤其是南沙群島周圍創造出新的可用土地。中國在兩個主要地貌上填海造陸，它們的名字很有意思，一為永暑礁（Fiery Cross Reef），另一個為美濟礁（Mischief Reef）。他們建造碼頭、大型金屬棚子，有些還有登陸區。然後北京做出它

⓭ 二〇二一年四月，美國海軍軍艦〈約翰・保羅・瓊斯號〉（USS John Paul Jones）——在下文很快便會再提到它——在印度水域駛進一系列自由航作業，引發印度媒體的抗議。

一再承諾不會做的事：在這些海埔新生地上安置軍事裝備。從西沙群島的永興島開始，中國在這些有爭議的水域布置飛彈單位，建造飛機跑道，建立了碼頭，並以其他種種方式將這些據點軍事化。[46]

這些發展擴大了中國空軍的航距，尤其是它的主力戰鬥機（俄羅斯設計的蘇愷（Sukhoi）30 MKK 是中國空軍戰鬥機機隊的核心）的飛行範圍，並且使中國能夠對遠離中國大陸的美國海軍艦艇構成威脅。這都是中國領導人野心勃勃的願景的一部分。

其中一位領導人是二〇〇六年接任海軍司令員的吳勝利上將。他打從一開始即推動兩項重大改革。首先，他建立中國核心艦隊的精良和戰鬥力，並繼續努力軍事化陣地，在海埔新生地上建造更大的防禦工事。他鼓動中國海軍將目標定在比西太平洋更遠的地方。在推動艦隊現代化的同時，他更新了海軍的作戰理論。他對中國海軍下達明確的指示令：利用它在麻六甲海峽和印度洋的反海盜任務，進行遠洋作戰訓練，並與外國海軍互動，汲取知識。在他寫給中國艦隊的文章中，明確表示這種努力的目的，不僅僅是防禦性的：它是為了結束「百年屈辱」〔編按：百年來面臨列強欺凌，因國弱，中國只能吞下種種屈辱〕。[47]⓮ 他的願景，似乎是要讓中國有能力伸展到「遠洋」——發展具有全球大國的象徵性和有說服力的工具，也就是建立一支遠洋海軍。這意味著解放軍海軍會擴張到太平洋、印度洋和北冰洋——簡而言之，便是駐紮在夏威夷的美國最大海軍艦隊活動的相同區域。[48] 同時還要伸展到二戰結束以來美國大力投射的同一個核心海域。

⑭ 批評中國的外國人士經常辯說，中共政權使用「百年屈辱」純粹是一種宣傳手段。然而，令人驚訝的是，中國海軍將領用中文書寫文章，發表在和海軍專門期刊上，也同樣提起「百年屈辱」。吉原（Yoshihara）和賀姆斯（Holmes）蒐集具權威性的有關中國海軍作戰理論的中文資料來源，寫成一本專書《紅星照耀太平洋》（*Red Star over the Pacific*），引述吳勝利在中文《求是》雜誌上的文章提起「百年屈辱」的概念。

第十章　美國的內湖

西太平洋及其他地區的海戰（二〇一〇年至二〇一七年）

當「收到緊急EGC」的警告閃進全球商船艦橋時，他們並不是第一個收到有關北韓試射飛彈的訊息。環繞此地區的衛星首先偵測到訊息，而在水域附近巡邏的美國和日本船艦上的遠程雷達也偵測到。然後，蒐集到訊號的美方人員，再把訊息轉報到位於夏威夷瓦希阿瓦（Wahiawa）「美國海軍電腦和電信太平洋地區總站」（U.S. Naval Computer and Telecommunications Area Master Station Pacific），它是世界上最大的電信站。

「太平洋地區總站」是感測器和衛星資訊和數據流通的重要樞紐，這些資訊構成現代海戰的重要組成部分。但是「太平洋地區總站」本身只是部署在夏威夷群島上一系列美國防禦設施的一部分。夏威夷是美國太平洋防禦的最後一道防線，也是它在整個亞洲投射軍事力量的最前線。

美國在日本和韓國的前進海軍陣地，以及它在新加坡的防務安排，把美國海軍帶到了近海邊緣。然後，這些前進陣地又得到美國「珍珠鍊」的強大支援。所謂「珍珠鍊」便是橫跨太平洋的島鏈，各個島嶼之間有一定的距離，允許彼此呼應增援。[1] 美國在菲律賓的基地使用協議（美國曾經擁有強大的蘇比克灣）便是這個島鏈的起點。從菲律賓，美國海軍可以退回到以東一千五百哩的美國領土關島；從關島又可以再往東退到馬紹爾群島和密克羅尼西亞（Micronesia），美國在那兒具有永久駐軍權。從那裡，最後只需一千哩便可到達夏威夷群島。根據夏威夷的地理位置，比起西部邊緣的加州，美國處理亞洲事務的後方基地，更靠近日本和中國三千多哩。❶

夏威夷，就是一九四一年十二月七日日本帝國海軍航空隊發動偷襲、並擊沉美國軍艦〈亞里桑那號〉（USS. Arizona）的地方；位於珍珠市（與港灣同名）的海軍基地也有二十多艘美國水面艦艇被破壞。日本偷襲珍珠港有一個令人驚訝的特點，即海軍基地本身受到的破壞很小。儘管有大量人員傷亡，但基地設施沒太大損傷。❷ 這意味著美國海軍能夠把當時號稱「珍珠港海軍基地」（Naval Station Pearl Harbor）的設施，可迅速恢復到供作戰使用。

❶ 要詳細了解美國在亞洲的長期軍事進駐歷史，讀者可以參閱麥可・葛林（Michael Green）的大作 *By More than Just Providence: Grand Strategy and American Power in the Asia Pacific Since 1783*（New York: Columbia University Press, 2017）.

往後的二戰期間，它成為美國在太平洋地區作戰的重要部分。戰後，它成為當時取名為「太平洋總司令」（Commander-in-Chief Pacific，通常簡稱 CINCPAC）的基地總部，這個職位由尼米茲（Admiral Nimitz）海軍上將等著名海軍將官擔任。❸譯註

這些設施不斷增長和演進。太平洋總司令部後來搬到山上的史密斯營區（Camp Smith），即原來的艾亞海軍醫院（Aiea Naval Hospital）。二〇〇四年四月，又搬進新建的設備，即尼米茲—麥克阿瑟太平洋指揮中心（Nimitz-MacArthur Pacific Command Center），這是一座六層樓的建築，有將近二十五萬平方呎的辦公空間供高級領導人使用。從三顆星和四顆星海軍將領的辦公室和會議室望出去，這座大樓俯瞰著沿著賀列瓦高地（Halawa Heights）往山坡而下的榕樹、紅樹林和平房，幾乎可看到整個歐胡島南部海岸，從鑽石頭山（Diamond Head）到威基基（Waikiki）到馬馬拉灣（Mamala Bay）淺藍色的海水。一覽無餘的視野呼應了司令部日益增長的職責，他們的職責不斷演變，以因應新的中國（和俄羅斯）活動。二〇一八年，在國防部長馬蒂斯（Mattis）命令下，兵力重新部署，正式改名為「印度洋—太平洋總司令部」（Indo-Pacific Command），將整個印度洋盆地畫入本來就已十分廣闊的作戰區域中。

*****

珍珠港也是美國海軍導引飛彈驅逐艦〈約翰・保羅・瓊斯號〉的母港。它是美國在太平洋和印度洋的防禦核心。這艘船是第九驅逐艦支艦隊（Destroyer Squadron 9）的一部分，這個支艦隊包括其他六艘根據相同設計建造的驅逐艦——也就是所謂的阿利・伯克級驅逐艦（Arleigh Burke-class destroyers），並構成美國艦隊的支柱。❹這個驅逐艦支艦隊又分派到第十一航空母艦打擊群（Carrier Strike Group 11），與〈尼米茲號〉航空母艦一起駛出太平洋最大基地聖地亞哥海軍基地（Naval Base San Diego）。兩者都獲得

❷歷史學家克雷格・西蒙茲（Craig Symonds）寫了本專書《第二次世界大戰的海戰》（*World War II at Sea*），書中指出，襲擊珍珠港的日本第一航空艦隊司令官南雲忠一（Chuichi Nagumo）海軍上將下達了決定性的命令，不對美軍基地發動第三波攻擊，而原本設定的打擊目標是摧毀總部和維修設施、儲油槽和乾船塢設施。

❸譯註：美軍太平洋總司令部責任區廣大，大部分為海洋地區，理論上各軍種將領都可出任它的司令官，但二戰結束以來沒有例外，都由海軍將領出任司令。前幾年過世的亞里桑那州聯邦參議員馬侃的父親約翰・馬侃（John S. McCain）在一九六八年至一九七二年越戰期間曾擔任過這個職位，而兒子在戰俘營飽受北越凌虐。

❹傳統的美國海軍是以著名的海軍上將命名特定船隻和船隻級別（特定船體設計）——如尼米茲級、伯克級，以及最近的朱瓦特級護衛艦（Zumwalt- class frigates）。伯克級的船體設計提高了它的海上處理能力，同時，與具有類似排水量的驅逐艦相比，也產生較小的雷達足跡。

華盛頓州艾佛瑞特（Everett）海軍設施的支援。[2]除了第十一航母打擊群和其他四個類似的打擊群之外，美國太平洋艦隊（U.S. Pacific Fleet）轄下另外包含以下編制：太平洋海軍潛艇部隊（Naval Submarine Forces Pacific）、太平洋海軍航空隊（Naval Air Forces Pacific）、著名的第七艦隊（包括駐在新加坡的後勤單位「七三特遣隊」）、第三艦隊、駐韓國美國海軍部隊（US Naval Forces Korea）和駐馬里亞納（關島）美國海軍部隊（US Naval Forces Marianas）。而且，至關重要的，它結合了東京港內的橫須賀海軍設施——這是「基地」的外交措辭，（幾乎正是裴里准將率領的黑船在一八五三年停泊的地方。）橫須賀是航空母艦〈隆納德・雷根號〉第五航母打擊群、以及第十五驅逐艦支艦隊的母港——〈雷根號〉是美國唯一一艘以美國領土之外港口為母港的航空母艦，也是美國承諾承擔條約義務、保護日本免受攻擊的明顯象徵。

加總起來，太平洋艦隊轄下官兵高達十二萬人。但即使這個龐大的機器也只是印太總司令部的一部分——這個綜合指揮結構負責管理多達三十八萬名海軍、空軍、陸軍、陸戰隊和特種部隊人員的部署，幾乎占整個美國武裝部隊的四分之一。

〈約翰・保羅・瓊斯號〉的軍官們非常清楚他們頭上的官僚體制。但同樣，快樂地，不介入他們的日常爭吵。因為這艘軍艦位於這個大型軍事安排的戰鬥末端。

他們也沉浸在海軍的傳統中——尤其是在這艘船上。因為它以美國海軍悠久歷史上最著名的軍官之一的名氏命名，他通常獲譽為海軍建軍始祖。❺ 瓊斯在獨立戰爭期間、也就是美國還未真正擁有海軍部隊之前，即為這個羽翼未豐的國家作戰，接受喬治・華盛頓（George Washington）的指揮。[3] 一七七九年，他在英格蘭海岸附近最著名的一次交戰，迄今仍然是美國海軍歷史上最膾炙人口的傳奇。瓊斯避開了英國對這個造反殖民地的封鎖，橫渡大西洋、來到英國水域附近。在那裡，他遇到了皇家海軍〈塞拉皮斯號〉（HMS Serapis）和〈斯卡伯勒伯爵夫人號〉（HMS Countess of Scarborough）。乍一遭遇，他受到砲火打擊，眼看肯定要戰敗。〈塞拉皮斯號〉的船長要他識相點、投降吧。據報導，就在這時，瓊斯脫口而出、說出一句名言：「我還沒有開始作戰咧！」透過一系列巧妙的操作和相當程度的運氣，瓊斯擊敗了兩艘敵船、並俘虜了〈塞拉皮斯號〉。瓊斯擊敗〈塞拉皮斯號〉時所掛的軍旗，直到今天仍然飄揚在這艘現代的驅逐艦〈瓊斯號〉上。（第二面旗幟迄今也飄揚在船上，它是一面十三顆星和十三條條紋的國旗，但是第六、第十和第十二條條紋為藍色、而不是紅

❺ 約翰・保羅・瓊斯（John Paul Jones）是最早倡導美國建立常備海軍的人士，也是力主採取海軍行動打擊巴巴里海盜的軍官。湯瑪斯・傑佛遜總統的確請瓊斯帶領部隊進剿巴巴里海盜——但當他的命令送達巴黎時，瓊斯已經去世。

色或白色。當時擔任駐巴黎大使的班傑明．富蘭克林迅速交待裁縫製作它、送給瓊斯。顯然富蘭克林對旗幟設計的解釋，替瓊斯留下脫罪的活口。」❻❼譯註

瓊斯的「我還沒有開始作戰咧」是比較廣為人所知（可能也是杜撰）的一句引述，但是現代〈瓊斯號〉船員比較喜歡引用他的另一句名言：「我不希望與任何航行速度不快的船隻有任何關係，因為我準備涉險作戰。」冒險犯難正是〈瓊斯號〉的本色。雖然它的具體任務細節是機密，但不難想像第十一航母打擊群大部分時間部署在西太平洋，執行旨在保衛關島、巡邏菲律賓海和保衛日本的行動。這使它處於與中國海軍、以及可能與俄羅斯艦隊，發生極有可能對抗的第一線。❽

現代〈約翰．保羅．瓊斯號〉是一艘可怕的戰爭機器。三十名軍官指揮這艘船和大約三百名男女部屬。船艦長五百零五呎，排水量超過九千噸。四座瓦斯渦輪發動機，每座運行兩萬六千軸馬力當量，使它能夠以超過三十節的最高速度航行。它的表面布滿了雷達、聲納和武器系統。在它的上層甲板和索具上，還攜帶搜索和控制雷達、導航雷達、水面搜索雷達、目標照明雷達和砲火控制雷達。❾它還補充一套聲納工具，包括弓形聲納和拖曳陣列聲納。並有一整套反措施和干擾設備，包括誘餌系統和拖曳魚雷誘餌。最重要的是，它配備了世界上最先進的雷達系統──神盾雷達。

這些硬體都用來支持一系列武器。其中包括一座五吋口徑機砲；兩門配備雷達的二十公

匣加特林機砲（Gatling guns）；兩門七五口徑巨蝮機砲（Bushmaster）；四挺機槍；兩套魚雷發射器；八枚魚叉飛彈用於艦對艦防禦。「魚叉」這個名詞讓人聯想到老派捕鯨者用弩弓射出、綁上大繩的長箭。〈瓊斯號〉上的魚叉是十五呎長的飛彈，從甲板上的管子發射，並以〇．七五馬赫（相當於時速五百五十六哩）的速度沿水面掠過，五百磅的彈頭擊中目標即會引爆。4

然而，它的武器核心在甲板上只能看到一部分。船上的前甲板和後甲板都矗立著兩排帶

❻〈約翰．保羅．瓊斯號〉的執行官如此告訴作者。

❼譯註：一七七九年的海戰中，瓊斯俘虜了〈塞拉皮斯號〉，但是他的座艦沉沒，國旗也沉入大海。他駕駛〈塞拉皮斯號〉、駛入當時中立的荷蘭港口。英國指控瓊斯沒有旗幟識別而駕駛〈塞拉皮斯號〉，乃是「海盜」。富蘭克林製作的這面旗幟經過解釋，成為脫罪的交待。二〇〇〇年美國郵政總局發行一枚三十三分郵票，即以這面旗幟為圖。

❽印太總司令部的責任區最北至北冰洋，因此〈瓊斯號〉也可能部署在俄羅斯最近加強其北方艦隊的地方附近。它的責任區也涵括印度海岸線，所以〈瓊斯號〉於二〇二一年在印度洋執行自由航行作業。

❾技術水平更高的系統還有：洛克希德．馬丁（Lockheed Martin）SPY 1-3D 武器偵蒐和射控雷達、雷神（Raytheon）AN/SPS-64 導航雷達、水面搜索雷達、雷神 AN/SPG-62 目標照明雷達和 MK-90 Phalanx 方陣砲火控制雷達。

有沉重鉸鏈的平門，八塊成一排地集聚在一起。這些門的形狀與散布，與美國家庭車道上的塑膠回收箱頂部的門形狀相似，但是用重金屬製成，漆成海軍灰色。它們隱藏住致命的武器：即垂直發射的飛彈。

〈瓊斯號〉可以從這些軌架發射好幾種類型的飛彈。其中包括標準二型飛彈（SM-2），一種中程防空飛彈（也可用於短程艦對艦作戰）；標準三型飛彈（SM-3），可以進入外氣層（outer-atmosphere）；垂直發射反潛火箭（Vertically Launched Anti- Submarine Rocket, VLA），針對潛艇發射比艦載魚雷射程更遠的魚雷；和進化型海麻雀飛彈（Evolved Sea Sparrow Missile），一種短程防空飛彈。〈瓊斯號〉還攜帶戰斧飛彈（Tomahawks）——事實上，它是波斯灣戰爭爆發後向伊拉克發射戰斧飛彈的第一艘艦艇。至關重要的是，它還攜帶了所謂的標準六型飛彈（SM-6）。這是一種多任務的飛彈，最初主要用於遠程防空，在其他配置中也用於高速反艦作戰。但它也用於「終端彈道飛彈防禦」（terminal ballistic missile defense），這是美、中之間資訊科技促進的軍備競賽的最新工具。

「資訊化」戰爭的動態

在以前的時代，驅動一艘戰艦脈動的心臟是艦橋，艦長和主要軍官在艦橋上駕駛艦艇、控制引擎、維持水面監視，及指揮火砲射擊。海風的氣味、火藥的氣味、槍砲聲——這些都是海上艦對艦作戰時感官體驗的一部分。

今天的情形完全不一樣了。在現代戰爭的世界中，〈瓊斯號〉的核心是稱為「作戰資訊中心」（Combat Information Center, CIC）的幽暗房間。船舶設計師已經把人類感官體驗推得遠遠的。

進入作戰資訊中心，必須從艦橋經過一連串陡峭的金屬階梯，走下四層的甲板。海軍艦艇上的住宿空間非常緊湊，每個表面的深灰色油漆平添了走下這些空間時的封閉感。沿著船艦主甲板的狹長走廊，可以到達作戰資訊中心的外門，需要有安全密碼才能進入房內。

進到裡面，房間面積大約三十平方呎，天花板高八呎。牆壁和天花板都漆成黑色，有助於吸收電腦排放的大量熱量（再加上這個狹窄的空間，還擠了二十多個人），並使周圍保持黑暗。天花板上掛著亮黃色的燈，以防房間斷電。雖然頭頂上有幾個藍色螢光燈泡，但房間裡大部分光線，都來自火砲組官兵面前的電腦螢幕。

在前方，安置了三個巨大的螢幕，顯示地理、戰術和目標訊息。直接面對這些螢幕的，是艦長或他的二副的工作站。房間的其餘部分，隔成二十個工作站，按作戰或武器類型排列：防空火力、聲納控制、反潛火力、電子測量、飛彈防禦、海軍水面火力和空中控制等，各有一個專司工作站。有些工作站配備操縱桿來控制甲板上的槍砲。控制戰斧飛彈發射的打擊控制系統獨立存在，即使在作戰資訊中心內也警備森嚴，它仍然是美國海軍嚴格保密的機密之一。

大多數控制台都裝了三個螢幕的電腦終端機。這些螢幕依次傳遞特定的目標訊息，允許軍官相互聯繫、與戰術行動官（Tactical Action Officer），或在必要時與艦長溝通。有些工作站有古典的雷達，閃爍著綠色圈圈和徑向臂（radial arm）。其他工作站則展現高分析度的地形圖。

這些系統的開火控制是分散的；艦長設定特定遭遇的整體基調，但決定性的行動則授權給管理每個工作站的軍官。由於目標移動和資訊處理的速度，每個工作站都必須快速行動——因此它們必須能夠當機立斷、自行決定開火。每個工作站都接受了各種劇本的訓練，對於如何應對不斷發展的情況都有明確的命令。從這裡，這艘軍艦以「否定命令」（command by negation）運作。也就是說，軍官可以在未經事先許可的情況下發起防禦行動。他們的職責是提醒戰術行動官，或者在必要時，提醒執行官或艦長正迫在眉睫、即將採取的行動。然後，其中一名高級長官可以命令他們停止——否定他們的行動。在沒有停止行動命令的情況下，主司幹部可以採取行動。這使他們能夠以戰鬥的速度進行。

在海軍中很難消除傳統。海軍軍官在繪製射擊位置時，喜歡急急寫下對目標的計算。自古以來，他們會在顯示地圖和船舶訊息的玻璃面板上，寫下他們的計算。隨著玻璃面板由電腦取代，海軍軍官仍使用蠟筆直接在螢幕上寫下他們的計算。但是〈瓊斯號〉的電腦系統最近升級為觸控螢幕，因此無法在顯示器上塗塗寫寫。這可阻擋不了船員。在新的終端機螢幕上，有些軍官用魔術貼把塑膠藍光螢幕貼上去，這樣他們就可以在上面塗寫他們的計算——花了大約五千萬美元的升級，區區五十美元就讓它破功。

穿過作戰資訊中心天花板的，則是大量又粗黑的電纜。它們把房間和甲板上的雷達連接起來。甲板上的接收器以每秒一百二十八次快速爆裂的速率，從「聯合戰術資訊分發系統」（Joint Tactical Information Distribution System）中獲取數據。這是複雜的無線電、衛星和互聯網的系統，將美國在陸地（如阿拉斯加、格陵蘭和英國等地）、飛機〔如空中預警機（Airborne Warning and Control System, AWACS）〕、衛星和船舶上的追蹤和目標系統，連接成無縫的、全球的戰術和目標資訊的流通。神盾軟體將這些數據及本身感測到的資訊，整合到目標選項，提供給戰術行動官。這一點非常重要；真正使〈瓊斯號〉成為美國防禦系統的重要組成部分的，實際上不是它的飛彈，甚至不是它的雷達；而是它的軟體。

〈約翰・保羅・瓊斯號〉是美國艦隊中第一艘接收「神盾基線九」（Aegis Baseline 9）軟體的艦艇，這是神盾雷達系統的最新軟體升級。它代表了四十多年雷達設計不斷創新的極致。[10] 它增進了艦艇從事擊落彈道飛彈此一極其複雜工作、同時還要從事更傳統的防空行動之能力。

彈道飛彈體積小、速度快，飛行高度超過地球大氣層。下降時，以高達十馬赫的速度移動——這是音速的十倍，即接近每小時七千七百哩。[5] 跟踪體型如此之小、又以如此速度移動的飛彈，乃相當艱鉅的挑戰。使用雷達引導第二枚飛彈攔截它的挑戰，更是有如傳奇。

神盾雷達的許多細節，都是高度機密。不過，有一項非常明顯的，即是設備本身。它看起來與機場雷達塔或警察的雷達槍、或類似裝置中熟悉的旋轉式裝置完全不同。神盾雷達看起來是一塊簡單的金屬板，形狀與交通標誌的「停」大致相同，只是大得多；兩個安裝在船的上層結構的前部，兩個安裝在船尾。靠近一看，可以看到它實際上由一千多個「窗口」（windows）或輻射元件（radiating elements）組成。

從某些方面來說，令人驚訝的是，在核武器、人工智慧和大型航空母艦當道的世界，雷達仍然是關鍵技術。然而，事實上，雷達的不斷創新是使美國在現代戰鬥中擁有技術優勢的主要部分。無線電偵測和測距（radio detection and ranging），又名雷達，需要將無線電波脈衝發射到空氣中，並在它們碰到固體物體反彈回來時記錄下信號。由於無線電波以光速或每秒十八萬六千哩的速度移動，這幾乎是瞬間發生的。頻繁重複的信號可以透露位置和速度。所謂的「多普勒效應」（Doppler effect），即無線電波從移動的物體反彈時的輕微曲線，會顯示方向。

有很多狀況會限制雷達、或降低它的有效性。首先是脈衝頻率的問題：在發出下一個信號之前，必須先收回一個信號。普通雷達足以跟踪船艦和飛機。但是，當移出進到大氣層距離、並處理以每秒三哩的速度移動的飛彈時，傳統雷達無法應付。還有信號噪音（signal noise），即脈衝本身內部的隨機變化——在短脈衝中無關緊要，但距離愈長、問題就愈來愈大。此外，雷達陣列跟它試圖跟踪的物體之間的距離愈長，簡單的雜波就愈有可能受到干擾——可能在視線內的其他隨機物體。天氣也很重要：雨、雪、寒氣和風都會干擾遠處的雷達。當然，敵人也可透過發送反信號來故意干擾、或試圖欺騙己方的雷達。最後，短程雷達和遠程雷達的工作方式大不相同，因為不同的能量脈衝在兩個不同的距離上更有效，因此很難將兩者結合起來——但如果要擊落朝向最終目的地快速移動的飛彈，絕對需要結合兩者。

最重要的是，在直線移動的雷達脈衝與它偵測的物體之間，必須有一條視線。對於老式的艦對艦雷達、或從地面站到其上方的空中，視線不是問題。但試圖偵測從地球表面曲率之外發射的遠程飛彈時，情況就複雜多了。就彈道飛彈防禦而言，跟踪飛彈發射出來需要船艦、

---

❿ 從某種意義上來說說，這是超過七十五年以上的創新；對於某些最深入參與最終成為「神盾」此一創新的工程師來說，他們從英格蘭的布萊切利園（Bletchley Park）開始，即針對德國的恩尼格瑪機器（Enigma machine）研究其密碼破解。

地面站和衛星軌道上的多個感應器（雷達陣列）相互在實時溝通。

為了克服這些障礙，美國海軍做了兩件事。首先，神盾級艦艇運行「相位陣列」（phased array）——遠比傳統雷達精準。這使得它可比較來自不同信號的訊息，分辨噪音。這還使它能夠同時跟蹤多個目標，這是關鍵性的資產。其次，它從太平洋地區總站、北極衛星站以及來自船艦、固定陣地和衛星的多種其他訊息來源收取輸入的資料，並將它們整合成為一個單一的、綜合的跟蹤圖像中。然後，組成「神盾基線九」系統的異常強大的軟體，匯集幾項不同的雷達、感應器、整合和射擊控制包裹內容，為戰術行動官員的確認和行動準備決策。⓫

用美國國防部生硬的語言來說，所有這一切便是「一種先進的自動偵測和跟蹤多功能、三相度無源電子掃描陣列雷達」。海軍的名詞就簡明扼要多了，逕自稱它為「艦隊之盾」（shield of the fleet）。

彈道飛彈防禦

鮑布・瓦茲（Rob Watts）上校是這方面的專家之一。他童年時期住在維吉尼亞州諾福克（Norfolk），海軍即是他生活的一部分。雖然他不是出生在海軍軍眷家庭，卻是在海軍生活的環境下長大。直到今天，他還記得，透過某個家庭朋友的安排，參觀航空母艦，度過一個童年的生日。他在中學讀了很多湯姆・克蘭西（Tom Clancy）的小說，還有《簡氏戰艦年鑑》（*Jane's Fighting Ships*）。到了高中，意識到自己想要加入海軍。他先進到維吉尼亞大學，然後投入海軍。

他很快獲派去參與「伊拉克自由行動」（Operation Iraqi Freedom）〔譯按：即二〇〇三年起始的第二次波斯灣戰爭〕，在〈烏鴉號〉（USS Raven）這艘從巴林基地出發、在波斯灣巡邏的掃雷艦上服役。後來，他調到以諾福克為母港的驅逐艦〈奧斯卡・奧斯汀號〉（USS Oscar Austin），第一次接觸到使用神盾系統。當〈奧斯卡・奧斯汀號〉奉派到印度洋執行反海盜任務時（見本書第八章），他對深洋有了更進一步的了解。接下來，他獲調到五角大廈海軍參謀部任職，然後在禮賓處擔任海軍作戰部副部長（Vice Chief of Naval Operations）〔譯按：相當台灣的海軍副司令〕的助理。

在五角大廈的任職經驗使他的職業生涯轉向亞洲。他對中國這個國家早已感興趣，

⓫ 具體來說，神盾武器系統（AEGIS Weapon System, AWS）包括 AN/SPY-1 雷達〔類似於更廣為人知的陸基薩德反飛彈系統（THAAD），全名是「終端高空防禦飛彈系統」（Terminal High Altitude Air Defense）〕、這是一個火控系統和一套指揮和控制軟體包。

一九九六年在北京進修一個學期，二〇〇一年到重慶學習了六個月的中文。在海軍作戰部副部長屬下任職時，他協助規畫了中國解放軍新任海軍司令員吳勝利首次訪美行程。當他獲派往東京灣橫須賀基地的船艦時，他對亞洲的專業知識更加深入。

瓦茲身材高大，但戴著眼鏡，書卷氣十足，思維敏捷，一直專注於亞洲安全問題。他進入普林斯頓大學攻讀公共政策和國際安全研究碩士學位，專注於美國在亞洲的戰略問題。他還發展了彈道飛彈防禦方面的職業專長。這使他特別適任指揮驅逐艦〈約翰・保羅・瓊斯號〉——二〇二〇年七月奉派擔任艦長。由於新冠病毒肺炎（Covid-19）疫情在美國持續散播，就職儀式僅限於高級船員和家人參加，並透過〈瓊斯號〉的臉書（Facebook）專頁播放。

在他首先擔任〈瓊斯號〉執行官、再接任艦長期間，艦上訓練的重點領域之一為「終端防禦」（terminal defense）。瓦茲在他的碩士學位論文中解釋道：「區域防禦使用一系列感應器和武器來保護已部署的部隊和盟友，對付已在飛行途中和飛行終端階段的短程威脅。中段防禦包括在大氣層外攔截飛彈。終端防禦意味著在彈道飛彈向目標下降時攔截它。」

美國曾經多次試驗擊落彈道飛彈，但結果成敗互見。〈約翰・保羅・瓊斯號〉參與其中一些初期試驗。二〇一五年十一月一日，它加入了威克島（檀香山以西約二千三百哩）外海的試驗，但未能攔截從一架 C-17 運輸機發射的中程彈道飛彈。瓦茲提到彈道飛彈防禦時說：「有時武器超出了我們的感應器所能看到的範圍。」這正是「神盾基線九」軟體準備解決的問題。

二〇一七年八月二十九日，新操作系統安裝妥善後，〈瓊斯號〉擔任新試驗的錨艦，演習定名為「標準飛彈編號二七第二次飛行測試」（Flight Test Standard Missile-27 Event 2）。一枚彈道飛彈從位於夏威夷群島西部、邊緣迎風面的考艾島（Kauai）上的「太平洋飛彈試射場」（Pacific Missile Range Facility）發射。瓦茲的電腦上儲存了一段類似事件的錄影帶，顯示了伴隨從前置垂直發射艙發射飛彈的巨大煙霧和火焰。「神盾」系統的AN/SPY1雷達組件，在標準六型飛彈以每小時二千六百多哩的速度飛上去攔截它時，追踪來襲飛彈的動向。在頭頂上，衛星偵測到來襲飛彈發射，雷達追踪兩枚飛彈，透過「聯合戰術資訊分發系統」與〈瓊斯號〉的雷達通信。（瓦茲上校笑著說：「彈道飛彈防禦是一項團隊運動。」）〈瓊斯號〉和各個相關指揮中心的運作加上假飛彈，光是這次測試就花費了令人咋舌的二億美元。但是它取得了預期的結果：〈瓊斯號〉攔截並摧毀了從大氣層外下降的彈道飛彈。[6]

對支持者而言，這是美國更廣泛反應出，針對中國不斷演進戰略的關鍵要素。

網絡之戰：空海一體戰與「反介入／區域拒止」

二〇〇六年吳勝利接掌中國海軍時，為它的「遠洋」活動制訂新理論，同時也加強近海部署。這涉及增加填海造陸和在近海安裝設施、在這些島嶼上安置飛彈系統。二〇一〇年，中國成為全世界第一個宣布擁有一種新型武器——反艦彈道飛彈——的國家。也就是說，可以瞄準美國護衛艦、甚至美國航空母艦的戰區飛彈，射程至少為九百哩（東風二一D型飛彈）。不久之後，中國透露它還開發了（雖然尚未測試）射程更強大的飛彈，射程可達二千五百哩（東風二六型飛彈）。[7] 這些飛彈可以從船艦、飛機和地面發射，而且可以逐漸伸展到打擊駐紮在中國近海海域之外的美軍部隊。[8]

飛彈並不是中國唯一的新進展。它還設計了一套以干擾美國雷達和目標定位為目的的系統協同部署。這包括干擾或使敵方感應器喪失能力的反輻射系統，為了專門攻擊美方依賴的空中感應器、及電子作戰資產的武器。對中國而言，在最好的情況下，這將癱瘓美國贏得中國稱之為「信息化戰爭」（informatized wars）——美國策畫者稱之為「系統戰爭」（systems war）——的能力。

中國先進系統的目的講得很清楚；摧毀第一島鏈內的美國或盟國船隻和設施，並威脅和嚇阻試圖進入該區域、甚至接近該區域的美國船艦或航空母艦。[9] 對於美國想在西太平洋保持海軍優勢，將會構成重大打擊。

在軍事界，這種結合填海造陸、軍事設施、飛機前進部署，及最重要的反艦飛彈的策略，有個笨拙的字母縮寫名稱 A2/AD。它代表「反介入／區域拒止」（Anti-Access/Area

Denial）。反介入，指的是使敵方海軍無法進入繫爭水域——即近海海域，若是硬要闖入，勢必付出慘重代價。區域拒止，指的是在很長一段時間內，將敵方力量拒之門外，防止他們獲得立足點來擴大力量。

但中國軍隊在發展，美國軍隊也沒閒著。在後冷戰時代的頭幾十年裡，美國一直專注於遠程陸地作戰——尤其是中東的長期戰爭和高影響力的特種部對行動。這些行動側重於特種部隊指揮和陸戰隊。但現在，美國又轉向海軍和空軍。因為從美國初期應對中國日益增長的海軍實力的思考中，出現「空海一體戰」（Air-Sea Battle）的概念——在縮寫名詞多如牛毛的國家安全圈子裡，稱為ASB。10 ⓬

在較早的時代，面對競爭對手蘇聯的進步時，美國曾尋求借重自己的發展來抵消對手的進步。當時的第一要務是因蘇聯傳統部隊規模龐大之至，美國透過發展核武器計畫來抵消蘇聯的優勢。稱為「第一次抵消」。11 當蘇聯在核領域追上時，美國追求資訊科技和聯通性

⓬ 美國國防部後來認為「空海一體戰」這個名詞挑釁意味太強，改稱「全球公域中的進出和機動聯合概念」（Joint Concept for Access and Maneuver in the Global Commons）。後來又覺得不夠雄壯威武，又換成「多領域作戰」（Multi-Domain Operations），或者「全領域聯合作戰」（Joint All-Domain Operations），甚至是「全領域聯合指揮控制」（Joint All-Domain Command and Control）。其實，最初的「空海一體戰」最能表達箇中精髓意義。

的創新來提供「第二次抵消」，提高軍事表現的「品質優勢」——基本上就是頂尖的資訊和通信技術。從那以後，它一直試圖保持這方面的優勢。到了二〇一〇年，面對中國發射反艦彈道飛彈，美國開始尋求「第三次抵消」。空海一體戰就是答案。12

空海一體戰有許多縮寫名詞、概念和技術複雜性，但它的核心很簡單：削弱中國飛彈系統的威力，讓美國依靠它更優異的艦艇設計和更高品質的雷達和通信技術，為美國艦對艦作戰取得優勢。這可以透過三種方式來做：破壞中國的目標鎖定能力；摧毀在中國基地內的飛彈發射器；或攔截飛行中的飛彈。

第一個方式，在概念上很簡單，但技術上很複雜。與飛彈不同的是，船艦——尤其是航空母艦——體型很大、而且速度很慢（以雷達偵測的標準而言）。如果沒有複雜的反制措施，對船艦的瞄準相對簡單。當然，美方也確實採取了實質性的反制措施，透過反雷達、網絡攻擊、發出反情報及其他手段，對中國的目標鎖定能力注入不確定性。藉由這些手段，美國試圖混淆中國對美方在西太平洋海軍資產的了解——破壞中方的感應認知。每次中國試圖追踪和瞄準一艘美國船隻時，它都會暴露有價值的訊息——因為任何有源感應器的使用，都會在比感應器本身偵測到的更大的範圍內，洩露使用者的存在和身分。然而，隨著中國發展衛星和海軍雷達技術，美國船隻被成功鎖定的可能性愈來愈大。干擾目標鎖定能力並不足以減少中國反艦飛彈的威脅。

第二種選擇——摧毀位於近海島礁或中國大陸基地的飛彈——既複雜又危險。它涉及美國部署遠程攻擊戰鬥機、遠程飛彈或前進部署美國戰鬥機；侵入中國領空；避過中國的防空；避過與（非常先進的）中國空軍的戰鬥或是挺過作戰、存活下來；然後成功地瞄準和打擊陸地上的目標。現在，打擊陸地上的目標比起打擊海上的目標來得容易，但並非萬無一失。這個領域的一位專家指出：「在正確的時間將武器帶到正確的地點，只是一長串推論中的最後一步。」中國將採取實質性措施來防護它的飛彈、混淆美國的追踪，並且阻止美國飛機成功飛越中國領土。大多數分析人士認為，美國最後將可以成功剷除中方的飛彈發射器。但這必然涉及到攻打中國大陸的目標，這將使得兩國海軍在海上的有限遭遇戰，有可能上升到與中國解放軍爆發全面戰爭的邊緣。

因此，第三種選擇——擊落飛行中的中國飛彈——便是非常可取的選擇。如果可以可靠地完成的話。如果美國能夠成功地、一再地擊落中國飛彈，便限制了中國反艦系統改變遊戲規則的功能。美國又回到艦對艦的競爭，在這種競爭中，美國海軍相對於中國競爭對手具有重大的技術和品質優勢。

＊＊＊＊＊

有人懷疑這種方法。有些人，包括一些與圍繞空海一體戰的原始論點密切相關的前任國防部官員，認為要擊敗美國的反彈道飛彈防禦系統，中國（甚至朝鮮）可以簡單地用「垃圾飛彈」襲擊美國船隻，直到美國的標準六型飛彈耗用完畢——然後再以高品質的飛彈襲擊美國船隻。

基於這個原因，海軍的研究機構正在實驗可以更頻繁發射的武器，如高功率微波、電子和雷射武器。這聽起來像是科幻小說，但長期以來一直在研究這一類武器，且新的測試正在提高以雷射進行飛彈瞄準的能力。一位最初參與空海一體戰概念的高級國防官員認為：「我們需要在電子武器方面開展一項曼哈頓計畫；可是我們並沒有這樣做。」13 其他人則專注於軌道砲（rail guns）。⓭ 瓦茲本人對那些更持懷疑態度，他認為：「這是未來的技術，而且永遠都是。」14 但最近雷射武器在海上測試取得了突破。

*****

無論涉及哪一種武器系統，空海一體戰還需要一些聽起來很平凡、但實際上同樣困難的東西：作戰軍種的整合。空海一體戰，概念背後的核心思想是空軍和海軍作戰的緊密溝通，每個軍種都為另一軍種發揮相得益彰的促進作用，可以大幅擴展另一軍種武器的射程、準確

性和打擊力道。⓮

實際上，綜合空軍和海軍行動，將使美國有能力做到以下（非常困難的）事。美國空軍可以進行「反太空」行動（counter-space operations）——主要是攻擊中國的衛星——打瞎中國的天基海洋監視系統；這可以提高美國海軍的作戰自由度。然後，海軍的神盾軍艦可以向前航行，以補強陸基飛彈防禦資產，提高美國在日本和近海周邊其他空軍基地的安全。海軍潛艇和艦載打擊群，隨後可攻擊中國在南海和東海的飛彈前哨，讓美國空軍能夠進一步展開攻擊。接下來可由空軍遠程打擊，摧毀解放軍海上監視系統、和摧毀陸基彈道飛彈發射器。這又可以更加擴大海軍的機動自由、減少美國和盟國基地遭到襲擊的傷害。然後，海軍艦載戰鬥機可以對中國軍隊的「情報、監視和偵察」平台——它們的跟踪和瞄準設備——發起一

⓭ 軌道砲看起來像一門巨大的方形大砲；它使用平行的金屬導體（它們看起來像鐵路軌道，因此得名）和從一側流下的電流，產生電磁力，以非常高的速度發射投射體。大多數軌道砲砲彈不含炸藥，而是依靠速度和動能來造成傷害。

⓮ 所有這一切都還在概念階段，有很多的辯論；有許多分析家正在研究其細節，因此空海一體戰有許多版本。以下段落代表許多分析家認為的空海一體戰主要元素的核心，但也有很多人對海軍或空軍，能實際實現這一目標的能力持懷疑態度——更不用說國會還未撥款採買必要的設備。

波攻擊，使空軍的加油機和支援飛機能夠更深入地進入近海海域。最後，空軍可以透過隱形匿蹤轟炸機的進攻性布雷支援反潛作戰。[15] 所有這些努力都可使美國能夠在近海範圍內擊退中國海軍的陣地。

但是一旦發動攻擊，這場「網絡之戰」或「系統之戰」，很可能會演變成美、中兩國武裝部隊之間的全面戰爭。

美國的艱鉅選擇

一點也不意外，美國戰略圈內就空海一體戰計畫的可行性（和成本代價）展開了激烈辯論。[16] 但這也關乎考慮這個主意是否明智。

在本書第一部分的結尾，作者強調一個事實：即使其他國家從中獲利豐厚，美國仍為確保貿易自由支付大部分的成本。懷疑論者也提出這樣的問題：像日本這樣世界第三富裕的國家從中獲利如此豐厚時，美國為什麼要為貿易安全買單付錢呢？更進一步，華府有愈來愈多持懷疑態度的人士問道：當美國在西太平洋地區的所有盟國，都從當地的海洋自由中獲益時，為什麼美國要把自己置於與中國開戰的風險中，以確保此一地區的安全呢？川普總統任內，在與日本的談判中明白提出了這個問題：他認為，至少，日本應該支付美國在其水域前進駐軍的全部費用。

但這是一個棘手的問題。如果美國選擇撤回對日本（或許還有類似的韓國）安全的承諾，接下來會發生兩種截然不同的可能性。一是儘管雙方長期存在對立，日本和中國可以找到相處的方式。畢竟，他們是彼此最大的貿易夥伴，儘管戰略緊張局勢加劇，但他們繼續深化經濟聯繫。不過，這並不能保證和平。二是日本和中國也有可能最後陷入海上熱戰——世界第二和第三大經濟體交戰，大規模擾亂全球經濟，並擾亂世界上最重要的航道——美國經濟現在非常依賴這些航道。這場衝突還將攪亂整個北亞地區。自從十九世紀中葉以來，保衛亞洲水域的商業自由一直是美國安全概念的核心，它的重要性在現代更是有增無減。[17] 中國海軍的勢力愈是擴大，美國就有更多理由必須阻止它。

*****

到二〇一六年左右，東南亞的許多觀察家提出警告說，中國正逐漸在近海海域占上風。當然，中國增強了在戰時讓美國海軍付出重大代價的能力。但在軍事觀察家看來，中國也已取得了「升高主導權」——也就是說，它有能力在幾個不同層級水平的衝突中獲勝，並在必要時增強它的回應。對於像新加坡和日本這樣依賴美國海軍保護的國家來說，這是令人十分擔憂的事態發展。

從某一層面看，這也不是太令人意想不到外的事。畢竟，大家談論的是緊鄰著中國海岸、距離美國太平洋邊界至少七千哩（夏威夷除外）的一系列水域。一艘以二十節持續速度航行的快速巡洋艦，大約需要十四天時間，才能從聖地亞哥的美國海軍基地到達永興島（位於南海，報導說中國在此一水域首次設置飛彈設施）。甚至在美國認真開始加強其兵力之前，中國可以在它海岸的舒適範圍內採取太多種類型的行動。

但對於美國的戰略規畫者來說，更深層次的擔憂在於軍事事務中不可阻擋的、不斷升高的邏輯：隨著中國提高其在近海地區的綜合作戰能力，以及保護這些行動不受美國海軍在西太平洋的「反叛亂」行動打擊的能力，北京實際上是在為自己建構真正的全球遠洋海軍步步推進。大約到二〇一五年，中國已經顯示出朝這個方向發展的所有跡象——進行港口訪問、遠程船舶試驗和武器開發，許多人認為這只能用它有在超越西太平洋以外地區部署海軍能力的野心來解釋。與此同時，美國在近海地區維持足夠艦隊、並應對中國堅決的戰略升高的成本則不斷增加。因此，美國的想法轉向了兩種對抗中國的新戰術。一個是回到冷戰期間美國軍事優勢的關鍵工具：核子潛艇。另一個是透過封鎖中國港口，以較低的成本代價傷害中方的戰術。

第十一章 征服四海

面對全球布局的中國海軍（二〇一七年迄今）

「我們怎能不繼續征服四海？」

——董浩雲日記，一九五四年，董浩雲紀念館

馬漢（Alfred Thayer Mahan）將海權描述為涉及商業範圍、足夠的海軍艦艇和海軍基地網絡等全方位資產。到了二〇一五年，中國已經取得前兩項實力，這是毋庸置疑的。但對於美國海軍戰爭學院爭論「中國意圖」的軍官和學者們而言，中國是否取得全球基地的問題仍然存在。沒有全球基地，中國只能對美國戰略構成有限度的區域性威脅。這有助於解釋為什麼美國軍官和學者如此關注紅海這個引人注目地區的發展——紅海位於亞洲和非洲之間，是印度洋的入口，該區在其他方面很少引起美國關注。

*****

佩里姆島（Perim Island）是紅海上一個形狀似螃蟹的小島，縱深兩哩，寬三哩。島上只有有限的植物，沒有動物，也沒有絲毫飲用水源，因此沒有人類永久定居。然而，長期以來，佩里姆島一直是政治緊張局勢的根源。羅馬歷史學家老普林尼（Pliny the Elder）於西元前七七年撰寫的《自然歷史》（*Naturalis Historia*）提到它，當時它的名字是狄奧多魯斯島（Diodorus）。它在黑暗時期（Dark Ages）的歷史，世人知道的不多。一五一三年，葡萄牙人為了主宰香料貿易占領了佩里姆島，之後一直控制著它。十八世紀中葉，紅海再次成為法國和鄂圖曼帝國之間的較勁地區，一七九九年，佩里姆島被英國東印度公司短暫占領，英國人沒有長久維持駐軍，五十年後，當他們風聞法國預備興建蘇伊士運河時，又恢復了駐軍。第一次世界大戰期間，駐守佩里姆島的英軍遭到土耳其人的襲擊。英國一直控制著佩里姆島和附近的亞丁，直到一九六七年佩里姆島成為獨立國家「南葉門人民共和國」（People's Republic of South Yemen）的一部分。一九七一年，南葉門的馬克思主義政府允許巴勒斯坦恐怖組織「解放巴勒斯坦人民陣線」（People's Front for the Liberation of Palestine, PFLP）以佩里姆島為基地，攻擊一艘沿紅海駛往亞喀巴／埃拉特（Aqaba/Eilat）的以色列商船。冷戰期間，佩里姆島和亞丁則是蘇聯海軍的基地。

為什麼這個荒涼的小島會受到各方如此激烈的爭奪？答案很簡單：地理因素使然。佩里姆島正好位於「眼淚之門」（Bab el Mandeb/ Gate of Tears）的中央，這是一條狹窄的通道，位於亞丁灣通往印度洋的開口處。換句話說：它是印度洋和紅海之間的關鍵通道，緊靠著西奈半島（Sinai Peninsula）和蘇伊士運河，它是各個帝國和國家試圖巡守、控制歐洲和亞洲世界之間貨物流通的要衝。

因此，當一個新興海上強權選擇接管一個港口、建立後勤基地時，引起了很多人的關注。這個基地不在佩林姆島，而是在距離佩里姆島僅有八哩的吉布地（Djibouti）東海岸。二〇一七年八月，中國在此啟用了它所謂的「中國解放軍作戰支援基地」——這是中國第一個海外軍事設施，也是一四五〇年代以來中國海軍船艦首次進駐印度洋。

中國辯稱，這只是擴大它支援打擊海盜行動和保護海外利益的能力。二〇一五年，中國發布了一份政府白皮書，強調：「能源資源、海上戰略交通線（strategic sea lines of communication, SLOCs）以及海外機構、人員和資產等海外利益的安全，已經成為迫在眉睫的問題。」[1] 基本上，北京強調吉布地基地只是為了保護中國的經濟利益。但是很難否認這個位置的重要性。[2]

戰略要衝

第二次世界大戰結束後，美國擁有可以主導世界的強大海軍、盟國網絡，又有長期在亞洲部署海軍的歷史，並且取得英國皇家海軍無遠弗屆的基地網絡、後勤設施和燃料站。這一切，中國全部付之闕如。但是中國快速建立了經濟和商業聯繫。另外，中國也推出全世界最大和最廣泛的基礎設施貸款計畫。過去幾年裡，中國已將這些資產轉化成為重要的港口網絡——它與基地不太一樣，卻是朝著這個方向邁出的重要一步。3

這一切大部分是透過毀譽參半的「一帶一路倡議」（Belt and Road Initiate）發展起來的，其中的「一帶」是在關鍵性海上交通通道國家，投資基礎設施、港口以及建立政治關係的綿密網絡。其中包括斯里蘭卡的商業港口漢班托塔（Hambantota），當斯里蘭卡政府無力償還用於建設此一港口的中國貸款債務後，中國獲得了它為期九十九年的租約；與蘇伊士運河遙遙相望的希臘比雷埃夫斯（Piraeus）；以色列的海法（Haifa），它也靠近蘇伊士，並且非常靠近俄羅斯在敘利亞的基地塔爾圖斯（Tartus）；與荷姆茲海峽海峽（Strait of Hormuz）不遠的巴基斯坦瓜達爾港（Gwadar）；巴西最賺錢的港口庫里奇巴（Curitiba）的碼頭；比利時的港口布魯日（Bruges）；以及摩洛哥的卡薩布蘭卡（Casablanca）。其中一些港口不證自明、是商業性質，沒有明顯的戰略功能。但有些港口肯定可以用在「軍民兩用」的用途。

賴許・鐸西（Rush Doshi）深入挖掘中國共產黨的獨特檔案，指出中國已經正式採納一項理論，允許這些經濟港埠可以迅速得到中國海軍陸戰隊的增援，以發揮保護海外中國公民和中國經濟利益的功能。[4] 當然，這是完全合法的，也符合保衛貿易的總體戰略；但是它們有可能是中國將港口網絡軍事化過程中的精心布局嗎？

中國的商業方式與它的軍事潛力之間格格不入的概念，是所謂的「戰略要衝」（strategic strongpoints）的概念。[5] 它們是具有特殊經濟功能價值的外國港口，由中國公司經營運作。中國企業在全球至少七十個港口，擁有股權或經營的租賃契約。[6] 憑藉對中國友好或者中國國有企業營運這些商業設施網絡，在海外作業的中國軍隊，可以在這些港口駐留，接受補給和其他服務，因而透過縮短再補給的時間和提供中國駐軍，可以有助於擴展中國軍隊的投射能力。[7] 以吉布地為例，它們可以從商業設施快速擴展成為海軍設施。二〇一六年十二月，中國海軍司令員吳勝利在紀念中國在非洲之角（Horn of Africa）海域開展反海盜行動八週年的活動中，談到這些港口，他說：「我們必須充分發揮海外支援體系的作用，在廣大地區執行大規模任務，並且創造局勢。」[8] 這是中國準備在遠洋作戰的官式隱諱說法。

事實上，中國似乎仿效英國東印度公司的模式。英國東印度公司在十七世紀初從女王伊麗莎白一世（Queen Elizabeth I）獲得特許狀時，它的重點是建立貿易關係。但是國旗很快就跟著它挺進。中國似乎也在採取相似的模式，以貿易做先鋒——軍事力量可能就緊隨在後。或者正如兩位中國學者所說：「國旗雖落後，但緊隨在後。」[9]

中國已經在其中一些海外戰略要衝展示軍事實力——尤其是它的潛艇已經出現在遠離中國近海的港口。二〇一六年，一艘中國潛艇訪問了中國最重要的鐵桿盟國巴基斯坦的港口喀拉蚩（Karachi）。[10] 二〇一七年，中國的攻擊潛艇群訪問馬來西亞的實邦加（Sepanggar）。中國潛艇也愈來愈頻繁出現在印度洋——二〇一三年，中國證實一艘核子攻擊潛艇將穿越印度洋，前往亞丁灣執行反海盜任務。[11] 中國曾經嘗試、但最後未能取得斯里蘭卡同意，允許中國海軍軍艦停靠可倫坡（Colombo）這個印度洋心臟港口。[12]

中國海軍的這些舉動，以及對中國意圖的日益不信任，使美國開始考慮上述封鎖和潛艇的反制措施。

封鎖中國人

封鎖是一種久經考驗的海戰戰術。英國從一七七三年至一八〇二年，和一八〇四年至一八一四年，持續封鎖法國，最終幫助英國在拿破崙戰爭中擊敗法國。美國革命戰爭期間，英國也封鎖美國，後來在一八一二年戰爭期間再次封鎖美國。（倫敦並沒有獲得更有利的結果。）美國南北內戰期間，北方聯邦對南部邦聯發動海上封鎖，以製造物資短缺、並防止來自歐洲列強對南方邦聯的增援。一九三〇年代，日本入侵中國，英國和美國封鎖日本，後來日本與納粹德國結盟，英、美再次聯手封鎖日本。

現在的中國很容易受到潛在可能的封鎖。二〇一八年，貿易占中國國內生產毛額的三成八，[13] 它的海上貿易有六成四通過南海。若是加上黃海和東海，這數字還會進一步上升。[14] 因此，如果美國及其盟國能夠真正成功地阻止航運到達中國海岸，有可能癱瘓中國的經濟。

封鎖會是什麼樣子？從歷史上看，封鎖可分為兩種。第一種是貼近目標國家海岸的近距離封鎖（close blockade）。它涉及到將軍艦布置到敵人海岸附近，搜索所有進出的商船（就像英國在一八一二年戰爭爆發前，對美國的作法）。第二種是遠距離封鎖（distant blockade），它涉及到將軍艦部署在遠離海岸的地方，守住航道，然後以相似的方式——搜索所有進出的商船——扼殺貿易。其中利弊互見：離目標國家的海岸愈遠，遭受反擊的風險就愈小；但是讓船隻繞過或溜過封鎖線的風險就愈大。

一些美國智庫和國防承包商，已經就如何實施封鎖進行研究。蘭德公司（RAND）有一項主要研究著重於美國如何關閉麻六甲海峽，以及附近的巽他海峽（Sunda Strait）和龍目海峽（Lombok Strait）（它們主要由油輪使用）。[15] 前海軍上校詹・范・托爾（Jan Van Tol）曾經擔任過副總統辦公室的特別顧問，也是綽號「尤達」（Yoda）的五角大廈著名戰略家安迪・馬歇爾（Andy Marshall）的軍事助理。他領導的一項研究認為，遠距離封鎖行動，可能需要中斷中國的海底電信線路；且奪取或破壞中國的海底能源基礎設施。[16] 美國海軍半官方期刊《紀要》（*Proceedings*）上不時發表可能的封鎖情境的研究。跟蹤美國海軍動態的中國軍事規畫者，發現二〇一〇年至二〇一四年期間，這一類著作明顯激增。

封鎖的歷史顯示，當它們區分開中立和敵方的運輸，並且持續阻斷敵方運輸時，它們最為成功。[17] 其中當然有些利弊權衡。近距離封鎖比較容易持續封鎖，但這會涉及使美國資產太靠近中國海岸而陷入風險。美國理論上可以透過遠距離封鎖，來降低軍事資產面臨的風險。這些資產可以阻斷航運——但它們無法區分中國的航運和中立國家的航運，因此會激怒船舶受到干擾的中立國家。這包括類似日本這樣的國家，他們是否支持攸關到封鎖能否成功。因此，美國軍事規畫者正在研究「雙環」封鎖（"two-ring" blockade）的概念：內環，旨在阻止中立國家船隻，開往中國的近距離封鎖；外環，則解決區分攔阻對象的問題。[18] 內環將規畫為「禁區」，禁止商業航運，並在作業允許的情況下，由儘量靠近中國海岸的火力強制執行（本質上就是「一見即擊沉」的政策）。它主要將由潛艇執行，並由遠程空中力量和水雷提供支援。透過避免使用水面艦艇，美國可以局限它們遭遇中國反艦水雷破壞的風險。外環可以進行區分和執行扣押或命令轉向等「非致命中和」（non-lethal neutralization）措施——即設置檢查站，關閉或限制通過一些關鍵航道的交通（儘管這樣做很可能違反國際法）。美國也可以建立檢查制度，試圖確認商船的最終目的地，並且審查它們的提單（bills of lading）——在極端情況下，美方人員還可以登上船檢查，但是也可能通過交換電子訊息溝通。

這一切的好處是可以避免美國對中國大陸直接攻擊。但是這個主意存在嚴重的困難。首先是經濟方面的挑戰。與第一次世界大戰前夕的德國相比，中國在全球經濟中的比重要大得多——一九一三年，德國占全球製造業產生的比例略低於一成五；中國現在占全球製造業總值的二成五以上。阻礙中國經濟將會反彈影響到日本、澳洲和美國的經濟——這些國家勢必要參與實施封鎖。（更不用說歐洲盟國也會附驥。）而且在中國周圍重新布線，需要好幾年的時間，而且可能不太可能成功——至少沒有付出只在戰爭時期社會才肯承擔的成本代價下，是不可能的。[19]

另外還有一個現代的問題：商船上所載物品的性質。一九三九年，德國對英國航運發動一場相當壯觀的襲擊，當時一艘德國U型潛艇擊沉了從紐西蘭運送羊毛和羊肉到英國港口的藍星航運公司（Blue Star Line）旗下商船〈多立克星號〉（Doric Star），對英國食品庫存造成重大打擊。但是現代的相似攻擊後果會更加複雜。如果美國潛艇擊沉一艘駛往中國港口的船隻，它不僅可能會擊沉一艘並非中國擁有的船隻，而且還可能摧毀最後不僅要供中國消費的貨物，還會破壞將由中國中間製造、最後作為美國和歐洲商品供應鏈一部分的物資。藉由讓中國經濟付出代價，美國也會讓日本、澳洲、歐洲——以及自己本身付出代價。

還有第三個問題——中國並不會束手坐以待斃，它可以反擊。❶

大多數歷史學家都認為，正是英國和美國針對日本封鎖禁運橡膠和石油，引發日本對「東亞資源區」（主要是新加坡和香港）發動軍事入侵，以獲得通往印尼和馬來西亞橡膠和石油供應的海上通路。為了阻止美國干預這一舉動，日本還襲擊了珍珠港。[20]

這一事件的教訓，清楚地啟示了中國對封鎖的思維。

中國已經威脅要藉由擊沉美國航空母艦，及利用美國的其他弱點來對付封鎖。解放軍海軍少將羅援談到可能發動襲擊、攻打美國航空母艦時，說到：「美國最擔心的是產生人員傷亡。」[21] 其他人也指出，隨著時間的推移，北京可能會採取反介入、區域拒止戰術，實施「具有中國特色的經濟戰」。它可能涉及對附近國家的經濟目標（如港口、地面交通節點、通信設施、製造業和能源基礎設施）發動攻擊，或採取其他破壞全球供應鏈的行動。[22] 所有這一切都可能導致雙方的海上貿易戰。

儘管如此，面對攻擊中國大陸可能會引爆全面戰爭的風險，作為替代方案，封鎖可能是對抗中國海軍的一種低成本方式。

第二種對策要昂貴得多。它涉及美國軍火庫中一些最先進的技術：潛艇。

＊＊＊＊＊

保持美國海軍處於潛艇技術前端的工作，隸屬於由海軍研究中心（Naval Research Center）管轄的一系列研究站和實驗室，這些研究站和實驗室分布各地——從夏威夷群島、阿拉斯加、佛羅里達、維吉尼亞和華盛頓州的測試和研發中心，到集各地聲納測試設施於一身的愛達荷州中部之基地。❷然而，核心是兩個指揮部——分別是位於羅德島州紐波特的海軍水下作戰中心（Naval Undersea Warfare Center），和位於馬里蘭州卡德羅克（Carderock）的海軍水面作戰中心（Naval Surface Warfare Center）。

在後冷戰時期，美國對潛艇的關注減弱了。但目前情勢已經完全改觀。澳洲一所大學

---

❶德國使用反擊來回應英國的封鎖，在第一次世界大戰結束前擊沉了大約一千一百一十五萬三千噸盟軍商船貨運，主要是透過潛艇攻擊。在第二次世界大戰中，德國針對封鎖，對英國和後來的盟國海上貿易發動商業戰爭，擊沉了五千多艘盟國商船。這也大大阻滯供應鏈，因為盟國船隊不得不緩慢移動、且一再改變路線。簡而言之，封鎖可能導致衝突重大升級，與原始目標適得其反。

❷對於新的聲納和其他海底偵測技術而言，開闊的海洋為初始測試製造太多的複雜性和變數；因此，美國海軍設在愛達荷州北部彭德奧里爾湖（Lake Pend Oreille）一千一百五十呎深的水域營運它的聲學研究部（Acoustic Research Department）。

最近的一份報告簡明扼要地說：「由於中國部署巡弋飛彈、高超音速技術和防空系統，海面以上的環境變得更加致命，美國在區域均勢中，維持海底作戰的持久優勢將變得愈來愈重要。」[23] 這一論點得到美國印太總司令部領導層的呼應：總司令菲利普・戴維森（Philip Davidson）海軍上將在二〇一九年向國會報告，自從二〇〇九年以來，美國對手的潛艇活動增加了兩倍。[24] 他說：「繼續建造潛艇至關重要。它是我們目前在所有領域中最顯著的優勢之所在。」[25]

參與競逐的並不只限於美國和中國的潛艇。美國國防部主管亞太安全事務的前任助理部長施大偉（David Shear）曾說：「這一區域充滿了潛水艇——尤其是西太平洋，特別是美國前沿周邊的第一島鏈內部水域更是如此。」[26] 這些水域現在擠滿了韓國、日本，甚至馬來西亞和越南的潛水艇。[27][28] 這一來導致各方呼籲要制訂某種水下行為準則，因為印度—太平洋地區現在擠滿了各國潛艇，發生意外事故的風險大為增高。[29] ❸

美國目前擁有全世界最先進的潛艇艦隊，大約七十艘左右。它們分成好幾種不同級數或船體設計建造。最強大的一級是俄亥俄級（Ohio- class）潛艇，歸類為彈道核子潛艇（submarine ships ballistic nuclear, SSBNs），即能夠發射核子彈道飛彈的潛艇。每一艘俄亥俄級潛艇，可以發射二十四枚裝置核彈頭的彈道飛彈。不攜帶核彈頭的潛艇則歸類為SSGNs——它們攜帶的是由潛艇發射的巡弋飛彈，包括高達一百五十四枚的戰斧飛彈。❹ 其次，美國還有若干攻擊潛艇，設計來進行船艦對船艦的作戰，以及支援和保護航空母艦打擊群。它們包括洛杉磯級（Los Angeles- class）、海狼級（Seawolf- class）和維吉尼亞級（Virginia-class）潛艇。這些潛艇的變體也可用來運送特種作戰部隊潛入敵方海岸。〔海軍傳統的怪異之處在於，驅逐艦、護衛艦、巡洋艦等水面艦隊稱為「船」（ships），而它們的近親潛艇卻稱為「艇」（boats）。〕

它們是強大的武器，而且十分昂貴，尤其是數量龐大的時候更是耗資不菲。但美國目前正在大力投資興建潛艇艦隊。二〇一九年十二月，美國海軍簽訂了有史以來最昂貴的造船合

❸ 這並不是政治領導人物第一次呼籲制訂行為準則來規範潛艇戰。第一次世界大戰期間，潛艇戰的效應十分殘酷，以至於英國國王喬治六世（King George VI）在戰後提出徹底禁止潛艇的想法，將它們歸類為「文明國家」應該捨棄的各種的武器之一。但是喬治六世的提議並沒有得到多少關注，潛艇在第二次世界大戰期間再次扮演關鍵角色。此時，就像在第一次世界大戰中一樣，它們的關鍵功能是用來攻擊貿易。這正是使它們在理論上成為封鎖行動至關重要的武器之原因。關於潛艇在第二次世界大戰的角色，可參見 Craig L. Symonds, *World War II at Sea: A Global History*（New York: Oxford University Press, 2018），第六、十二、十七章。

❹ 許多潛艇是核動力的；其他則由柴油或電池供電。有一部分核動力潛艇也攜帶、並且可以發射核武器。核動力潛艇歸類為 SSN；而那些可以發射核武器的則稱為 SSBN。SS 代表潛艇；G 代表導向飛彈；N 代表潛艇是核動力的。

同，將在幾年內撥款二百二十二億美元興建九艘維吉尼亞級核動力攻擊潛艇。[30]（它們是巨大的潛艇，排水量一萬二百噸，相形之下，伯克級驅逐艦，如〈約翰・保羅・瓊斯號〉排水量才剛剛超過九千噸。）

美國具備的關鍵技術優勢，是它所擁有的全部潛水艇都是核動力潛艇。這使得它們有能力一次在水面下巡航數個月之久；無需浮出水面透氣即可操作；且可在世界各大洋和地表冰層下自由漫遊。這給了它們一個關鍵的優勢：它們很安靜。因此很難被偵測到。

中國的潛艇則不然。它的潛艇艦隊數量一直在快速增長，但是就技術層面而言，與美國一比仍然落後一大截。根據美國國防情報局（US Defense Intelligence Agency）的一份報告，二〇一九年，中國有六艘核攻擊潛艇、四艘核動力彈道飛彈潛艇和五十艘柴油攻擊潛艇。[31]它的核動力彈道飛彈潛艇，即〇九四型晉級潛艇，據信是在俄羅斯的協助下開發的，可以發射估計射程四千六百哩的飛彈。這是一項極為關鍵的數值，因為如果中國能夠在菲律賓海東部邊緣可靠地部署這些潛艇，它們就可以擊中美國大陸。❺ 預計中國即將開始生產品質與美國維吉尼亞級類似的更加強大的潛艇。[32] 它們將大大擴展中國的飛彈射程。

儘管隨著時間的推移，他們的技術有所改進，噪音仍然是中國潛艇艦隊關鍵的弱點。[33]安靜的潛艇可以躲開反潛艇偵測和反潛艇作戰。在大多數情況下，海洋環境噪音（ambient sea noise）約為九十分貝；為了避免被偵測到，潛艇需要能夠使用不會產生高過此一噪音水平的引擎提供動力。大約三十年前，西方潛艇設計達到了這一水平；中國則仍然大幅落後。美國估計，中國最新的潛艇（〇九三型）運行時噪音約為一百一十分貝；遠勝過它的前輩，但仍然比更安靜的美國潛艇更容易偵測到。

另一方面，中國的潛艇偵測技術也正在進步。中國的潛艇已經在兩側安裝了無源聲納陣列，並在它們後面安裝了可伸縮的拖曳陣列聲納，類似於美國的潛艇。這使它們能夠以與美國海軍大致相同的複雜程度進行反潛偵。

中國正投入大量資源開發新技術，以改善它海底鎖定目標和偵測的能力。一個關鍵問題是：人工智能的進步——中國這方面的科學與美國的水準非常接近——是否會讓中國縮小差距？用更加技術性的詞語來說：中國是否透過自主數據分析、推理和決策控制顯著提高了它的能力？

---

❺ 根據美國國防情報局的研究，中國還擁有所謂的〇九二型夏級潛艇，可發射短程飛彈用於區域作戰；另外也有核動力作戰艦隊潛艇〇九三型商級。除此之外還有四級常規動力潛艇：即〇三九A型元級，絕氣推進動力（AIP，中方最安靜的一種潛艇），可以發射反艦巡弋飛彈；〇三九型宋級，中方第一個本土設計的潛艇；俄羅斯製造的基洛級（Kilo-class）潛艇，提供約一百二十海里的遠程反水面作戰能力；以及〇三五型明級，則是最陳舊的潛艇。

到目前為止，追踪潛艇動向最常用的技術是聲學偵測，使用聲納——依賴針對海洋的「聲學斷層掃描」（即是海洋的聲音模式）的技術。看過《獵殺紅色十月》（The Hunt for Red October）等電影的讀者，會回想起聲納操作員，專心聆聽透過發送麥克風信號拾取的砰砰聲的場景，這些聲音在對方潛艇或鯨魚或岩石上反彈；它們各有不同的聲音。在當今時代，人耳已由自動信號處理計算法取代——這是引入現代戰爭的早期人工智慧形式之一。

理論上，還有其他方法，例如：跟踪潛艇的運動對生物發光的影響；測量它對水面波浪或水內波浪的影響；磁共振；測量船周圍水域的溫度變化；以及所謂的「里達」（lidar）（本質上就是雷射雷達）等等。但所有這些技術都受到兩個不可避免的物理現實的影響：海洋的化學物質和洋流；以及海洋環境龐大、對比之下目標微不足道。這對所有偵測方法產生一個基本狀況：信號與噪音比率太低。

稍微更有希望的是偵測下游尾流。本書將在第四部分敘述，海洋的水實際上分成好幾層，密度、鹽度和溫度不斷變化，但在一千呎以下的深水中與表面水有很大不同。當潛艇穿過這些不同層的水域時，它會擾亂它們並產生湍流尾流。這可以透過雷射光束等方式觀察到。[34] 不過，這些技術需要可靠的偵測潛艇，並涉及覆蓋很長的距離和大量的水域，這就構成了相當大的後勤和財務障礙。

這些障礙是如此的困難，以至於在冷戰期間，美國海軍發展出一種計畫，以替代方法來擊敗蘇聯潛艇艦隊：美方使用深水炸彈，這些深水炸彈帶有核彈頭。它們爆炸後產生足夠強大的波浪，可以擾亂爆炸半徑十五哩內的蘇聯潛艇。當然，如果對目標航行的位置有所了解，即使是十五哩也是有用的距離。極端情況下——在沒有隨後跟蹤特定船隻的情況下，發動偵測大規模的蘇聯潛艇——美國計畫利用空軍在汪洋大海範圍內以「核彈幕」來擊敗蘇聯潛艇艦隊。

中國似乎從美國對付蘇聯的戰術中學到很多東西——使用核彈頭反潛深水炸彈，現在是中國海軍軍火庫中的法寶。現在中國可以選擇針對美國潛艇艦隊使用這些核裝置，儘管規模可能要小得多——譬如，只轟炸菲律賓海的呂宋海峽（Luzon Strait），以阻止美國海軍增援台灣。美國海軍規畫者認為，以中國的觀點，在海底使用核武器不違反不准使用核武器的關鍵國際準則，也不會促成美國採取核反應；相反，美國可能會選擇使用傳統常規武器攻擊中國靠近海岸的通信基地或飛彈設施。儘管如此，使用海底核武器的想法仍然令人深感不安。

隨著美國及其潛在對手恢復重視反潛戰，出現一個重要的問題：人工智慧和計算能力的進步，是否從根本上改變了潛艇偵測的動態。湯姆．史蒂方尼克（Tom Stefanick）曾參與早期美國海軍將人工智慧應用於潛艇戰的工作，他認為這種應用是有限的。「在汪洋大海中跟蹤小小潛艇，這個根本問題是無法解決的：信號與噪音比例太低了。全世界所有的人工智慧都無法克服這個問題。」[35]

歸根究柢而言：無論出於何種意圖和目的，美國潛艇艦隊是無法摧毀的。中國能夠摧毀美國艦隊的唯一可靠方法，則是極端冒險的選擇——使用洲際彈道飛彈，攻擊位於太平洋和大西洋沿岸基地內的美軍潛艇。據美方所知，中國已發展出部署這種飛彈的能力，但還沒這樣做。它在採取這一步之前，必須非常仔細地考慮清楚，因為美國對這計畫的反應，絕對是針對中國發動核攻擊。

中國的朋友

除了如此戲劇性的結果之外，中國還面臨關鍵的問題：如果它最後與美國展開某種有限形式的海戰，能否指望其他大國的支持？這是與俄羅斯最為密切相關的問題。固然中國目前是世界上清楚明白的國防開支第二大國家，而且以船艦排水量計算，也擁有世界第二大的海軍，但以先進性和全球影響力衡量，中國海軍兵力實際上並不是世界第二大。這個頭銜屬於俄羅斯。近年來，俄羅斯一直以對中國有利的方式運用它的海軍。

這是一個新的發展。俄羅斯海軍兵力有起有落。冷戰期間，蘇聯海軍的品質一直無法與美國匹敵，不過它的規模最後與美國不相上下。（當時一位蘇聯海軍分析家曾經開玩笑說：「規模就是它的品質。」）隨著柏林圍牆倒塌，蘇聯海軍和蘇聯經濟一起崩潰。但在普丁總統任期內，它已經部分重建起來。過去，蘇聯潛艇艦隊的品質非常高——與美國的技術相當接近。俄羅斯保留了那個時期投資的技術遺產，並且繼續維持世界級的潛艇艦隊。

過去十年中，普丁針對西方採取的某些最具侵略性的行動，發生在俄羅斯重要海軍基地陷入危險情勢的地區。俄羅斯在二〇一二年派兵進入敘利亞有多種動機，但是核心因素是要確保俄羅斯保有它在地中海唯一的海軍基地，即進出位於敘利亞的塔爾圖斯港的使用權（從技術上講，這是俄羅斯海軍的「物資技術支持站」（Material Technical Support Point））。俄羅斯併吞烏克蘭的克里米亞（Crimea）也有多重邏輯考量，但最重要的是要恢復它位於克里米亞半島塞瓦斯托波爾（Sevastopo）此一歷史悠久的黑海基地。[36]

俄羅斯還重新啟動冷戰期間的一支重要力量：它的潛艇艦隊。到二〇一七年，俄羅斯潛艇活動達到冷戰結束以來的最高點，尤其活躍在北亞（西太平洋／黃海）和北大西洋。俄羅斯的船艦一再駛過卡特加特海峽（Kattegat），經過哥本哈根，進入斯堪地納維亞半島水域。美國海軍曾經追踪到俄羅斯潛艇遠至美國緬因州。當美國代理海軍部長在二〇二〇年被問及，為什麼美國需要擴大海軍時，他的回答集中在中國因素——其實始於顧忌俄羅斯。[37]

俄羅斯的潛艇艦隊，也對美國所依賴的海底電纜構成威脅。二〇一五年，在技術上歸類為「海洋學研究船」的俄羅斯艦〈洋塔號〉（Yantar）探測了通往古巴的電纜路線。然後，它泊靠在墨西哥灣的美國潛艇基地附近。從那時起，沿著大西洋和太平洋的電纜附近，偵測到俄羅斯潛艇的頻率就愈來愈高。目前還不清楚潛艇是否可以像間諜在陸地上竊聽光纖電纜一樣，也竊聽水下電纜，但很明顯，這些潛艇可以造成嚴重破壞。[38] 俄羅斯可能不僅在偵查電纜——也關注可以用於偵測潛艇的海底軍用感應設備。美國海軍太平洋潛艇艦隊指揮官、海軍少將佛瑞德里克・羅格（Frederick J. Roegge）在二〇一五年表示：「我每天都在擔心俄羅斯人可能在幹什麼勾當。」[39]

最令美國海軍規畫者擔憂的是，俄羅斯和中國曾於二〇一五年在地中海、二〇一六年在南海、二〇一八年在黃海和二〇一九年在東海，舉行聯合海軍演習。現階段它們還不是一支同盟部隊，但是肯定是以互補優勢的方式進行部署。如果中國能夠深化與俄羅斯的交往，它便可以取得進出至少某些俄羅斯的基地和能力網絡——這些網絡的規模還比不上英美聯合網絡，但將大大擴增中國的全球影響力。

中俄關係錯綜複雜，中美之間一旦發生直接衝突時，俄羅斯將如何表現還不清楚。但鑒於俄羅斯與西方的緊張關係不斷升溫，它對西方的制裁行動也十分反感，俄羅斯肯定有可能幫助中國閃避美國的封鎖。

但美國也會嘗試引進其他夥伴助陣。

美國的海上朋友

如果這本書是在過去四百年中任何一個時間點編寫，針對全球海軍的任何評估，焦點都會是歐洲各國的海軍——最重要的是英國，法國、荷蘭、義大利、西班牙，甚至德國。這些國家的海軍，現在都只是它們以前的影子。甚至，某些國家的海軍兵力和備戰水平已下降，以至於讓人對它們的基本效能都會懷疑。

研究帝國興衰史的著名歷史學家保羅・甘迺迪（Paul Kennedy）曾關切地指出，就在亞洲各國開始大肆建設海軍的時候，歐洲卻允許它的海軍衰落。40 這既是令人關切的作戰問題，也代表經濟和軍事力量均勢，從歐洲轉向亞洲的模式之演變。甘迺迪回憶起歐洲在十五至十六世紀取得優勢的情況，當時中國撤出對公海的探索，而葡萄牙則進入印度洋。現在可能看到的則是倒過來的一幕；十八世紀經濟空白的海軍版劇碼。

不過，要說歐洲衰落可能是誇大其詞。歐洲各主要國家海軍的規模，大致與日本一樣大，各都擁有一套艦艇和昔日殖民前哨站網絡，讓它們的勢力伸向全球——法國在印度洋仍有屬地，英國在東亞也有基地。英國繼續營運皇家海軍勢力遍及全球時期留下來的基地和燃料站，並將大部分基地提供給美國海軍使用——這可是關鍵的資產。倫敦、巴黎和馬德里也可以透過歐盟合作。合起來，歐盟國家保留了一支規模可觀的部隊，營運著三艘航空母艦、兩打驅逐艦、一支包括核潛艇在內的潛艇艦隊，以及大約十五萬名人員。從中國人的角度來看，這是必需嚴陣以待的重要因素。

美國在印太地區也有其他朋友。這些朋友中最快的是澳洲。雖然澳洲必須平衡它與中國的貿易和投資中的巨大經濟利益，它的海軍卻不斷在南海演習和航行。根據一項耗資六百二十億美元的計畫，澳洲預備將它的艦隊規模擴大一倍，建造五十多艘艦艇，其中包括十二艘新型攻擊級潛艇。澳洲的海軍和作戰部隊經過了充分的考驗，曾在伊拉克和其他地方與美軍並肩作戰。澳洲海軍已經加入日本、英國、法國和印度等國行列，在太平洋和印度洋開展「自由航行」行動。[41]

在某些情境下，美國海軍也有可能獲得日本的大力幫助。這些情境包括涉及到潛艇戰。事實上，日本當前的最大實力就是它的潛艇艦隊。日本擁有世界上最有效率的潛艇艦隊，這是一支安靜、高效率且維護良好的柴油電力艦隊——在水下的金屬機器世界中是一支不容小覷的勁旅。[42] 日本使用這支潛艇艦隊巡邏它漫長的群島，這些島嶼一直延伸到距離中國海岸二百五十哩以內的琉球群島。二〇一八年，為了因應中國在東海的事態發展，日本建立了以潛艇為基礎的兩棲快速部署旅團，以保衛本國群島中較偏遠的島嶼。它不僅僅是一支被動的部隊：二〇一八年，日本航空自衛隊緊急出動近一千架次——其中六成四，主要是為了應對在釣魚台列島／尖閣諸島和東海周圍飛行的中國飛機。[43] 換句話說，為了應付中國軍機，每天出動近兩次。日本幾乎實質上建造一堵銅牆鐵壁，沿著日本西南島鏈布置防禦設施。結果如一位中國海軍軍官所說的，一道新的「不可逾越的海上長城」——通常是阻止中國海軍擴張的「日本長城」。44

從理論上講，一旦美國對中國的舉動做出反應，韓國海軍也會貢獻力量。當然，韓國是美國的盟友。但近年來，韓國是個一肚子不痛快的盟友，而且它與中國的經濟聯繫愈來愈強大。美國海軍規畫人員已經在重新評估，如果美軍在近海面臨戰爭情景，他們是否可以依賴進出韓國港口。45 重點就是：中國提高它在近海地區自由行動能力的戰略，不僅僅是海軍戰略——它是多方面的海軍壓力、商業聯繫和外交戰略，旨在削弱圍繞中國的一幫美國同盟力量。

另一方面，港口和海軍力量的博弈，也出現了新的參與者，這個國家雖然在全球事務中歷來保持中立的姿態，但它與中國日益上升的緊張關係，卻將這個國家日益推向美國懷抱。至少，它不斷壯大的新海軍所扮演的角色，肯定會使中國的海上生活複雜化。

印度的問題

印度次大陸的主體，正好位於麻六甲海峽西端與蘇伊士和荷姆茲海峽的東部開口之間。

從它的本土港口出航，印度可以不受阻斷地進入關鍵的海上貿易通道和馬漢所說的「海上交通通道」——毗鄰這些貿易路線的島嶼和咽喉要道。簡而言之：印度是一把巨大的千里匕首，刺入了中國在印度洋野心的心臟要害。

當中國船艦駛出近海地區時，它可以向三個方向之一航行：向北穿過朝鮮海峽前往北極（本書將在第四部分詳述）；向東前往太平洋，將與美國海軍對沖；或者它可以沿著主要航道航行，經過新加坡，穿過麻六甲海峽，進入印度洋。如果中國希望能夠保護它的貿易不受美國封鎖，它必須能夠確保這些航道的安全。但是當它望向印度洋，穿過麻六甲海峽時，它遇到的第一個障礙是位於安達曼海（Andaman Sea）布萊爾港（Port Blair）的印度海軍。

印度地理位置這個簡單的事實，使得中國的處境無比艱難。中國與印度的關係也是齟齬不斷，自從印度獨立以來，中國與印度爆發三次戰爭。誠然，三次戰爭都在喜馬拉雅山區中印陸地邊界上，因此印度著重陸軍和空軍力量、勝過看重海軍。儘管印度的海岸線非常長，而且它也十分依賴漁業和海運進口，情況卻是如此。

直到最近，印度尚未發展出強大的海軍力量。❻ 印度有限的海軍長期以來一直將注意力集中在印度周圍的小島嶼上——模里西斯、塞席爾、馬爾地夫，尤其是斯里蘭卡。它還必須專注於對抗巴基斯坦的行動。

在後九一一時期，印度的海軍野心，伴隨著它的經濟成長上升。冷戰結束後，印度與中國、巴西等國家一樣，開放經濟、迎接全球化，快速增長。到了二〇一〇年，印度已超越法國成為世界第六大經濟體（預計到二〇五〇年它將成為世界第三大經濟體。）像中國一樣，也像之前的英國和美國一樣，它發展出無遠弗屆的外交政策利益，俾便與它新的經濟地位相匹配——只不過它還沒有達到匹配的能力。46

在九一一事件基地組織（Al Qaeda）襲擊美國領土之後，美國決定——呼應它對付巴巴里海盜的經驗——入侵阿富汗，摧毀當地非國家行為者（non-state actors）的基地。這導致美國將資源從保護麻六甲海峽的機制撤出，部署到阿富汗之中。印度自願承擔一些原來美國的角色，護送船隻通過麻六甲海峽，為美國免於資源耗損。

印度外交政策最重要的焦點是盯住它兩個主要對手：巴基斯坦和中國之間的長期聯盟關係。源於印度的大部分歷史，使得它專注於北部陸地邊界。但隨著中國海軍在全球海洋擴張

---

❻最早的「印度」海軍，實際上是英國東印度公司的一部分。一六一二年，東印度公司一艘船隻與葡萄牙一支船隊作戰，僥倖勝利，但由於葡萄牙人和海盜的威脅，他們說服公司建立東印度海軍（East Indian Marine）。英國一直控制著印度，直到一九四七年才讓它獨立。此後，印度發展出一支小型海軍。在命運的轉折中，新獨立的印度海軍的第一次交戰也是針對葡萄牙，當時印度為爭取葡萄牙在印度西部的最後一個海外殖民地果阿（Goa）獨立，於一九六一年與葡萄牙作戰。

勢力，這個聯盟已經外溢進入印度洋。47 二〇一七年印巴緊張對峙期間，中國派出一艘潛艇到此地區「監視」局勢。這舉動激怒了印度，掀起印度大肆採購和部署海軍的浪潮。印度已擁有一艘航空母艦和一艘具有核能力的潛艇。二〇一九年，它開始擴充艦隊——目標是到二〇三〇年要擁有三個航空母艦打擊群，統轄兩百艘艦艇、二十四艘傳統常規潛艇和五百架飛機。48（不過在二〇一九年後，受到新冠肺炎疫情的經濟影響，它削減了預算規模。）49

印度善加利用它的地緣優勢；到了二〇一九年，它的船艦在印度洋的每一條海上交通線上探訪和操練。與中國不同的是，印度幾乎與所有鄰國都保持良好的關係。它利用這一點——及各國對中國的共同關注——與新加坡達成新的海事協議；與法國簽訂防務協定，可以進出它在印度洋的基地；與鄰近荷姆茲海峽的阿曼簽訂基地共享協定；並且深化與美國的關係。這使它可以進出橫跨印度洋的各個港口和基地。印度和越南在南海的海軍合作甚至愈來愈緊密，讓中國非常不爽。❼

海軍軍備競賽

所有這些活動，相當於日益增長的、近乎全球海軍軍備競賽——使得美國和中國相互對抗，並且把包括俄羅斯和印度在內的歐洲和亞洲大國拖下水。它使全世界的海洋——尤其是太平洋、印度洋和北冰洋——成為地緣政治緊張局勢的前線。甚至中國和俄羅斯在地中海的海軍活動也愈來愈頻繁，俄羅斯在大西洋的軍事部署也愈來愈大。

這些緊張局勢繼續上升。二〇一六年六月，中國首次派遣軍艦前往尖閣列島，讓一艘護衛艦在中方稱為釣魚台群島的海域航行。[50] 二〇一八年一月，中國海軍藉由派遣一艘核攻擊潛艇進入此一海域，開啟新的一年。[51] 在北方，俄羅斯建造的新型破冰船能夠攜帶口徑（Kalibr）巡弋飛彈，隨著俄羅斯——以及中國——在北冰洋愈來愈活躍，二〇二〇年五月，美國海軍也派遣水面艦艇進入巴倫支海，這是冷戰結束以來的第一次。[52]

隨著美國國防部持續為與中國衝突升級的各種劇情狀況預做準備，它意識到海軍和陸戰隊之間需要更緊密的整合。當然，兩個軍種本就是因而誕生的——起初為了與巴巴里海盜作戰，奠基於英國的傳統而建立，它們是不可分割的力量；除了在船上生活和從海軍艦艇上作戰之外，陸戰隊並未單獨存在。但由於先進的航空運輸，使陸戰隊能夠不需借重海軍便能作

---

❼ 在這些關係中，印度的地緣政治關係相當有彈性。儘管長期存在緊張局勢，中國仍是印度最大的貿易夥伴。它積極深化與日本的關係，最近且加入日本、澳洲和美國，組成「四方對話」（the Quad）機制。這是針對中國的防禦性半聯盟機制。它對美國愈來愈友好，使命也愈來愈一致。在這一切過程中，它又與印度最大的武器供應來源俄羅斯保持著友好關係。

戰，許多國家的陸戰隊已經發展成為獨立的軍種——就美國而言，尤其如此，因為陸戰隊在美國於中東的長期戰爭，已成為事實上的領導部隊。但是到了二〇一九年，美國陸戰隊司令意識到，如果美國的主要潛在對手是中國解放軍，那麼它必須回到與海軍並肩作戰的概念，並且把重點擺在第一島鏈上。這一年他對陸戰隊下達指示，要求陸戰隊準備在第一島鏈周圍的半島和島嶼上預先部署陸戰隊特遣隊。[53] 這也意味著要在這些水域的各個基地和地點預先部署武器供應。在巧妙的歷史轉折中，為了實現這一目標而提出的一項提議是將飛彈「貨櫃化」——從字面解釋，意思是使用陸軍仍稱之為CONEX的箱子，將大量飛彈運送到美國前進陣地。[54] 一九五〇年代，推廣這項技術的馬爾孔・麥克連（Malcom McLean）一定會很欣慰。

總結而言：中國由於「麻六甲兩難」刺激它發展海軍力量，以防衛它的近海；然後保衛此一能力可以進入西太平洋。與此同時，美國反應出針對中國能力的進展，一艘船接一艘船、一枚飛彈接一枚飛彈、一艘潛艇接一艘潛艇，緊盯著推進。這兩個動態關係的相互作用，正在將中國海軍和美國海軍推向軍備競賽；然後它又反過來將中美兩國推向戰爭。

正如在〈約翰・保羅・瓊斯號〉的「作戰資訊中心」看到的那樣，這是可以從資訊空間開始的戰爭形式，並且幾乎可以不需人與人之間的接觸。事實上，在第一枚飛彈擊中驅逐艦之前，根本沒有人類的感應訊息。它可能會是有限度的作戰，但也可能迅速升高為美國對中國大陸的攻擊——極端情況下，中國飛彈也對美國大陸基地進行襲擊。

這樣的動態並沒有減弱的跡象。既是因為軍事事務看似不可阻擋的升高邏輯，也是因為中國不斷發展壯大，而且它的問題又日益加深——二〇〇三年，前任中國國家主席胡錦濤把它稱為「麻六甲兩難困境」。由於美國海軍主宰新加坡和麻六甲海峽，所有通過這片海域流入中國經濟的貿易和能源商品，都依賴美國的保護。胡錦濤指出，中國經濟愈加增長，它就愈加依賴美國海軍。當他第一次提出這個概念時，大約三成的中國貿易通過麻六甲海峽；現在已經接近七成。

當中國人首先在近海聲索主權和發展海軍力量時，美國分析家擔心他們將會有能力阻斷這條重要的海上交通通道。但這始終是錯誤的擔憂：中國從來沒有任何意圖要封閉貿易的流通，因為它的經濟高度依賴貿易通暢。它希望拒止美國封鎖其貿易流通的能力；就所有意圖和目的而言，它已經實現了這個目標。四個世紀以來，南海一直是亞洲與西方之間貿易往來的門戶。它看起來也將持續維持這種狀態。

但是國力有它自己的胃口；隨著中國在近海的實力增強，它向近海以外投射力量的雄心也跟著增大。甚且，隨著中國的發展，它和之前的所有工業化國家一樣，對能源的需求也大為增加。在整個現代時期，經濟增長和能源消耗之間存在一比一的關係——中國也是如此。但與俄羅斯或美國不同，中國並沒有得天獨厚的能源資源。

因此中國必須在國外尋找更充沛的能源供應源頭。有些能源透過跨越亞洲大草原的輸油氣管流進中國的工廠。但絕大部分的能源經由海路送達中國。在下文，將會看到，追求能源供應源頭是海上大國本身增強地緣政治對立的另一個動態。

第四部
海洋的力量

從〈馬德里號〉的艦橋上看，南海水域的美國艦隊和其他國家海軍的演習，只是讓詹森船長或船員分心的小干擾而已，除非戰爭爆發或實施封鎖外，這些海軍出沒，幾乎不會出現在他們的心理雷達上。事實上，在穿越南海、東海大部分航程中，〈馬德里號〉有如海洋版的汽車自動駕駛，領導者更專注於緊迫的問題：例如燃料比率夠不夠、入港時間來不來得及，和是否有風暴正在醞釀中等等。

有一點可以肯定，這些航道存在著危險，而且很多。最明顯的是在水域穿梭的捕魚船隊。如果說新加坡外海的商業交通像是紐約繁忙的街道，〈馬德里號〉想要穿越過海峽上的中國大陸和台灣漁船隊，更像在附近城市雅加達、馬尼拉的車道上蝸牛慢行。車道烏煙瘴氣、擠滿死結般的摩托車、嘟嘟車和噴出柴油的汽車；航道上則擠滿拖網漁船，每天晚上都有幾千艘萬頭攢動。許多漁船沒有攜帶它們該帶的「自動訊息系統轉發器」（Automated Information System transponders）——相當於飛機的黑盒子。〈馬德里號〉船員不惜一切代價要避免的噩夢，就是撞上任何一艘拖網漁船。小船幾乎不會撞毀〈馬德里號〉的船身，大船卻會壓碎在它下面的拖網漁船，釀出人命，然後陷入與中國當局沒完沒了的保險糾紛。

其次，捕魚船隊絕不是航行的唯一障礙。在這些水域海圖上，標示數據電纜位置的虛線和航道縱橫交錯，愈來愈多電纜糾纏在一起。它們經常捆綁在一起，而且不只一根，而是一大堆電纜綁在一起跨越主要航道。比如說，進入香港的數據電纜非常巨大，全球數據地圖上也顯示出清晰的節點。在主要海上航道中，它們對航運沒有任何影響，但這一帶是淺水區，當船隻從主航道轉向沿海、預備進港時，船員必須十分小心電纜的位置，因為它們會從海底上升與海岸線相會。

相同的海圖也顯示石油鑽井平台和油田愈來愈多。它們屬於中國、越南、印尼、菲律賓、汶萊，甚至印度（透過合資）。在中國整個九段線區域，沿海水域都標示大型油氣田，有些油氣田甚至伸出到最遠的海域。南海再也沒有一條航道是不需穿越各國聲稱擁有主權的油氣田。二〇〇九年，當中國開始對這些水域的控制權展開深遠的圖謀時，鑽井平台還很少且相距甚遠。即使是當時，對海床下蘊藏大量能源的初步估計已經令人震驚。

*****

到目前為止，本書討論了世界大洋水面上的商業貿易和海軍競爭，稍微談了水面以下的潛艇艦隊。不過，海洋絕不止於水面上的東西，它還有更豐富的內涵。海洋和海床都有巨大的自然資源，——需要開發、捕獵、養殖、鑽探和開採的資源，且各方競相爭奪。在現代生活大部分時間裡，已習慣將世界海洋視為所有國家共享的全球公域的一部分。但是，捕魚權的競爭一直存在，而鯨魚——最早的照明燃油來源——的捕獵，更使世界主要帝國相互角力。這還是有限的，且是流動的，魚和鯨並不曉得要尊重政治或法律邊界。現在隨著探勘海床從中汲取資源的新能力增加，抽取海洋資源的動態也發生變化。在世界深海水域裡，人類找到愈來愈多的石油和天然氣。

反過來說，這種海床能源又與棘手的氣候變遷有關。能源和氣候並不總視為同一枚硬幣的兩面，但應該是：一是濃縮碳的提取和燃燒；另一則是碳的重新吸收，以及碳的重新吸收對氣候、海洋和天氣的影響。

第十二章 海洋的鹽

過去一百五十年裡，能源的故事就是石油的故事，石油的故事則是陸地的故事，像是在賓州和德州岩石底下，以及在伊拉克和沙烏地阿拉伯沙丘底下尋找石油，然後透過陸地上的輸送管道運輸石油。理查・羅德茲（Richard Rhodes）在他的大作《能源：一部人類史》（*Energy: A Human History*）中寫下：「液態能源的歷史就是輸送管道的歷史。」[1] 但在過去六十年裡，這些都改變了，石油和天然氣業已經變成海洋業務。

很少有地方像德州的休斯頓受到如此深刻的影響，在休斯頓航道（Houston Ship Channel），尤其可以看到能源動態的重大演變：透過第一次石油榮景，城市和美國工程行業蓬勃發展；早期德州原是石油出口中心，到戰後變成重要的進口中心；海上鑽井技術的發展，以及由此產生的轉變使石油流通變成以海運為主，同時美國重新獲得了石油淨出口國的地位。另外，中國則聲稱它是世界上最大的石油進口國（此一頭銜頗為可疑），其中大部分也是透過海運流通。

德州休斯頓航道

一般常見的說法是，一八五九年賓州的鐵達時鎮（Titusville）發現大油田後，大家開始使用石油。十九世紀末，德州沙地出現大量石油，更使美國成為世界最大石油生產國。

與哥本哈根、紐約、新加坡或香港不同，休斯頓港的關鍵特徵並非自然航道結構，而是人造航道。十九世紀大部分時間和二十世紀初，美國南部海岸的主要港口不是休斯頓，而是加爾維斯敦（Galveston）。加爾維斯敦是休斯頓外圍，墨西哥灣的一個島嶼城市，也是出口業務的自然選擇，美國南北內戰後，它一直是世界上最大的棉花運輸港口。如果加爾維斯敦能夠充分利用德州的石油繁榮，它的歷史可能有很大的不同。但是大自然另有打算。一九〇〇年，一場颶風（在此一地區通稱為「大風暴」）橫掃該市，摧毀城裡每一處住宅。加爾維斯敦最高點僅高出海平面八．七呎，風暴吹起的浪潮幾乎就有兩倍高。將近三分之一居民無家可歸，至少六千人死亡，迄今仍然是美國歷史上喪亡人數最高的自然災害。

頗為諷刺的是，休斯頓從這場災難中受益。十九世紀初以來，休斯頓即有一條小航道將貨物運往海邊。颶風過後，規畫人員擔心再次遭受直擊，決定興建休斯頓航道，五十哩的航道乃於一九一四年完工。伍德羅・威爾遜（Woodrow Wilson）總統並在白宮按下按鈕，發送電報到休斯頓，鳴砲正式啟用航道及深水港。

現在，大型船隻可以從墨西哥灣直駛休斯頓，在這裡它們更安全，不受風暴影響。不過，安全移動卻也不平順：通過休斯頓航道的大型船隻，必須執行所謂的「德州式退縮」（Texas chicken）操作。當兩艘大船從相反方向接近時，都必須向右轉，為此從船頭排出的水會把船隻推開（並遠離航道中心）以便保持距離。一旦它們通過彼此的船身，流向船後，排除的水之吸力又把船隻拉回水道的中心。

這條航道是為了進口大量石油而必經的基礎設施。早期休斯頓的發展是由於本身即輸出石油的港口，大眾常忽略了，在二戰之前的年頭，美國曾是世界上最大的能源生產國。雖然美國國內用了大部分的石油，並通過油管運輸大部分石油，但能源出口也是休斯頓早期發展的一部分。第二次世界大戰期間，這是非常重要的貢獻：根據丹尼爾・耶金（Daniel Yergin）的說法，在二戰期間，美國和歐洲盟國耗用了七十億桶石油，而美國供應了六十億桶，其中大部分是從德州運出去的。[2]

二戰之後，由於儲量大減，加上美國工業快速增長，美國成為主要的石油進口國，且一直持續到今天。休斯頓現在則是世界上煉油廠和石化廠最集中的地區。[3] 除了輸入，它也是能源輸出的大型基礎設施的所在地。二〇一八年，德州墨西哥灣沿岸地區的原油運輸量，占全美國的八成。4 更令人驚訝的是：二〇一八年四月，休斯頓—加爾維斯敦港口的石油出口量，自二戰結束以來第一次超過進口量。5 這種轉變反映了一個現實，即近年來美國已經恢復能源淨出口國的地位——也就是說，美國生產的石油和天然氣多於它消費的數量，並且把多出來的部分出口。❶

這些轉變與探勘和鑽井的新技術有關，新技術可以從頁岩發現和萃取石油，及萃取所謂的「緊密油」（tight oil）——「緊密油」，指的是大塊油藏岩石周圍的小塊殘油。美國一直是頁岩油和非傳統常規石油技術和工程的領導先進，儘管這些技術已散布到全球各地，有部分是透過美國公司的委外承包傳布出去。不過，休斯頓外海附近水域的情況也有所改變，其角色越來越重要，墨西哥灣現在生產的石油占美國全國產量近百分之二十。

墨西哥灣如何成為世界最重要的外海石油創新的源頭，是關於創業和工程（在某種程度上，還涉及腐敗）的故事。6 同樣重要的，它也是關於美國海軍如何推動科學和工程的發展，

---

❶ 這個問題有點令人困惑，因為美國仍然進口大量石油。這是因為石油有多種不同的種類，而美國需要進口大量國內不生產的石油種類。當有人指出美國是能源淨輸出國、並說它現在「能源獨立」這一事實時，他們掩蓋了這一關鍵細節。

使人類能夠探測海洋深處並深入海床的故事。

深海鑽探：冷戰的副產品

斯克里普斯海洋研究所（Scripps Institute for Oceanography）的華德・芒克（Walter Munk）可能是美國世紀最有影響力的海洋學家。（他於二〇一九年二月去世，享年一百零一歲。雖在嵩齡高年，他仍孜孜不倦、進行有影響力的研究，造就好幾個世代學生的職業生涯。）芒克最著名的研究與海洋的風、洋流和化學作用塑造海洋運動的方式有關（因此，涉及到大部分的天氣）。在這方面，他經常與美國海軍頗為強大的「海軍研究辦公室」（Office of Naval Research）合作。〔在下一章會再討論到海軍研究辦公室。〕但他們之間最奇特的合作根本不在海洋學領域，而是在開鑽進入地殼，看起來有點荒誕不經的努力。

在冷戰最激烈的時候，海軍的地位消退，核武器軍備競賽和太空競賽成為美國與蘇聯主要的競爭角力。海洋科學界擔心他們會和海軍一起失寵，但冥冥中似乎有天意，風聞蘇聯正在規畫鑽探地函（mantle）的構想，而美國必需有所回應。[7] 芒克在美國國家科學基金會（National Science Foundation）會議上提出了令人驚訝和大膽的提議，主張美國應該啟動鑽探地殼（crust）的項目——而且是從海上啟動。他的基本觀察是，如果頭幾千呎的鑽探涉及穿過海水打管子，將比開鑽等量的土地容易得多。他提議以夏威夷海岸西北方的「莫荷洛維奇不連續面」（Mohorovi i Discontinuity）〔一般簡稱「莫荷面」（Moho）〕，這個地殼與地函分開的地層為目標。

也因此誕生了精心取名的「莫荷計畫」（Project Mohole）。計畫得到美國國家科學基金會的核准。「莫荷計畫」所以吸引人的興奮和關注，部分原因是《生活》雜誌（*Life magazine*）派了一位年輕記者約翰・史坦貝克（John Steinbeck）報導這個故事，他的生花妙筆吸引了讀者。該計畫並交由美國多樣性學會（American Miscellaneous Society）執行，學會是戈登・李爾（Gordon Lill）領導的非正式科學家團體，取名有點天馬行空，當時李爾是海軍研究辦公室地球物理學分部主任。

李爾的貢獻是多方面的，最重要的是他對聲納技術以及「測深學」的先進知識（bathymetry）——測量海洋、大海和湖泊中的水深。在著名的伍茲霍爾海洋研究所（Woods Hole Oceanographic Institute）受訓期間，他就開創了測深學新技術。而且他與海軍實驗潛水隊（Navy Experimental Diving Unit）的圈子，有著密切的聯繫，這個單位訓練潛水員進行水下打撈工作。

工業界也從一開始即融入計畫中。海灣石油公司（Gulf Oil Corporation）擔任「美國多樣性學會莫荷計畫」小組委員會的主席，另外，路易斯安那州一家在外海工程創新方面處於領先地位的「環球海事」（Global Marine）公司則受聘執行實際鑽探工程。「環球海事」將公司專用的鑽井船調派到此一計畫，世界上第一批能夠在開闊水域進行鑽井的船舶，於一九六〇年開始在墨西哥的瓜達盧佩（Guadalupe）展開測試。布朗暨路特（Brown and Root）公司是世界最大的工程管理公司，也是有史以來第一個興建海上鑽井平台的公司，負責管理這項工作。[8]

不過，這個計畫從一開始即管理不善。各方意見分歧，從工程和科學目標到單純的個性衝突都有。雖然計畫的第一階段成本較低，但鑽入莫荷面的成本卻不斷增長。計畫的管理不善公諸於世，《新聞週刊》（*Newsweek*）把這樁探險描述為「無底洞計畫」。[9] 經過一再的調查和費用不斷增加後，面對強大的政治和科學反對，國會取消了資助此一計畫的經費。[10]

不過，在國會中斷補助之前，「莫荷計畫」已經出現一些重要成就。它首次穿透「中新世時期」（Miocene-age）（大約五百萬至二千三百萬年前）的沉積物，成功地從地球中抽取了核心樣本。但「莫荷計畫」更持久的影響是在深海工程方面的進步。

首先，「莫荷計畫」的鑽探本身，即是前所未有的創舉。它往地球核心鑽了五個洞，最深的洞在海床以下六百零一呎。這個洞是從一艘在一萬一千七百呎深的水中作業鑽井船開挖的。這是迄今為止，由漂浮在海上無羈束的平台進行的最深的鑽探。它的成功在很大程度上借重一項相關的工程進展。「莫荷計畫」是第一個開發出穩定海上船舶平台技術的工程項目，使用一系列推進器來使船舶保持在定位、抗拒住海浪和潮汐的高漲。「動態定位」（dynamic positioning）技術成為後續進展的關鍵。

從「莫荷計畫」衍生出幾個後續計畫，其中最重要的是「聯合海洋學機構深地採樣」計畫（Joint Oceanographic Institutions for Deep Earth Sampling program），有個從一九六八年運作到一九八三年的計畫，提供了有關「次海底」的第一批全面數據。11 這個計畫發現岩心樣本中鹽丘的證據，與油田存在的可能性呈正面相關性。但要實現這一發現的潛力，需要第二個計畫接力研究，其次又是美國海軍、更廣泛的華府國家安全圈子、以及海洋學和工程界的合作。它再次成為冷戰的副產品。

亞速爾計畫

二〇一〇年，美國中央情報局對外公布一九八五年底撰寫的一份不尋常文件的解密版本。這份文件最初列為「最高機密」，但當某些計畫內容外洩，遭到《洛杉磯時報》和《紐約時報》先後報導時，它的保密等級降為「機密／外國人不得閱讀」。當記者根據《資訊自由法》（Freedom of Information Act）提出要求了解更多內情時，中央情報局拒絕「證實或否認」所要求的文件是否存在——這種引起注目、且經常一再重演的拒不答覆，後來以牽涉其中的船隻之名，稱為「葛洛馬回應」（Glomar response）。在蘇聯解體和多次洩密之後整整二十年，中央情報局認為終於可以安全地發布他們的故事版本。即使如此，這份報告還是經過了大量編輯，包括好幾頁整頁空白。儘管如此，在幾番洩密、最終紀錄和中央情報局本身的文件之間，還是可以拼湊出中央情報局稱之為「亞速爾計畫」（Project Azorian）的大部分重要細節。12

即便是中央情報局文件中經過編輯的故事版本，讀起來也像是電影《亞果出任務》（Argo）的海洋版。這部電影講述了中央情報局（真實的）利用拍攝假電影作為掩飾，營救逃出美國駐伊朗大使館遭劫持事件的幾個美國人。只不過在這個個案中，中央情報局並不是試圖營救某些人，而是試圖找回某些東西——明確地說，是要打撈一九六八年沉到海底的一艘蘇聯核潛艇 K-129。美國空軍和美國海軍在夏威夷西海岸發現 K-129 的蹤跡——它沉在大約一萬六千七百呎深的水底下。

這個不尋常的計畫充滿了陰謀和創意工程。為了製造一個可信的掩飾故事，中情局聯繫了古怪的億萬富翁霍華德・休斯（Howard Hughes），他以他的汽車和實驗性的木製飛機〈雲杉鵝號〉（Spruce Goose）而聞名遐邇。中情局說服他同意展開海上採礦計畫，並且配上全套新聞稿和相關掩護故事。針對這場（假的）海上採礦航程，還不惜斥資二億多美元，由當時美國最大的造船公司、賓夕法尼亞州的「昇陽造船公司」（Sun Shipbuilding）建造一艘專門設計的船〈休斯‧葛洛馬‧探險家號〉（Hughes Glomar Explorer）。情報官員和核子技術專家悄悄地以承攬此一項目的工程團隊成員身分上船——在「莫荷計畫」中展現深海鑽探實力的環球海事公司受到美國海軍青睞，承接這項任務。因〈葛洛馬號〉船身太寬，無法通過巴拿馬運河（Panama Canal），為了從費城南方，工人階級城市切斯特（Chester）的造船廠把〈葛洛馬號〉開到夏威夷，不得不繞過南美洲尖端的麥哲倫海峽（Strait of Magellan）。它們泊靠在智利的瓦爾帕萊索（Valparaiso）進行補給——這一天，皮諾榭將軍（General Pinochet）被政變推翻。之後它們航行到長堤，又碰上襲擊加利福尼亞港口的碼頭工人大罷工，困在岸邊動彈不了。當它們到達打撈地點時，又被東太平洋有史以來最大的颱風阻擋住。當它們好不容易終於到達目的地時，又發現有一艘蘇聯船隻在該地區巡邏，而且還派出一架直升機為〈葛洛馬號〉拍照。每個可以想像得到的自然和政治障礙，似乎都在跟它們的任務作對。

經過四年無數次的測試、系統試驗、失火和延遲，這項計畫終於打撈到蘇聯 K-129 核潛艇一段三十八呎的船身。美國海軍從這艘六百多呎的核潛艇其中一小段收集到的資訊，大概就是二〇一〇年中央情報局文件修刪編輯那一部分的主題。但是與「莫荷計畫」一樣，「亞速爾計畫」更持久的遺緒是它在海上鑽井方面取得的工程進步。

「亞速爾計畫」的成就有好幾項。這是有史以來最深的海底打撈作業，從海面底下三哩多深的地方撈起蘇聯潛艇的部分船身。該計畫也促進動態定位技術，使船舶在鑽井作業時保持在海洋中的穩定。他們試驗了液壓／氣動系統，以防止船舶的升沉影響下降到海床的管柱——這是早期深海作業碰上的主要問題。[13] 鑒於在如此深度鑽井的複雜性，這是關鍵性的重大進步。甚至〈休斯・葛洛馬・探險家號〉也在完成打撈任務後繼續受到重用，在深海探勘的進展中扮演重要角色。

與「莫荷計畫」不同的是，「莫荷計畫」出現在美國專注於與蘇聯的太空競爭以及國際石油供應充足的時期，「亞速爾計畫」則出現在非常不同的時刻。一九七三年蘇伊士運河危機和石油價格衝擊對貨櫃船隊造成極大的影響，也震撼了石油業，此時「亞速爾計畫」正在進行中。接下來，伊朗國王在一九七九年被廢黜，油價再次飆升。由於伊朗和伊拉克捲入了一場漫長且極其血腥的戰爭，油價多年來居高不下。石油的流通對美國也愈來愈重要。油輪駛入休斯頓港、洛杉磯港和其他地方，卸下由波斯灣載來的燃料，成為美國能源不安全的重要標誌。地緣政治發展有助於轉型為貨櫃化航運，它們也開始重塑能源業務。尋找新的石油供應來源的壓力愈來愈大。答案將落在墨西哥灣，所有這些新技術統統派上用場。

外海石油：鹽和碳，取其一

眾所周知，海洋海水的含鹽化，意味著它從大氣中吸收碳。現代科學家對這一現象的研究，集中在海洋吸收了多少多餘的碳——化石燃料燃燒所產生的碳。碳，當然也是大氣中天然存在的化學物質，對於以光合作用形成植物生命至關重要，而氧氣是這種相互作用的副產品，因此，它也是地球上動植物生命（包括人類）的根本要素。碳經由火山和溫泉自然排放到大氣中，並在岩石與地下水、冰蓋和海水接觸時從岩石中釋放出來——這些全都是自然發生的過程。其中一些碳沉入海底，埋在沉積物中，經過數百萬年之後，其中一部分轉化成為石油。

和碳一樣，以類似的方式，經過類似的時間，水中的鹽也會沉澱到底部形成地殼外層。不過，這層地殼不是靜態的，它會經水流推動。根據水流和水的特定鹽度，這種鹽可能會困在山裡或地質層裡。「綜合大洋鑽探計畫」（Integrated Ocean Drilling Project）發現，有時這些地層會形成「圓頂」。正如石油可以「困在」陸地下的特定地質地層一樣，鹽也可以由海床上的沙丘或類似地層困住。[14]

人類在海洋尋找能源的歷史悠久，但大部分徒勞無功。❷ 早在一八九〇年代，探索石油便導致富有創業精神的人在俄亥俄州和巴庫（Baku）湖畔進行實驗，然後又在加州、德州和路易斯安那州的海岸外探勘。不過，這還不是真正的外海探勘。這些地點都靠近陸地，要麼位於碼頭上、要麼位於可從陸地進出的非常淺的水域。直到一九四七年，才在距離路易斯安那州海岸約十哩的陸地視線之外，鑽出一口真正的海上油井。

這些早期平台和鑽探的成本高到令人卻步。在陸地上，可以便宜且輕鬆地鑽數百口測試井。在海上可就不行。在可能發現石油的位置上進行非常明智的評估，對於經濟上可行的海上鑽井絕對至關重要。在這兒，發揮作用的是不同的技術，一些由美國海軍開發，另一些則由工業界開發出來。第一部分是聲納測繪（sonar mapping），它來自海軍跟蹤潛艇的成績，並在冷戰初期由美國海軍和伍茲霍爾海洋研究所及其他地方的海洋學家進一步發展出來。第二部分是地震測繪（seismic mapping）。海軍在這個領域的貢獻就不及石油工業業者。尤其是殼牌石油公司（Shell Oil）和美孚石油公司（Mobil Oil）在一九六〇年代後期的進步，產生了「亮點」測繪（bright spots mapping）。早期的地震測繪可以確定可能存在石油的位置。新技術展示出「振幅異常」（或「亮點」），更有可能反映石油的存在。這一來大大降低了鑽到乾井的風險。[15]

尋找是一回事、鑽探又是另一回事。墨西哥灣會成為開發海上鑽井的關鍵地點，有好幾個原因。一是政治因素：克萊德・柏勒森（Clyde Burleson）在撰寫外海石油開採史話時戲稱：「油和水不能混合。然而，石油和政治似乎是天生絕配、相輔相成。」根據他的說法，導致墨西哥灣潮地開放鑽探的路易斯安那州立法和豬肉桶政治〔編按：政府為討好選票的提案〕，是「華府特區有史以來進行的最長久、最殘暴和最激烈的政治鬥爭之一」。16 政治是可以克服的；地質則難以撼動。亮點地震技術僅適用於某些類型的岩層，墨西哥灣的三角洲岩石（高度多孔）是新技術的完美岩石樣本。

墨西哥灣的地質是優勢之一。地理又是另一個優勢。從陸地過渡到海洋，不會立即觸及深處。每個大陸和海岸都有水下大陸棚，這是陸地向外延伸到海底的地層。大陸棚對於捕魚和鑽井都很重要。但每處大陸棚的寬度和坡度各不相同。墨西哥灣位於美國南部海岸之外，擁有世界上坡度最溫和的大陸棚。在墨西哥灣的某些地區，水深不到六百呎，最遠可推至

❷ 石油並不是工業化社會從海洋中提取的第一種燃料；這項成績屬於來自提煉抹香鯨脂肪的油——在工業時代初期，抹香鯨被英國、法國、美國、日本和俄羅斯的捕鯨船隊獵殺，幾乎滅絕。〔納丹尼爾・費爾布瑞克（Nathaniel Philbrick）的專書 *Into the Heart of the Sea: The Tragedy of the Whaleship Essex*（New York: Pengiun Books, 2020）對捕鯨行業有深入報導，生動地描繪了這一行的規模和曲折故事。〕值得注意的是，那些捕鯨船隊還從秘魯西海岸的欽查群島（Chincha Islands），以及後來的非洲西南海岸取得大量鳥糞。鳥糞是西方世界第一代工業肥料的主要投入物。它也可能是導致馬鈴薯飢荒的枯萎病的根源——這一過程與歐洲世界將疾病帶入其殖民地的過程恰恰大逆轉。

一百四十哩。墨西哥灣——靠近德克薩斯州能源巨擘的總部，又有長而坡度平緩的海架，以及路易斯安那州的寬鬆政策——它擁有進行廣泛測試的正確條件。17

鑽挖鹽丘涉及幾個步驟，所有步驟都很複雜。要找到石油蓄積地帶，首先要進行地震勘測（使用聲納設備），以確定最有可能出現石油的位置。然後，使用移動式海上鑽井裝置挖掘一口初始井。海上鑽井裝置有四種主要類型：潛水器（submersibles）——通常是停在海底的駁船，甲板上的鋼柱延伸到海水線以上；自升式（jackups）——位於浮動駁船上的鑽井平台，腿伸到海底；鑽井船（drill ships）——就像「莫荷計畫」和「亞速爾計畫」所用的船一樣，在頂層甲板上有一個鑽機，通過船體上的一個洞孔工作；和半潛式（semi-submersibles）——漂浮在水下浮筒頂部水面的鑽井裝置。在海底有一對液壓動力的夾具，可以在井噴情況下關閉通向鑽井平台的管道。在鑽探現場，連接鑽桿形成一個鑽柱，用於深入地殼。然後將鑽柱連接到旋轉裝置上，並使用連接在鑽柱底部的鑽頭，將管道穿入地球表面。要把這一切組裝起來，可能需要好幾個星期到好幾個月的時間。當它開始運作時，必須用永久性鑽機替換臨時鑽機以挖油。所有這一切的同時，還得對付經常從加勒比海席捲而來、並攪動墨西哥灣淺水區的大浪和強大的風暴。

可以理解，這些工作在淺水區比在深水區容易得多。早期的海上鑽井實際上只是剛離岸、仍在非常淺的水域，平台在這兒可以拴在海底或經由纜線綁在陸地。但隨著動態定位技術的發展，平台變得穩定而不必拴在海底。隨著深海鑽探新技術的出現，推闊了更大的作業範圍。

一步一步地，由殼牌和德士古（Texaco）等能源公司與環球海事、布朗暨路特（Brown and Root）等工程公司聯合起來、組成的企業集團穩步向外海推進。一千呎深的位置成功了，教會他們更多有關技術的知識，給予他們更多的經驗，包括管理和減輕與這些極其複雜的計畫相關的風險。

到一九九〇年代後期，聲納測繪和地震測繪、動態定位和深海鑽探技術的結合，使整個墨西哥灣變成巨大的油田。到一九九九年，發現和生產石油的成本是十年前的六成。[18] 一九九八年，「亞速爾計畫」使用的船隻——〈休斯・葛洛馬・探險家號〉，與雪佛龍（Chevron）和德士古簽訂了合同——在墨西哥灣水下七千七百一十八呎深的地方開挖一口井，創造了世界紀錄。[19] 到二〇〇〇年代中期，墨西哥灣有四千多個平台與三萬五千口井相連。墨西哥灣的美國水域原油產量占美國原油產量的近兩成。[20]

但在美國大陸水域之外，還即將探測更深的地方。

海上鑽油走向全球

在所有這一切中，美國占了獨特的優勢：它的主要工程公司都是民營企業，歐洲某些主要國家的公司也是如此。但是，其他地方以及世界上最大的能源國家中卻例外。在俄羅斯、沙烏地阿拉伯、印尼、卡達、伊朗和伊拉克，石油乃由國有和國營企業主導。到一九八〇年代，全世界八成五的石油儲備都由國有企業持有。

大衛・維克多（David Victor）是華德・芒克在斯克里普斯研究所的同事，對國有企業和民營企業的創新進行了詳細研究。[21] 他的數據令人信服。它表明，雖然不同公司之間存在差異，但只有在極少數情況下（主要是在民主國家），國有企業才能發展出美國公司所做得到的、推動外海鑽探工程所需的創業本能和風險承擔管理能力。因此，絕大多數是由西方公司開發出技術、工程和管理能力，承擔起外海鑽井的異常複雜的科學和工程挑戰。其他國家如果想開發外海計畫，就必須簽訂合同、借重西方的專業知識，經常就是美國的專業知識。當國有企業確實試圖在沒有西方公司參與的情況下進行競爭時，他們很快就發現，自己無法處理複雜的工程，尤其是承擔這些非常複雜的項目的管理後果。委內瑞拉和卡達都是如此。甚至蘇聯在裏海北部田吉茲（Tengiz）段試圖開發油田時，也被迫求助於西方專家，甚至引爆持續三百六十五天之久的井噴。[22]

但是，當然，美國的工程技術可以傳播，美國公司（以及具備同樣能力的歐洲公司）開始與尋求開發外海石油計畫的其他國家建立夥伴關係。卡達和阿拉伯聯合大公國是發展這種關係的先行者。巴西也是如此。巴西的國有企業「巴西石油公司」（Petrobras）在一九八〇年代曾涉足外海水域，但稍嫌猶豫不決。巴油公司仍然受到壟斷的保護、也遭到國際投資者的懷疑，它對巴西外海石油潛力的探勘是有限的。這種情況一直持續到一九九〇年代，當時巴西向民主過渡，同時或多或少地開放了它的經濟——包括石油部門。[23] 國際公司憑藉它們在其他項目中的各種專業知識，開始進入巴西市場，與巴油公司合夥開發外海石油。[24]

就像在墨西哥灣一樣，在巴西外海進行鑽探不僅涉及政治因素，還涉及地理因素——特別是它濱臨大西洋的東海岸之性質。在距巴西海岸幾哩的水域，亞馬遜河水匯入大西洋，巴西的大陸棚以非常溫和的坡度向下傾斜。與墨西哥灣一樣，巴西大陸棚平緩的坡度使其國有企業能夠逐步發展管理複雜的工程計畫的能力。

巴西從淺水區開始，使用簡單的鑽井船，然後在進入更深海時改為使用浮動平台。這不僅意味著他們可以一點一點地創新，而且更早、更淺水的項目可以在資金方面幫助更深、更複雜的油井。

在這一切過程中，巴西開闢了兩種視野。他們將迄今為止挖掘的最深的外海油井特許權簽約出去，並在此過程中發現了世界上最大的石油儲量。其中之一是位於巴西桑托斯盆地

（Santos Basin）的梅羅油田（fields of Mero）〔以前稱為天秤座油田（Libra Oil Field）〕，距離里約熱內盧（Rio de Janeiro）海岸約一百二十五哩。梅羅油田將近六百平方哩寬，深度超過一萬六千五百呎。為了鑽探它，巴油公司與幾個國際夥伴簽訂了合同，包括殼牌、英國石油、艾克森美孚（ExxonMobil）和挪威國家石油公司（Statoil）〔唯一像民營公司一樣營運的國有石油業者〕。鑽探工作非常複雜。首先，是水本身的深度。更複雜的是，最大的油藏不是在第一層鹽層之下，而是更深，在所謂的「前鹽層」（pre-salt formation）中——這是大陸分裂時代遺留下來的地質形貌。石油位於一層鹽層之下，在某些地區，鹽層的厚度可能超過六千五百呎。就梅羅油田而言，這意味著總鑽井深度為兩萬呎深——遠比世界上其他任何地方都深。而且鑽穿鹽層很棘手，因為它由不同類型的鹽組成，不同的鹽層與鑽井液的相互作用不同，極易導致鑽孔堵塞和其他稱為「鹽蠕變」（salt creep）的問題。

但事實證明，梅羅油田非常廣闊。據信，僅僅位於巴西東南外海的魯拉油田區（Lula oil field）就有多達八十三億桶可採石油。[25]

*****

在巴西的經驗並沒有就停留在巴西。在過去十年中，只要有足夠溫和坡度的大陸棚，新的鑽探便有機會測試和部署。

這包括中國南海和東海的淺水區，這裡所估計的石油和天然氣儲量，正促成激烈的擴張和競爭。事實上，不僅僅是海洋本身遭到競爭激烈；就連水底下有多少儲量也出現激烈競爭。[26] 保守地說，二〇一三年，美國能源資訊署（US Energy Information Administration）估計，這些淺水區蘊藏著大約一百一十億桶石油和一百九十兆立方呎的天然氣。[27] 即使如此，這個數字大約與墨西哥的石油儲量相同，約占歐洲（不包括俄羅斯）已探明天然氣儲量的三分之二。[28] 但是美國地質調查局（US Geological Survey）早些時候估計，本地區已發現和未發現的總儲量，分別為二百八十億桶石油和二百六十六兆立方呎的天然氣。[29] 〔中國海洋石油集團公司（China's National Offshore Oil Company）估計南海的未發現地區，蘊藏著高達一千二百五十億桶石油和五百兆立方呎的天然氣——但這還沒有得到其他獨立研究證實。〕

尋找這些潛在的巨大發現，為本地區的海洋競爭火上澆油。舉一個例子：從二〇一九年六月開始，中國和越南的船隻，在越南石油和天然氣區塊的鑽井平台周圍對峙了四個月。六月十六日，一艘中國海警船開始騷擾鑽井平台及為它提供服務的海上補給船。在四個月中，中國海警船隻進進出出這一地區不斷地騷擾。[30] 同時，中國還開發了一座巨大的十層石油鑽井平台，可挖掘深達五哩半、即九千公尺深，可能用於與越南有爭議的水域。[31]

在東海，也有可能爆發衝突的地點。美國能源資訊署估計，這片海域有大約二億桶石油和三百億至六百億立方呎的天然氣，就國際標準而言並不大，但對仰賴進口能源的日本而言，已十分重要。[32] 但這些油氣田恰好位於中國和日本都在爭奪的海域。然而中國不顧東京的反對，已進入有爭議的水域安裝石油和天然氣平台。[33]

外海石油也出現在相當北方的白令海（Bering Sea）又長又窄的大陸棚。因海水變暖，使得這地區比起以前更容易進出。事實上，新技術、海洋暖化以及俄羅斯努力保持其能源超級大國地位，這些因素集合起來，使得北極及其沿岸海域成為外海探勘最冒險的地方。

再說一次，規模實在太巨大了。北極地區的數字很難找到，部分原因是它很難進出，美國地質調查局在二〇〇八年估計，北極圈內有九百億桶可開採石油——當時占全世界估計未發現的石油資源的百分之十三。美國地質調查局還估計，它擁有近一千七百兆立方呎的天然氣，其中八成四位於外海。[34] 就像在南海和東海一樣，加拿大、丹麥（透過格陵蘭）、芬蘭、冰島、挪威、俄羅斯、瑞典和美國等北極周邊國家之間，對於專屬經濟區（Exclusive Economic Zones）究竟能延伸多遠存在爭議：二〇〇七年，俄羅斯以在北極海底插上俄羅斯國旗而聞名，引起其他國家的關切。[35] 俄羅斯、挪威、丹麥和加拿大都對聯合國海洋法公約授予的專屬區域以外的海底提出了權利主張。❸

中國也進入了舞台，在北極理事會（Arctic Council）取得觀察員地位，該機構負責協調北極國家之間的討論，並協助俄羅斯為本地區的石油和天然氣計畫籌措資金。有位專家總結中國的立場：「我們知道我們在北極沒有任何權利主張，但如果北極有我們可以得到的東西，我們不想被排除在外。」[36]

事實上，北極已經成為俄中關係相當複雜的領域之一。一方面，來自亞馬爾半島（Yamal Peninsula，位於巴倫支海）的俄羅斯天然氣專門供應中國，有益地增加了中國能源供應的多樣化。另一方面，與俄羅斯相比，中國從穿越日益暖化的北極的航運中，獲得的商業收益要多得多，因此中國對俄羅斯日益加強對此一水域的軍事部署，抱持戒慎警懼的態度。二〇二〇年六月，由於兩國之間的緊張局勢因新冠病毒肺炎危機處於高點，俄羅斯指控中國偵伺它在北極的活動，指責一個俄羅斯國民（據報導）把俄羅斯有關北極水聲學方面研究的文件提供給中國——這些研究對海底能源探勘和監測潛艇活動至關重要。[37]

波斯灣的外海鑽探作業已經擴大——不是在阿拉伯或它附近的伊朗的沙地，而是波斯灣本身的水域。不過，在這裡，海上作業的目標不是石油，而是天然氣。長期以來，這個地區

---

❸ 俄羅斯的外海鑽探作業不僅限於北極地區：事實上，世界上最大的海上平台是位於俄羅斯太平洋沿岸的金鵰（Berkut）石油平台。儘管相關國家之間存在緊張關係，平台還是由來自俄羅斯、印度、日本和美國的企業集團出資金，說明了能源行業的動態相當靈活。

即以巨大的海上天然氣田而聞名。但在燃料的大部分歷史中，它一直受到天然氣開採必需與管道聯繫起來的限制。因此，多年來，天然氣一直是區域性燃料，通過輸送管道從開採現場運往鄰近國家——因此市場有限，覆蓋範圍也有限。

技術發展改變了這一點。液化天然氣（Liquefied natural gas, LNG）是已冷卻至華氏零下二百六十度（約攝氏零下一百六十二度）的天然氣，在這溫度下會變成液體。這種液體的體積比氣體小六百倍。[38]使得液化天然氣可以裝入貨櫃船，然後透過海路運輸。就在十年前，不到三成的天然氣透過海路運輸。到了二〇一八年，全球將近五成的區域間天然氣貿易，是透過液化天然氣油輪運輸的。[39]

這些天然氣油輪還是巨大的船隻。第一艘現代的天然氣油輪，名字就叫作〈甲烷公主號〉（Methane Princess）——長九百零八呎，能夠運載九百五十三萬二千九百一十二加侖天然氣。進步到今天，卡達的〈莫札號〉（Mozah）能夠運送七千零二十六萬九千七百六十五加侖天然氣。（在仍然奇異的、半管制的航運世界中，〈莫札號〉以卡達前任國王的配偶之名命名，由卡達國家擁有——但是在馬紹爾群島辦理「權宜旗幟」登記，則懸掛馬紹爾群島國旗航行。）

大部分天然氣流向亞洲，包括日本；日本長期以來一直是天然氣的主要進口國家，尤其從印尼進口。隨著印尼的天然氣田枯竭，日本正在尋找新的供應來源——可能透過輸送管從緬甸進口，也可能透過海路由波斯灣進口。日本仍然是對進口天然氣飢渴的國家；但是，二〇一八年，中國已成為全世界第二大的天然氣進口國家；而且飢渴值持續上升。[40] 從二〇一六年到二〇一八年，全球液化天然氣供應量增加了百分之二十八，中國吸收了其中一半的增加量。[41]

能源海洋

隨著天然氣的液化和透過海路運輸，本書完成了海洋在能源世界中日益占據主導地位的故事。

當然，這長期以來一直是故事的一部分。在第二次世界大戰後的幾年裡，沙烏地阿拉伯及伊朗的生產改變了全球石油市場。但是當然，石油必須從波斯灣運到市場，然後必須透過海洋送到市場，因此開始了油輪的故事。世界上第一艘油輪以桶裝貨。新的油輪從一九五六年蘇伊士運河危機及隨之而來的油價飆升中出現。[42] 與貨櫃化一樣，隨後發生在一九七〇年代的蘇伊士運河危機，刺激了更大型油輪的發展。

隨著規模的擴大，標準化的壓力也增加，就和貨櫃化的演進一樣。事實上，油輪運輸是現代散貨運輸規模增長的驅動因素。對於快桅集團／馬士基來說，服務海外市場的油輪運輸，實際上是該公司一九五〇年代和一九六〇年代增長的主要部分。東方海外貨櫃航運公司第一艘真正的大船並不是貨櫃船，而是他們於一九七四年下單訂購的〈海上巨人號〉。他們在一九七九年接收了這艘船，當時貨櫃革命正在興起。〈海上巨人號〉卸載時排水量八萬一千噸，裝滿油時排水量高達五十六萬四千噸。❹ 它有一千五百呎長——是有史以來建造的最長的船。作家諾爾・莫斯特（Noel Mostert）對油輪行業寫下史詩般的記述：「它們是有史以來最大的船隻，它們的大小尺寸堪稱是本世紀技術大膽的傑作之一。」[43] 在一九六〇年代和一九七〇年代，快桅集團／馬士基靠從沙烏地阿拉伯運送燃料到歐洲和美國，賺的錢多過其他任何部分的運輸業務。

因此，在過去幾十年裡，石油透過海路的流通是能源故事的重要組成部分。再加上外海石油的重大發現和石油生產的巨大擴張，而後是天然氣經由海路流通。到二〇一六年，全球超過四分之一的石油和天然氣供應是在外海生產的，主要分布在波斯灣、幾內亞灣（Gulf of Guinea）、北海、巴西、墨西哥灣和裏海。[44] 而且這種流通沒有放緩的跡象：自從二〇一〇年以來，全球發現的能源中有一半以上數量是在外海發現的。二〇一八年，有五十五個這一類的發現，占已發現液態和天然氣總量的七成。國際能源總署（International Energy Agency）預測，到二〇四〇年，外海天然氣產量將增加二十四兆七千二百億立方呎。同樣，美國海洋能源管理局（US Bureau of Ocean Energy Management）在二〇一六年估計，有九百億桶未發現的可採石油、和三百二十七兆立方呎未發現的可採天然氣，就在美國的大陸棚上。45

最後的結果是這樣的：世界上絕大多數的石油和天然氣供應，要麼是在海上發現的、要麼是透過海路運送到目的地的。海洋在全球能源貿易中的角色鮮為人知，但它們對全局至關重要。全球消耗的所有石油中有近八成在某個時候透過海路運輸。截至二〇一八年，近五成的天然氣也是透過海路運輸。46

而對中國來說，這都是嚴重的問題。47

能源安全和瓶頸

現在的能源像是市場商品一樣買來賣去，也像貨櫃船或散貨船上的其他任何產品一樣。

---

❹ 這艘船實際上是由希臘船東下單訂製的，原先的尺寸較小；但當這艘船的初期測試顯示穩定性存在問題時，他拒絕接船。董浩雲達成協議，接收了這艘船的所有權，並將它加長到後來的大小。這艘船在兩伊戰爭期間沉沒，但後來重新浮上水面、經過修理，用作燃料儲存船。

但政府不會像對待運動鞋、電視機或其他任何裝滿貨櫃船的東西一樣對待能源。原因很簡單：能源供應受阻會削弱它們的經濟。（能源供應也是大國的海軍和陸軍燃料動力的來源。事實上，美國武裝部隊是世界上最大的單一能源消費者。）對於相關政府而言，能源是一種戰略物品、並不是商業物品。

國家公司在能源領域的角色，強化了這一現實。媒體在報導能源議題時，往往關注美國獨立巨擘的角色，如殼牌或艾克森美孚，有時還有歐洲的獨立公司，如英國石油公司等。批評美國能源業的人士普遍認為，這些公司與政府關係過於密切，經常獲得優惠待遇。但按照世界其他地方的標準，它們其實與美國政府相距甚遠。因為在世界其他國家，石油公司實際上由政府擁有或控制。俄羅斯、中國、巴西、印度、沙烏地阿拉伯、卡達、挪威、印尼、委內瑞拉和日本都是如此。全世界九成的石油和天然氣儲量，都由國有公司擁有。能源的貿易和流通是政府和半政府實體的要務，遠遠超過市場的運作。

為什麼這很重要？因為能源實際上為人類所有的活動提供動力。農業方面，能源是化學肥料的重要投入，也是以產業規模收割農作物所需的機械之燃料來源；工業方面，燃燒化石燃料是鋼鐵和金屬製造商的必要成分；交通運輸方面，是石油消費的最大單一源頭；大多數國家透過燃燒石油、天然氣或煤產生熱源取暖；甚至如科技或金融等現代產業，這些行業需要大量電力，而在大多數國家，主要靠燃燒石油或煤炭產生電力。

對於世界使用能源的所有預測，都認為到二〇五〇年之前，石油和天然氣仍占世界能源的最大份額。事實上，世界對石油和天然氣的需求，在過去三十年一直增長，因為海上貿易使新的國家也能夠參與全球化。一九九〇年至二〇〇八年間，世界能源需求增長了五成。[48]因此，確保海上石油（現在是天然氣）的穩定流通，是世界各國政府最關切的重要問題。這就是為什麼美國在戰後時期專注於中東、以及為什麼從那時起一直介入中東事務——從許多方面來說，是過於介入。若說麻六甲海峽是貨櫃貿易的巨大而脆弱的瓶頸，那麼荷姆茲海峽就是能源流通的巨大而脆弱的瓶頸。

在戰後時期，美國海軍的部署方式旨在確保石油流通的關鍵瓶頸之安全——尤其是海法（Haifa）的第六艦隊和波斯灣巴林的第五艦隊。如同美國的部署要能夠保衛關鍵的咽喉要道，同時也意味著它可以將它們關閉。

所有這些都加劇了中國的「麻六甲困境」（Malacca Dilemma）。事實上，丹尼爾・耶金在他對現代能源產業的史詩般的力作《追尋》（*The Quest*）中指出，前中國國家主席胡錦濤，在伊拉克戰爭剛結束後，便開始關注麻六甲困境——當時中國認為這是美國採取緊縮政策的舉動，要增強它對中東能源供應的控制。北京對麻六甲困境的關切幫助中國推動「走出去」政策，鼓勵企業到海外投資石油和天然氣行業。

荷姆茲（Hormuz）海峽將波斯灣連通到廣闊的大洋，承載著全球約三分之一的海上石油貿易。此外，超過四分之一的全球液化天然氣貿易也通過荷姆茲海峽。[49] 大部分貨物是從沙烏地阿拉伯、伊拉克和伊朗輸送到亞洲、歐洲和非洲進口國家的石油。將荷姆茲海峽完全關閉，將會阻礙全球約百分之十七的石油供應——導致價格暴漲。[50] 中國的脆弱性尤為嚴重：二〇一八年，中國約四成的原油進口要通過荷姆茲海峽。

荷姆茲並不是唯一的能源瓶頸。麻六甲海峽也是向亞洲輸送能源的關鍵。它目前每天運送約一千九百萬桶原油和石油產品——對於燃料儲存、燃料混合和船舶加油非常重要。[51] 沒有簡單的替代路線可以避開麻六甲。位於爪哇和蘇門答臘之間的巽他海峽（Sunda Strait）是最近的選擇，但是對於大型船隻來說，它太淺太窄。龍目海峽（Lombok Strait）（巴厘島和龍目島之間）是最可行的替代選擇，但沒有足夠的基礎設施，又會增加航程時間，造成延誤和成本增加。

〔談到咽喉要道時，經常受忽略的是博斯普魯斯海峽（Bosporus Strait）——但如果是俄羅斯人，這是一個關鍵事實。正如耶金指出的那樣：「每天有超過三百萬桶俄羅斯和中亞石油通過它，穿過伊斯坦堡（Istanbul）中心。」❺ 相當了不起的是，俄羅斯石油和航運穿過這條通道的流動，仍然由相關各方根據一八〇九年簽署的達達尼爾條約（Treaty of Dardanelles）管理。〕

對這些海峽的依賴不會很快改變。國際能源總署估計，到二〇四〇年，每天將有近二千六百萬桶石油通過麻六甲海峽，每天也將有二千萬桶石油通過荷姆茲海峽。[52]

不過，並不是只有中國面臨此一兩難困境。日本也同樣依賴這些進口能源——事實上，中國有四成的進口能源通過荷姆茲海峽，日本的數量更是高達八成。印度則愈來愈依賴來自波斯灣的石油和天然氣。正如中國的能源增長，是過去二十年全球石油和天然氣市場的主要故事一樣，印度將主導未來二十年的需求。按照目前的速度，印度到二〇五〇年的能源消費增長，將占世界總消費增長預估量的四成。[53] 到二〇三〇年，印度將有大約九成依賴石油進口，其中大部分流經荷姆茲海峽。當美國海軍考慮對中國實施能源封鎖時，這些事實使情況更是大為複雜。[54]

*****

回到休斯頓，這些變化，而今沿著休斯頓航道，及附近的路易斯安那州建造的主要新石

❺ 摘自 Daniel Yergin, *The Quest*, 283頁，關於能源安全（及不安全）動態的變化，也可參見 Daniel Yergin, *The New Map: Energy, Climate and the Clash of Nations*（New York: Penguin Press, 2020）的生動描述。

油和天然氣出口碼頭中，都可以明顯看到。美國媒體和華府特區的政治菁英，普遍都在慶祝美國重新恢復能源淨出口國的地位。事實上，現在流行的說法是，由於美國現在是能源淨出口國，它已經「獨立」、擺脫波斯灣扣加在身上的弱點，不再需要擔心能源不安全；而且美國已有效地不再受到中東扼住咽喉要道的影響。

這是一個由兩部分構成的混淆。第一，它忽視了美國仍然進口大量石油的事實；沒有錯，美國進口的水平正在下降，但二〇一八年美國仍進口了七百九十萬桶石油，略低於中國的八百四十萬桶。來自波斯灣的石油是比以前少了，但排在加拿大之後，美國四大石油進口來源是墨西哥、沙烏地阿拉伯、俄羅斯和哥倫比亞——從伊拉克和奈及利亞的進口量也緊隨其後——美國根本不能不擔心任何一個石油供應來源的穩定性。第二，它忽略了石油在全球定價的事實：一個市場出了亂子，會立刻影響另一個市場的價格。因此，如果像沙烏地阿拉伯這樣的主要產油國被切斷、無法向海外出售石油，油價就會飆升。而像俄羅斯和沙烏地阿拉伯這樣的國家仍然可以非常有效地操縱世界石油價格。

*****

接下來，美國還有個非常不同的罩門，關聯到非常不同面向的從海洋中提取碳。無論在哪裡燃燒，石油和天然氣都會釋放出碳，這些碳重新進入大氣層，而且——正如大眾愈來愈了解的——重新進入海洋。這樣做會影響世界海洋的鹽度、溫度和體積——它們進而推動天氣和整體氣候發生變化。這些變化是美國無法隔絕的，無論它建造了多少堵大牆，感覺多麼安全，或者它多麼努力地試圖從全球化中脫身。

這將帶領讀者到海洋鹽故事的第二部分——非常不同類型的工程和海洋科學、伴隨著現代世界非常不同的國力問題。

第十三章　海洋學與國力

本書的大部分篇幅，已按時間順序瀏覽了歷史，現在需要展望未來。為此，值得簡要回顧一下，美國和英國皇家海軍在十九世紀中葉建立的海洋學。令人驚訝的事實是，正如美國海軍擴大從海底提取碳所需技術，所扮演的關鍵角色一樣，在了解碳排放進入大氣後產生後果的研究，也扮演關鍵角色。許多現代氣候科學都源於美國海軍贊助的早期研究，這些研究的焦點有三個有助於後續研究的面向：它讓世人有一個了解氣候科學這個極其複雜世界的角度；它凸顯了一項基本事實：早在一九六〇年代，最高階的決策者（包括美國總統）即知有關碳排放如何危及地球暖化；它點明了目前的科學建議：在北冰洋和南冰洋，氣候正面臨連續的激烈變化。

海洋學與國力：傑出紳士聯盟

斯克里普斯海洋研究所（Scripps Institution），這座標誌性建築物，是現代主義的玻璃和紅木大樓，從它的窗往外望，太平洋景色一覽無餘就在眼前。它建於一九六四年，位於加州拉荷雅（La Jolla），追本溯源，其前身是在一九〇三年，由斯克里普斯家族的慈善基金於聖地亞哥贊助成立的「海洋生物學會」（Marine Biological Association），愛倫・布朗寧・斯克里普斯（Ellen Browning Scripps）的貢獻尤其巨大。學會於一九一二年更名為斯克里普斯生物研究所，以紀念斯克里普斯，並成為加州大學（University of California）的一部分。它是美國第一個獨立的海洋研究中心，迄今仍然是世界最傑出的中心。❶

海洋學的基礎，通常與英國皇家海軍和皇家學會（Royal Society）關係最為密切。特別是讓人想到了一八三〇年代，把查爾斯・達爾文（Charles Darwin）送到南美洲的〈小獵犬號〉（HMS Beagle）、和一八七〇年代刻意出航，以了解更多深海知識的〈挑戰者號〉（HMS

❶ 與它並駕齊驅的伍茲霍爾海洋研究所（Woods Hole Oceanographic Institution），位於美國東岸鱈魚角（Cape Cod）附近，成立於一九三〇年。

Challenger）這兩大事蹟。這兩艘船收集了大量的生物、動物和海洋科學資料。說它們的航行是開創性的貢獻，絕非過譽之詞，特別是〈挑戰者號〉關於海底的發現，這些發現支撐了未來大部分科學，以及數據化世界所依賴的海洋電纜鋪設。從西班牙到俄羅斯，角逐全球大國地位的其他競爭者，也都參與了海洋研究。德國的〈流星號〉（Meteor）在一九二〇年代，穿越南大西洋不下十三次，收集了從鹽度水平到海底樣本的大量資料。在競爭激烈的十九世紀，海洋科學成為國際實力的象徵之一。[1]

但在〈挑戰者號〉之前三十多年，美國海軍為了在海洋探索的偉大遊戲中一展身手，自己發起大規模科學航行。[2] 美國的「探索遠征隊」（US Exploring Expedition）由海軍軍艦〈文森斯號〉（USS Vincennes）、〈孔雀號〉（Peacock）、〈海豚號〉（Porpoise）、〈海鷗號〉（Sea Gull）、〈飛魚號〉（Flying Fish）、〈俄勒岡號〉（Oregon）和〈救援號〉（Relief）組成，從一八三八年航行到一八四二年。這次遠征因為領隊查爾斯・威爾克斯艦長（Captain Charles Wilkes）行為有爭議，臭名昭著，遭到軍法審判而結束。然而，它把足夠的科學材料帶回美國，構成了史密松寧學會（the Smithsonian）〔編按：其為集合美國博物館與研究機構的半官方組織〕蒐藏的基礎。[3] 史密松寧學會對這次航行的描述，揭示出它的規模和雄心：

〔探索遠征隊〕縱橫交錯的大片足跡依然讓人嘆為觀止：它先向南到合恩角（Cape

Horn），從那裡折到南極、經南美洲西海岸，再到大溪地（Tahiti）和斐濟群島（Fiji Islands）和澳洲，從那裡到南極洲展開更廣泛的探索。遠征隊隨後返回澳洲和紐西蘭、斐濟和夏威夷群島，然後從那裡轉向另一個主要目標：太平洋西北海域（Pacific Northwest），以探索當地海岸、並加強美國對俄勒岡領地和舊金山灣的權利主張。接下來，船隊航行到馬尼拉、新加坡、繞過開普敦（Cape Town），回到紐約，結束了最後一段環球航行。[4]

這次航行貢獻了二百四十一張航海圖，以及無數標本、文物、圖畫和日記。不過，堪稱是最重要的貢獻，則是在繪製南極地區輪廓方面的成績，使世人認識到南極洲是一個獨立大陸，提供了許多證據。參加通稱為「Ex-Ex任務」的這趟遠征的科學家，在確定其輪廓時，也努力繪製出我們現在所稱的南冰洋的輪廓。

邁入二十世紀之際，美國在美西戰爭之後，及狄奧多・羅斯福和馬漢的影響下，開始更廣泛地進行具有當時帝國競爭特徵的研究、遠征和探索。隨著美國在加勒比海和太平洋地區取得殖民地，它的國際主義意識增強。這個時代的精神體現在類似賽亞・鮑曼（Isaiah Bowman）這樣的人身上。鮑曼帶領探險隊繪製了南美洲大部分地區的地圖，創立「美國地理學會」（American Geographic Society），並在凡爾賽和約談判期間向威爾遜總統獻謀畫策，畫訂歐洲國家新邊界。[5]

贊助科學研究，則為日益增長的國際主義發揮重要作用——其中海洋科學相當突出。❷當時最重要的海洋學家不是英國人，而是美國人馬修・方丹・莫里（Matthew Fontaine Maury）。除其他榮譽外，他還擔任過新成立的海軍天文台（Naval Observatory）（現在是美國副總統官邸）的負責人。莫里做了一系列海洋潮流動態研究，並仔細地繪製圖表。幾十年來，他的經典著作《海洋自然地理學》（*The Physical Geography of the Sea*）是所有國家的海員必讀作品，提升了他們的航海和科學知識。

斯克里普斯海洋研究所的成立，就在這個時刻。它很快吸引了來自世界各地的領先海洋學家，創新了教學課程，並駛出多艘研究船，其中一艘能進行深水海洋學研究。一九三六年，出自羅爾德・阿蒙森（Roald Amundsen）著名的北極探險隊中的研究主任哈拉德・烏爾里克・史維爾德魯普（Harald Ulrik Sverdrup）出任斯克里普斯海洋研究所所長。然後，和世界其他地方一樣，斯克里普斯也捲入了第二次世界大戰的大漩渦。這場戰爭進一步深化了華府國家安全機構、海軍和海洋學界之間的互動。

華德・芒克、海軍研究辦公室和衝浪科學

發動一場跨越兩大洋——以及在它們水面下——的世界大戰，這件事將證明對海洋科學反而是巨大福音。其影響之一是美國海軍成立了一個強大的研究部門。戰爭即將結束時，海軍成立了「海軍研究辦公室」，以繼續支持海洋科學，而海軍研究辦公室將成為美國科學的主要贊助人，並在戰後的二十年內保持這一角色。6

海軍想要了解海洋領域，或者世界上最大的海軍成為海洋科學的主要推動者，並不奇怪。但是，美國海軍在推動基礎科學研究方面的影響規模確實相當深遠。甚至皇家海軍的研究基礎設施，也只及得上海軍研究辦公室開發的一小部分。合作關係中最主要的參與者之一是華德・芒克，本書在前一章討論「莫荷計畫」時已提到他。他與海軍的第一次、就某些方面而言也是最重要的一次互動，發生在二十年前。

戰爭爆發時，芒克剛剛應斯克里普斯研究所的傳奇人物——哈拉德・史維爾德魯普所

❷ 有關世紀之交，形成美國國際主義中角色之豐富記錄的探尋和地理研究，請特別參見 Neil Smith, *American Empire: Roosevelt's Geographer and the Prelude to Globalization*（Berkeley: University of California Press, 2003）.

長的邀請，以博士生身分加入團隊。和其他同事一樣，芒克加入美國武裝部隊。他最初分派到路易斯堡（Fort Lewis）的美國陸軍基地，但是史維爾德魯普於一九四一年，要求將他召回，協助斯克里普斯和海軍剛成立的新合作專案，即「美國海軍無線電和聲音實驗室」（US Navy Radio and Sound Laboratory）。珍珠港遭襲的前一週，芒克在新實驗室工作，研究「聲音斷層掃描」（acoustic tomography）技術——了解聲波如何穿過海水移動，並使用這些聲波來繪製它們的流動圖。在那裡，芒克獲悉盟軍即將在北非登陸，但是盟軍對當地海浪情況了解不足，讓芒克相當震驚。於是他即刻投入研究波浪形成和時間的理論——他後來提及，這是關乎波浪、風和湧浪的研究。它將影響未來一個世代的學者。當時，它最重要的用途是幫助計畫諾曼第登陸作戰的時機。

戰後，海洋科學家享有充足的資源，主要由海軍研究辦公室資助。一九五〇年代海軍研究辦公室地球物理學分部負責人戈登・李爾（Gordon Lill）〔他與羅傑・李維樂（Roger Revelle）一起領導美國多樣性學會〕後來這樣描述它：「天空才是極限。我們勇於冒險嘗試。當時有很多東西、設備都是第二次世界大戰遺留下來的，唾手可得。你可以得到卡車，你可以得到吉普車，你可以得到飛機，你也可以得到輪船。幾乎你想要的任何東西，在某個地方都有一些多餘的庫存。你可以得到這些東西，然後把它運送到大學，讓科學界使用它。」[7]

芒克和他在斯克里普斯的同事，都善加利用這些奧援。他繼續研究波浪是如何形成的、以及它們在穿越海洋時如何行進和變化。波浪當然是由當地的風況、以及形成波浪的沿海大陸棚所塑形的精準結構。但芒克在他的研究中看到，這些局部條件只塑造了波浪行進方式的一小部分；那些跨越很遠距離的潮流，更大部分因素來自海洋的洋流——一個單一的波浪，可能始於遠離它們最終波峰有一個大陸之遙的動力。

芒克的這一系列研究，在一九五六年的一項著名研究中達到高潮，這項研究首次詳細展示了距斯克里普斯六千哩的南太平洋的海洋動力，如何影響遠至加州海岸的海浪形成。它成為芒克最受歡迎的應用基礎——衝浪者能夠預測世界各地的海浪漲起。但不僅如此：芒克對波浪傳送方面的研究，在很大程度上說明了聲波在海洋中移動時，如何受到海水溫度和密度的影響。由於聲波是一貫的，這成為測量海洋溫度變化的重要模式——芒克後來稱之為「氣候變遷的聲音」。8

國家安全決策者和科學家，在氣候科學形成過程中的這種重要相互作用，吸引了斯克里普斯研究所進行研究，其中最著名的是大衛・維克多，他是氣候、大氣科學和物理海洋學的兼任教授。在前一章已提過維克多，他具有一般能源和氣候學者沒有的罕見資歷。他在麻省理工學院拿的是政治學博士、而不是自然科學方面的專業，多年來他服務的主要學術機構是史丹福大學法學院。加州大學聖地亞哥分校將他從史丹福大學挖角，請他主持氣候和能源政策研究實驗室。他還是國家安全當局、菁英科學機構和政府資助單位，幾十年來相互作用

以打造氣候科學課程的學者。[9] ❸

海軍和斯克里普斯之間的合作在一九五〇年代更加深化。這時候，伍茲霍爾海洋研究所已於一九三〇年代在美洲大陸的另一邊建立，靠近鱈魚角，面向大西洋，它也與海軍一起合作重要的專案，特別是在聲納技術、和聲納用於跟踪隱藏在表徵海洋深度的不同水層之下潛艇的方法。但由於地理的原因，斯克里普斯更全面地進入了海軍科學研究的下一個關鍵階段——太平洋的原子試驗。

一九五〇年代中期，美國開始進行核武器實彈射擊試驗，主要是在西太平洋的小島和環礁上引爆。芒克是負責研究這些巨大爆炸的波浪效應的科學家團隊之一。他擔心水下核武器爆炸可能引發海嘯，而他為測量其影響所做的研究，為現在「美國國家海洋暨大氣總署」（US National Oceanic and Atmospheric Administration, NOAA）和其他機構提供海嘯預警的重要工作奠定了早期基礎。芒克還意識到，原子試驗代表了一個機會，可以在獨特的情況下研究波浪動力，以及透過波浪進行力和聲音的交流。大衛・維克多回憶說：「具有諷刺意味的是，這些在當時極具爭議的測試經過證明，對氣候科學非常重要。基本上，它們將一層放射性碳放入只有一種可能來源——熱核武器——的水中。因此，當看到這一層時，就可以判斷出正在檢查的水帶的年代。就像是海洋中的考古學家，突然間得到了這個非常強大的工具，能夠知道水帶的年齡，弄清楚水流是什麼。」[10]

從事這些研究的動機，也是為了理解自從一九三〇年代以來就一直讓哈拉德・史維爾德魯普和其他人著迷的一個現象：海洋化學如何影響洋流。他們知道鹽水從大氣中吸收碳。在這一世代的海洋學家中，有多少、多快以及產生的影響，只是一項科學好奇心、並非中心研究項目。但是斯克里普斯科學家對它的探索將證明它是最重要的科學研究路線。

從海洋學的早期開始，科學家關注的中心問題之一，便是海洋某一部分的洋流和風模式如何影響另一部分的運動。這是海洋的巨大謎題。因為與此同時，海洋表現出高度局部化和特定的變化，但所有海洋水域最終都會相互流入。就像把一罐油漆倒入威爾克斯角（Wilkes Point）的南冰洋，或夏威夷的太平洋，最後將在北大西洋、挪威海或印度洋的某個偏遠處發現一些痕跡。現在的氣候模型表明，海洋水的完整循環發生在大約一千年的時間裡。

在核子試爆的初期，大多數科學家認為，工業燃燒化石燃料所釋放的二氧化碳大部分仍

❸大衛也衝浪。他是一個閒不下來、奔走四方的人物，經常開著自己的雙螺旋槳飛機、或從聖地亞哥搭乘深夜班機，到處趕場參加會議、簡報或演講會。但當他在斯克里普斯研究所時，喜歡利用地利之便，盡情享受他真正的摯愛——衝浪。他並不孤單：他許多同事也經常偷空到海邊衝浪。走過斯克里普斯的走廊，可以看到許多辦公室的電腦和科學論文堆中，塞著一塊衝浪板，海邊校園的大門和架子上也經常掛著濕漉的潛水衣等候晾乾。

留在大氣中。芒克的同事羅傑・李維樂和漢斯・蘇斯（Hans Suess）在一九五七年的一項研究，對這一結論提出質疑。[11] 這份研究報告很簡短，只有九頁長，大部分為數學等式和表格，敘述了他們測量在碳酸氫鹽的外殼（如軟體動物、帽貝、鳥蛤等）以及海藻，所找到的碳之研究——就像科學家測量保存在木材和岩石中的碳一樣。他們注意到早期對海平面上升的研究，這些研究估計在此之前觀察到的大部分上升，可能是由自然發生的冰川融化造成的。但他們開始擔心所謂的「海洋混合」（ocean mixing）——深海寒冷、密度更大、鹽度更高的水，與表面比較溫暖的水混合，影響波浪模式的化學過程。他們得出一個驚人的結論：「從自工業革命開始以來，人工燃料燃燒所釋放的大部分二氧化碳，必然是由海洋吸收了。」[12]

這篇報告的結尾，描述人類參與的「大規模地球物理實驗」：他們指出，透過燃燒工業等級數量的化石燃料，「在短短幾個世紀之內，我們把儲存在沉積岩中數億年的濃縮的有機碳送回到大氣和海洋中。」[13]

對於李維樂和蘇斯來說，這與其說是對後來稱為全球暖化的擔憂，不如說純粹是種科學好奇。這項研究的大部分結論被丟到一邊，只呼籲要進行更多的研究。他們指出，未來幾十年可能會看到大量新的碳被釋放到大氣中。[14]

氣候變遷研究的轉折點，出現在稱為「國際地球物理年」（International Geophysical

Year）的一九五七至五八年。出於幾位美國科學家的構想，這一年科學合作的盛大實驗——它變得更加引人注目，是因為它恰逢冷戰最緊張的時刻。數十名蘇聯科學家與美國和國際同行，一起進行了第一次全球海洋研究。大衛・維克多回憶道：「突然之間，全世界各地出現協調一致的船隻和地面工作站，有系統的測量大氣和海洋進行。」這項研究改變了之前對於海洋和大氣如何相互作用來管控碳的理解。在種種發現中，還強調了測量溫度的重要性，不僅在靠近人類居住地的幾個分離地方，而且在整個海洋中，都要去測量。❹

斯克里普斯的科學家，也參與了碳與大氣之間相互作用的研究。最著名的研究是由斯克里普斯海洋研究所的查爾斯・大衛・基林（Charles Dave Keeling）在夏威夷的茂納羅亞天文台（Moana Loa Observatory）安裝了測量設備，並在南極進行的。他在夏威夷有系統地、定期地測試碳濃度水平。他觀察到當時所描述的全球碳濃度可能會上升。在隨後的幾十年

---

❹ 國際地球物理年的科學家，並不是唯一進行重要測量的人士。美國海軍也正進行重要的研究和測量，因為它發現自己幾乎在世界海洋的每一個渦流中巡邏。譬如，在北極冰層下追逐蘇聯潛艇時，美國海軍潛艇艦隊仔細、反覆測量了冰層的厚度。它的目的是在為跟蹤蘇聯艦隊之需提供訊息，但對研究海洋暖化對氣候的影響也具有重要意義。

裡，在茂納羅亞天文台測得的碳濃度穩步上升，稱為「基林曲線」（the Keeling Curve），是研究大氣層氣候變遷的基礎。

向總統匯報和氣候政策轉錯方向

回想起來，意識到芒克和李維樂及他們的同事，到一九五〇年代末期，對海洋中的碳和氣候變遷的作用之了解程度，實在令人驚訝。同樣令人驚訝的是，即使在冷戰的高峰時期，即使對蘇聯懷有極大焦慮，氣候變遷的跡象及其後果已經呈報到美國總統的辦公桌上。

它們把科學界與國家安全界及決策者聯繫起來。透過美國國家科學基金會和總統科學委員會的科學諮詢委員會，建立起此一聯結。一九六五年，包括芒克、李維樂和基林在內的幾位斯克里普斯領導科學家，聯合重量級氣候科學家，一起撰寫一份一九六五年總統科學諮詢委員會（Presidential Scientific Advisory Council）報告，向林登・詹森（Lyndon B. Johnson）總統匯報海洋和氣候的狀況。它描述了由不斷增長的碳排放模式，將會引起迫在眉睫的環境危機，並且主張除非方向發生變化，否則到二十世紀末可能會發生「可衡量的，也許是顯著的」氣候變遷。[15] 這是相當具有先見之明的警告。但沒有引起重視。詹森在那一年的注意力集中於越南戰爭的升高，以及他的「大社會」（Great Society）社會改革立法和計畫。

在一九七〇年代，美國每一位總統都受到進一步氣候變遷嚴重後果的警告。一九七三年的油價飆升，可能使總統的注意力集中在這個議題上，但那時美國完全深陷在如何從越南戰爭中脫身。一九七六年大選後，吉米・卡特總統的主要顧問詹姆斯・史勒辛格（James Schlesinger）和蓋斯・史佩斯（Gus Speth）在一九七七年警告說，環境問題日益惡化；如果不是受到一九七九至八一年伊朗人質危機此一軸心所左右，卡特在總統任上或許會聽進去。

然後，在一九八〇年代，從氣候政策的角度來看，美國與世界脫節。在國際上，世人愈來愈關注這個問題。甚至雷根總統的好朋友、大保守派英國首相柴契爾夫人（Margaret Thatcher）也關注氣候問題。她說：

> 對我們世界的威脅不僅來自暴君和他們的坦克。儘管不明顯，但它可能更加陰險。全球暖化的危險尚未被發現，但足以讓我們做出改變和犧牲，這樣才不會以犧牲後代為代價過活。我們齊心協力阻止或限制對世界環境的破壞的能力，可能是對我們作為一個世界共同體能走多遠的最大考驗。任何人都不應低估所需要的想像力、科學努力，或我們必須展示的前所未有的合作。我們將需要罕見的政治家領導力。[16]

不幸的是，雷根總統沒有這樣的政治家領導力。一九八八年，總統任期已到了尾聲，氣候政策出現一個最重要的時刻。當時美國太空總署科學家吉姆・漢森（Jim Hansen）向眾議院提出了驚人證詞，闡述氣候變遷造成的概略影響。[17] 白宮的反應則是試圖編輯修飾他的聲明（效果適得其反，反而引起更多的注意）。而雷根並沒花多少力氣推進認真的氣候政策，或甚至沒有作為。

在一九九〇年代，美國政治短暫地轉向更具建設性的立場。一向仔細分析的喬治・布希，在擔任雷根的副總統時，便一直認真看待氣候科學。他在競選總統時，承諾會儘早在氣候問題上採取行動。雖然他從未主辦過他曾經承諾的重大氣候會議，但他確實同意參加，一九九二年在里約舉行的具有里程碑意義的地球峰會。里約峰會啟動了在《聯合國氣候變遷綱要公約》（UN Framework Convention on Climate Change）框架內更深入的談判，最終結果是一九九七年簽訂了關於氣候變遷的《京都議定書》（Kyoto Protocols）。《京都議定書》規定工業化國家將排放量從他們在一九九〇年記錄的水平降低百分之五。柯林頓總統簽署了《京都議定書》，這是第一個旨在減少碳排放的全球條約。

然而，事後檢討，氣候外交在京都轉錯了方向；它排除掉主要的開發中國家的承諾。這個事看起來似乎非常公平——在一九九七年大氣中過量的碳總量中，九成是工業化國家排放的；那麼，讓這些國家在處理這個問題上承擔最大的責任是合理的。但它沒有考量即將發生的事——中國的工業化開始起飛。隨著成千上萬艘的散貨船將原材料帶入中國，再將它的工業化產品帶到西方市場，化石燃料的工業消費過程開始從西方轉移到東方。時間快速推進，到二〇一二年，中國的碳排放量占全球累積排放量增長額的七成三。[18] 基本上，西方已把它的碳排放量統統轉包給中國。

所以，京都外交留下了一個巨大的漏洞。接下來又出現第二個錯誤的轉折：布希的兒子小喬治・布希總統將美國退出了《京都議定書》。後來，歐巴馬總統在二〇一五年簽署《巴黎氣候協定》（Paris Climate Accords），將美國重返聯合國的氣候問題安排；但僅僅兩年後，川普總統又宣布美國退出。他的繼任者拜登（Joseph Biden, Jr.）則再度恢復美國參與協定。

簡而言之：從一九六五年斯克里普斯的科學家警告詹森總統：「我們正面臨一場環境災難」，到二〇二〇年，世界只有四年見到能源和氣候政策受到美國、歐洲和中國在內的國際條約的約束——到目前為止，它們是世界上最大的能源使用者、也是最大的碳排放者。

因此，排放量也就無法撼動地上升，上升，再上升。

由於政府並沒有對他們的發現採取政策行動，海洋科學家相當氣餒，一部分專家學者的反應則是想如何運用地球工程——即故意操縱大氣和海洋之間的化學相互作用，來管理海洋吸收碳的速度和影響。

就在這個時候，大衛・維克多應當時的所長羅傑・李維樂的邀請，第一次來到斯克里普斯。他回憶起一九九〇年在斯克里普斯與華德・芒克的第一次共進晚餐的經過。那是那個時期才會發生的那樣類型的聚會，現在已很少見。當時，某個特定領域的巨頭聚在一起，只是為了交換意見，討論他們腦海裡有什麼計畫想要進行。這次聚會恰好發生在伊拉克戰爭的同時，更具體地說，是在衝突中伊拉克軍隊要撤退、而放火燒毀科威特油田的那一刻。這一行動使科威特油田變成了噴火的地獄，從石油間歇噴泉中冒出的火似乎勢不可擋。美國科學家和工程師趕到科威特想辦法協助阻止大火。在斯克里普斯，那是科學家們當天晚餐聚會的談話主題。他們是最早轉向仍有爭議的問題的人士；他們討論起是否有可能操縱氣候，以減輕地球暖化的影響。日後，大衛回想起當天的經過：

會議中，許多人都在計算科威特石油大火對氣候的影響。但是會議的大部分時間都花在如何操縱氣候的問題上；這後來稱為地球工程學。羅傑〔李維樂〕想到了一個瘋狂的計畫，把聚苯乙烯泡沫塑膠球漂浮在海洋中，讓黑暗的水更光亮（從而增加反射性）。這個計畫因為幾個明顯的原因失敗。但其他人也有其他想法。有人想在海洋中傾倒鐵——某位先生利用午餐時間計算了一下，表明這可能會奏效，如果有適當的營養物質可以讓藻類開花、並從水中（從而從空氣中）吸收二氧化碳。瓦利・布羅克（Wally Broecker）也經常在斯克里普斯——他和華德〔芒克〕是上個世紀最優秀的海洋學家。那是當時的斯克里普斯——本世紀一些最有生產力的海洋學家的聚集地，可以自由交流思想。包括一些相當瘋狂的主意。19

然而，這一切都沒有走得太遠，部分原因是科學太笨拙，而且出錯的潛在風險非常大。僅舉一個例子；後來承認故意將冷卻劑引入大氣層可能性的研究，有潛在的副作用……全世界陷入核子冬天。

另外兩項工作更認真、更持久：一是深入研究海洋生物學；另一是大規模努力開發數據豐富的氣候電腦模型。

海洋生物學，或傑出女性聯盟

第一項是對海洋生物學展開認真和持續的努力——經由詳細而大規模的努力，繪製出由海洋供養的魚類、哺乳動物和植物生命在海洋化學變化下的影響。雖然像雅克．庫斯托（Jacques Cousteau）這樣的人物是參與這一階段工作的最著名人士，但也受到或許可稱之為非凡（且不是那麼溫柔）的女性聯盟的推動。其中最著名的是席爾薇雅．厄爾（Sylvia Earle），她對海洋的終身深情、願意打破性別障礙，以及對海洋生物學仔細記錄的奉獻，終使她成為第一位擔任美國國家海洋暨大氣總署首席科學家的女性。——當她在總署任職時，這個機構如果不是更重要的話、至少也是與海軍研究辦公室同等重要，是海洋學和氣候科學的主要贊助人。厄爾也是第一位成為媒體名人的現代海洋學家，主要是因為她參與了極為冒險的潛水探險。她鼓動、並成功地在世界各地建立了許多海洋保護區。她以說服谷歌（Google）的領導階層在他們開創性的地圖應用程式「谷歌地球」（Google Earth）中，加入海洋層面而著稱。[20]

厄爾本人還受到另一位重要的海洋生物學家瑞秋・卡森（Rachel Carson）的啟發。卡森寫了本有關土地遭到化學污染的書《寂靜的春天》（*Silent Spring*）而更為聞名。但她的第一部、也是可以說更重要的作品是《我們周圍的海洋》（*The Sea Around Us*）——優雅、甚至是輓歌意味十足的，關於海洋領域科學的書。雖然這本書記錄的大部分科學知識都已過時，但《我們周圍的海洋》仍居於世界海洋的規模範疇之中、深具意義和重要性而最引人注目的地位；席爾薇雅・厄爾為二〇一八年重新發行的版本撰寫導讀，她稱卡森「熱切描述了支撐地球上生命存在的宏偉過程」——更進一步，如同現代海洋生物學研究所揭示的，與海洋的健康息息相關。[21] 不妨看一下她描述地表的水、與下方更深的水兩者之間，相互作用時的開頭一段話：

> 在所有海洋中，沒有任何地方像地表水域那樣以如此令人眼花繚亂的豐富程度存在著生

> 命。從船的甲板上，可以一小時又一小時地俯視水母閃閃發光的圓體，它們輕輕脈動的身軀點綴在目光能及的水面。或者有一天，可能會在清晨注意到自己正穿過一片大海，海面已從億萬個微型生物身上呈現出磚紅色，每個生物都含有一個橙色的色素顆粒。中午時分，若仍在紅色的海洋中穿行，當夜幕降臨時，水面會發出詭異的幽光，這些幽光來自數十億和數兆相同生物的磷光。[22]

卡森的書也許仍是關於海洋科學中最好的、易於理解的說明，特別是關於海洋深水的漩渦、起伏的洋流與地表水相互作用的方式，她稱之為「一系列微妙調整的、相互連鎖的關係」，[23] 以產生光合作用，因而產生浮游生物，進而產生維持大部分人類生命的氧氣和蛋白質。（不過，她的記述並沒包含有關氣候變遷的警告。）

比較不是那麼出名、但堪稱是當代最有影響力的海洋生物學家是珍・魯布琴珂（Jane Lubchenco）。在哈佛大學獲得博士學位後，魯布琴珂轉到俄勒岡州立大學，擔任動物學系系主任。雖然她的研究範圍很廣，在近海海岸海洋生態學方面的研究，獲得經得起驗證的影響力。一九九三年，她獲得了著名的麥克阿瑟基金會「天才」獎（MacArthur 'genius' award）。[24] 後來在二〇〇九年，作為歐巴馬總統「科學夢幻團隊」的成員，她成為第一位擔任美國國家海洋暨大氣總署署長的海洋生物學家。❺ 二〇二一年，拜登總統任命她擔任高層職位，負責在白宮「科技政策辦公室」（Office on Science and Technology Policy）協調科學和氣候問題。

魯布琴珂和像她一樣的其他海洋生物學家，一起協助科學界和公眾，開始了解氣候變遷對世界環境的實時影響。這是一項專注於高度本地化、可見和可觸的努力；探討可以在人類尺度上感受到的海洋特徵。海洋學界的另一部分，則正朝著完全不同的方向發展。

建立模型者

如果說海洋生物學家在特定的、真實世界的環境中研究海洋化學變化的詳細、生動的影響，那麼海洋學界的另一派則走向了完全不同的方向——尋求將海洋和氣候建立為單一的、複雜的系統模型。海洋和大氣科學家，開始建構整個海洋的數學模型——即一般所稱的「全球環流模型」（global circulation models）。

大規模資訊科技的發展變化了海戰的世界，氣候科學也是如此。這是關於增加取得計算能力和大數據的故事。要運行複雜的地球物理系統的數學模型，需要非常大量的電腦計算能力。就在海洋科學界的一部分學者，轉向建立數學模型時，強大的計算能力也成為可利用的工具。多年來，計算能力的最大單一使用人是那些運行模擬核武器試驗的科學和國家安全界人士。其次便是建立氣候模型的學術界。

然而，數據仍不足。直到二十一世紀初，海洋溫度的測量仍令人難以置信相當片段。當〈挑戰者號〉和美國 Ex-Ex 任務的船隊，試圖測量海水溫度時，他們把水桶放進海洋中，把它其拉起，然後把溫度計插入水中。後來，科學家意識到，即使是水桶的性質也很重要——，皮桶、木桶和金屬水桶都以不同的方式影響採樣水的溫度。在一九八〇年代和一九九〇年代，科學變得更加精細，船隊採用精心建造的保溫桶取樣。但是，它仍然是片段的和局部的。

從二〇〇〇年左右開始，隨著所謂「阿爾果斯系統」（Argos system）啟動，情況變了。阿爾果斯系統從斯克里普斯啟動，在全球部署了將近四千個遙控的漂浮物。這些漂浮物遍布世界各地的海洋，提供有關溫度和鹽度近乎實時的反饋。一旦船將漂浮物放下，每隔十天，內部電池便會在漂浮物內部的儲液器和外部氣囊之間打油，使漂浮物往水底下下降一．二四哩。當它回到水面時，它會收集海洋特性的測量值。返回水面後，則使用衛星將資訊傳送到岸上的研究站。[25]

❺魯布琴珂曾經領導白宮團隊處理二〇一〇年「深水地平線漏油災難」（Deepwater Horizon disaster）造成的巨大環境影響——這是發生在墨西哥灣、全世界最大的石油鑽井平台起火和故障造成的災禍。

在第二階段，阿爾果斯還部署了許多自動操作的潛艇，它們可以潛入約二千呎的深度，首次從更深水域產生一條溫度一致的數據流。

現在有了大規模計算能力和大數據，建構模型人員可以真正開始研究所謂的「大氣環流模型」（general circulation model）。

不妨想像有一平方哩的地表水，或是一百呎深。它具有特定的化學性質和特定的鹽度。它有波浪、潮汐和洋流。它與陽光相互作用，有時透過雲層折射，並與整個大氣相互作用。想要簡單地描述那一平方哩的水之動態，已經需要多個變數、隨著時間的推移的相互作用。

現在潛進水裡去。在二百呎處，雖然溫度在下降，但化學性質和密度相似。這裡的水沒有表面波浪，但由上面的波浪和下面的水流推動。如果在三百呎、四百呎、五百呎深的水面下，去測量這一片海洋，相似的模式也會成立。

大約到六百呎時，海水的密度和化學性質開始有了變化。溫度突變層（thermocline layer）有它特定的動態。用通俗的字詞來說，稱為「暮光區」（twilight zone），雖然它比表面暗得多，仍有一些光線穿透這些水域。再往下深入一點：到三千呎；到一萬二千呎；到一萬八千呎；在某些地方海床變成海溝，最深可達到三萬三千呎。這正是在測量深底水域、一直到海底的更密集、更黑暗的動態。[6]

這時也需要往上升；為了結合與大氣的相互作用，大氣環流模型還需要「繪製」海洋表層水域上方的大氣。

現在，對這個一平方哩幅員的深度，有了非常詳細和豐富的描繪。它涉及數十萬條數據，這些數據傳達了從水面到深海的單一一個海洋切片的複雜圖象。但還需要對每平方哩的海洋，重複這個練習——全部面積是一億三千九百四十三萬四千平方哩。現在，模型中已有數十億條的數據。但這樣還沒完。

因為需要讓數據動起來。海洋不是靜止的。每一部分的海洋都在不斷地緩慢流動。地表風會產生「海洋環流」，它使大部分海洋以圓周運動（華德・芒克是繪製此一現象的第一人）。河流徑流改變了在它邊緣水域的化學成分，冰川融化也是如此。還有與海洋動植物生命的相互作用：當海洋底部的冷水和表層有陽光、溫暖的水混合時，浮游植物透過複雜的化學過程繁衍。魚類和海洋哺乳動物以這種浮游生物為食，並產生生物學家所說的「海洋雪」（marine snow）——基本上是魚糞——它們逐漸沉入海底，帶走大量化學物質。海洋的中間

❻這些水層的科學術語是：表層帶（Epipelagic）（陽光穿透之處，主要是沿著大陸棚）；中層帶（Mesopelagic）（有一些光線穿透）；半深海帶（Bathypelagic）（沿著大陸坡）；深海帶（Abyssopelagic）（俗稱深淵，沿著海洋盆地）；和超深淵帶（Hadalpelagic）（在深海海溝）。

層吸收了這些海洋雪，變得更重並沉入海底。底部水域的下沉，會將巨大的洋流推向各個方向，形成了瑞秋‧卡森所說的巨大的大陸環流。

現在既有了海洋及它與大氣相互作用的模型，便可以開始修補和測試。最重要的是可以測試，如果以上述現在正進行的相同速度，繼續向大氣中添加碳，或者如果減緩或加速這些排放，會發生什麼狀況。藉此可以模擬對海洋鹽度的影響，因為它吸收了碳，以及對溫度及其體積的影響——因為溫水比冷水需要更多的體積。

如果把所有這些加起來，再加上海洋生物學的詳細發現，將會學到什麼？

科學告訴我們什麼

首先，海洋是複雜的。它們不是單獨的系統，或與世界其他地方隔離開來；它們與大氣和冰凍圈（cryosphere）（科學家稱之為冰的世界）不斷發生化學相互作用。它們還與從陸地流入周圍海洋的河水相互作用。這些全都會影響特定水體的化學性質——它們的溫度、鹽度，以及組成地表水之中的碳和其他化學物質的混合。

它們也不斷地運動——不僅在表面動，而且在深流中也在動。而且洋流和表面以不同的速度和密度移動。深水和地表水的化學成分間的相互作用則是關鍵。這裡的一般模型是所謂的「熱鹽循環」（thermohaline circulation）——thermo 是指溫度，haline 是鹽。從人類的角度來從地表觀察大海和海洋，會看到風在移動波浪，最早對海洋的研究集中在波浪、風和湧浪之間的相互作用上。但現在已經了解到，這些大洋流的環流對於波浪、湧浪和風暴的模式要重要得多，而且更重要的是，對於海洋的整體鹽度和海平面上升，影響甚巨。

當大氣中的暖空氣與海洋表層水混合時，這個地區的二氧化碳與海水分子產生化學反應，生成碳酸。這會立即導致海洋吸收二氧化碳——基本上是從空氣中吸收二氧化碳、並進入海洋。海洋的二氧化碳容量比淡水高得多，因為它是鹹的。同樣，在深海中，大型碳酸鈣沉積物透過部分溶解它，來中和大量二氧化碳。經過一段長時間，實際上是幾個世紀以上，海底部的冷鹹水和頂部鹹度較低的水的混合，改變了水中鹽度、溫度和碳濃度的整體平衡。海洋寒冷的鹹水比溫暖、鹹度較低的地表水重，因此會沉入海底，形成寒冷、富含礦物質的「海底水」。數十億立方加侖的水下沉的力量，推動了世界各地的其他水域，導致水的循環——這種現象稱為對流（convection）。

這種現象在極地地區和北大西洋最為強大。在緬因州和加拿大海岸附近，地表水下沉至約六千五百呎的深度。在那裡，它們遇到了從北極圈流向南方的深水層。在地表水下沉之前，它吸收大量的熱量、碳和其他氣體，將它們拉到底部水域，然後再到海底。（數百萬年後，它們將變成現在從海底鑽探的石油和天然氣。）但在千年的時間框架內，要滲透到深水層，下沉的、富含碳的水必須與底部水體混合，一種稱為「深淵混合」（abyssal mixing）的化學過程。這些都全將極地地區濃密的冷水向南拉。

把上面這一切統統加起來，影響無比深遠。

出於一些不完全清楚的原因，數字「九十」在本書中反覆出現。近百分之九十的貿易通過海上運輸。超過百分之九十的全球數據通過海底電纜傳輸。還有：現在從龐大的海洋和大氣氣候模型得知，自從一九七〇年以來，全球海洋已經吸收了氣候系統中百分之九十以上的過剩熱量。26 在歷史時期，空氣中的碳濃度和水中的碳濃度必須達到平衡。這可能需要幾個世紀的時間，但在短期內，會產生不幸的影響。由於人類燃燒化石燃料，以此增加了排放到大氣中的二氧化碳量，二氧化碳被海洋吸收的速度很快，意味著這兩大區塊已經不平衡，目前海洋吸收二氧化碳氣體的速度，趕不上人類把二氧化碳廢氣排放進大氣層的速度。

*****

儘管迄今為止，美國政界未能對這些發現而認真回應，但自始即贊助基礎研究的美國海軍卻沒有掉以輕心。海軍領導層很清楚它在這裡面臨雙重風險。首先，它是第一線的軍種，必須處理世界能源瓶頸會發生的衝突。其次，它必須顧慮本身的能源安全——它是美國武裝部隊中最大的能源消費者，反過來說，它是世界上最大的單一能源消費者。

海軍已經採取多項措施作出回應。二〇〇九年，海軍部長宣布成立「綠色大艦隊」（Great Green Fleet）——這是向老羅斯福總統的「大白艦隊」致敬。海軍承諾到二〇一五年減少百分之五十的石油使用量，到二〇二〇年，它所消耗的所有能源中至少有百分之五十將來自非化石燃料來源。那一年，一支航空母艦打擊群的處女航，首次使用這種混合燃料，以及其他節約能源方法航行，來展示它的可能性。[27]

海軍還支持找出氣候變遷在它的各個責任區，會構成何種風險的政策研究。海軍上將塞繆爾・洛克利爾三世（Samuel J. Locklear III）在二〇一二年至二〇一五年曾擔任原名太平洋總司令部的最高指揮官。他稱氣候變遷是最有可能「削弱安全環境的威脅，可能比世人看到的其他情景更有可能」。[28]

二〇一九年，國防部對美國海軍基地面臨的海平面上升風險，做了一項研究。〔前一年，在佛羅倫斯颶風（Hurricane Florence）期間，雷瓊營地（Camp Lejeune）和陸戰隊櫻桃點航空站（Marine Corps Air Station Cherry Point）及陸戰隊新河航空站（Marine Corps Air Station New River）受到風暴大潮和洪水的重創。〕二〇一九年二月，它發布的報告指出，它審查了七十九個關鍵任務設施，六成七處於洪水風險之下，二十年後條件若是不變，這一數字將上升至百分之七十六。[29]

然而，即使是充滿傳奇色彩和傳統的機構，也無法完全擺脫政治壓力；二〇一九年底，在川普總統白宮的壓力下，海軍關閉了它的氣候變遷專案小組。

儘管如此，海軍和美國國家海洋暨大氣總署，繼續支持和維持一套海洋、大氣和氣候研究中心，這些中心繼續針對氣候變遷建立模型，並了解它的影響。

如今，海洋及與大氣相互作用的研究，已成為極其複雜的大型任務——它是現代美國國力最重要的產物，分布在由兩百多個機構、辦公室組成的合作網絡中，遍及許多國家的海岸。這是威爾克斯艦長和當年參與 Ex-Ex 任務的美國海員，無法想像的科學能力的大集合。

但儘管海軍和美國國家海洋暨大氣總署在這一領域表現出色，美國在海洋科學的全面主導地位已開始式微。二〇一七年的研究顯示，中國、伊朗、印度、巴西、韓國和土耳其的科學產出增長最為強勁，中國已是主要的新出版物來源。因此，各國不僅在爭奪海洋及其資源，且對海洋特性的科學研究的源頭也相互角力，這反映了世界政治的動態變化。現已經看到，其中幾個國家在海軍競爭中都涉及到本身利害，而且它們在氣候變遷中也會深受影響。

第十四章 暖化的海水日益上升

若說海洋學研究已開始擴展到西方之外，那麼各方感興趣的地點也開始散布開來。中國和印度這兩個擴張海上勢力的大國，特別注重的地區是安達曼海（Andaman Sea）——它位於孟加拉灣以東，與尼科巴群島（Nicobar Islands）的淺水區隔開，它的東部與馬來半島的熱帶森林相連呈長弧線形狀，故事就從這裡開始。

仰光吳丹故居

著名的現代緬甸歷史學家吳丹敏（Thant Myint-U）❶編註描述了這兩個亞洲巨人在他所謂的「亞洲的新十字路口」，爭奪資源和影響力的無數方式。[1]吳丹敏是個四處遊蕩的靈魂，在平常的日子很難定著於一地。他在仰光和曼谷之間來回奔波，經常去新加坡、紐約、倫敦和華盛頓旅行（通常穿著訂製的灰色西裝，似乎是董建華同一裁縫師傅裁製的）。與大多數人一樣，吳丹敏也受到了在亞洲週期初期即襲擊緬甸的冠狀病毒疫情影響，無法到處走動。

吳丹敏在疫病期間的大部分時間，都在一戶俯瞰仰光市中心的小公寓裡度過。大多數時候，他會沿著仰光的中央大道步行三哩，到殖民時期風格的一棟平房和四英畝的花園，那是他外祖父吳丹（U Thant）擁有的吳丹故居。吳丹是教育家、歷史學家、外交官，也是緬甸獨立後第一屆政府的部長，後來成為第一位來自開發中國家的聯合國秘書長。

吳丹敏繼承了他外祖父的一些遺產——一種氣質，倒不是顯貴子弟必具的氣質（緬甸的政治家世傳承並不重視土地財富），而是他內心深處對自己種族的信心，也深愛著自己的祖國。神秘的「國家恢復法律及秩序委員會」（State Law and Order Restoration Council, SLORC）❷譯註 以鐵腕統治緬甸，在這個政權逐漸沒落的時候，吳丹敏是第一個和它打交道的「局外人」。當時印度和中國之間陷入激烈競爭，他們都利用金錢和精明的外交來籠絡仰光政權。〔在新冠病毒肺炎（Covid-19）肆虐期間，中國早早就提供物資、建議、器材設備和財務支援給仰光政權。至於印度，運用兩國之間共同的歷史和文化遺產，印度總理納倫德拉・莫迪（Narendra Modi）訪問緬甸，並且對外大肆宣傳。〕

緬甸吸引中國和印度關注的特點有兩個：一是估計它在陸上和海上都有大量能源儲量；二是緬甸有個海岸線很長的安達曼海半島。從中國的角度來看，從陸路進入緬甸海岸，將為他們打開一條通往印度洋的新通道，繞過近海和麻六甲海峽——以及美國艦隊。但如果中國取得這條通道，將使印度海軍處於與解放軍海軍打交道的第一線。尼科巴群島是印度最遠的

❶編註：緬人一般有名而無姓，吳丹敏 Thant Myint-U 譯名中的「U」（吳），並非姓氏，而是緬人常見、但並非唯一的敬稱，原為「先生」或「叔伯」的意思。緬人取名時，有的會沿用父母或長輩的名，重名很常見，於是常在名前加敬稱，連同敬稱當作人名，以此區分同名者，若將敬稱後綴名字的形式寫成英文，敬稱便會置於後而變成姓氏了，這也是 Thant Myint-U 的「U」置於名後的原因。照理來說，Thant Myint-U（英文的形式）應譯為丹敏先生、U Thant（原來緬人名的順序）應譯為丹先生，但以中文譯緬人名時，為免重名混淆，會因循緬人將敬稱置於名前的習俗，連同敬稱一起音譯，故而出現許多以「吳」為姓氏的緬人名，為避免讀者誤將敬稱視為姓氏，特此說明。

❷譯註：一八八六年（清光緒十二年），中英簽署《緬甸條約》，中國承認英國對緬甸有支配權。一九四八年，緬甸脫離英國六十多年的殖民統治，正式取得獨立。一九六二年，尼溫將軍領導政變成功，實行獨裁統治。一九八八年，尼溫退居第二線，蘇貌（Saw Maung）將軍接棒，最高權力機關取名「國家恢復法律及秩序委員會」（State Law and Order Restoration Council, SLORC），繼續一黨專政。一九九七年，最高機關改名為「國家和平與發展委員會」（State Peace and Development Council）。二〇一一年三月三十日，委員會主席丹瑞（Than Shwe）將軍簽署法令，解散軍政府，由委員會成員登盛（Thein Sein）出任總統，成立文官政府繼續執政。二〇一五年，緬甸舉行二十多年來首次民主選舉，翁山蘇姬領導的全國民主聯盟獲勝，取得執政權，結束半個世紀的軍人專政。全民盟與軍方依據憲法組成政府，翁山出任國務資政。二〇二一年二月一日，軍人又發動政變，逮捕翁山蘇姬。

前哨基地，也是印度在中國海軍穿過麻六甲海峽後首先會碰上的地方。但兩國都躲不掉為戰略目的開發緬甸地理的挑戰——因為緬甸和尼科巴群島都面臨著氣候變遷可能帶來的破壞。在世界上最有可能因海平面上升和風暴頻率增加，而遭受嚴重傷害的地方中，孟加拉灣和尼科巴群島最有可能直面持續的、毀滅性的氣候變遷。

這樣的颱風於二〇〇八年五月一日來襲，官方定名為「極強氣旋風暴納爾吉斯」（Extremely Severe Cyclonic Storm Nargis）吹過孟加拉灣，淹沒了尼科巴群島的幾個島嶼，並加快速度疾行。它於五月二日襲擊緬甸西海岸。美國海軍／空軍聯合颱風預警中心（US Navy/Air Force Joint Typhoon Warning Center）估計它最大風速為每小時一百三十哩。它襲擊了伊洛瓦底江（Irrawaddy River）的低窪三角洲，將風暴浪潮推向了難以想像的內陸二十五哩地區。到早上，已有十三萬八千人喪生。

這不是孟加拉灣第一次遭到氣旋摧毀。[2] 納爾吉斯甚至不是近年來侵襲孟加拉灣的最致命的氣旋；一九七〇年，波拉氣旋（Bhola cyclone）橫掃孟加拉灣，在孟加拉國東部登陸，估計有五十萬人喪生。儘管如此，納爾吉斯氣旋造成的破壞規模仍十分巨大，改變了緬甸的歷史進程。災難過後，緬甸軍政府別無選擇，只能開放國門，接受數百個非政府組織和數十個聯合國機構進入賑災。它打開了西方金錢和影響力的閘門。

除其他影響外，它促使吳丹敏和他領導的非政府組織，將注意力集中在緬甸的另一個罩門上；不僅僅是來自它巨大鄰國的新「帝國」競爭，還有來自氣候變遷的壓力。

海平面上升和風暴浪潮已經夠糟糕了；但透過提前預警、規畫和調適措施，可以減輕對人類性命和經濟基礎設施的影響。但是吳丹敏看到緬甸也經歷不同的現象，季風降雨和沖積洪水的模式發生了變化；這種影響源自於地球南北極融化的海冰，和全球水域溫度和鹽度的變化兩者之間複雜的交互作用，目前世人對此一複雜作用已有相當的了解。

從緬甸有記錄以來的歷史，可以預見到季風洪水會在六月至九月期間襲擊「乾旱區」。從安達曼海和鄰近的阿拉伯海吹進來的水分，在喜馬拉雅山（Himalayas）的高地和緬甸北部山脈積聚。然後，風改變航向，將濕氣吹過東南亞的大洪水平原、恒河（Ganges）和伊洛瓦底江，在正常年分可以淹沒緬甸四成的陸地。這為種植水稻創造了必要條件——水稻是亞洲二十七億人主要的熱量攝取來源，在亞洲好幾個國家，水稻提供高達五成八的熱量攝取量。可是，降雨模式似乎正在發生變化。

緬因州東布斯貝港（East Boothbay Harbor）畢格羅海洋科學實驗室（Bigelow Laboratory for Ocean Sciences）和加利福尼亞州蒙特瑞海軍研究生院（Naval Postgraduate School, in Monterey, California）的研究人員，正進行一項非凡的海洋學偵探工作，揭示了一系列相互關聯的海洋現象的影響，緬甸正感受到這種影響。在畢格羅實驗室，一位名叫華金・荀士（Joaquim Goés）的學者獲得了太空總署的資助，利用衛星觀測葉綠素和海面溫度讀數，來繪製海洋中硝酸鹽濃度的地圖——這是太空總署對全球環流模型所貢獻的一部分。他的繪圖在阿拉伯海（相對於孟加拉灣和安達曼海位於東邊，阿拉伯海位於印度次大陸的西邊）發現了異常大量的浮游植物。這導致阿拉伯海持續變冷，受到冷的底層水上升流變化的影響。仔細的取證表明，上升流的增加與海洋上的風模式有關，而它們就是亞洲夏天季風模式變化的作用。進一步的研究顯示，歐洲和亞洲高地的降雪模式與季風模式之間存在很強的聯繫——早在一八八〇年代後期，就已經有這種聯繫的理論，但從未得到證實。[3]

因使用先進的氣候模型，研究團隊發現了清晰的模式：從一九九〇年代初開始，歐洲和亞洲的積雪覆蓋率下降，意味著這些大陸上空的空氣變暖，影響了喜馬拉雅山脈的冰川形成，從而影響了亞洲高地的集中雨量，它又影響了季風降雨的時間和強度，並導致洪水增多。在正常年分，多達四成的恒河和伊洛瓦底江三角洲因季風降雨而淹水，幾個世紀以來，當地居民在可預測的洪汎平原周圍，建立了農業和基礎設施。但在洪水年，多達七成的三角洲會因洪水汎濫，造成破壞性影響。在過去十年中，季風的時間愈來愈難以預測，洪水也愈來愈普遍。

對於依靠季風的可預測性來準備耕作的稻農來說，這種波動令人疲弱。許多人離開了乾旱地區，搬到了緬甸其他地方——實質上成為氣候難民。他們流落到緬甸歷史上由不同族裔居多數的邊緣地區，最近又遭五十多年的內戰撕裂。緬甸脆弱的年輕民主政府已應接不暇、努力對付頻率增加的氣旋和風暴浪潮的破壞、全球能源價格的劇烈波動，以及中國、印度和西方之間日益激烈的競爭。再加上水稻作物的生產力損失——水稻的生產和貿易占緬甸國內生產毛額的近一半——以及大量的國內氣候難民，吳丹敏開始擔心緬甸的政治制度可能無法對付得了。他說：「我擔心緬甸會成為世界上第一個因氣候而失敗的國家。」❸

影響所及不僅限於緬甸的五千六百萬人口。在緬甸西部，中國已經在若開邦（Rakhine State）投資數十億美元，要在蘭里島（Ramree Island）北端的皎漂（Kyaukphyu）興建輸油管和深水港。皎漂擁有天然良港，長期以來是緬甸和印度之間稻米貿易的重要前哨站。如果全面投入營運，這個港口將實現中國擁有相當於蘇伊士運河之利的夢想——一條將中國鐵路和貿易直接連接到印度洋的通道，繞過麻六甲海峽。但陸地政局的不穩定和海平面上升，威脅到這個計畫的成功機率。

這一切全都受到遠至北大西洋和南極地區的海洋動力的影響。從最大的意義上說，海洋是一體的，正如英國皇家海軍曾說的那樣；氣候變遷也是如此。正是基於這個原因，氣候變遷通常會當作「我們同舟一命」的問題，在邏輯上推動世界各國政府彼此合作。但同樣正確

❸這句話說在二〇二一年一月軍事政變之前，政變對業已動盪不安的情勢更平添人為危機。

的是，每一片海、和每一塊海岸都是不同的；氣候變遷在世界不同水域的表現也截然不同。各地變化不同的現實並未推動合作，反而是加劇了對海洋控制權的競爭。

各大洋與氣候

廣闊的海洋是海軍運作的場所和全球貿易體系，它們是魚類、礦物和能源的資源來源。世人逐漸了解、並透過海洋學和大氣觀測愈來愈證實到，海洋是氣候的關鍵穩定器，在人類生態中扮演關鍵角色。基於這個原因，且大於其他任何原因：海洋在其表層水域的最上方十呎內儲存的熱氣，比整個大氣層都多。[4]

比起孟加拉灣，其他更多地方的天氣模式更加密切相關。巨大的洋流在世界各地移動暖空氣，影響從北歐到南錐體〔編按：南美洲於南回歸線以南的地區〕的天氣模式。海洋還有助於在全球各地分配雨水：海水不斷蒸發，增加周圍空氣的溫度和濕度，形成雨水和風暴，然後由貿易風帶到世界各地。幾乎所有落在陸地上的雨都是從海洋開始的。

當涉及到聖嬰（El Nino）和反聖嬰現象（La Nina）的動態時，這一點最為重要——它們是橫掃太平洋降雨和溫度的主要模式，以把雨水帶到美國西海岸而聞名，但對於遠在撒哈拉沙漠以北地區的降雨模式也至關重要。氣候測量顯示，在過去的幾十年裡，兩者都變得更加多變和更加劇烈。5

當太平洋中部和東部赤道的水溫在長時間內（現在通常為三至五個月）高於平均水平時，便會產生聖嬰現象。這股暖流向東移動，將最強的熱帶雷雨移動到太平洋中部。這種風暴轉變改變了急流風的模式，在北美洲西北部和其他地方造成比正常溫度更高的冬暖，帶來了不尋常強烈的風暴。隨著風暴席捲美國，南方面臨比平均冬季更潮濕的天氣。聖嬰現象還會影響全球其他地區，導致澳洲的乾旱和野火，南美洲的洪水，印尼降雨量低於平均水平，甚至其他影響遠至東非和中非。

在過去一百年左右的時間裡，極端的聖嬰現象大約每二十年發生一次——但在下個世紀，預計它們將每十年發生一次。增加的原因是由於氣候變遷，東太平洋赤道有更多的水變暖——因此它比其他地區升溫更快，加速了聖嬰現象。預計它的影響還會擴大到更廣泛的區域：溫帶風暴將向兩極移動，進而造成風、降雨和溫度模式發生變化。6

這種新模式不僅與天氣有關；對農業也很重要。例如：聖嬰現象影響有多少雨水和冷空氣吹過加利福尼亞，以及隨後的美國中部平原。因此，它也會影響年平均氣溫。按照目前的模式，在接下來的二十年左右，將會上升〇・五到一度之間，然後在此後的五十年內再上升一・五到二度。

在美國成為世界金融領袖之前，它是世界工廠；在成為世界工廠之前，它是世界農民——全世界最大和最重要的食品生產商。美國的第一個財富來源是在美國中西部、占主導地位的大片小麥和玉米田，以及牛和豬。若將加州加入其中，它那青翠的黑土每年可以收成五次，使它更加盛產。這個龐大的農業生產不僅養活了美國的三億三千萬公民，還出口到全球各個角落，構成食品供應的堡壘，協助全球反貧困工作。

為什麼美國的農業生產力如此之高？因為在加利福尼亞平原和美國中西部，四月至十月（加州更長）之間的一般生長季節，平均氣溫在華氏六十九到八十二度之間波動。有些年分更熱，有些年分更冷，但平均而言，這就是它的溫度地帶。這恰好是小麥、玉米和大麥等作物生長最好的溫度範圍。（香蕉等其他作物需要更高的溫度，這就是它們主要生長在菲律賓和加勒比海地區的原因。）現在，如果想要立刻取得蛋白質，香蕉可以作為主食，但要建立現代經濟和現代農業系統，便需要可以大量種植、大量存儲，並轉化為牛和豬飼料的作物。簡而言之，會需要小麥和玉米，而美國生產大量的小麥和玉米——美國是世界上這兩種作物的最大生產國。那麼，如果美國的平均氣溫上升幾度會發生什麼狀況？簡單地講，農田作物的生產力急劇下降。從華氏七十三至八十二度的平均溫度帶轉變為七十八至八十七度的平均溫度帶，穀物和玉米的生產力會下降。[7]

另外還有其他進一步的影響。

海洋對碳的吸收及本身隨後的暖化，也推動了愈來愈多的海洋熱浪——每天海面溫度超過了過去四十年裡大約九成九的日子。它們的頻率增加一倍，變得更持久、更強烈、更廣泛。海洋表面和深海之間的密度差異也日益擴大——這意味著在海洋中垂直交流的熱、鹽度、氧氣、碳減少，營養物質也更少。與此同時，海洋失去了氧氣。[8]

在過去的兩個世紀裡，海洋的酸度也增加了三成。[9] 這有兩個影響。首先，動物更難茁壯成長，尤其是那些帶殼的貝類動物，它們將更難分泌和保有碳酸鈣。[10] 如果這些動物不能茁壯成長，可能會改變生態系統更廣泛的整體結構——最後影響到魚類繁殖。其中一些損失，可透過在靠近海岸地區的養殖業來補充，在某些地區，可以把魚類養殖場轉移到陸地。

海洋酸度上升的第二個影響是，它影響了寒冷的底層水與溫暖的表層水混合的速度。因為它改變了海洋的鹽度。鹽度對水密度的影響，在西熱帶太平洋和遙遠的北大西洋尤其重要。雨水會降低水的鹽度，而蒸發會增加鹽度。這種密度更大、鹽度更高的水會下沉。所以這一切全都可能影響「熱鹽循環」的動態——儘管它要經過很長一段時間。海洋化學變化的可能後果，把世人帶回到現代海洋學開始的地方——南冰洋。

政府間氣候變遷專門委員會（Intergovernmental Panel on Climate Change）二〇一九年發表的七百多頁報告《海洋和冰凍圈特別報告》（Special Report on the Oceans and the Cyrosphere）是國際科學合作的里程碑式成果，匯集了來自六十多個國家、數百名科學家的研究，有史以來最全面地敘述海洋在不斷變化的氣候中的角色。它的文字冗長而官僚，既反映了科學的嚴謹性，也反映了經過數十個政府關注審閱文本後的政治結果。甚至它提供給決策者的《總結摘要》也充滿了專業術語。但在技術細節中，新興的海洋科學界達成了日益增長的、不祥的共識性結論——想要了解不斷變化的氣候，關鍵在於海洋；但是跡象不妙。政府間氣候變遷專門委員會傳達的訊息，則是維持人類生命的大部分因素來自表層和深層水、以及海冰之間的相互作用；表層水和大氣之間的相互作用，反過來又影響了這種相互作用——而這種微妙的平衡，正日益受到地球暖化的威脅。這張複雜圖象中最令人擔憂的部分是海冰正開始發生變化。

用「舌頭」說話的冰川

科學界針對海洋這麼龐大的主題進行了數百項的研究，而且許多研究是同時進行的，但有些研究很少見光，有些則引起了注意，可是它的科學影響卻又往往只是曇花一現。不過還是有難得一見的研究，既能引起注意，又能經得起修正、評論檢驗的考驗。其中之一就是瓦利・布羅克（Wally Broecker）於二〇〇一年發表的短文，標題詼諧：「用舌頭說話的冰川，以及其他全球暖化的故事」（Glaciers That Speak in Tongues, and Other Tales of Global Warming）。[11] 他在文章中描繪北極和南極冰川消失的狀況。並指出，當時這種消失狀況最明顯的地方，在冰川層從大陸陸塊延伸到海洋的部位——即「冰川舌」（glacial tongues）。在那裡，冰川消退和大塊消失的速度，甚至比北極主要冰蓋或南極大陸上的還要快。在隨後科學家所謂的「冰凍圈」（海洋和冰川的冰世界）的研究中，這種現象的重要性日益增加。

從一九〇二年到二〇一五年，全球平均海平面上升了約六吋，而二〇〇六年到二〇一五年的上升率為每年一．四吋，是前一個世紀的最高速度，大約是一九〇一年到一九九〇年期間的兩倍半。[12] 海平面會如此上升是由兩種現象引起的。第一種是單純的海水暖化，因為它們從大氣中吸收了更多的碳。溫水比冷水占據的體積更大——不妨試想一下，把水裝滿鍋子三分之二的高度，然後把它放在爐子上燒；在煮開之前，熱水即會充滿鍋子。正因為如此，溫暖的海洋比寒冷的海洋占據更多的空間。就全球而言，全球平均海平面正在上升。儘管這裡的估計依賴於全球環流模型中極其複雜的計算，但現代已估算出，大氣暖化的因素占全球海平面上升的四成左右。

另外六成來自南北兩極海冰的融化。在北極，已有了詳盡的記錄和研究——長期而持續測量北極冰層——部分原因是蘇聯艦隊將潛艇停放在北極冰蓋下，以避免美國海軍偵測。因涉及美國海軍測量水平面和海底冰層的變化，追踪蘇聯潛艇動向，成為冷戰中最複雜和最危險的部分。這些科學的大部分文件，在一九八〇年代已公布，部分原因是為了激發民眾對氣候變遷更認真的關注。它形成了重要的基礎。但更重要的是海洋與南方冰川間的相互作用。

南半球大暖化

二〇二〇年二月六日，南極洲達到了有記錄以來的最高溫：攝氏十八・三度／華氏六十四・九度——與當天洛杉磯的氣溫大致相同。溫暖的氣溫從二月五日開始，一直持續到十三日。在這八天裡，冰融化相當明顯。以位於將南極洲與南美洲分開的德雷克海峽（Drake Passage）附近的鷹島（Eagle Island）為例，從鷹島拍攝的衛星照片，講述了這樣的故事：二月四日，鷹島大部分是白色的，衛星圖象中靠近海岸略有一些綠色區域。但在二月十三日，白點呈現片狀，只集中在中間。短短四天時間（從二月六日至十一日），鷹島就減少了四吋的冰層。[13]

南冰洋的大小和寒冷程度，在世界氣候系統中扮演關鍵角色，南極底層水對全球對流至關重要。這種沉重的鹹水密度非常高，以至於下沉到海底時，它會將數十億加侖的海水向北推入美洲的一側，直到北大西洋，在那裡產生大西洋經向翻轉環流（Atlantic Meridional Overturning Circulation），這個環流扮演關鍵角色，調節北美洲和歐洲的溫度；而在美洲的另一邊，產生洪堡洋流（Humboldt Current），而洪堡洋流和它產生的降雨襲擊了安底斯山脈（Andes），然後從那裡流入亞馬遜河，灌溉亞馬遜河流域和大部分的南美洲大陸。整體而言，超過十萬兆加侖的水（一百後面加十五個零），因南極底層水的下沉而透過環流移動。

底部的水也非常富有生產力。專門研究全球能源貿易的學者尼爾・莫斯特（Noel Mostert）指出：「南冰洋冷─暖─冷的分層，包含這些區域中最大、最豐富和最重要的區域。這個地區大部分的生產力都很高……事實上，其他地方的一些高生產力地區，直接受到南冰洋的影響，特別是從合恩角到赤道的南美洲西海岸，以及從好望角到赤道的非洲西海岸。南極的豐富資源由洪堡洋流帶到南美洲海岸，也由本格拉寒流（Benguela Current）帶到西南非洲……」──他列舉出好幾個世界上產量最高的漁業區。14

甚至在扮演這些關鍵角色之前，南冰洋就積蓄了迄今為止世界上最大量的二氧化碳，並將它保留在海底長達一千年。它是世界上最大的碳匯（carbon sink）。

因此，很明顯的事實：南冰洋從大氣中吸收的熱量和二氧化碳，比世界上其他海洋區域的總和還要多、或許多得不得了。因此研究顯示，南冰洋的溫度穩步上升，令人擔憂。15

全球氣候的每個模型都預測相同的現象，即世界的南北兩個極地·，將比世界其他地區暖化得更多、更快。這是由於雪將陽光和熱量反射到大氣的方式，發生了變化。在全年被雪覆蓋的地區，當明亮的表面比黑暗的表面反射更多的熱量時，便會產生反照率效應（albedo effect）。在地球上，雪將大約八成的陽光反射回大氣。相形之下，海洋的開闊水域儘管面積廣闊，但僅反射了百分之七。16 除極地外，那裡的冰蓋和海冰（直到最近）全年都被雪覆蓋。隨著大氣變暖，一些積雪融化，露出比雪更暗的地形。因此，兩極開始反射較少的陽光，周圍的海洋變暖，附近的海冰融化更多；循環加深後，形成一個反饋循環圈。正是這個過程導致北極冰蓋在四十年內融化了近四成。[17]

更令人擔憂的是南大冰洋的局勢。北極是海洋多於陸地，南極則相反，陸地多於海洋——因此反照率效應更大。另一個令人擔憂的問題是稱為「西部南極冰蓋」（West Antarctic Ice Sheet）的南極部分正在融化，它似乎像冰川舌一樣對氣候變遷做出反應。

當這些冰川舌遇到較溫暖的水時，便開始融化，在融化過程中，會將較溫暖的水吸到冰蓋上，削弱了冰蓋。這些曾經巨大無比的冰川舌變得愈窄、愈輕、愈短，這種現象就愈加嚴重，它們變得愈來愈弱，威脅到冰蓋本身的核心。主冰蓋不斷向外推向海洋，這些冰原現在已經變弱，無法抵抗，最終就會斷裂。更重要的是，冰蓋下方的深溝和殼體也存在溫水，削弱了它與海底和南極大陸主體的連結。

世人現在正看到破壞性連鎖反應的開始。「西部南極冰蓋」大部分位於海平面以下的陸地上，正向下滑動。因此，隨著南冰洋暖化，它與海底的冰塊直接接觸並將它融化，導致海平面進一步升高。

人類以前曾經歷過海平面上升和下降，但從來沒有這麼快過，也從來沒有這麼多人在海洋邊緣生活、工作和從事工業生產。根據二〇一九年的《世界海洋評論》（World Ocean's Review）的說法：

但稍一瞥視最近的氣候歷史，其表明了自從人類開始定居以來，海平面的上升速度從未像現在這樣快……這種令人不安的急劇增長，主要在兩個因素。一方面，世界上的冰蓋和冰川正流失大量的冰，由此產生的水要麼直接進入海洋，要麼經河流帶走。另一方面，世界海洋的溫度正在上升，溫暖的水比冷水膨脹、並占據了更多的空間。18

這會導致海平面上升多少？目前並不確切知曉。每個模型都有「誤差帶」——跨越最佳和最壞情況估計之間距離的數值帶。隨著北極和南極冰蓋融化的變數加進氣候模型中，這些誤差帶已經擴大。與其說是反映科學懷疑的量度，不如說是反映對潛在影響的規模之量度。在最低水平的假設下，格陵蘭島和南極冰蓋的消失將導致二一〇〇年全球海平面溫和上升，大約四吋——這是可控的上升，儘管上升水平仍會加劇風暴和風暴浪潮，產生巨大的代價。但是按照更高的估計，到二一〇〇年，冰蓋消失將增加大約兩呎——這一速度在現代世界中從未經歷過，而且將對生活在沿海地區的龐大人口構成巨大挑戰。19

適應、工程和競爭

這對地緣經濟和地緣政治具有什麼意義？

氣候變遷世界通常分為兩個主要的政策流派——減緩和適應。減緩是氣候外交和產業政策的世界——試圖限制碳、甲烷和其他關鍵氣體排放到大氣中的工作，以限制潛在的損害。緩解氣候變遷通常是合作的世界——受到意識所驅動——從長遠來看，大家同舟共命。

但適應是另一回事。即使今天的二氧化碳排放量為零，已經儲存在海洋中的熱量，將在下個世紀後繼續產生影響。海平面將繼續上升——不知道的是，它會在世界各地如何不均衡地上升多少、以及如何上升。

以海洋暖化對魚類種群的影響為例（由於過度捕撈已經危險地減少了漁獲量❹）。一般來說，較冷的水域更有利於捕魚；寒冷、富含礦物質的水域是浮游植物的理想繁殖地，浮游植物是營養排序中的第一條鏈，引領著大量魚類種群。世界上最大的漁場——洪堡（Humboldt）、大淺灘（Grand Banks）——出現在推高寒冷的底部水域以冷卻表層水域，或者水域因冰川和海冰融化、而變得更冷的地方。

如果海洋暖化，那麼海洋的生產力應該會再下降——就全球而言，這個估計是正確的：政府間氣候變遷專門委員會認為，未來幾十年全球魚獲淨潛力將下降高達二成四。[20] 但什麼地方會受到影響，卻存在重要差異。南海和東海原本已溫暖的淺海似乎將受到重創。但在北極地區，北極冰層的融化正在冷卻這些水域，導致已經是世界上浮游植物的重要來源地區的生產力大幅提高。北極海冰融化，在短期內冷卻附近水域，增加了政府間氣候變遷專門委員會所謂的北極「淨初級生產」（net primary production）——即浮游植物的總數量大量繁殖，產生了更多的魚類。在較溫暖的水域，情況正好相反，產量較少。[21]

政府間氣候變遷專門委員會海洋特別報告中，最強大的圖象是一張覆蓋了兩個測量值的全球地圖。第一是最大的漁獲潛力；第二是相關人群的飲食——橙色陰影（從淺到深）顯示一個國家有多麼依賴魚類作為動物性食物。[22]

將這兩組數據疊加起來，就會出現一幅清晰的畫面：在人口稀少的北極地區，可能是魚類生產力的最大淨收益，附近沒有太多人從那裡汲取漁獲，因而使北極變成最有吸引力的競

❹在紐芬蘭大淺灘附近的大西洋，底部水域的深冷海水上升流，長期以來形成世界上產量最高的漁場之一，對於鱈魚產量尤其重要，鱈魚在十八、十九和二十世紀是大西洋魚類供應的主力。到一九九二年，早在海洋暖化有可能影響魚類生產力之前，由於過度捕撈，加拿大鱈魚種群的估計生物量（biomass）已下降到它早期水平的百分之一。就全球而言，工業規模的捕撈已經消耗掉大約九成的開放水域魚類資源。參見 Brian Fagan, *Fishing: How the Sea Fed Civilization*（New Haven, CT: Yale University Press, 2017.）

爭場地，去爭奪魚類資源。相形之下，南海成為截然不同的引爆點：它是最有可能面臨大幅變暖和魚類資源減少的海域。數億中國人、日本人和東南亞人，居住在東海和南海一百哩範圍內，他們依賴那裡的漁獲提供重要的蛋白質來源之一。對於相關政府而言，確保他們能夠獲得這些魚類資源成為具有重大政治意義的問題。中國海軍第一次使用武力扣留靠近它的海岸的另一艘船時，他們扣留的不是美國海軍護衛艦或日本快艇，而是一艘菲律賓漁船，這是有原因的。

因此，在短期內，不斷變化的氣候正在創造贏家和輸家，以及競爭的動力——而競爭的焦點，則是誰最能適應氣候變遷的短期影響。

不同的效應

氣候變遷不僅會影響沿海國家賴以生存的食物，還會影響生活在沿海地區的人類生活。大約六億八千萬人（占二〇一〇年全球人口將近一成）生活在海拔不到三十三呎的沿海土地上。預計到二〇五〇年，這一數字將超過十億人。[23] 他們的生計將受到嚴重影響——再加上海平面上升、熱帶氣旋風和降雨量的增加，以及極端海浪的增加，可能會加劇海平面上升造成的問題，尤其是在海岸沿線。[24] 研究顯示，海平面上升四吋，會使另外一千萬人淪入洪水災厄。[25]

現在很容易想像海平面上升、風暴波動性和頻率增加，對土地和基礎設施的影響——看看最近颶風在密西西比州、佛羅里達州、德克薩斯州和其他地方造成的破壞，就心裡有數了。但是，反覆發生的沿海洪水，也會增加飲用水和廢水基礎設施故障的風險——使人類面臨病原體和有害化學物質的風險。[26] 街道和房屋中的積水，也會帶來蚊子等疾病攜帶者。[27]

此外，氣候變遷可能會加速沿海濕地的喪失，濕地有助於保護海岸線免受風暴和侵蝕的影響，並有助於緩衝海平面上升的影響。它們對於儲存碳也很重要——但在過去的一百年裡，由於人為的榨取、海平面上升、暖化和極端氣候事件，近五成的濕地已經消失。[28] 濕地的喪失加劇了回饋迴路。有個效應在大部分冰川較小的地區（如中歐、高加索、北亞、斯堪地納維亞、熱帶安底斯山脈、墨西哥、東非和印尼）出現，預計到二一〇〇年將失去目前冰量的八成以上。它將增加反照率效應，並增加整體暖化。[29]

美國東海岸特別容易受到氣候引起海平面上升的影響，因為它海拔低，海岸線下沉。[30] 美國沿海地區的洪水已經變得更加頻繁，截至二〇一六年，超過一兆美元的財產和基礎設施，面臨沿海洪水破壞的風險。[31] 自從二〇一〇年以來，北卡羅萊納州威明頓（Wilmington）的洪水最頻繁——每年四十九天；馬里蘭州安納波利斯緊隨其後，每年也有四十七天。[32] 威明頓、安納波利斯、桑迪胡克（Sandy Hook）和紐澤西州大西洋城，現在經歷洪水的頻率是一九五〇年代的十倍以上。[33]

接下來，風暴使情況變得更糟。「極端海平面事件」（如大洪水）在歷史上很少見，大約每世紀發生一次。即使氣候緩和，現在已預計在二〇五〇年前，它們將頻繁來襲（至少每年一次），特別是在熱帶地區。[34]

＊＊＊＊＊

但這一切的破壞，在很大程度上將取決於一個不同的因素：相關人口的財富狀況。這個時代的經濟、能源和海軍大國，是否選擇關心世界上較窮國家和人民適應氣候的影響？或者他們只專注於調整自己的海岸線，設計自己的海岸保護措施，並擴大漁業，以慌亂的心態經營，還是每個國家都自掃門前雪？

還是他們會看得更遠，關心海洋暖化、風雨模式的變化以及海平面上升，對世界窮國的生活、農業和生存能力的破壞性影響？他們會具備距今三十多年前瑪格麗特・柴契爾所呼籲的「罕見的政治家領導力」嗎？

這是一個讓世人跳脫權力領域的問題，涉及更廣泛的領導問題，以及如何看待權力與周圍世界之間的關係的問題。

結論

即使在漫長而黑暗的北極冬季，挪威特隆瑟市也充滿了海上活動，科學家、漁民和休閒船隻就在水道上穿梭。遊客來這裡不僅為觀賞北極光，也為參加地球最北端的電影節活動。電影節場地設在本市中央廣場，利用「藍色夜晚」全日露天放映電影。或許〈北極星號〉（RV Polarstern）研究船的先遣人員，早在二〇一九年九月出發前，即已抓住機會參加活動。畢竟，距離下一次看到陸地，還需要一年多的時間。

他們在緊張的世界中啟航，停靠在危機四伏的世界。當他們完成航行時，世界已經被頭兩波新冠病毒肺炎大流行（Covid-19 pandemic）搞得天下大亂。即使是在北極航行的船隻也無法逃脫疫情襲擊；直升機飛行員攜帶物資補給過來，確診呈陽性反應時，船上人員不得不進行檢疫隔離。然而，在世界動盪同時，他們也完成一場科學馬拉松。

航行是通稱「馬賽克」（MOSAIC）任務、全名「北極氣候研究多學科浮動觀測站」

（Multidisciplinary drifting Observatory for the Study of Arctic Climate）這一合作項目的核心。〈北極星號〉花了一年多時間，在靠近北極的極地冰天雪地中漂流。在探索時代，英國皇家海軍〈恐怖號〉（HMS Terror）和〈黑暗之神號〉（HMS Erebus）在這些水域航行，擔任約翰・富蘭克林爵士（Sir John Franklin）尋找西北航道（Northwest Passage）的不幸失敗、全員失蹤的船隊。挪威科學家佛里喬夫・南森（Fridjof Nansen）曾經駕駛他的木製帆船〈佛拉姆號〉（Fram）漂流過北極水域。但歷史上沒有一艘船像〈北極星號〉一樣漂流這麼久，離北極這麼近。在漂流過程中，船員在距離船體五十哩的範圍內，於冰蓋不同深度處安裝了遙控操作的測量設備，測量周圍水域。飛機在冰層上方空中頻繁讀取溫度讀數。在一年持續監測中，探險隊對北極海冰的性質和演變——其深度、化學成分，以及最重要的融化速度——最接近、最詳細、最仔細測量的觀察。

這個項目結果，涉及二十多個國家的科學合作，這些國家提供破冰船、支援船隊、飛機、直升機、衛星頻寬、電腦計算能力和研究人員。就其規模和雄心而言，馬賽克任務帶有冷戰時期全球研究合作的遺緒。這項任務並非由美國主導；事實上，儘管有些研究人員來自斯克里普斯研究所，但美國根本沒有擔任任何領導角色——這可能是自一九四〇年代以來，最大的全球科學探索活動，卻不是由美國領導。

它由一個商業大國領導，一個早已放棄海軍實力雄心的商業大國：德國。當〈北極星號〉

於二〇二〇年十月在不來梅港（Bremerhaven）停靠時，德國科學部長前往迎接，稱讚它對氣候研究的貢獻。當它出發時，德國外交部長海柯・馬斯（Heiko Mass）宣示德國的意向：「我們希望將北極保護成一個沒有衝突的地區，並且負責任地使用可用的資源。」[1]這是德國爭取在國際事務中扮演領導角色的更廣泛努力的一部分——但它的領導力是以外交、科學和合作來定義的。

德國的和平目標與同時增加賭注、加入此一海洋競爭新賽局的其他國家的動機，形成鮮明對比。[2]最引人注目的發展是一項協議，它使英國皇家海軍在亞洲的角色故事完整地繞了一圈：英國與印度海軍在二〇二〇年秋天簽訂一項協議。協議賦予印度——英國在十八世紀和十九世紀最重要的殖民屬地——有權進入英國海軍在印度洋很多舊有的基礎設施。[3]印度不滿足只依賴共享資源，它還在布萊爾港（Port Blair）以北三百哩的安達曼群島建立了一個新的海軍基地。[4]

北京對此暴跳如雷。但它也在深化它的海軍聯盟。當年稍早，它與俄羅斯和伊朗聯合舉行了有史以來最大規模的海軍演習（伊朗運作著一支龐大的艦隊，經常騷擾荷姆茲海峽的西方國家航運。）西方國家還以顏色，也舉行了冷戰結束以來規模最大的海軍演習，由美國航空母艦〈雷根號〉和〈尼米茲號〉為主，加上澳洲的〈堪培拉號〉（HMAS Canberra）兩棲攻擊艦和日本海上自衛隊的驅逐艦〈照月號〉（JS Teruzuki）。印度也透過簡稱為「四方」

（Quad）的外交機制加深了與這三個國家海軍的聯繫。

世界重新整合為軍事集團的意識開始加深。回到特隆瑟，歐拉夫斯文海軍基地正式重新開放營運。緊接著，美國簽訂「部隊地位協議」，允許它再次停靠在山裡的隱蔽洞穴中。美國核潛艇又回到了極北地區。

這一切都標誌著一個時代的結束：大國關係相對平靜的時代結束了，或許美國主導全球事務的時代也結束了。

駛向新時代

所以世人會發現，雖然進入到二十一世紀，卻又重新生活在某種十九世紀的動態關係中。現在正處於世界事務新時代的開端。但接下來事態會如何發展呢？

這本書遍歷海盜、海軍港口和極地冰蓋，揭示了即將到來的矛盾時代，正在世界海洋的膨脹中形成。美國對待世界的方式處於雙重時期，一是與海上貿易相關的沿海中心，及它支撐的投資流動和金融利潤，另一是與全球企業脫節的非沿海人口，它處於兩者之間依違兩難——事實上，兩者都遭到排斥、也對那些支持它的人在政治上不再抱有幻想。在這個時代，自然和經濟方面仍然深深地聯繫在一起，但對過於聯繫的感覺愈來愈感到氣惱——新冠病毒肺炎的經歷增強了這種敏感性。

這個即將到來的時代，將受到中國爭取全球海軍部署和美國反應的影響，堪稱是危險的舞蹈。海軍力量是美國霸權的婢女。中國爭取的，可能不是真正的全球力量，也不是美國目前享有的世界霸權；在中短期內，這不是可實現的目標。但中國肯定在追求反霸權：追求有能力阻止美國將其意志和模式，強加於中國事務和中國的扈從身上。中國正快速成為比美國更全面的海上強國，正投資於船舶和造船廠，以及支持其日益上升的海上力量之商業基礎——而美國近年來在很大程度上忽視了這一點。剩下的問題是它能否打造一個基地網絡，來支持全球海軍的後勤補給。它與巴基斯坦的聯盟、與伊朗的日益協調、與俄羅斯的「合奏」式安排，再加上它廣泛的民用、但可能具有軍民雙重用途的港口基礎設施網絡，正奠定實質和外交基礎。艾佛瑞德・塞耶・馬漢會認出中國所看到的世界。

即將到來的矛盾和對立時代，似乎沒有冷戰和冷戰後時代，過去所熟悉的那種清晰的權力等級，那種等級意識，鼓舞著美國人的高人一等的優越感（或者，更禮貌地說，是「領導地位」。）中國很快即將成為世界上最大的經濟體（按國內生產毛額計算），但美國將在一段時間內擁有更強大的軍隊。俄羅斯是強大的軍事和能源國家，但在經濟上卻是次中量級。日本的軍事能力不大，但潛艇艦隊和海軍陸戰隊是重要的例外，它們對中國的擴張主義，構成了主要的第一道障礙。以德國為主力的歐盟，商業和金融力量比美國小，但差異不大，可是它的海軍能力嚴重落後於商業力量，英國也是如此。印度在每個領域都是潛在的強國，但它的力量尚未在任何領域充分發揮。

事實上，印度在未來十年將做出的決定，其重要性將出奇地巨大。或許「出奇」用詞不夠恰當；畢竟它是世界上人口最多的國家，很可能很快就會超過英國成為第五大富國〔編按：印度已在二〇二二年九月超過英國〕。印度如何選擇管理它下一階段的能源增長，將是世界應對氣候變遷努力的核心問題。[5] 印度已開始大力推動海軍建軍；如果新德里當局繼續深化與西方海軍合作，那麼從孟加拉灣開始，印度海軍將成為中國尋求全球藍海布局的主要障礙。然而，令人驚訝的是，就印度經濟的所有規模而言，如果列出世界頂級港口，印度沒有一個進入前十名——也沒有任何一個進入前二十五名。這是一個指標——印度還未真正選擇向世界開放經濟。如果它決心開放，它將為重塑全球化開闢新的選擇。

衝突還是共存

在新冠疫情大流行開始時，總是渴望找到一個角度切入的媒體形成一種說法，認為疫情將改變一切，以後一切都不會一樣了。但是，只有當世人相信進入新冠肺炎的世界是沒有緊張局勢、謹慎管理其相互聯繫的世界時，這個論點才能成立。這本書揭示了非常不同的狀況。疫情已經鬧了一年多，說新冠病毒肺炎會改變一切，似乎是錯誤的。中美緊張局勢會緩和嗎？中國、日本、印度和其他亞洲國家是否會在他們的關係中找到新的禮讓和平靜？對全球化的政治不信任會消退嗎？氣候變遷會自行好轉、海洋會平靜下來嗎？差得遠咧！新冠病毒並沒有改變一切，反而放大了當今世界的核心緊張局勢——經濟和自然深度聯繫之間的尖銳矛盾，以及日益加劇的地緣政治不信任。

西方還發現，貨櫃航運帶給市場的一件事：全世界大部分個人防護裝備（personal protective equipment, PPE）的供應——其中大部分是在中國製造的。它增強了西方對擺脫依賴北京的全球化供應鏈——所謂的「脫鉤」（de-coupling）——的潛在政治興趣。但新冠病毒肺炎也告訴世人，如果要超越醫療設備等小型、重點突出的措施，脫鉤的成本將會十分高昂。在疫情開始爆發時，世界各國競相關閉邊界，又因郵輪成為「超級傳播者」（super-spreaders）的早期經驗而受到嚇阻，大家拒絕已經靠岸的貨櫃船船員下船。隨著封城鎖國的持續，它在全球航運中引發持續性的危機，船員在他們的船上隔離了幾個月的時間。它造成全球經濟供應大幅減緩——在美國主要是出現生活的不便，例如二〇二〇年春天衛生紙和自行車都短缺。但它也影響了蘋果公司 iPhone 和其他高科技產品、以及汽車零件的供應——它們都靠貨櫃船大量進口。[6] 在其他地方，情況更為嚴重——在德國，全球航運緊縮的連鎖反應，使德國在幾天內即嚴重中斷食品供應。當然，這一切都非常不合邏輯——巨型貨櫃船的少數船員在海上隔離數天或數週，極力配合檢疫隔離。但是，令人沮喪的是，新冠病毒肺炎告訴世人，即使面臨真正共同的全球挑戰，恐懼和不信任也會迅速淹沒邏輯和合作。

＊＊＊＊＊

全球化的巨大好處和若要逆轉它、必須付出巨大代價，加上所有國家的命運都息息相關的現實，使得世人很容易希望在應對氣候變遷這一畫時代的挑戰時，因循邏輯、而不是恐懼會占上風。相信將由有責任感的人領導，找到新的、比較不危險的方法來駕馭這個新時代；使分裂的問題可以由外交官、而不是驅逐艦來解決。另外一點也很誘人，伴隨著尋找替代性、可再生能源的壓力愈來愈大，遠離化石燃料，實際上將有助於美國和中國、以及其他國家，重新發現共同巡邏全球貿易要衝的共同利益意識，就像他們一起航行，以保護貿易免受海盜攻擊一樣。

也許是吧。但本書的闡述顯示，對新冠病毒肺炎疫情的反應也提醒世人，恐懼和不信任的舊模式，這股歷史上的強大力量，已再次展現。從共同的全球化和共同暴露在全球氣候變遷的危險中，正在進入新水域；但它們將是平靜水域的可能性小之又小。可能會找到有效降低碳排放量的方法，但在此一過程中，必須管好脫鉤和不斷加劇的不信任。

最大的恐懼一定是中國、美國和俄羅斯潛艇艦隊和飛彈系統之間，正在進行的令人擔憂的軍備競賽，從這些水域下方溢出，把這些相互競爭的國家扯進積極的戰爭，甚至可能侵蝕在氣候變遷問題上合作的前景。到目前為止，還沒有看到大國之間的緊張關係上升到直接軍事對抗的程度；但海嘯之前的潮汐拉力正在增強。

美國該如何應對

幾十年來，美國理所當然地認為它可以主宰世界事務；這種情況再也不存在了。如果美國想從優勢地位競爭，就必須就幾個既有現實進行全國對話。坦率地說，美國必須承認，全球化對美國經濟非常有利，但對美國政體卻相當不利。現狀無法維持。要麼付出巨大的代價退出全球化，要麼重新打造它——無論是在國際上，還是從國內受益者的角度來看。

美國必須清醒地意識到一個事實，已經深陷與中國的軍備競賽和全球海軍軍備競賽的泥淖之中——這不是在未來的事，而是已身在其中。這是一場充滿計算能力問題的競賽——一場在衛星爆發、海底感應器和人工智慧演算法中，獲勝或失敗的競賽，不僅只是船體對船體的戰鬥。這是很容易陷入戰爭的競賽，這場戰爭將付出毀滅性的代價去交戰，核子反潛作戰還會再次混入其中。到目前為止，美國和中國／俄羅斯的緊張局勢還沒有演變成徹底的敵對行動，但距離更糟的結果只有一步之遙。美國必須面對台灣帶來的嚴峻困境。

最後，必須認識到氣候變遷不是未來的威脅；這是目前的現實。可以肯定的是，應該集中力量，盡快減少美國的全國排放量。但也必須面對氣候調適的挑戰，這已經在大家身上，而且在未來幾年內將會繼續惡化——也許更加糟糕。

所有這些都表明，美國治國方略的巨大挑戰，是正視全球化與地緣政治之間的緊張關係。面對內部收縮和風險上升，一種選擇就是撤退。將亞洲的水域留給中國，在中國為全球力量投射建立基地和關係網絡時坐下來。那些沿著這些路線爭論的人，是基於幾個未經檢驗的假設：即結果將是一個和平的亞洲，或者亞洲的衝突將是有限的，不會影響世界其他地區；可以在沒有危機的情況下走那種狀態的途徑去；中國的野心會止於西太平洋。所有這些都是理論上可能的結果。但是證據對這種情境提出質疑。結果很可能是北亞（占世界國內生產毛額的五成的來源）持續緊張和危機，中國的全球野心和影響力增強，美國、以及更廣闊的西方國家持續喪失商業和外交優勢。

這並不是說，如果美國尋求保留深刻塑造世界事務的能力所帶來的優勢，它就可以在沒有巨大風險和低成本的情況下做到這一點。那些日子現在已經過去了。美國今後沒有輕鬆的選擇。但它確實有實力和優勢，可以圍繞著它們制訂國家戰略。

首先是建立新的海軍和計算能力的「聯盟」，建立在、但不限於「四方對話」之上。在近海地區，某種形式的「相互保證拒止」的安排，可以穩定地覆蓋貿易流動。此外，亞洲主要國家海軍之間更緊密的合作，是限制中國擴張和俄羅斯侵略的重要元素。重組後的北約，可以成為美國在北極和大西洋的實力的有用支柱。如果中國繼續擴大其影響力和野心，美國將必須建立一種「聯盟的聯盟」，把北約、歐盟、四方對話和其他國家的能力聯繫起來——所有這些國家都從貿易和能源的自由流動中獲利——以維護太平洋、北極、印度洋、南冰洋及其他地區的和平。7

其中的關鍵任務是保護海底電纜。這是潛艇和水面巡邏，以及技術合作的任務。如果西方要在人工智慧競賽和象徵新海上戰場（以及網路戰場）特色的「系統戰」中保持競爭力，這種合作將是至關重要的。拜登政府雖然沒有使用這些名詞，但顯然似乎傾向於打造這種新聯盟動態的某種版本——拜登總統的第一次國際會議（透過網路舉行）是四方對話首屆峰會層級的會議，這絕非偶然。❶

---

❶ 四方安全對話（Quad, Quadrilateral Security Dialogue）的四位領導人，以媒體投書（Op-Ed）取代傳統的峰會公報，他們表示抱持開放態度、歡迎其他志同道合的國家來參加。加拿大已經以四方加一（Quad+）形式參加了海軍演習，韓國也在探索與四方對話的海軍的一系列合作形式。

美國還必須促使它的盟國認真思考，如果中國發動軍事行動預備收復台灣，他們將如何反應。美國直接反應仍是一種可能性——但隨著中國加深它對近海的控制，這種反應的成本上升，成功的可能性降低，即使換上「多域作戰」或「空海一體戰」計畫的新說法也是一樣。更好地規畫「多地域的」回應——利用美國及其盟國持續的全球影響力，透過為遠離了海岸的北京製造風險和成本來嚇阻中國。基於遠距離封鎖的想法，美國及其盟友可以突出中國面臨的新困境——它在全球部署伸得愈遠，它的弱點就愈加廣泛。針對這些弱點施加壓力——從它在安哥拉水域的捕魚船隊、到它在荷姆茲海峽的石油利益，再到它在紅海的海軍基地——可能比在中國自己的海上後院對抗中國的風險要低。向中國展示美國和盟國的回應劇本具有可信度，是重要的嚇阻手段——因為美國政策的總體目標不應該是贏得戰爭，而是首先要避免戰爭的發生。

與此同時，美國必須解決全球化的贏家和輸家的問題。在這裡，撤退也是一種理論上的選擇——川普總統對中國徵收貿易關稅時曾經試過這一招。這是基本上不成功的策略，它對美國構成的成本比對北京的影響更大。❷ 只需要到紐澤西州伊麗莎白港的貨櫃檢查站瞧一瞧，即可知如果美國想要結束六十年來的全球經濟貿易，它必須改造多少的本國經濟。恰恰相反，美國應該重振它對全球化的參與，著重國內政策，以擴大美國在全球經濟運行中持續的巨大金融利益的分享。

關於氣候變遷：關鍵任務顯然是採取減少碳排放所需的各種計畫，並維持全球紓緩氣候變遷的合作。但除此之外，美國也應該正視調適的問題。在這裡，美國應該動員它的關鍵優勢——它具有世界一流的海事工程能力，以深海能源探勘為例，主要集中在德克薩斯州。很快，美國和世界其他地區都將需要大量先進的工程來對付海平面上升。到目前為止，只有兩個國家具備大規模供應它的能力：美國和中國，不過，美國擁有相當大的技術和管理優勢。誰來領導這個行業、以什麼條件領導，可能證明對下一輪的全球發展的影響，與當前圍繞中國「一帶一路」基礎設施的鬥爭，一樣重要——當然，中國的一帶一路投資，與它在全球海洋貿易的巨大利益密切相關。而在美國，對海事工程的重視，具有跨越藍州／紅州（編按：藍州指民主黨票倉，紅州則是共和黨）為貿易和全球化立場迥異的鴻溝的好處。除了加利福尼亞、華盛頓和維吉尼亞州之外，阿拉斯加、德克薩斯、佛羅里達和緬因州將是這種作法的重要受益者。

❷ 川普的顧問會告訴他有關卡努特國王（King Canute）的故事嗎？（馬士基的員工對他就很熟悉）。這位虛構的丹麥國王，坐在海灘上的寶座上，命令海潮停止流動。海潮並未聽從命令，於是他告訴臣子：「讓天下的人都知道，國王的權力是多麼的虛無和無價值。」

在所有這一切中，美國應該維持、慶祝並在必要時，重振它最重要、但罕有人知曉的優勢之一：它具有領先全球的海洋科學研究所和設施網絡。無論是在海軍領域，海洋生物多樣性和漁業的永續性，海洋中微塑料日益嚴峻的挑戰對這種永續性的威脅，深海礦產開採的新機遇，還是氣候變遷的根本基礎上，海洋科學仍然是國際領導力的基石，它們從帝國時代的初期開始就是如此。

*****

海洋曾經是人類生存的邊界；現在，它們是將要塑造二十一世紀的新競爭的最前線。除了極少數的人類之外，所有人都居住在陸地上，在陸地上工作，主要在陸地上與其他人互動。他們完全有可能過上富足的生活，從不涉足世界的海洋；很大一部分的人類終其一生，甚至從未看過大海。然而，海洋塑造了世人周圍的世界。人類時代的偉大鬥爭——軍事力量、經濟主導地位、氣候變遷——都在海洋上演。人類的安全、繁榮和環境都懸於一線。

註　解

第一部　來自未來的新聞

1. Simon Winchester, *Atlantic: Great Sea Battles, Heroic Discoveries, Titanic Storms, and a Vast Ocean of a Million Stories* (New York: Harper Perennial, 2010), 64-66.

第二章　外圍；或將美國邊境往外推

1. Fort Tompkins is located within the larger boundaries of Fort Wadsworth, the longest continuously operated military facility in the United States.
2. Port of New York & New Jersey, "2018 Trade Statistics," https://www.panynj .gov/port/en/our-port/facts-and-figures.html; "World | Top Export Data," World Integrated Trade Statistics, 2018, https://wits.worldbank.org/CountryProfile/en /Country/WLD/Year/2018/TradeFlow/Import/Partner/by-country#.
3. Port Authority of New York and New Jersey, "Capital of Commerce," accessed April 17, 2021, https://www.panynj.gov/content/dam/port/customer-library-pdfs /port-capabilities.pdf.
4. Adie Tomer and Joseph W Kane, "The Top 10 Metropolitan Port Complexes in the U.S.," Brookings, July 1, 2015, https://www.brookings.edu/blog/the -avenue/2015/07/01/the-top-10-metropolitan-port-complexes-in-the-u-s/.
5. Quoted in Michael Donner and Cornelius Kruk, Supply Chain Security Guide, Transport Research Support program, World Bank/Department for International Development, http://documents1.worIdbank.org/curated/en/8626 01468339908874/pdf/579700WP0SCSlG10Box353787B01PUBLICl.pdf, p. 27. The World Bank report provides exhaustive detail on CSI and other mandatory and voluntary trade protection programs globally.
6. "USCG extracts NOAD information from SANS to assess risk to vessels arriving or departing from a U.S. port and to identify vessels, as well as individuals associated with those vessels that may pose a safety or security risk to the United States. This information allows the USCG to facilitate effectively and efficiently the entry and departure of vessels into and from the United States and assist the USCG with assigning priorities while conducting maritime safety and security missions in accordance with international and domestic regulations." United States Coast Guard, "Privacy Impact Assessment Update for the Vessel Requirements for the Notice of Arrival and Departure (NOAD) and Automatic Identification System (AIS) Rulemaking," DHS/USCG/PIA-006(b), Department of Homeland Security, April 28, 2015.
7. For Maersk's official press release on the attack, see: https://investor.maersk.com /news-releases/news-release-details/cyber-attack-update.
8. Andy Greenberg, "The Untold Story of NotPetya, the Most Devastating Cyberattack in History," *Wired,* August 22, 2018, https://www.wired.com/story /notpetya-cyberattack-ukraine-russia-code-crashed-the-world/.
9. Ibid.
10. Ibid.
11. Doug Macdougall, *Endless Novelties of Extraordinary Interest: The Voyage of H.M.S. Challenger and the Birth of Modern Oceanography* (New Haven: Yale University Press, 2019), 68-73.
12. Calculations by the author, based on Andrea Murphy et al, "Global 2000 - The Worlds Largest Public Companies 2020," Forbes, May 13, 2020, https://www .forbes.com/global2000/, and the categorizations of Sean Starrs, "American Economic Power Hasn't Declined—It Globalized! Summoning the Data and Taking Globalization Seriously," *International Studies Quarterly* 57, no. 4 (December 2013): 817-30. Starrs separates banks and insurance companies from Forbes s larger category of financial services, meaning that this category consists largely of investment services and consumer financial services.

第三章　繪製今天的世界

1. Roger Crowley, *Conquerors: How Portugal Forged the First Global Empire* (New York: Random House, 2015), 43-44.
2. Alfred Thayer Mahan, *The Interest of America in Sea Power, Present and Future* (Boston: Little, Brown, 1897), 124.
3. In a major recent study, the historian Andrew Lambert argues that only a small number of states in history have actually generated their power by the seas, as opposed to projecting power onto the seas; and married that to a maritime culture and republican values. Only this small number of states—of which Venice and Britain are his key exemplars—deserve the term "seapower"; he removes the hyphen to accentuate the point. See Andrew Lambert, *Seapower States: Maritime Culture, Continental Empires, and the Conflict That Made the Modern World* (New Haven: Yale University Press, 2018). Other scholars place less emphasis on culture and governance structure, and look more to the interplay between state management, naval power, and naval projection.

4. Jonathan Clements, *A Brief History of the Vikings: The Last Pagans or the First Modern Europeans?* (New York: Carroll & Graf, 2005), chs. 2, 7. Also Simon Winchester, Atlantic: Great Sea Battles, Heroic Discoveries, Titanic Storms, and a Vast Ocean of a Million Stories (New York: Harper Perennial, 2010).
5. Edward A. Alpers, *The Indian Ocean in World History* (New York: Oxford University Press, 2013), 28.
6. William J. Bernstein, *A Splendid Exchange: How Trade Shaped the World* (New York: Atlantic Monthly Press, 2008), 94-95.
7. The archaeological evidence now suggests at least some limited commerce between the Malay and Islamic coasts of the Indian Ocean for as much as seven centuries before the arrival of the Portuguese. See inter alia Alpers, *The Indian Ocean in World History.*
8. Mark Cartwright, "Trade in Medieval Europe," in *Ancient History Encyclopedia,* January 8, 2019, https://www.ancient.eu/article/1301/trade-in-medieval-europe/.
9. Jack Turner, *Spice: The History of a Temptation* (New York: Knopf, 2004), xii.
10. Crowley, *Conquerors,* 12.
11. James Stavridis, *Sea Power: The History and Geopolitics of the World's Oceans* (New York: Penguin Press, 2017), 55-56.
12. For more on the connection between naval and global power, see George Modelski and William R. Thompson, *Seapower in Global Politics, 1494-1993* (Houndmills, UK: Macmillan Press, 1988).
13. Quoted in Alpers, *The Indian Ocean in World History,* 5.
14. Crowley, *Conquerors,* 51-52.
15. Alpers, *The Indian Ocean in World History,* 63.
16. For an overview of the competing theories on their size, see Christopher Wake," The Myth of Zheng He's Great Treasure Ships," *International Journal of Maritime History 16,* no. 1 (June 1, 2004): 59-76, https://doi.org/10.1177/084387140401600105.
17. Louise Levathes, *When China Ruled the Seas: The Treasure Fleet of the Dragon Throne, 1405-1433* (New York: Oxford University Press, 1996).
18. In *Empires of the Weak: The Real Story of European Expansion and the Creation of the New World Order* (Princeton, NJ: Princeton University Press, 2019), J. C. Sharman highlights that the major Asian empires of the fifteenth century—the Chinese, the Ottomans, the Mamluks—were at least as sophisticated as their puny European counterparts. Certainly the ships sailed by Zheng He's Treasure Fleet were significantly more advanced than anything sailed by the Europeans at the same time. But the Asian empires, on the whole, chose not to develop their capacity for seafaring and focused their empire building inland in their own territories and their land neighbors. Europe was able to dominate them from the oceans in part because they did not contest them on land. Only in the early nineteenth century did this begin to change.
19. Bernstein, *A Splendid Exchange,* 101.
20. Edward L. Dreyer, *Zheng He: China and the Oceans in the Early Ming Dynasty, 1405-1433,* Library of World Biography (New York: Pearson Longman, 2010), 192.
21. See, for instance, Paul Musgrave and Daniel Nexon, "Zheng He's Voyages and the Symbolism Behind Xi Jinping's Belt and Road Initiative," *The Diplomat,* December 22, 2017, https://thediplomat.com/2017/12/zheng-hes-voyages-and -the-symbolism-behind-xi-jinpings-belt-and-road-initiative/.
22. Bruce Swanson, *Eighth Voyage of the Dragon: A History of Chinas Quest for Seapower* (Annapolis, MD: Naval Institute Press, 1982), 43.
23. Crowley, *Conquerors,* 52.
24. Bernstein, *A Splendid Exchange,* ch. 7.
25. Arthur Herman, *To Rule the Waves: How the British Navy Shaped the Modern World* (New York: Harper Perennial, 2004), xvii-xviii.
26. Dag Avango, Per Hogselius, and David Nilsson, "Swedish Explorers, In-Situ Knowledge, and Resource-Based Business in the Age of Empire," *Scandinavian Journal of History* 43, no. 3 (May 27, 2018): 324-47, https://doi.org/10.1080/03468755.2017.1380923.
27. For an overview of the scramble for Africa, see Thomas Pakenham, *The Scramble for Africa: White Man's Conquest of the Dark Continent from 1876 to 1912* (New York: Random House, 1991); On Belgium's colonial brutality, see Adam Hochschild, *King Leopold's Ghost: A Story of Greed, Terror, and Heroism in Colonial Africa* (Boston: Houghton Mifflin, 1998).
28. Lincoln P. Paine, *The Sea and Civilization: A Maritime History of the World* (New York: Knopf, 2013), 377.
29. Sven Beckert, *Empire of Cotton: A Global History* (New York: Knopf, 2014), ch. 6.
30. Eric Hobsbawm, *The Age of Empire: 1875-1914* (New York: Vintage, 1989), ch. 2.
31. Erika Monahan, *The Merchants of Siberia: Trade in Early Modern Eurasia* (Ithaca, NY: Cornell University Press, 2016), 1.
32. The Dutch established the Dutch East India Company (also known as the United East India Company, or in Dutch, the *Vereenigde Oostindische Compagnie,* VOC) in 1602.
33. Om Prakash, *European Commercial Enterprise in Pre-Colonial India* (New York: Oxford University Press, 1998), ch. 3.

34. Bernstein, *A Splendid Exchange,* 215.
35. William Dalrymple, *The Anarchy: The Relentless Rise of the East India Company* (London: Bloomsbury, 2019).
36. William Dalyrmple, *White Mughals: Love and Betrayal in Eighteenth-Century India* (New York: Penguin Books, 2004).
37. Sharman, *Empires of the Weak.*
38. Adam Tooze, a celebrated historian of the interwar period and the author of *The Deluge,* spoke to this theme during a public debate with Robert Kagan, "World Order Without America?," Brookings Institution, November 13, 2018.
39. Niall Ferguson, *Empire: The Rise and Demise of the British World Order and the Lessons for Global Power* (New York: Basic Books, 2004), 83.
40. A fine history of first the Ottoman and then the Turkish, British, and French rivalry that reshaped the Middle East into its modern form is to be found in Jason Goodwin's *Lords of the Horizon: A History of the Ottoman Empire* (New York: Henry Holt, 1998).
41. Weimin Zhong, "The Roles of Tea and Opium in Early Economic Globalization: A Perspective on Chinas Crisis in the 19th Century," *Frontiers of History in China* 5, no. 1 (2010): 86-105, https://doi.org/10.1007/sll462-010-0004-0.
42. Bernstein, *A Splendid Exchange,* 294.
43. The essential account of this trade and the dynamics of British, American, and European contestation with the Qing emperor during this period is Stephen Platt's *Imperial Twilight: The Opium War and the End of China's Last Golden Age* (New York: Alfred A. Knopf, 2018).
44. Platt, Imperial Twilight, ch. 13; Jonathan Fenby, *Modern China: The Fall and Rise of a Great Power, 1850 to the Present* (New York: Ecco, 2008), 9.
45. Peter Auber, *China: An Outline of Its Government, Laws, and Policy, and of the British and Foreign Embassies to, and Intercourse with, That Empire* (London: Parbury, Allen, 1834), 200.
46. Bruce A. Elleman, *Modern Chinese Warfare, 1795-1989* (London: Routledge, 2001), 18-20.
47. Swanson, *Eighth Voyage of the Dragon,* 72.
48. Peter C. Perdue, "The First Opium War: The Anglo-Chinese War of 1839-1842," MIT Visualizing Cultures, 2011, https://visualizingcultures.mit.edu/opium_wars _01 /owl _essay03 .html.
49. Quoted in Platt, *Imperial Twilight,* 344.
50. Perdue, "The First Opium War."
51. Song-Chuan Chen, *Merchants of War and Peace: British Knowledge of China in the Making of the Opium War* (Hong Kong University Press, 2017), 114.
52. Platt, *Imperial Twilight,* xxii-xxiii.
53. For explorations of the naval dimensions of the Anglo-French rivalry across the eighteenth and nineteenth centuries, see, for instance, Charles M. Andrews, 'Anglo-French Commercial Rivalry, 1700-1750: The Western Phase, I," *The American Historical Review* 20, no. 3 (1915): 539-56, https://doi.org/10.2307/1835856; C. I. Hamilton, *Anglo-French Naval Rivalry,* 1840-1870 (New York: Oxford University Press, 1993); Matthew S. Seligmann, "Britain's Great Security Mirage: The Royal Navy and the Franco-Russian Naval Threat, 1898-1906," *Journal of Strategic Studies* 35, no. 6 (December 1,2012): 861-86, https://doi.org/10.1080/01402390.2012.699439.
54. For a broader overview of French imperialism, see Raymond F. Berts, *Tricouleur: The French Overseas Empire* (London: Gordon & Cremonesi, 1978).
55. Zachary Karabell, *Parting the Desert: The Creation of the Suez Canal* (New York-Alfred A. Knopf, 2003), 5.
56. Noël Mostert, *Supership* (New York: Knopf, 1974), 83.
57. Max E. Fletcher, "The Suez Canal and World Shipping, 1869-1914," *The Journal of Economic History* 18, no. 4 (1958): 556-73.
58. Donald Malcolm Reid, "The Urabi Revolution and the British Conquest, 1879-1882," in *The Cambridge History of Egypt,* ed. M. W Daly (Cambridge, UK: Cambridge University Press, December 10, 1998), https://doi.org/10.1017 / CHOL9780521472111.010; Efraim Karsh and Inari Karsh, *Empires of the Sand: The Struggle for Mastery in the Middle East, 1789-1923* (Cambridge, MA: Harvard University Press, 1999), chap. 4.
59. Paine, *The Sea and Civilization,* 525. Paine quotes the ever-pithy The Economist (in 1869), noting that the canal was "cut by French energy and Egyptian money for British advantage."
60. Jean Allain, *International Law in the Middle East: Closer to Power Than Justice* (London: Routledge, 2017), ch. 2.
61. Fletcher, "The Suez Canal and World Shipping, 1869-1914," and Richard C. Whiting, "The Suez Canal and the British Economy, 1918-1960," in *Imperialism and Nationalism in the Middle East: The Anglo-Egyptian Experience, 1882-1982,* ed. Keith M. Wilson (London: Mansell, 1983).
62. The best single account of this is Paul Kennedy's *The Rise and Fall of British Naval Mastery;* Kennedy takes the core structure of Mahan's arguments and applies and tests them against developments in the Royal Navy and in other aspects of British power. It is an essential read for anyone seeking to understand the unique role that naval power played in the British empire,

or to apply Mahanian concepts to the United States, or to China. Andrew Lambert's *Seapower States,* a more recent work, takes issue with some parts of Kennedys thesis and with the ubiquitous use of the concept of sea power, arguing that only a small handful of states—Athens, Carthage, Venice, briefly the Dutch, and Britain—count as true sea powers: powers for whom naval culture was married to an inclusive republican politics and a national identity tied to the sea. In a review of Lambert's book, Francis Fukuyama acknowledges part of Lambert's argument, conceding that there is a "clear relationship between access to oceans and modernization, both economic and political." However, he argues that Lambert goes too far in claiming a strong tie between naval power and the creation of modern, liberal political institutions. See Francis Fukuyama, H-Diplo Review Essay 259, July 22, 2020, https://networks.h-net.Org/node/28443/discussions/6259944/h-diplo-review-essay-259-fukuyama-lambert-seapower-states.

63. For a general explanation of this phenomenon, see John H. Maurer, "Arms Control and the Anglo-German Naval Race before World War I: Lessons for Today?," Political Science Quarterly 112, no. 2 (1997), 287-93.
64. Paul Ham, *1914: The Year the World Ended* (London: Doubleday, 2014); Max Hastings, *Catastrophe 1914: Europe Goes to War (New York: Vintage, 2014)-, Christopher M. Clark, The Sleepwalkers: How Europe Went to War in 1914* (London: Allen Lane, 2012).
65. Sibyl Crowe, *Our Ablest Public Servant: Sir Eyre Crowe, 1864-1925* (Braunton, UK: Merlin Books, 1993), ch. 7.
66. See, for instance, Zhengyu Wu, "The Crowe Memorandum, the Rebalance to Asia, and Sino-US Relations," *Journal of Strategic Studies* 39, no. 3 (April 15,2016): 389-416, https://doi.org/10.1080/01402390.2016.1140648.
67. Eyre Crowe, "Memorandum on the Present State of British Relations with France and Germany" (January 1, 1907), Wikisource, http://en.wikisource.org/wiki /Memorandum_on_the_Present_State_of_British_Relations_with_France_and_Germany.
68. Quoted in James Joll and Gordon Martel, *The Origins of the First World War,* 3rd ed. (Harlow, UK: Pearson Longman, 2007), 148.
69. Robert K. Massie, *Dreadnought: Britain, Germany, and the Coming of the Great War* (New York: Random House, 1991), 180.
70. Patrick J. Kelly, *Tirpitz and the Imperial German Navy* (Bloomington: Indiana University Press, 2011), ch. 10; Massie, *Dreadnought,* ch. 9.
71. Massie, *Dreadnought,* ch. 26.
72. For a more in-depth discussion, see Lawrence Sondhaus, *German Submarine Warfare in World War I: The Onset of Total War at Sea* (Lanham, MD: Rowman & Littlefield, 2017); R. H. Gibson and Maurice Prendergast, The German Submarine War, 1914-1918 (Annapolis, MD: Naval Institute Press, 2003).
73. Kennedy, *The Rise and Fall of British Naval Mastery* (New York: Scribner, 1976), 267-68.
74. Adam Tooze, *The Deluge: The Great War, America and the Remaking of the Global Order, 1916-1931* (New York: Penguin, 2014), introduction.
75. Marshall Smelser, *The Congress Founds the Navy, 1787-1798* (Notre Dame, IN: University of Notre Dame Press, 1959), 7-8; Stephen Howarth, To Shining Sea: A History of the United States Navy, 1775-1998 (Norman: University of Oklahoma Press, 1999), 55-57.
76. Quoted in Howarth, *To Shining Sea,* 5.
77. Michael Green, *By More Than Providence: Grand Strategy and American Power in the Asia Pacific Since 1783* (New York: Columbia University Press, 2017), 23.
78. Howarth, *To Shining Sea,* ch. 5.
79. For an excellent history of this conflict, see Brian Kilmeade and Don Yaeger, *Thomas Jefferson and the Tripoli Pirates: The Forgotten War That Changed American History* (New York: Sentinel, 2015).
80. Howarth, To Shining Sea, 127.
81. Green, *By More Than Providence,* ch. 1.
82. Peter Booth Wiley, *Yankees in the Land of Gods: Commodore Perry and the Opening of Japan* (New York: Viking, 1990), 399-400.
83. Robert Erwin Johnson, *Far China Station: The U.S. Navy in Asian Waters, 1800-1898* (New York: Naval Institute Press, 2013), 10.
84. Ibid., 15.
85. Howarth, *To Shining Sea,* 216.
86. For a more detailed exploration of the naval role in the Spanish-American War, see Jim Leeke, Manila and Santiago: *The New Steel Navy in the Spanish-American War* (Annapolis, MD: Naval Institute Press, 2013); Vernon L. Williams, "Naval Service in the Age of Empire," in *Crucible of Empire: The Spanish-American War and Its Aftermath,* ed. James C. Bradford (Annapolis, MD: Naval Institute Press, 1993), 183-204.
87. Nathan Miller, *The U.S. Navy: A History* (Annapolis, MD: Naval Institute Press, 1997), 144, 155.
88. Ibid., 164-65.
89. "United States Maritime Expansion Across the Pacific During the 19th Century," Milestones in the History of U.S. Foreign

Relations, Office of the Historian, https://history.state.gOv/milestones/l 830-1860/pacific-expansion, accessed April 30, 2020.

90. Miller, *The U.S. Navy: A History,* 154.
91. United States Department of State, International Organization and Conference Series 164 (Washington, DC: U.S. Government Printing Office, 1984), 97-98.
92. Miller, *The U.S. Navy: A History,* 166.
93. For more on Roosevelt, Mahan, and how the two thought about sea power, see: Peter Karsten, "The Nature of Influence': Roosevelt, Mahan and the Concept of Sea Power," *American Quarterly* 23, no. 4 (1971): 589, https://doi .org/10.2307/2711707.
94. Miller, *The U.S. Navy: A History,* 170; for a more detailed exploration of the Great White Fleet, see Kenneth Wimmel, *Theodore Roosevelt and the Great White Fleet: American Seapower Comes of Age* (Washington, DC: Brassey's, 1998).
95. Howarth, *To Shining Sea,* 324.
96. Ibid., 339-42.
97. Tooze, *The Deluge.*
98. "Lend-Lease and Military Aid to the Allies in the Early Years of World War II," Milestones in the History of U.S. Foreign Relations, Office of the Historian, https:// history.state.gov/milestones/1937-1945/lend-lease, accessed April 30, 2020.
99. On the importance of anti-submarine warfare in World War I, see Andrew J. Krepinevich, "Calvary to Computer: The Pattern of Military Revolutions," The National Interest, no. 37 (September 1994): 30-42; and on its role in World War II, see Max Boot, *War Made New: Technology, Warfare, and the Course of History, 1500 to Today* (New York: Gotham Books, 2006).
100. Howarth, *To Shining Sea,* bk. 2, pt. 5.
101. David Burbach et al., "Weighing the US Navy;' *Defense Analysis* 17, no. 3 (2001): 261.
102. The authoritative book on how the US built world order after World War II is G. John Ikenberry, *After Victory: Institutions, Strategic Restraint, and the Rebuilding of Order After Major Wars* (Princeton, NJ: Princeton University Press, 2001).
103. "The Charge in the United Kingdom [Gallman] to the Secretary of State," June 16,1947, *Foreign Relations of the United States, 1947,* vol. 3, pp. 254-55, quoted in Ikenberry, *After Victory,* 168.
104. Howarth, *To Shining Sea,* 476.
105. For a broad overview of the post-World War II US-Saudi relationship, see Bruce Riedel, *Kings and Presidents: Saudi Arabia and the United States Since FDR* (Washington, DC: Brookings Institution Press, 2017).
106. For more information on the February 14,1945, meeting, see "President Roosevelt and King Abdulaziz—the Meeting at Great Bitter Lake: A Conversation with Rachel Bronson," Saudi-U.S. Relations Information Service, March 17, 2005, available at www.susris.com/2005/03/17/president-roosevelt-and-king-abdulaziz -the-meeting-at-great-bitter-lake-a-conversation-with-rachel-bronson/; "Memorandum of Conversations Between the King of Saudi Arabia (Abdul Aziz al Saud) and President Roosevelt, February 14, 1945, Aboard the U.S.S. 'Quincy," *Foreign Relations of the United States,* U.S. Department of State, 1945, pp. 2-3, 7-9, available at digicoll.library.wisc.edu/cgi-bin/FRUS/FRUS-idx?type =header&id=FRUS.FRUS1945v08&isize=M; William A. Eddy, F.D.R. *Meets Ibn Saud,* Washington, DC: America-Mideast Educational & Training Services, 1954, available atwww.social-sciences-and-humanities.com/pdf/FDR_Meets_Ibn_ Saud .pdf; Thomas W Lippman, "The Day FDR Met Saudi Arabia's Ibn Saud," *The Link* (Americans for Middle East Understanding) 38, no. 2 (April-May 2005). Also see Riedel, *Kings and Presidents.*
107. Douglas Little, "Pipeline Politics: America, TAPLINE, and the Arabs," *Business History Review* 64, no. 2 (1990): 255-85, https://doi.org/10.2307/3115583.
108. Riedel, *Kings and Presidents,* 10-11.
109. Roger J. Stern, "United States Cost of Military Force Projection in the Persian Gulf," *Energy Policy* 38, no. 6 (June 2010), www.sciencedirect.com/science/article /pii/S0301421510000194.
110. Riedel, Kings and Presidents, 11.
111. See, for instance, Ronald Hyam, *Britain's Declining Empire: The Road to Decolonisation, 1918-1968* (Cambridge, UK: Cambridge University Press, 2007).
112. See Barry Turner, *Suez 1956: The Inside Story of the First Oil War* (London: Hodder &Stoughton,2012).
113. Eric Hammel, "How the Suez Crisis Was a Win for Israel (And a Major Defeat for Britain and France)," *The National Interest,* October 13, 2018, https://nationalinterest.org/blog/buzz/how-suez-crisis-was-win-israel-and-major-defeat -britain-and-france-33316.
114. See, for instance, Keith Kyle, *Suez: Britain's End of Empire in the Middle East* (London: I. B. Tauris, 2011); Derek Varble, *The Suez Crisis 1956* (London: Bloomsbury, 2003).
115. Michael Scott Doran, *Ike's Gamble: America's Rise to Dominance in the Middle East* (New York: Free Press, 2016), 197.
116. Ibid., ch. 11; Kyle, *Suez;* Eugene L. Rogan, *The Arabs: A History* (New York: Basic Books, 2009); Turner, *Suez* 1956.

117. For a detailed account of the UN's role in the Suez Crisis, see Matthew Walker, "The Lost Art of Interdependency: United Nations Leadership in the Suez Crisis of 1956 and Its Ramifications in World Affairs," University of Nebraska, Lincoln, 2010, https://digitalcommons.unl.edu/cgi/viewcontent.cgi?article=1033&context =historydiss.
118. Conor McLaughlin, "The Suez Crisis: Security Implications for the Transatlantic Relationship and the Shift in Global Power," Student Scholarship & Creative Works by Year (Carlisle, PA: Dickinson College, 2016), https://scholar.dickinson .edu/cgi/viewcontent.cgi?article=1048&context=student_work.
119. Paine, *The Sea and Civilization*, 597.
120. James D. Hamilton, "Historical Oil Shocks," Working Paper Series, National Bureau of Economic Research, February 2011, pp. 10-12, https://doi.org/10.3386 /wl6790.

第四章　西潮升起

1. G. C. Peden, "Suez and Britain's Decline as a World Power," *The Historical Journal* 55, no. 4 (December 2012): 1073-96, https://doi.org/10.1017/S0018246X12000246.
2. See Michael North, *The Baltic: A History,* trans. Kenneth Kronenberg (Cambridge, MA: Harvard University Press, 2015), ch. 7.
3. C. S. Christensen, "The History of the Russian Orthodox Church in Denmark (1741 -2016) Seen in a Danish-Russian Historical Perspective," *Studia Humanitatis,* no. 2 (2017): 470-89; Vitaliy Zherdyev, "The Russian Orthodox Church in Copenhagen: A View from the Architects Homeland," *Konsthistorisk Tidskrift/ Journal of Art History* 87, no. 4 (October 2,2018): 234-50, https://doi.org/10.1080 /00233609.2018.1518342.
4. Paul Bairoch, "Europe's Gross National Product: 1800-1975," *Journal of European Economic History* 5, no. 2 (Fall 1976): 281.
5. Artur Attman, "The Russian Market in World Trade, 1500-1860," *Scandinavian Economic History Review* 29, no. 3 (September 1981): 184, https://doi.org/10.1080 /03585522.1981.10407958.
6. North, *The Baltic: A History,* 301.
7. "Review of Maritime Transport 2018" (New York: United Nations Conference on Trade and Development, 2019), 32.
8. "The Connected City," National Museum of American History, February 28,2017, https://americanhistory.si.edu/america-on-the-move/connected-city.
9. Author interview, Henning Morgen, Copenhagen, January 17, 2020. For more, see Chris Jephson and Henning Morgen, *Creating Global Opportunities: Maersk Line in Containerization, 1973-2013* (Cambridge, UK: Cambridge University Press, 2014).
10. Jephson and Morgen, *Creating Global Opportunities.*
11. Brian Cudahy, "The Containership Revolution: Malcolm McLean's 1956 Innovation Goes Global," *TR News,* October 2006, http://onlinepubs.trb.org /onlinepubs/trnews/trnews246.pdf.
12. Marc Levinson, *The Box: How the Shipping Container Made the World Smaller and the World Economy Bigger* (Princeton, NJ: Princeton University Press, 2016), ch. 2.
13. Ibid., 20.
14. Bernstein, *A Splendid Exchange,* 361.
15. Levinson, *The Box,* 38.
16. Hans van Ham and Joan Rijsenbrij, *Development of Containerization: Success Through Vision, Drive and Technology* (Amsterdam: IOS Press, 2012), 8.
17. Patrick Chung, "From Korea to Vietnam: Local Labor, Multinational Capital, and the Evolution of US Military Logistics, 1950-97," *Radical History Review* 2019, no. 133 (January 1, 2019): 38-39, https://doi.org/10.1215/01636545-7160053.
18. Levinson, *The Box,* ch. 3.
19. Marc Levinson, "The Now-Ubiquitous Shipping Container Was an Idea Before Its Time," Smithsonian Magazine, June 16, 2017, https://www.smithsonianmag.com /innovation/shipping-container-idea-before-time-180963730/.
20. Levinson, *The Box,* chs. 5-6.
21. Ibid., 94.
22. Ibid., 170.
23. Ibid., ch. 7.
24. "About the Industry: Containers," World Shipping Council, 2020, http://www .worldshipping.org/about-the-industry/ containers.
25. Levinson, *The Box,* 277.
26. Bremer Ausschuss für Wirtschaftsforschung, *Container Facilities and Traffic in 71 Ports of the World* (Bremen, 1971).
27. "Choked Off: The Six Day War's Impact on Maritime Trade," Winton, June 6, 2017, https://www.winton.com/longer-view/the-six-day-wars-impact-on-trade.
28. James D. Hamilton, "Historical Oil Shocks," Working Paper Series (National Bureau of Economic Research, February 2011), 14, https://doi.org/10.3386/wl6790.

29. Matthew Heins, "The Shipping Container and the Globalization of American Infrastructure" (PhD, Ann Arbor, University of Michigan, 2013), 19.
30. Jephson and Morgen, Creating Global Opportunities; Levinson, *The Box*.
31. "World Trade Report 2013: Factors Shaping the Future of Global Trade" (Geneva: World Trade Organization, 2013), 11.
32. Sudripto Khasnabis, "Choosing a Hull Form for Ships: A Naval Architect's Perspective," Marine Insight, August 27, 2019, https://www.marineinsight.com /naval-architecture/choosing-a-hull-form-for-ships-a-naval-architects-perspective/.
33. On the engineering challenges of U- and V-shaped hulls, see Larrie D. Ferreiro, *Bridging the Seas: The Rise of Naval Architecture in the Industrial Age, 1800-2000* (Cambridge, MA: MIT Press, 2019), ch. 4.
34. Mike W Peng, Global Business (Boston: Cengage Learning, 2016), 470.
35. Phil Thomas, "Suez Spawns Supertankers," *Evening Independent,* July 15,1968.
36. Levinson, *The Box,* 307.
37. "World Trade Report 2013," 52.
38. Global Financial Data, "United States Real GDP in 2012 Dollars."
39. Levinson, *The Box,* 281.
40. "World Trade Report 2013," 64.
41. Nguyen Dinh, "A Strategic Study of the Top 20 Liners During Period 1980-2001" (Master's, Malmo, Sweden, World Maritime University, 2002), 27.
42. Global Financial Data, "United States Quarterly Exports of Goods and Services."
43. Ham and Rijsenbrij, *Development of Containerization,* 65.
44. Jephson and Morgen, *Creating Global Opportunities,* 94.
45. Ibid., 176.
46. "Merchandise: Total Trade and Share, Annual," UNCTAD Stat, 2020, https:// unctadstat.unctad.org/wds/TableViewer/table View.aspx?ReportId= 101.
47. Levinson, *The Box,* 16.
48. "Merchandise: Total Trade and Share, Annual."

第五章　全球化的大班

1. Quoted in Mark Rivett-Carnac, "Hong Kong's Port Comes to Terms with Declining Trade," *Time,* July 3, 2016, https://time.com/4390790/hong-kong-port -harbor-shipping-trade/.
2. Ibid.
3. Richard Hu and Weijie Chen, *Global Shanghai Remade: The Rise ofPudong New Area* (London: Routledge, 2019), ch. 1.
4. Linsun Cheng, "Globalization and Shanghai Model: A Retrospective and Prospective Analysis," *Journal of International and Global Studies* 4, no. 1 (November 1, 2012): 60-62.
5. As recounted by his son, C. H. Tung, in an interview with the author, Hong Kong, office of the former chief executive of the SAR, 28 Kennedy Road, November 1, 2019.
6. Excerpts from C.Y. Tung diaries, C.Y. Tung Maritime Museum, Shanghai Jiao Tong University. A Chinese version is published as DongHaoyun riji, 1948-1982 [The Diary of *Dong Haoyun, 1948-1982*] (Hong Kong: Chinese University of Hong Kong Press, 2004).
7. C.Y. Tung diaries.
8. "Founding Father," *South China Morning Post,* January 17, 2003, https://www .scmp.com/article/403750/founding-father.
9. Elizabeth J. Perry, *Shanghai on Strike: The Politics of Chinese Labor* (Stanford, CA: Stanford University Press, 1993), ch. 5.
10. For the definitive English-language account of the battle, see Peter Harmsen, *Shanghai 1937: Stalingrad on the Yangtze* (Havertown, PA: Casemate, 2015).
11. Daniel Brook, A History of Future Cities (New York: W. W. Norton & Company, 2013), 244.
12. In his controversial book *1421: The Year China Discovered America* (New York: Harper Perennial, 2002), Gavin Menzies asserts that Zheng He actually visited the Americas on his famous voyages. The evidence for this is contested. In any case, no Chinese national had owned and operated a ship that sailed from Chinese shores to Europe or the United States in the intervening six hundred years.
13. Hugh Farmer, "SS Tien Loong—1947 a Chinese First," Industrial History of Hong Kong Group, May 24, 2020, https://industrialhistoryhk.org/tien-loong-chinese/.
14. C. Y. Tung, *Chinese Shipping Industry and Chinese Maritime Trust Ltd.* (Hong Kong, 1953), 60.
15. "Milestones in the Life of C. Y. Tung," Chinese University Press, November 18, 2004, http://www.cuhk.edu.hk/ipro/pressrelease/milestones.pdf.
16. Levinson, *The Box,* 281.

17. Ibid., 294-95.
18. "China Bank Linked to OOCL Bailout," JOC, March 9, 1997, https://www.joc .com/china-bank-linked-oocl-bailout_1 9970309.html.
19. Nguyen Dinh, "A Strategic Study of the Top 20 Liners During Period 1980-2001" (Master's, Malmo, Sweden, World Maritime University, 2002), 27.
20. Lau Chi-pang, "Getting to World Class: The Container Terminals," Marine Department of Hong Kong, https://www.mardep.gov.hk/theme/port_hk/en /pich7_l.html, accessed June 4, 2020.
21. Elena Holodny, "The Rise, Fall, and Comeback of the Chinese Economy over the Past 800 Years," *Business Insider,* January 8, 2017, https://www.businessinsider .com/history-of-chinese-economy-1200-2017-2017-1.
22. Richard M. Nixon, "Asia After Viet Nam," *Foreign Affairs,* October 1967, https:// www.foreignaffairs.com/articles/asia/1967-10-01/asia-after-viet-nam.
23. "Memorandum from President Nixon to His Assistant for National *Security Affairs (Kissinger)," Foreign Relations of the United States,* 1969-1976, *vol. XVII, China, 1969-1972,* eds. Daniel J. Lawler and Erin R. Mahan (Washington, DC: Government Printing Office, 2010), doc. 3, Office of the Historian, https://history .state.gov/historicaldocuments/frusl969-76vl7/d3.
24. Henry Kissinger, "National Security Decision Memorandum 17," June 26, 1969, Federation of American Scientists, https://fas.org/irp/offdocs/nsdm-nixon /nsdm- 17.pdf.
25. Henry Kissinger, *White House Years* (Boston: Little, Brown, 1979), 190-91.
26. Jussi Hanhimäki, *The Flawed Architect: Henry Kissinger and American Foreign Policy* (New York: Oxford University Press, 2004), 119.
27. Chris Tudda, *A Cold War Turning Point: Nixon and China, 1969-1972* (Baton Rouge: Louisiana State University Press, 2012), ch. 5.
28. Ibid., ch. 10.
29. For a macro-level account of the rapprochement between the United States and China, see Dong Wang, *The United States and China: A History from the Eighteenth Century to the Present* (Lanham, MD: Rowman & Littlefield, 2013), ch. 9.
30. Maureen Dowd, "2 U.S. Officials Went to Beijing Secretly in July," *New York Times,* December 19, 1989, https://www.nytimes.com/1989/12/19/world/2-us-officials -went-to-beijing-secretly-in-july.html.
31. In current USD. World Bank national accounts data, "GDP (current US$)," accessed November 16, 2019.
32. In 1975, Chinas GDP per capita was $178.34 in current USD; the USs was $7,801.45. World Bank national accounts data, "GDP per capita (current US$)," accessed November 16, 2019.
33. For a more detailed exploration, see Harold Karan Jacobson and Michel Oksenberg, *China's Participation in the IMF, the World Bank, and GATT: Toward a Global Economic Order* (Ann Arbor: University of Michigan Press, 1990).
34. Jeffrey J. Schott, "The Soviet Union and the GATT," *Washington Post,* September 1, 1986, https://www.washingtonpost.com/archive/opinions/1986/09/01/the-soviet -union-and-the-gatt/ca6362b6-5cbf-4824-871e-20672el30ae7/.
35. "OOCL Names Its First 8,000-TEU Containership," FreightWaves, April 30, 2003, https://www.freightwaves.com/news/oocl-names-its-first-8000-teu-container ship.

第六章　大鎖國

1. Michael J. Enright, *Developing China: The Remarkable Impact of Foreign Direct Investment* (London: Routledge, 2016), 125.
2. Daniel Brook, "Head of the Dragon: The Rise of New Shanghai," *Places Journal,* February 18, 2013, https://doi.org/10.22269/130218.
3. Seth Faison, "Shanghai Journal; China Stands Tall in the World, and Here's Proof," *New York Times,* July 26, 1995, https://www.nytimes.com/1995/07/26/world /shanghai-journal-china-stands-tall-in-the-world-and-here-s-proof.html.
4. John Berra and Wei Ju, eds., *World Film Locations: Shanghai* (Bristol, UK: Intellect Books, 2014), 76.
5. Chengxi Yang, "30 Years of Pudong: A Story of China's Economic Rise," CGTN, April 21, 2020, https://news.cgtn.com/news/2020-04-21/30-years-of-Pudong-A -story-of-China-s-economic-rise--PS2yrWuXTO/index.html.
6. Howard W French, "In World Skyscraper Race, It Isn't Lonely at the Top," *New York Times,* May 8, 2007, https://www.nytimes.com/2007/05/08/world /asia/08shanghai.html.
7. Amy Cortese, "Fashioning Skylines, Not a Personality Cult," New York Times, April 20, 2008, https://www.nytimes.com/2008/04/20/realestate/commercial/20sqft.html.
8. Tanya Powley, John Burn-Murdoch, and Cleve Jones, "World's Fastest Lifts Race to the Top of the Tallest Buildings," *Financial Times,* November 6, 2014, https:// ig.ft.com/worlds-fastest-lifts/.
9. Choco Tang, "Five of Asia's Tallest Typhoon-Resistant Skyscrapers," *South China Morning Post,* August 22, 2017, https://www.scmp.com/magazines/style/news -trends/article/2107839/five-asias-tallest-typhoon-resistant-skyscrapers.
10. Ned Kelly, "The Epic Wonder of Shanghai's Yangshan Deep-Water Port," *That's,* August 8,2019, https://www.fhatsmags.

com/suzhou/post/13788/throwback-fhursday -yangshan-deep-water-port.

11. Bob Davis, "When the World Opened the Gates of China," *Wall Street Journal,* July 27, 2018, https://www.wsj.com/articles/when-the-world-opened-the-gates -of-china-1532701482.
12. World Bank national accounts data, "GDP (current US$)," accessed June 4, 2020.
13. Zhu Yu et al., "Population Geography in China Since the 1980s: Forging the Links Between Population Studies and Human Geography," *Journal of Geographical Sciences* 26, no. 8 (2016): 1,134.
14. Anthony Lambert, "Trans-Siberian Railway: Everything You Need to Know About Tackling the World's Greatest Train Journey," *The Telegraph,* February 4, 2016, https://www.telegraph.co.uk/travel/rail-journeys/Trans-Siberian-Great-Train -Journeys/.
15. Lance E. Hoovestal, *Globalization Contained: The Economic and Strategic Consequences of the Container* (London: Palgrave Macmillan, 2013), ch. 3.
16. Toh Ting Wei, "China Opens World's Longest Sea Bridge: Other Impressive Bridges," *Straits Times,* October 24, 2018, https://www.straitstimes.com/world /longest-bridges-over-water-in-the-world.
17. Ci Song, "A Critical Analysis of the Donghai Bridge, Shanghai, China," Bridge Engineering 2 Conference, Bath, UK, 2008, https://people.bath.ac.uk/jjo20 /conference2/2008/SONG%20PAPER%2021 .pdf.
18. Any honest reading of the industrial development of Britain or other major Western economies will reveal episodes of forced displacement, coerced labor, appalling labor conditions, and industrial blight that echo the conditions that apply to modern industrializing China.
19. Dong-Wook Song and Ki-Tae Yeo, "A Competitive Analysis of Chinese Container Ports Using the Analytic Hierarchy Process," in *Port Management,* ed. Hercules Haralambides (London: Palgrave Macmillan, 2015), 341.
20. "Shanghai Surpasses Singapore as World's Busiest Port," Bloomberg, January 8, 2011, https://www.bloomberg.com/news/articles/2011-01-08/shanghai-surpasses -singapore-as-world-s-busiest-port-as-trade-volumes-jump.
21. "World's Largest Automated Container Terminal Opens in Shanghai," Straits Times, December 11, 2017, https://www.straitstimes.com/asia/east-asia/worlds -largest-automated-container-terminal-opens-in-shanghai.
22. Rosalina Tan, "Foreign Direct Investment Flows to and from China," PASCN Discussion Papers (Manila: Philippine APEC Study Center Network, 1999), 25.
23. Hongying Wang, "The Asian Financial Crisis and Financial Reforms in China," The Pacific Review 12, no. 4 (January 1, 1999): 538.
24. Nargiza Salidjanova, "Going Out: An Overview of China's Outward Foreign Direct Investment" (Washington, DC: U.S.-China Economic & Security Review Commission, March 30, 2011), https://www.uscc.gov/sites/default/files/Research / GoingOut.pdf; David Dollar, "Understanding China's Belt and Road Infrastructure Projects in Africa" (Washington, DC: Brookings Institution, September 2019), https://www.brookings.edu/wp-content/uploads/2019/09/FP _20190930_ china_bri_dollar.pdf.
25. "Foreign Direct Investment, Net Outflows (BoP, current US$)—China," distributed by the World Bank, 2019, https://data.worldbank.org/indicator/BM.KLT.DINV .CD.WD?locations=CN.
26. "World Trade Report 2010: Trade in Natural Resources" (Geneva: World Trade Organization, 2013), 54.
27. Daniel Yergin, *The Quest: Energy, Security, and the Remaking of the Modern World* (New York: Penguin, 2011), 193. Also see Ruchir Sharma, "The Next Global Crash: Why You Should Fear the Commodities Bubble," *The Atlantic,* April 16, 2012, https://www.theatlantic.com/business/archive/2012/04/the-next-global-crash -why-you-should-fear-the-commodities-bubble/255901/.
28. Paul Collier, *The Plundered Planet* (New York: Oxford University Press, 2010), xiii.
29. Ruchir Sharma, *Breakout Nations: In Pursuit of the Next Economic Miracles* (London: Penguin Books, 2012), ch. 1.
30. The World Bank, *World DataBank,* available at databank.worldbank.org/data /home.aspx.
31. Bruce D. Jones and David Steven, *The Risk Pivot: Great Powers, International Security, and the Energy Revolution* (Washington, DC: Brookings Institution Press, 2014); Ruchir Sharma, *The Rise and Fall of Nations: Forces of Change in the Post-Crisis World* (New York: W. W. Norton & Company, 2016).
32. "Review of Maritime Transport, 2001" (New York: United Nations Conference on Trade and Development, 2001), 67, https://unctad.org/en/Docs/rmt2001_en.pdf.

"Ranking of Container Ports of the World," Marine Department of Hong Kong, May 20, 2020, https://www.mardep.gov.hk/en/publication/pdf/portstat_2_y _b5.pdf.

34. James Kynge et al., "How China Rules the Waves," *Financial Times,* January 12, 2017, https://ig.ft.com/sites/china-ports.
35. "Ranking of Container Ports of the World."
36. "United States Trade Summary 2000," World Integrated Trade Solution, https:// wits.worldbank.org/CountryProfile/en/Country/USA/Year/2000/Summarytext; "Foreign Trade," United States Census Bureau, https://www.census.gov/foreign

-trade/statistics/highlights/top/index.html.

37. On Shanghai's burgeoning cultural significance, see Cheng Li, https://www .brookings.edu/essay/shanghais-dynamic-art-scene/; as well as Cheng Li, *Middle Class Shanghai: Reshaping U.S.-China Engagement* (Washington, DC: Brookings Press, 2021).

第七章　供應全球之船

1. In current USD. Giovanni Federico and Antonio Tena Junguito, "Federico-Tena World Trade Historical Database : World Trade," e-cienciaDatos, V2, Consorcio Madrono, 2018, https://doi.org/10.21950/JKZFDP.
2. "Shipping and World Trade," International Chamber of Shipping, 2017, https:// www.ics-shipping.org/shipping-facts/shipping-and-world-trade.
3. "Maersk Line—from One Route to a Global Network," Maersk, February 21, 2019, https://www.maersk.com/news/articles/2019/02/21/maersk-line-from-one -route-to-a-global-network.
4. "A. P. Moller-Maersk A/S Q2 2019 Report" (Copenhagen: Maersk, June 2019), 34, https://investor.maersk.com/static-files/5b3b9863-5220-4645-8021-lcecb7bad26f.
5. Marcus Hand, "The World's Largest Ships," Seatrade Maritime, November 3,2017, https://www.seatrade-maritime.com/asia/world-s-largest-ships.
6. "The Evolution of the PCTC Cascade," Maritime Executive, September 25, 2014, https://www.maritime-executive.com/article/The-Evolution-of-the-PCTC -Cascade-2014-09-25.
7. Hans van Ham and Joan Rijsenbrij, *Development of Containerization: Success Through Vision, Drive and Technology* (Amsterdam: IOS Press, 2012), 288.
8. Ibid.
9. John Konrad, "Maersk McKinney-Moller—Meet The World's Largest Ship! [Multimedia Gallery]," gCaptain, May 14, 2013, https://gcaptain.com/worlds -largest-ship-photos-maersk-moller/.
10. "Madrid Maersk Snatches Record from MOL Triumph," Maritime Executive, April 3, 2017, http://www.maritime-executive.com/article/madrid-maersk-snatches-record-from-mol-triumph.
11. "Fact File: Aircraft Carriers," United States Navy, July 15, 2019, https://www.navy .mil/navydata/fact_display.asp?cid=4200&tid=200&ct=4.
12. "Top 10 World's Largest Container Ships in 2019," Marine Insight, February 25, 2019, https://www.marineinsight.com/know-more/top-10-worlds-largest -container-ships-in-2019/.
13. "South China Sea, Mediterranean and North Sea Are Shipping Accidents Hotspots," World Wildlife Foundation, June 7, 2013, http://wwf.panda.org/wwf _news/press_releases/?208839/South-China-Sea-Mediterranean-and-North -Sea-are-shipping-accidents-hotspots.
14. Craig B. Smith, *Extreme Waves* (Newport Beach, CA: Dockside Sailing Press, 2010), 207.
15. Chris Dixon, *Ghost Wave: The Discovery of Cortes Bank and the Biggest Wave on Earth* (San Francisco: Chronicle, 2011), 86.
16. For an accessible account of the evolution of ship architecture and its focus on stability, see Larrie D. Ferreiro, Bridging the Seas: *The Rise of Naval Architecture in the Industrial Age, 1800-2000.*
17. On the dynamics of ultra-large ships rolling, see Mostert, *Supership,* 114.
18. The industry has been struggling with fires on container ships recently. Costas Paris, "Spate of Fires Has Shipping Industry Looking at How Dangerous Goods Are Handled," *Wall Street Journal,* November 24, 2019, https://www.wsj.com /articles/spate-of-fires-has-shipping-industry-looking-at-how-dangerous-goods -are-handled-11574600400.
19. Mark Twain, *Following the Equator* (Hartford, CT: American Publishing Company, 1897), 616-17.
20. "Frequently Asked Questions," All About AIS, 2012, http://www.allaboutais.com /index.php/en/faqs; "Tracking Apps That Reveal Location of British Warships Spark Security Fears," *The Independent,* February 5,2018, http://www.independent .co.uk/news/uk/home-news/royal-navy-tracking-app-warship-nato-russia-china -military-security-a8191896.html.
21. Costas Paris and Mike Sudal, "With Container Ships Getting Bigger, Maersk Focuses on Getting Faster," *Wall Street Journal,* December 20, 2018, https:// www.wsj.com/articles/with-container-ships-getting-bigger-maersk-focuses-on -getting-faster-11545301800.
22. See David Ricardo, *On the Principles of Political Economy and Taxation* (London: John Murray, 1817), ch. 6.
23. Eric Eng, "Asia's Reefer Trade: An Ocean Carrier's Perspective," Asia Fruit Congress, Hong Kong, September 7, 2011, https://globalmaritimehub.com/wp -content/uploads/attach_506.pdf.
24. Daniel Stone, "Why Are Bananas So Cheap?," National Geographic, August 10,2016, https://www.nationalgeographic.com/culture/food/the-plate/2016/08/bananas -are-so-cool/.
25. Daniel Stone, "The Miracle of the Modern Banana," *National Geographic,* August 8, 2016, https://www.nationalgeographic.com/culture/food/the-plate/2016/08/the -miracle-of-bananas/.
26. Rose George, *Deep Sea & Foreign Going* (London: Portobello Books, 2014), 3.

27. Levinson, *The Box,* 359.
28. Ibid., 355-59.
29. "How Much Trade Transits the South China Sea?," *ChinaPower Project: Center for Strategic and International Studies* (blog), August 2, 2017, http://chinapower.csis .org/much-trade-transits-south-china-sea/.
30. Sam Costello, "Where Is the iPhone Made? (Hint: Not Just China)," Lifewire, March 31, 2020, https://www.lifewire.com/where-is-the-iphone-made-1999503.
31. "Let's Talk About Quality," Nutella, 2020, https://www.nutella.com/int/en/lets -talk-about-quality#7-ingredients.
32. "Mapping Global Value Chains" (Paris: Organization for Economic Cooperation and Development, December 3, 2012), 17; http://www.oecd.org/dac/aft /MappingGlobalValueChains_web_usb.pdf.
33. Alice Kahn, "Filling Every Gap," *New York Times,* August 23, 1992, https://www .nytimes.com/1992/08/23/style/filling-every-gap.html.
34. Marc Gunther, "Protecting a Tangled Workforce That Stretches Across the World," *The Guardian,* April 28, 2015, https://www.theguardian.com/sustainable -business/2015/apr/28/gap-kindley-lawlor-human-rights-workers-jobs-garment -industry.
35. "Facts and Figures," Port of Los Angeles, https://www.portoflosangeles.org /business/statistics/facts-and-figures, accessed June 27, 2020.
36. "What Could You Fit Inside a 20ft Shipping Container?," Universal Container Shipping LTD, August 1, 2018, https://www.universal-containers.com/what-can -you-fit-inside-a-20ft-shipping-container/.
37. Levinson, *The Box,* 3.
38. Daron Acemoglu et al,, "Import Competition and the Great US Employment Sag of the 2000s," *Journal of Labor Economics* 34, no. SI (January 2016): S141.
39. Justin R. Pierce and Peter K. Schott, "The Surprisingly Swift Decline of US Manufacturing Employment," *American Economic Review* 106, no. 7 (July 1, 2016): 1632-62; Craig Martin, "The Shipping Container," The Atlantic, December 2, 2013, https://www.theatlantic.com/technology/archive/2013/12/the-shipping-container /281888A
40. "How Global Trade Runs on U.S. Dollars," *Wall Street Journal,* January 22, 2020, https.7/www.youtube.com/watch?v=jsDwMGH5E8U.
41. "Trade (% of GDP)—United States" (2019), distributed by the World Bank, https://data.worldbank.org/indicator/NE.TRD.GNFS.ZS?locations=US.
42. Jeffrey Shane, "Toward More Golden Anniversaries: Securing Transportations Place in the National Policy Agenda," *TR News,* September-October 2006, http:// onlinepubs.trb.org/onlinepubs/trnews/trnews246.pdf.
43. Mark Perry, "We Hear About US Jobs Outsourced Overseas ('Stolen') but What About the 7.1M Insourced Jobs We 'Steal' from Abroad?," American Enterprise Institute—AEI, November 9, 2018, https://www.aei.org/carpe-diem /we-hear-about-us-jobs-outsourced-overseas-stolen-but-what-about-the-7-lm -insourced-jobs-we-steal-from-abroad-2/.
44. Stephen Young, "What Has Happened to the Middle Class?," p. 142, Caux Round Table,http://www.cauxroundtable.org/wp-content/uploads/2018/10/middle-class -Oct-2015.pptx.
45. See, e.g., Simon Johnson and James Kwak, 13 Bankers: *The Wall Street Takeover and the Next Financial Meltdown* (New York: Vintage, 2011).
46. Uri Friedman, "Why Trump Is Thriving in an Age of Distrust," *The Atlantic,* January 20, 2017, https://www.theatlantic.com/international/archive/2017/01 /trump-edelman-trust-crisis/513350/.
47. Philip Bump, "At Last: A Map of Trump's Acreage Victory That's to the Proper Scale," Washington Post, May 13, 2017, https://www.washingtonpost.com/news /politics/wp/2017/05/13/at-last-an-electoral-map-thats-to-the-proper-scale/.
48. James Manyika et al., "Urban America: US Cities in the Global Economy" (McKinsey Global Insitute, April 2012), https://www.mckinsey.eom/~/media /McKinsey/Featured%20Insights/Urbanization/US%20cities%20in%20the%20 global%20 economy/MGI_Urban_America_Full_Report.ashx.
49. G. John Ikenberry, *After Victory: Institutions, Strategic Restraint, and the Rebuilding of Order After Major Wars* (Princeton, NJ: Princeton University Press, 2001), 167.
50. See Ikenberry, After Victory, ch. 5, for an account of the postwar settlement, and Charles P. Kindleberger, "Dominance and Leadership in the International Economy: Exploitation, Public Goods, and Free Rides," *International Studies Quarterly* 25, no. 2 (1981): 242-54, https://doi.org/10.2307/2600355, for a political science explanation of "hegemonic stability theory," which attempts to explain why nations like the United States will stabilize the international system despite the costs.
51. Edward Luce, "The Changing of the Global Economic Guard," *The Atlantic,* April 29, 2017, https://www.theatlantic.com/international/archive/2017/04/china -economy-populism/523989/.
52. "An Illustrious Hong Kong Container Firm Sells to China," *The Economist,* July 15, 2017, https://www.economist.com/business/2017/07/15/an-illustrious-hong-kong-container-firm-sells-to-china. Jennifer Lo, "Trade, Not Politics: Orient

Overseas Defends Cosco Takeover," Nikkei Asia, August 7, 2017, https:// asia.nikkei.com/Business/Trade-not-politics-Orient-Overseas-defends-Cosco -takeover.

53. See Wang Jisi, "China's Search for Stability with America," *Foreign Affairs,* January 28, 2009, https://www.foreignaffairs.com/articles/asia/2005-09-01/chinas-search -stability-america.

第三部 國旗跟著貿易前進

1. See inter alia Øystein Tunsjø, *The Return of Bipolarity in World Politics: China, the United States, and Geostructural Realism* (New York: Columbia University Press, 2018); Avery Goldstein, "US-China Rivalry in the Twenty-First Century: Déjà Vu and Cold War II," *China International Strategy Review 2,* no. 1 (June 2020): 48-62, https://doi.org/10.1007/s42533-020-00036-w.
2. Michael Green, *By More Than Providence: Grand Strategy and American Power in the Asia-Pacific Since 1783* (New York: Columbia University Press, 2017), 20.

第八章 二十一世紀海盜

1. Steven Johnson, *The Enemy of All Mankind: A True Story of Piracy, Power and History's First Global Manhunt* (New York: Riverhead, 2020), 21.
2. For broad histories of Singapore's role in world commerce, see Jim Baker, *Crossroads: A Popular History of Malaysia & Singapore,* 2nd ed. (Singapore: Marshall Cavendish Editions, 2008), and John Curtis Perry, Singapore: *Unlikely Power* (New York: Oxford University Press, 2017).
3. "World Economic Outlook Database 2019," International Monetary Fund, February 2019, https://www.imf.org/external/pubs/ft/weo/2019/02/weodata /index.aspx.
4. Edward A. Alpers, *The Indian Ocean in World History* (New York: Oxford University Press, 2013), 45-46.
5. Jack Turner, *Spice: The History of a Temptation* (New York: Vintage, 2005), ch. 1.
6. Ashley Jackson, Buildings of Empire (New York: Oxford University Press, 2013), 7.
7. Alpers, *The Indian Ocean in World History,* 102. For a broader narrative of this story, see Johnson, *The Enemy of All Mankind.*
8. "Malaysia, Indonesia, Singapore Agree to Boost Security in Malacca Strait," *New York Times,* August 2, 2005, https://www.nytimes.com/2005/08/02/world/asia /malaysia-indonesia-singapore-agree-to-boost-security-in-malacca.html.
9. Simon Montlake, "Hard Times for Pirates in Busy World Waterway," *Christian Science Monitor,* October 30, 2006, https://www.csmonitor.com/2006/1030/p01 s04-woap.html; Lejla Villar and Mason Hamilton, "The Strait of Malacca, a Key Oil Trade Chokepoint, Links the Indian and Pacific Oceans," Energy Information Administration, August 11, 2017, https://www.eia.gov/todayinenergy/detail.php ?id=32452.
10. Anna Bowden, "The Economic Cost of Maritime Piracy," One Earth Future Working Paper, December 2010.
11. Catherine Zara Raymond, "Piracy and Armed Robbery in the Malacca Strait: A Problem Solved?," *Naval War College Review* 62, no. 3 (Summer 2009), 38-39.
12. In *The Pirates of Somalia,* Jay Bahadur cites British naval officers noting that the pirates do track ships by accessing AIS and GPS data on commercially available websites. But that's a far cry from integrating hundreds of millions of pieces of data, using AI-enhanced processing, to track and predict the movement of global shipping.
13. See "Fact Sheet on Information Fusion Centre (IFC) and Launch of IFC Real-Time Information-Sharing System (IRIS)," Ministry of Defense of Singapore, May 14, 2019, https://www.mindef.gov.sg/web/portal/mindef/news-and-events/latest -releases/article-detail/2019/May/14mayl9_fs for more information on the IFC.
14. By the mid-1800s Zanzibar was one of the largest suppliers of cloves in the world and remains the third-largest producer today. Alpers, *The Indian Ocean in World History,* 107.
15. J. E. Peterson, "America and Oman: The Context for Nearly Two Centuries of Relations," Symposium on the Voyage of Sultana to. New York in 1840, Muscat: Public Authority for Radio & TV, 2014, http://www.jepeterson.net / sitebuildercontent/sitebuilderfiles/Peterson_-_America_and_Oman_2014.pdf.
16. For a more comprehensive history of the Omani Empire in the Indian Ocean, see Jeremy Jones and Nicholas Ridout, *A History of Modern Oman* (Cambridge, UK: Cambridge University Press, 2015), ch. 2.
17. Neil Ford, "The Race to Become East Africa's Biggest Port," BBC News, June 7, 2016, https://www.bbc.com/news/world-africa-36458946.
18. Fumbuka Ng'wanakilala, "Tanzania Arrests 7 Pirates After Attack on Oil Vessel," Reuters, October 4, 2011, https://www.reuters.com/article/tanzania-pirates-id USL5E7L43LO20111004.
19. For an account of this episode, and more importantly for a detailed and insightful examination of the history, politics, and economics of this phenomenon, see Bahadur, *The Pirates of Somalia,* 77-79 especially.
20. Ed Pilkington, "Somali Teen Faces First US Piracy Charges in over a Century," *The Guardian,* April 22, 2009, https://www.theguardian.com/world/2009/apr/21 /somali-pirate-trial-new-york. Muse was found guilty and sentenced to thirty -three

years in US federal prison. A later appeal of his conviction was rejected by a judge. See http://graphics8.nytimes.com/packages/pdf/nyregion/22pirate _Complaint.pdf.

21. "IMO Assembly Calls for Action on Piracy off Somalia," Press Briefing, International Maritime Organization, November 24, 2005.
22. "Transnational Organized Crime Threat Assessment 2010" (Vienna: United Nations Office on Drugs and Crime, 2010), 209, https://www.unodc.org /documents/data-and-analysis/Studies/TOCTA_draft_2603_lores.pdf.
23. "Pirates Hijack UN Food Ship off Somalia," UN News, February 26, 2007, https:// news.un.org/en/story/2007/02/210172-pirates-hijack-un-food-ship-somalia.
24. UNSC Res 1816 (2008).
25. Tullio Treves, "Historical Development of the Law of the Sea," in *The Oxford Handbook of the Law of the Sea,* Oxford Public International Law (Oxford, UK: Oxford University Press, 2015), ch. 1.
26. The Charter of the United Nations, signed in San Francisco in 1945, is the operating system of the law of relations between states: the Charter makes it legal for states to use force only in one circumstance: self-defense. For every other circumstance, the Security Council is the only international body that has the legal power to authorize the use of force. That gives the body a unique role in international law and politics. Tullio Treves, "Piracy and the International Law of the Sea," in *Modern Piracy,* ed. Douglas Guilfoyle (Cheltenham, UK: Edward Elgar, 2013), 126, https://www-elgaronline-com.ezp-prodl.hul.harvard .edu/view/edcoll/9781849804844/9781849804844.xml; Bahadur, *The Pirates of Somalia,* ch. 10.
27. The full list of participants has fluctuated; for details, see: "About Combined Maritime Forces (CMF)," Combined Maritime Forces (CMF), August 18, 2010, https://combinedmaritimeforces.com/about/. At the time of drafting, participating states included: Australia, Bahrain, Belgium, Canada, Denmark, France, Germany, Greece, Italy, Japan, Jordan, the Republic of Korea, Kuwait, Malaysia, the Netherlands, New Zealand, Pakistan, Portugal, Saudi Arabia, Seychelles, Singapore, Spain, Thailand, Turkey, the United Arab Emirates, the United Kingdom, and the United States.
28. Details are available from EUNAVFOR: "European Union Naval Force Operation Atalanta," EUNAVFOR, https://eunavfor.eu/, accessed May 15, 2020.
29. "Ukraine Joins NATO's Counter-Piracy Operation Ocean Shield," NATO, September 24, 2013, http://www.nato.int/cps/en/natohq/news_103521.htm.
30. It's surprisingly hard to get up-to-date details of these operations; but good accounts of them can be found in NATO reports—for example: "Counter-Piracy Operations (Archived)," NATO, December 19, 2016, http://www.nato.int/cps/en /natohq/topics_48815.htm.—and in studies of individual navies' participation. On Chinas involvement see: Alison A. Kaufman, "Chinas Participation in Anti-Piracy Operations off the Horn of Africa: Drivers and Implications," Conference Report (Arlington, VA: CNA, July 2009).
31. On the applicability of the law of the sea, see Bahadur, *The Pirates of Somalia,* ch. 10.
32. "The Economist Explains: What Is Happening to Africa's Pirates?," The Economist, January 16, 2018, https://www.economist.com/the-economist-explains/2018/01/16 /what-is-happening-to-africas-pirates; Sandra L. Hodgkinson, "Current Trends in Global Piracy: *Can Somalia's Successes Help Combat Piracy in the Gulf of Guinea and Elsewhere?" Case Western Reserve Journal of International Law* 46, no. 1 (2013): 145-60.
33. See Kaufman, "China's Participation in Anti-Piracy Operations," 9-11; David Lai, "Chinese Military Going Global," China Security 5, no. 1 (Winter 2009): 3-10; and Richard Weitz, "Operation Somalia: Chinas First Expeditionary Force," *China Security* 5, no. 1 (Winter 2009): 27-44.

第九章　近海

1. CMSI proceedings. Xi's speech to the Chinese Politburo, July 30, 2013.
2. There were two brief exceptions: the period from 1368 to 1420, when China was ruled from Nanjing, and the years from 1928 to 1949, during the period of civil war and Japanese occupation, when various claimants to power established headquarters outside Beijing.
3. Nicholas D. Kristof, "Beijing Journal: Whatever the High Walls Hide, It Isn't Opulence," New York Times, January 25, 1991, https://www.nytimes xom/1991/01/25/world/beijing-journal-whatever-the-high-walls-hide-it-isn-t -opulence.html.
4. James R. Holmes and Toshi Yoshihara, *Chinese Naval Strategy in the 21st Century,* 1st ed. (London: Routledge, 2007), 53.
5. M. Taylor Fravel, *Active Defense: Chinas Military Strategy since 1949,* Princeton Studies in International History and Politics (Princeton, New Jersey: Princeton University Press, 2019), 162.
6. Liu went on to serve as the vice chairman of the Central Military Commission, which oversees the military. He also served on the Politburo Standing Committee. In 1987 he said: "Without an aircraft carrier, I will die with my eyelids open: the Chinese Navy needs to build an aircraft carrier." See Edward Wong, "Liu Huaqing Dies at 94; Oversaw Modernization of China's Navy," New York Times, January 16, 2011, https://www.nytimes.com/2011/01/18/world/asia/18liu.html.

7. Holmes and Yoshihara, *Chinese Naval Strategy in the 21st Century,* 29.
8. Alfred Thayer Mahan, *The Influence of Sea Power Upon History, 1660-1783* (New York: Little, Brown, 1918), 521.
9. Ibid.
10. Alfred Thayer Mahan, "The Persian Gulf and International Relations," *National Review* 40 (1902): 18-19.
11. For a rich account of the influence of Mahan on American strategy during this period, see in particular: Michael J. Green, *By More Than Providence: Grand Strategy and American Power in the Asia Pacific Since 1783* (New York: Columbia University Press, 2017).
12. H. J. Mackinder, "The Geographical Pivot of History," *The Geographical Journal* 23, no. 4 (1904): 421-44.
13. Holmes and Yoshihara, *Chinese Naval Strategy in the 21st Century.*
14. Mark Metcalf, "The Legacy of Admiral Liu Huaqing," Conference Paper, US Naval War College, presented May 6-7, 2019.
15. Wikileaks, "Public Library of US Diplomacy—MFA Maintains Claims to South China Sea: Urges U.S. Companies Not to 'Get Entangled,'" March 13, 2008, available at www.wikileaks.org/plusd/cables/08BEIJING924_a.html.
16. "South China Sea's Vague 9-Dash Line Underpins China's Claim," AP NEWS, March 23, 2016, https://apnews.com/b5d824f945434c39ba66c33378d51222.
17. Christopher Woody, "Scarborough Shoal Is Red Line amid US-China Tension in South China Sea," Business Insider, October 3, 2018, https://www.businessinsider .com/scarborough-shoal-is-red-line-amid-us-china-tension-in-south-china-sea -2018-10.
18. For an overview of China's territorial claims in the South China Sea, see "South China Sea Territorial Disputes (Continued)," Peace Palace Library, http://www .peacepalacelibrary.nl/south-china-sea-territorial-disputes-continued/, accessed September 5, 2020.
19. Clive Schofield, "Dangerous Ground: A Geopolitical Overview of the South China Sea," in *Security and International Politics in the South China Sea,* ed. Sam Bateman and Ralf Emmers (London: Routledge, 2008), 7-25.
20. "VIETNAM-CHINA: Tours, Bird-Watching Trigger New Row over Spratlys," Inter Press Service, April 5, 2004, http://www.ipsnews.net/2004/04/vietnam -china-tours-bird-watching-trigger-new-row-over-spratlys/.
21. Schofield, "Dangerous Ground," 11.
22. Kimberley Marten Zisk, "Japan's United Nations Peacekeeping Dilemma," *Asia-Pacific Review* 8, no. 1 (May 1, 2001): 21-39.
23. Yasuhiro Izumikawa, "Explaining Japanese Antimilitarism: Normative and Realist Constraints on Japan's Security Policy," *International Security 35*, no. 2 (Fall 2010): 123-60.
24. Bertil Lintner, "Japan Could Carry the Day in a US-China Conflict," *Asia Times,* May 13, 2020, https://asiatimes.com/2020/05/japan-could-carry-the-day-in-a -us-china-conflict/. For more on Japan's naval posture and strategy, see Takuya Shimodaira, "The Japan Maritime Self-Defense Force in the Age of Multilateral Cooperation: Nontraditional Security," *Naval War College Review* 67, no. 2 (Spring 2014): 1-17.
25. Kyle Mizokami, "Sorry, China: Why the Japanese Navy Is the Best in Asia," *The National Interest,* October 16, 2016, https://nationalinterest.org/blog/the-buzz /sorry-china-why-the-japanese-navy-the-best-asia-18056.
26. "Japan Coast Guard: Justice and Humanity" (Tokyo: Japan Coast Guard, 2018), 3.
27. David Axe, "Meet the Helicopter-Cruiser: The Half Aircraft Carrier," *The National Interest,* The Center for the National Interest, February 23, 2019, https:// nationalinterest.org/blog/buzz/meet-helicopter-cruiser-half-aircraft-carrier-45482.
28. Shinichi Fujiwara, "Japan Avoids Flak by Refusing to Call Flattop Aircraft Carrier,'" *Asahi Shimbun,* December 6, 2018, http://web.archive.org/web/20200203181218; http://www.asahi.com/ajw/articles/AJ201812060055.html.
29. Ankit Panda, "Obama: Senkakus Covered Under US-Japan Security Treaty," The Diplomat, April 24, 2014, https://thediplomat.com/2014/04/obama-senkakus-covered-under-us-japan-security-treaty/.
30. Thorn Shanker, "US. Sends Two B-52 Bombers into Air Zone Claimed by China," *New York Times,* November 26, 2013, https://www.nytimes.com/2013/ll/27 /world/asia/us-flies-b-52s-into-chinas-expanded-air-defense-zone.html.
31. "About USFJ," US Forces, Japan, https://www.usfj.mil/About-USFJ/, accessed September 10, 2020.
32. Lyle J. Morris et al., *Gaining Competitive Advantage in the Gray Zone: Response Options for Coercive Aggression Below the Threshold of Major War* (Santa Monica, CA: RAND Corporation, 2019), https://www.rand.org/pubs/research_reports /RR2942.html.
33. Justin McCurry, "Japan-China Row Escalates over Fishing Boat Collision," *The Guardian,* September 9, 2010, https://www.theguardian.com/world/2010/sep/09 /japan-china-fishing-boat-collision.
34. Hiroko Tabuchi, "Japan Scrambles Jets in Islands Dispute with China," *New York Times,* December 13, 2012, https://www.nytimes.com/2012/12/14/world/asia /japan-scrambles-jets-in-island-dispute-with-china.html.
35. Tara Copp, "Japan Surges New Weapons, Military Roles to Meet Chinas Rise," Military Times, January 15,2019, https://www.militarytimes.com/news/2019/01/15 /japan-surges-new-weapons-military-roles-to-meet-chinas-rise/.
36. Denny Roy, *Taiwan: A Political History* (Ithaca, NY: Cornell University Press, 2003), 9-10.
37. Qiang Zhai, "Taiwan Strait Crises (1954-55,1958)," in *Encyclopedia of the Cold War,* ed. Ruud van Dijk (New York: Routledge,

2008); Richard C. Bush, *At Cross Purposes: U.S.-Taiwan Relations Since 1942* (Armonk, NY: M. E. Sharpe, 2004), 97-98.

38. Margaret MacMillan, *Nixon and Mao: The Week That Changed the World* (New York: Random House, 2007), ch. 19; Bush, At Cross Purposes, 125-36.
39. Bush, *At Cross Purposes,* 150-60.
40. Keoni Everington, "Taiwan Navy Ranked TOth Most Powerful in World' by Viral Video," *Taiwan News,* January 24, 2017, https://www.taiwannews.com.tw/en /news/3080978.
41. Jyh-peng Wang and Chih-lung Tan, "Taiwan's Submarine Saga," The Diplomat, May 11, 2015, https://thediplomat.com/2015/05/taiwans-submarine-saga/.
42. Drew Thompson, "Hope on the Horizon: Taiwan's Radical New Defense Concept," War on the Rocks, October 2, 2018, https://warontherocks.com/2018/10/hope-on-the-horizon-taiwans-radical-new-defense-concept/.
43. Nicole Jao, "'Mask Diplomacy' a Boost for Taiwan," *Foreign Policy,* April 13,2020, https://foreignpolicy.com/2020/04/13/taiwan-coronavirus-pandemic-mask-soft -power- diplomacy/.
44. Eleanor Freund, "Freedom of Navigation in the South China Sea: A Practical Guide," Belfer Center for Science and International Affairs, June 2017, https:// www.belfercenter.org/publication/freedom-navigation-south-china-sea -practical-guide.
45. Kris Osborn, "America Is Using Its Navy to Deter China Around Taiwan and the Spratly Islands," The National Interest, June 8, 2020, https://nationalinterest .org/blog/buzz/america-using-its-navy-deter-china-around-taiwan-and-spratly -islands-161771.
46. Jane Perlez, "Tribunal Rejects Beijing's Claims in South China Sea," *New York Times,* July 12, 2016, https://www.nytimes.com/2016/07/13/world/asia/south -china-sea-hague-ruling-philippines.html.
47. Eleanor Ross, "How and Why China Is Building Its New Territory in the South China Sea," *Newsweek,* March 29, 2017, https://www.newsweek.com/china-south -china-sea-islands-build-military-territory-expand-575161.
48. Jeffrey Becker, "China's Military Modernization: The Legacy of Admiral Wu Shengli," China Brief, August 18, 2015, https://jamestown.org/program/chinas -military-modernization-the-legacy-of-admiraTwu-shengli/.

第十章　美國的內湖

1. Michael Green, *By More Than Providence: Grand Strategy and American Power in the Asia Pacific Since 1783,* 32.
2. Formed in 2004 by a merger of Naval Base Bremerton and Naval Base Bangor.
3. Evan Thomas, *John Paul Jones: Sailor, Hero, Father of the American Navy,* reprint edition (New York: Simon & Schuster, 2004), ch. 3 onward.
4. Only a handful of naval ships in the world can exceed *67* kph, and none of them are destroyers. A class of ships known as "interceptors" can approach those speeds, but these are mainly used by Special Forces for covert insertion and by coast guards for littoral defense and counter-smuggling patrols.
5. The DF-21D, a medium-range ballistic missile, became in 2012 the world's first anti-ship ballistic missile built to attack ships at sea. It can reach speeds of up to Mach 10. David Webb, "Dong Feng-21D (CSS-5)," Missile Defense Advocacy Alliance, January 2017, https://missiledefenseadvocacy.org/missile-threat-and -proliferation/missile-proliferation/china/dong-feng-21d-df-21d/.
6. Most recently, the US Navy has successfully tested ship-based interception of an ICBM—an even more difficult challenge.
7. "Dong Feng-26," Missile Defense Advocacy Alliance, June 4, 2018, https:// missiledefenseadvocacy.org/missile-threat-and-proliferation/todays-missile -threat/china/df-26/.
8. Jordan Wilson, "China's Expanding Ability to Conduct Conventional Missile Strikes on Guam" (Washington, DC: U.S.-China Economic & Security Review Commission, May 10, 2016), 3, https://www.uscc.gov/sites/default/files/Research /Staff%20Report_China's%20Expanding%20Ability%20to%20Conduct%20 Conventional%20Missile%20Strikes%20on%20Guam.pdf.
9. Green, *By More Than Providence,* 529.
10. Andrew F. Krepinevich, "Why AirSea Battle?," Center for Strategic and Budgetary Assessments, February 19, 2010, https://csbaonline.org/research/publications /why-airsea-battle; Bill Sweetman and Richard Fisher, "AirSea Battle Concept Is Focused on China," Aviation Week, April 8, 2011, http://www.aviationweek .com/aw/generic/story_generic.jsp?channel=awst&id=news/awst/2011/04/04/AW_04_04_2011_p62-299099.xml; Richard Halloran, "AirSea Battle," Air Force Magazine, August 2010, http://www.airforce-magazine.com/MagazineArchive /Documents/2010/August%20 2010/081 Obattle.pdf.
11. For an overview, see Peter Grier, "The First Offset," *Air Force Magazine,* June 2016.
12. Green, *By More Than Providence,* 531.
13. Author confidential interview, Washington, DC, April 2020.

14. Author confidential interview, Indo-Pacific Command HQ, February 2020.
15. Halloran, "AirSea Battle."
16. Stephen Biddle and Ivan Oelrich, "Future Warfare in the Western Pacific: Chinese Antiaccess/Area Denial, U.S. AirSea Battle, and Command of the Commons in East Asia," *International Security* 41, no. 1 (July 2016): 7-48.
17. Green, *By More Than Providence,* 10-11.

第十一章　征服四海

1. Information Office of the State Council of the People's Republic of China, "China's Military Strategy," Xinhua, May 26, 2015.
2. On China's port investments in Djibouti, see Peter A. Dutton, Isaac B. Kardon, and Conor M. Kennedy, "Djibouti: China's First Overseas Strategic Strongpoint," *China Maritime Report* no. 6, April 2020, China Maritime Studies Institute, US Naval War College.
3. See Jude Blanchette and Jonathan Hillman, "Hidden Harbors: China's State-Backed Shipping Industry," CSIS Briefs: July 8, 2020.
4. Rush Doshi, "The New Imperative: Protecting Overseas Interests," Draft conference paper, US Naval War College, presented May 6-7, 2019.
5. Conor M. Kennedy, "Strategic Strong Points and Chinese Naval Strategy", *China Brief* Vol. 19, no. 6. Also see Andrew S. Erickson, "Power vs. Distance: China's Global Maritime Interests and Investments in the Far Sea," in Ashley J. Tellis, Alison Szalwinshi, and Michael Wills, eds., *Strategic Asia 2019: Chinas Expanding Strategic Ambitions.* Seattle: The National Bureau of Asian Research, 2019.
6. Isaac B. Kardon, "Building a World-Class Military: Missions, Modernization, and Bases," Testimony, on a "World-Class" Military: Assessing China's Global Military Ambitions, US China Economic and Security Review Commission, June 20, 2019, https://www.uscc.gov/sites/default/files/Kardon_USCC%20Testi mony_FINAL.pdf.
7. For more, see Peter Dutton, Isaac Kardon, and Conor Kennedy, "China Maritime Report No. 6: Djibouti: China's First Overseas Strategic Strongpoint," CMSI China Maritime Reports, April 1, 2020, https://digital-commons.usnwc.edu/cmsi-maritime-reports/6; Conor Kennedy, "Strategic Strong Points and Chinese Naval Strategy," *China Brief* 19, no. 6 (March 22, 2019), Jamestown Foundation, https:// jamestown.org/program/strategic-strong-points-and-chinese-naval-strategy/.
8. As quoted in Kennedy, "Strategic Strong Points and Chinese Naval Strategy."
9. Andrew Scobell and Nathan Beauchamp-Mustafaga, "The Flag Lags but Follows: The PLA and China's Great Leap Outward," in *Chairman Xi Remakes the PLA: Assessing Chinese Military Reforms,* eds. Phillip C. Saunders et al. (Washington, DC: NDU Press, 2019), 171-202.
10. U.S. Defense Intelligence Agency, "China Military Power: Modernizing a Force to Fight and Win," 51.
11. Zachary Keck, "India Has Reason to Fear Chinas Submarines in the Indian Ocean," National Interest, September 21, 2019, https://nationalinterest.org/blog /buzz/india-has-reason-fear-chinas-submarines-indian-ocean-82301.
12. U.S. Defense Intelligence Agency, "China Military Power: Modernizing a Force to Fight and Win," 51.
13. "Trade (% of GDP)," World Bank Data Bank, World Bank.
14. "How Much Trade Transits the South China Sea?" *ChinaPower Project* (blog), August 2, 2017, https://chinapower.csis.org/much-trade-transits-south-china -sea/.
15. Terrence Kelly et al, *Employing Land-Based Anti-Ship Missiles in the Western Pacific* (Arlington, VA: RAND Corporation, 2013), https://www.rand.org/pubs /technical_reports/TRl 321 .html.
16. Jan van Tol et al., "AirSea Battle: A Point-of-Departure Operational Concept" (Arlington, VA: Center for Strategic and Budgetary Assessments, 2010), https:// csbaonline.org/research/publications/airsea-battle-concept/publication/1.
17. Sean Mirski, "Stranglehold: The Context, Conduct and Consequences of an American Naval Blockade of China," *Journal of Strategic Studies* 36, no. 3 (June 1, 2013): 397.
18. Ibid.
19. Gabriel Collins, "A Maritime Oil Blockade Against China—Tactically Tempting but Strategically Flawed," *Naval War College Review* 71, no. 2 (Spring 2018): 51. See also Henry Farrell and Abraham Newman, "The Folly of Decoupling from China," *Foreign Affairs,* June 3, 2020.
20. Craig L. Symonds, *World War II at Sea: A Global History* (New York: Oxford University Press, 2018), 153,172,192-93.
21. J. D. Simkins, "'We'll See How Frightened America Is'—Chinese Admiral Says Sinking US Carriers Key to Dominating South China Sea," *Navy Times,* January 7,2019, sec. Your Navy, https://www.navytimes.com/news/your-navy/2019/01/04 /well-see-how-frightened-america-is-chinese-admiral-says-sinking-us-carriers -key-to-dominating-south-china-sea/.
22. Evan Braden Montgomery, "Reconsidering a Naval Blockade of China: A Response to Mirski," *Journal of Strategic Studies* 36, no. 4 (August 1, 2013): 621.

23. Ashley Townshend, Brendan Thomas-Noone, and Matilda Steward, "Averting Crisis: American Strategy, Military Spending and Collective Defence in the Indo-Pacific" (Sydney, Australia: The United States Studies Centre at the University of Sydney, August 2019), 28, https://www.ussc.edu.au/analysis/averting-crisis -american-strategy-military-spending-and-collective-defence-in-the-indo-pacific.
24. Brad Lendon, "Keeping Up with China: US Navy Orders $22 Billion Worth of Submarines," CNN, December 3, 2019, https://www.cnn.com/2019/12/03 /politics/us-navy-submarines-contract-intl-hnk/index.html.
25. Minnie Chan, "A Submarine Arms Race Is Heating Up in the Indo-Pacific amid a 'Great Threat' from China," *Business Insider,* February 17, 2019, https://www .businessinsider.com/threat-from-china-driving-submarine-arms-race-in-indo -pacific-2019-2. It's a sentiment echoed by the commander of the Carderock research facility, who wrote in 2015 that "the demand for undersea capability continues to grow rapidly as adversary anti-access/area denial (A2/AD) systems that can challenge the ability of our maritime air and surface forces to operate freely continue to proliferate. Next-generation nuclear submarines are being fielded by our potential competitors, and extremely quiet diesel submarines continue to proliferate globally, increasing the burden on our ASW forces and capabilities." See https://www.public.navy.mil/subfor/underseawarfaremagazine /issues/PDF/USW_Fall_2015.pdf.
26. Zhenhau Lu, "US and China's Underwater Rivalry Fuels Calls for Submarine Code of Conduct to Cut Risk of Accidents," *South China Morning Post,* March 21, 2019, https://www.scmp.com/news/china/military/article/3002736/us-and -chinas-underwater-rivalry-fuels-calls-submarine-code.
27. Ibid.
28. Tyler Headley, "Submarines in the South China Sea Conflict," The Diplomat, August 10,2018, https://thediplomat.com/2018/08/submarines-in-the-south-china -sea-conflict/.
29. Lu, "US and China's Underwater Rivalry Fuels Calls for Submarine Code of Conduct to Cut Risk of Accidents."
30. Lendon, "Keeping Up with China."
31. US Defense Intelligence Agency, "China Military Power: Modernizing a Force to Fight and Win" (Washington, DC, 2019), 72.
32. Lendon, "Keeping Up with China."
33. H. I. Sutton, "China's Submarines May Be Catching Up with U.S. Navy," *Forbes,* November 24, 2019, https://www.forbes.com/sites/hisutton/2019/ll/24/latest -chinese-submarines-catching-up-with-us-navy/.
34. For a recent discussion, see Sanjaya Swain, K. Trinath, and Tatavarti, "Non-Acoustic Detection of Moving Submerged Bodies in Oceans," *International Journal of Innovative Research and Development* 1, no. 10 (December 2012).
35. Author interview, Washington, DC, April 2020.
36. For an analysis of Russia's naval and political tactics in the Black Sea since its annexation of Crimea, see Yuri Lapaiev, "Russia's Black Sea Dominance Strategy—A Blend of Military and Civilian Assets," *Eurasia Daily Monitor* 16, no. 163 (November 19, 2019), https://jamestown.org/program/russias-black-sea -dominance-strategy-a-blend-of-military-and-civilian-assets/.
37. Thomas B. Modly, "How a Modernized Navy Will Compete with China and Russia," Brookings Institution, February 28, 2020, https://www.brookings.edu /events/how-a-modernized-navy-will-compete-with-china-and-russia/.
38. Garret Hinck, "Evaluating the Russian Threat to Undersea Cables," *Lawfare* (blog), March 5, 2018, https://www.lawfareblog.com/evaluating-russian-threat -undersea-cables.
39. David E. Sanger and Eric Schmitt, "Russian Ships Near Data Cables Are Too Close for U.S. Comfort," *New York Times,* October 25, 2015, https://www .nytimes.com/2015/10/26/world/europe/russian-presence-near-undersea-cables -concerns-us.html.
40. For his deeper study on the evolution of British naval power, see Paul Kennedy, *The Rise and Fall of British Naval Mastery* (New York: Humanity Books, 1976), ch. 12.
41. Rebecca Strating, "Should Australia Be Involved in the South China Sea?" *La Trobe Asia Brief,* no. 2 (July 2019), https://www.latrobe.edu.au/news /announcements/2019/should-australia-be-involved-in-the-south-china-sea.
42. Holmes and Yoshihara, *Chinese Naval Strategy in the 21st Century,* 32; Sheila A. Smith, *Japan Rearmed: The Politics of Military Power* (Cambridge, MA: Harvard University Press, 2019).
43. "Statistics on Scrambles Through Fiscal Year 2018" (Tokyo: Japanese Ministry of Defense—Joint Staff, April 12, 2019), https://www.mod.go.jp/js/Press/press2019 /press_pdf/p20190412_06.pdf.
44. For a good summary of how Chinas military engages with Japan in the East China see Edmund Burke et al., *China's Military Activities in the East China Sea: Implications for Japans Air Self-Defense Force* (Alexandria, VA: RAND, 2018).
45. Confidential author interviews, US Department of Defense, February 2020.
46. One of India's leading scholar-diplomats, Shyam Saran, described India as a "premature power": Shyam Saran, "Shyam Saran: Premature Power," *Business Standard India,* March 17, 2010, https://www.business-standard.com/article /opinion/

shyam-saran-premature-power-110031700019_1 .html.
47. Daniel Kliman et al., "Imbalance of Power," Center for a New American Security, https://www.cnas.org/publications/reports/imbalance-of-power, accessed May 15, 2020.
48. "Indian Navy Aiming at 200-Ship Fleet by 2027," *Economic Times,* July 14, 2018, https://economictimes.indiatimes.com/news/defence/indian-navy-aiming-at -200-ship-fleet-by-2027/articleshow/48072917.cms.
49. Manu Pubby, "Indian Navy Cutting down on Procurement Due to Budget Cuts," Economic Times, January 16, 2020, https://economictimes.indiatimes .com/news/defence/indian-navy-trims-acquisition-list-due-to-budget-cuts / articleshow/73281243.cms).
50. Jonathan Soble, "Japan Summons Chinese Envoy After Naval Ship Nears Disputed Islands," *New York Times,* June 9, 2016, https://www.nytimes.com/2016/06/10 /world/asia/japan-china-navy-protest.html.
51. "Chinese Nuclear Attack Submarine That Raised Flag in International Waters May Have Been Testing Japans Patrol Capabilities," *South China Morning Post,* January 15, 2018, https://www.scmp.com/news/asia/east-asia/article/2128284/chinese -nuclear-attack-submarine-spotted-near-disputed-diaoyu.
52. "Northern Fights: America and Britain Play Cold-War Games with Russia in the Arctic," *The Economist,* May 10, 2020, https://www.economist.com /europe/2020/05/10/america-and-britain-play-cold-war-games-with-russia-in-the-arctic.
53. David H. Berger, "Commandant's Planning Guidance," US Marine Corps, July 16, 2019, https://www.hqmc.marines.mil/Portals/142/Docs/%2038th%20 Commandant%27s%20Planning%20Guidance_2019.pdf?ver=2019-07-16 -200152-700.
54. Mike Gallagher, "To Deter China, the Naval Services Must Integrate," War on the Rocks, February 4, 2020, https://warontherocks.com/2020/02/to-deter-china -the-naval-services-must-integrate/.

第十二章　海洋的鹽

1. Richard Rhodes, *Energy: A Human History* (New York: Simon & Schuster, 2018), 259.
2. Daniel Yergin, *The Quest: Energy, Security, and the Remaking of the Modern World* (New York: Penguin Books, 2011).
3. "The Energy Industry in Houston," Greater Houston Partnership, https://www .houston.org/why-houston/industries/energy, accessed March 23, 2021.
4. Jordan Blum, "Houston Leads the Way as Texas Ships 80 Percent of Nations Crude Exports," *Houston Chronicle,* March 18, 2019, https://www.chron.com/busines /energy/article/Houston-leads-as-Texas-ships-out-80-of-nation-s-l 3696641.php.
5. Matt Egan, "Oil Boom: Texas Achieves Major Export Landmark," CNN Money, August 23, 2018, https://money.cnn.com/2018/08/23/investing/oil-exports-texas -houston/index.html.
6. For a detailed account of the political machinations, in New Orleans and in Washington, DC, required to open up the Gulf to energy exploration, see in particular Tyler Priest, "Extraction Not Creation: The History of Offshore Petroleum in the Gulf of Mexico," *Enterprise & Society* 8, no. 2 (2007): 227-67.
7. In a later interview, Gordon Lill, who directed Project Mohole, was frank about using the Russian competition as a rationale for the project: Gordon Lill, interview by David van Keuren, March 20, 1995, Santa Barbara, CA, transcript, http://scilib .ucsd.edu/sio/oral/Lill.pdf.
8. Clyde W. Burleson, *Deep Challenge!: The True Epic Story of Our Quest for Energy Beneath the Sea* (Houston: Gulf Publishing, 1999).
9. "Project No Hole?" *Newsweek,* June 10, 1963.
10. For more on the mismanagement of the project, see D. S. Greenberg, "Mohole: The Project That Went Awry (III)," *Science* 143, no. 3604 (January 24, 1964): 334-37.
11. "About the Deep Sea Drilling Project," Deep Sea Drilling Project Reports and Publications, http://deepseadrilling.org/about.htm, accessed April 17, 2021.
12. "Project Azorian: The Story of the *Hughes Glomar Explorer? Studies in Intelligence,* Fall 1985, https://nsarchive2.gwu.edu/nukevault/ebb305/doc01.pdf.
13. Norman Polmar and Michael White, "Top Secret: Project Azorian," *Invention and Technology,* Winter 2011, https://www.inventionandtech.com/content/top-secret -project-azorian.
14. Scott L. Montgomery and Dwight "Clint" Moore, "Subsalt Play, Gulf of Mexico: A Review," *AAPG Bulletin,* 81, no. 6 (June 1997): 871-896
15. See Dev George, "Seismic Exploration," https://www.offshore-mag.com/regional -reports/article/16760640/seismic-exploration-taking-another-look-at-bright -spots. For more on the development of advanced exploration and drilling techniques, see inter alia Clyde W. Burleson, *Deep Challenge!: Our Quest for Energy Beneath the Sea* (Ukraine: Elsevier Science, 1998).
16. Burleson, *Deep Challenge!,* 47.
17. Priest, "Extraction Not Creation," 235. Priest documents that "a unique geology created opportunities for a wide range of companies and oil hunters and for an even greater number of subsidiary businesses. The Gulf's gradually sloping, deltaic plain permitted experimentation with building free-standing structures in the open water. The sedimentary layers of the

Gulf's ocean bed are relatively soft, making them easier to drill than hard-rock layers in other regions, onshore or offshore. The water is shallow for many miles, and the conditions are mild, except for hurricanes." Priest also documents the extensive corruption and pork barrel politics that went into opening up the coastal waters of Louisiana for drilling.

18. "The Offshore Petroleum Industry in the Gulf of Mexico: A Continuum of Activities" (Washington, DC: Bureau of Ocean Energy Management, US Department of the Interior, 2008), 2, https://www.boem.gov/sites /default/files/boem-education/BOEM-Education-Images-and-Resources/The OffshorePetroleumIndustryOrganizationalScheme.pdf.
19. B. A. Wells and K. L. Wells, "Secret History of Drill Ship Glomar Explorer," American Oil & Gas Historical Society, February 8, 2020, https://aoghs.org/oil -almanac/secret-offshore-history-of-the-glomar-explorer/.
20. "Gulf of Mexico Fact Sheet," US Energy Information Administration, https:// www.eia.gov/special/gulf_of_mexico/, accessed April 18, 2021.
21. Presentation by David Victor, "National Oil Companies and the World Oil Market," University of California at San Diego, November 15, 2011.
22. Some of the story of the Tengiz blowout can be found in "Kazakhstan: Kashagan— Mad, Bad, and Dangerous," Petroleum Economist, August 2002.
23. Although Brazils first democratic constitution, in 1988, actually prohibited contracting with international firms, it protected a preexisting exception for Petrobras; and then a constitutional amendment in 1995 removed restrictions on foreign capital and established competitive markets in sectors previously governed by a monopoly. Petrobras retained monopoly ownership of the minerals found from drilling, but was able fully to partner with foreign companies in the process of discovery and extraction.
24. Yergin, *The Quest,* 247.
25. "Lula Oil Field Development," NS Energy, https://www.nsenergybusiness.com /projects/lula-oil-field-development/, accessed April 18, 2021.
26. Yergin, *The Quest,* 215.
27. "Contested Areas of South China Sea Likely Have Few Conventional Oil and Gas Resources," US Energy Information Administration, April 3, 2013, https://www . eia.gov/todayinenergy/detail.Php?id- 10651.
28. Ibid.
29. Tim Daiss, "South China Sea Energy Politics Heat Up," OilPrice.com, March 2, 2019, https://oilprice.com/Geopolitics/Asia/South-China-Sea-Energy-Politics -Heat-Up.html.
30. "Update: China Risks Flare-Up Over Malaysian, Vietnamese Gas Resources," Asia Maritime Transparency Initiative (blog), December 13, 2019, https://amti.csis .org/china-risks-flare-up-over-malaysian-vietnamese-gas-resources/.
31. Ralph Jennings, "Beijing Preps 10-Story Oil Drilling Platform for South China Sea Despite Wary Vietnam" *Voice of America,* September 30, 2019, https://www .voanews.com/east-asia-pacific/beijing-preps-10-story-oil-drilling-platform -south-china-sea-despite-wary-vietnam.
32. "East China Sea," US Energy Information Administration, September 17, 2014, https://www.eia.gov/international/analysis/regions-of-interest/East_China_Sea.
33. "Update: Beijing Keeps Busy in East China Sea Oil and Gas Fields," Asia Maritime Transparency Initiative (blog), August 23, 2018, https://amti.csis.org/busy - summer-beij ings- rigs/.
34. "Circum-Arctic Resource Appraisal: Estimates of Undiscovered Oil and Gas North of the Arctic Circle" (Menlo Park, CA: US Geological Survey, 2008), 4, https://pubs.usgs.gov/fs/2008/3049/fs2008-3049.pdf.
35. C. J. Chivers, "Russians Plant Flag on the Arctic Seabed," *New York Times,* August 3, 2007, https://www.nytimes.com/2007/08/03/world/europe/03arctic.html.
36. Louie Palu, "A Thawing Arctic Is Heating up a New Cold War," *National Geographic,* August 19, 2019, https://www.nationalgeographic.com/adventure/2019/08/how -climate-change-is-setting-the-stage-for-the-new-arctic-cold-war-feature/.
37. The Russian national accused in the case, Valery Mitko, was at the time the president of the Arctic Academy of Sciences in St. Petersburg. Mitko's lawyer Ivan Pavlov denied the charges leveled against him. See https://team29.org/story / arkticheskaya-doktrina-professora-mitko/.
38. "Natural Gas Explained: Liquefied Natural Gas," US Energy Information Administration, June 4, 2019, https://www.eia.gov/energyexplained/natural-gas /liquefied-natural-gas.php.
39. "BP Statistical Review of World Energy" (BP, 2019), 38, https://www.bp.com /content/dam/bp/business-sites/en/global/corporate/pdfs/energy-economics /statistical-review/bp-stats-review-2019-full-report.pdf.
40. "China Overtakes Japan as World's Top Natural Gas Importer," Reuters, November 12,2018, https://www.reuters.com/article/china-japan-lng-idUSL4NIXN3LO.
41. "BP Statistical Review of World Energy."

42. "World Trade Report 2013," 53; Andrew G. Spyrou, *From T-2 to Supertanker: Development of the Oil Tanker, 1940-2000,* Revised (Bloomington, IN: iUniverse, 2011).
43. Mostert, *Supership,* 15.
44. "Offshore Energy Outlook," 15.
45. "Assessment of Undiscovered Oil and Gas Resources of the Nations Outer Continental Shelf, 2016a," (Washington, DC: Bureau of Ocean Energy Management, US Department of the Interior, 2016), https://www.boem.gov /sites/default/files/documents/oil-gas-energy/resource-evaluation/resource -assessment/2016a.pdf.
46. "BP Statistical Review of World Energy," 38.
47. A concern well documented in Daniel Yergin, *The New Map: Energy, Climate, and the Clash of Nations* (New York: Penguin Press, 2020).
48. "Annual Energy Outlook 2011" (Washington, DC: US Energy Information Administration, April 2011), https://www.eia.gov/outlooks/aeo/pdf/0383(2011) .pdf.
49. "World Energy Outlook 2019" (Paris: International Energy Agency, 2019), 166.
50. Ibid., 167.
51. Ibid.
52. Ibid., 130.
53. "International Energy Outlook 2019" (Washington, DC: U.S. Energy Information Administration, September 24, 2019), 42.
54. International Energy Agency, 165.

第十三章　海洋學與國力

1. Anthony Brandt, *The Man Who Ate His Boots: The Tragic History of the Search for the Northwest Passage* (New York: Anchor, 2011); Doug Macdougall, *Endless Novelties of Extraordinary Interest: The Voyage of H.M.S. Challenger and the Birth of Modern Oceanography,* illustrated ed. (New Haven, CT: Yale University Press, 2019).
2. William Ragan Stanton, *The Great United States Exploring Expedition of 1838-1843* (Berkeley: University of California Press, 1975).
3. Nathaniel Philbrick, *Sea of Glory: America's Voyage of Discovery: The U.S. Exploring Expedition, 1838-1842* (New York: Viking, 2003); Simon Winchester, *Atlantic: Great Sea Battles, Heroic Discoveries, Titanic Storms, and a Vast Ocean of a Million Stories* (New York: Harper, 2010).
4. Sidney Hart, "Titian Ramsay Peale and the Great U.S. South Seas Exploring Expedition," Smithsonian Libraries, https://www.sil.si.edu/DigitalCollections /usexex/learn/Hart.htm.
5. Neil Smith, *American Empire: Roosevelt's Geographer and the Prelude to Globalization* (Berkeley: University of California Press, 2013).
6. See Harvey Sapolsky, *Science and the Navy: The History of the Office of Naval Research* (Princeton, NJ: Princeton University Press, 1990).
7. David K. van Keuren, "An Interview with Dr. Gordon Lill," March 20,1995, Naval Research Laboratory, Scripps Institution of Oceanography History, p. 8, available at http://scilib.ucsd.edu/sio/oral/Lill.pdf.
8. Walter Munk, "The Sound of Climate Change," *Tellus A* 63, no. 2 (March 2011).
9. For example, see David M. Hart and David G. Victor, "Scientific Elites and the Making of US Policy for Climate Change Research, 1957-74," *Social Studies of Science* 23, no. 4 (November 1993).
10. Zoom interviews, May and June 2020, Washington, DC, and La Jolla, CA.
11. Roger Revelle and Hans E. Suess, "Carbon Dioxide Exchange Between Atmosphere and Ocean and the Question of an Increase of Atmospheric C02 During the Past Decades," *Tellus* 9, no. 1 (February 1957): 18-27.
12. Ibid., 18.
13. Ibid., 19.
14. Ibid., 18.
15. "Restoring the Quality of Our Environment: Report of the Environmental Pollution Panel, President's Science Advisory Committee," The White House, November 1965, 126, http://www.climatefiles.com/climate-change-evidence /presidents-report-atmospher-carbon-dioxide/.
16. Margaret Thatcher, Speech at 2nd World Climate Conference, Geneva, Switzerland, November 6, 1990, https://www.margaretthatcher.org/document/108237.
17. Hearing before the Committee on Energy and Natural Resources, United States Senate, 100th Congress, First Session on the Greenhouse Effect and Global Climate Change, part 2, June 23, 1988, available at https://babel.hathitrust.org/cgi / pt?id=ucl.b5127807&view=lup&seq=l. Hansen's testimony begins on page 39.
18. Growth between 2010 and 2012. Zhu Liu, "China's Carbon Emissions Report 2015" (Cambridge, MA: Harvard Kennedy

School, Belfer Center for Science and International Affairs, Energy Technology Innovation Policy, May 2015), 2.
19. Author interview, David Victor, via Zoom, November 2020.
20. Andrew C. Revkin, "Google Earth Fills Its Watery Gaps," *New York Times,* February 2, 2009, https://www.nytimes.com/2009/02/03/science/earth/03oceans.html.
21. Sylvia Earle, "Introduction," in Rachel Carson, *The Sea Around Us,* revised ed. (Oxford, UK: Oxford University Press, 2018).
22. Rachel Carson, *The Sea Around Us* (Oxford, UK: Oxford University Press, 1950/1979), 17.
23. Ibid., 19.
24. Kathy A. Svitil, "The 50 Most Important Women in Science," *Discover,* November 1, 2002, http://discovermagazine.com/2002/nov/feat50/.
25. For more information, see "Argo Center," National Oceanic and Atmospheric Administration, Atlantic Oceanographic and Meteorological Laboratory, Physical Oceanography Division (PhOD), available at https://www.aoml.noaa.gov/phod / argo/, accessed August 13, 2020.
26. This was the key finding of the IPCC's 2019 "Special Report on the Oceans," 9.
27. David Alexander, "'Great Green Fleet' Using Biofuels Deployed by U.S. Navy," Reuters, January 21, 2016, https://www.reuters.com/article/us-usa-defense -greenfleet-idUSKCN0UY2U4; Meghann Myers, "Great Green Fleet Readies to Sail in January," *Navy Times,* August 7, 2017, https://www.navytimes.com/news /your-navy/2015/12/14/great-green-fleet-readies-to-sail-in-january/.
28. Bryan Bender, "Chief of US Pacific Forces Calls Climate Biggest Worry," *Boston Globe,* March 9, 2013.
29. "Effects of a Changing Climate to the Department of Defense" (Washington, DC: Office of the Under Secretary of Defense for Aquisition and Sustainment, January 2019).

第十四章　暖化的海水日益上升

1. Thant Myint-U, *Where China Meets India: Burma and the New Crossroads of Asia* (New York: Farrar, Straus and Giroux, 2011).
2. Brian Fagan, *The Attacking Ocean: The Past, Present, and Future of Rising Sea Levels* (New York: Bloomsbury Press, 2013), 116-17.
3. "Linking Snow Cover and the Monsoon," *Earth Observatory,* NASA, February 21, 2006, https://earthobservatory.nasa.gov/features/Monsoon/monsoon4.php, accessed August 13, 2020.
4. Science Mission Directorate National Aeronautics and Space Administration, "Climate Variability," NASA, March 2, 2020, https://science.nasa.gov/earth -science/oceanography/ocean-earth-system/climate-variability.
5. For example, see Kim Cobb et al., "Highly Variable El Nino-Southern Oscillation Throughout the Holocene," *Science* 339, no. 6115 (January 4, 2013); Wenju Cai et al., "Increasing Frequency of Extreme El Nino Events Due to Greenhouse Warming," Nature Climate Change 4 (2014): 111-16.
6. S. Soloman et al., eds., *Climate Change 2007: The Physical Science Basis: Contribution of Working Group I to the Fourth Assessment Report of the IPCC* (New York: Cambridge University Press, 2007), 16.
7. For detailed modeling of this, see Marshall Burke and Kyle Emerick, "Adaptation to Climate Change: Evidence from US Agriculture," *American Economic Journal: Economic Policy* 8, no. 3 (August 2016): 106-40.
8. IPCC, "Special Report on the Ocean and Cryosphere in a Changing Climate" (Geneva: IPCC, November 2019), 10, https://www.ipcc.ch/srocc/.
9. J.-P. Gattuso et al., "Contrasting Futures for Ocean and Society from Different Anthropogenic C02 Emissions Scenarios," Science 349, no. 6243 (July 3, 2015).
10. IPCC, "IPCC Special Report on the Ocean and Cryosphere in a Changing Climate," 9.
11. Wallace S. Broecker, "Glaciers That Speak in Tongues and Other Tales of Global Warming," *Natural History* 110, no. 8 (2001).
12. IPCC, "IPCC Special Report on the Ocean and Cryosphere in a Changing Climate," 10.
13. Kasha Patel, "Antarctica Melts Under Its Hottest Days on Record," Earth Observatory, NASA, February 21, 2020, https://earthobservatory.nasa.gov/images/146322 /antarctica-melts-under-its-hottest-days-on-record, accessed August 13, 2020.
14. Neil Mostert, *Supership* (New York: Knopf, 1974), 211.
15. IPCC, "IPCC Special Report on the Ocean and Cryosphere in a Changing Climate," 205.
16. Arctic Monitoring and Assessment Programme, "Arctic Climate Issues 2011: Changes in Arctic Snow, Water, Ice, and Permafrost" (Oslo, Norway, 2012), available at https://www.amap.no/documents/download/2267/inline.
17. "Facts," Global Climate Change—Vital Signs of the Planet, NASA, August 4,2020, https://climate.nasa.gov/vital-signs/arctic-sea-ice/, accessed August 13, 2020.
18. World Ocean Review, *World Ocean Review 6: The Arctic and Antarctic—Extreme, Climatically Crucial and in Crisis* (Hamburg, Germany: Maribus, 2019), 173.
19. IPCC, "IPCC Special Report on the Ocean and Cryosphere in a Changing Climate," 352.
20. Ibid., 22.

21. Ibid., 12.
22. Ibid., 513.
23. IPCC, "IPCC Special Report on the Ocean and Cryosphere in a Changing Climate," 5.
24. Ibid., 10.
25. O. Hoegh-Guldberg et al., "The Human Imperative of Stabilizing Global Climate Change at 1.5°C," *Science 365,* no. 6459 (September 20, 2019).
26. Juli Trtanji and Lesley Jantarasami et al., "Climate Impacts on Water-Related Illness," in Allison Crimmins et al., *The Impacts of Climate Change on Human Health in the United States: A Scientific Assessment* (Washington, DC: U.S. Global Change Research Program, 2016).
27. Charles B. Beard and Rebecca J. Eisen et al., "Vector-Borne Diseases," in Allison Crimmins et al., *The Impacts of Climate Change on Human Health in the United States.*
28. IPCC, "IPCC Special Report on the Ocean and Cryosphere in a Changing Climate," 13.
29. Ibid., 17.
30. "Climate Change Indicators in the United States, 2016" (Washington, DC: U.S. Environmental Protection Agency, 2016), 35.
31. Ibid., 36-37.
32. Ibid., 36.
33. Ibid.
34. IPCC, "IPCC Special Report on the Ocean and Cryosphere in a Changing Climate," 20.

結論

1. "Germany is taking on more responsibility for the Arctic," German Federal Foreign Office, August 21, 2019, https://www.auswaertiges-amt.de/en/aussenpolitik /themen/internatrecht/einzelfragen/arctic-guidelines/2240000.
2. A good account of this framing can be found in Geoffrey Gresh, "The New Great Game at Sea," War on the Rocks, December 8, 2020, https://warontherocks .com/2020/12/the-new-great-game-at-sea/.
3. Manu Pubby, "India and UK in Final Stages of Signing Defence Logistics Pact, Will Extend Reach," *Economic Times,* October 9, 2020, https://economictimes .indiatimes.com/news/defence/seventh-logistics-pact-to-extend-naval-reach -from-japan-to-bahrain/articleshow/78562338.cms.
4. "China Reacts Cautiously to Indian Navy's New Air Base in Andaman and Nicobar Islands," *Economic Times,* January 25, 2019, https://economictimes.indiatimes .com/news/defence/china-reacts-cautiously-to-indian-navys-new-air-base-in -andaman-and-nicobar-islands/articleshow/67691969.cms?from=mdr.
5. Bruce Jones and Samir Saran, "An 'India Exception and India-US. Partnership on Climate Change," *Planet Policy* (blog), January 12, 2015, https://www .brookings.edu/blog/planetpolicy/2015/01/12/an-india-exception-and-india-u -s-partnership-on-climate-change/.
6. Zhitao Xu et al., "Impacts of Covid-19 on Global Supply Chains: Facts and Perspectives," in *IEEE Engineering Management Review* 48, no. 3,153-66.
7. For a similar argument, see James Goldgeier and Lindsey Ford, "Retooling Americas Alliances to Manage the China Challenge," Brookings Blueprint Series, January 25, 2021, https://www.brookings.edu/research/retooling-americas -alliances-to-manage-fhe-china-challenge/.

國家圖書館出版品預行編目（CIP）資料

海洋經濟大未來 : 國旗跟著貿易前進,掌控貨櫃運輸、軍備戰略、電纜數據及海底能源才能成為世界霸權 / 布魯斯 . 瓊斯 (Bruce Jones) 著 ; 林添貴譯 . -- 臺北市 : 遠流出版事業股份有限公司 , 2022.11

面； 公分

譯 自 : To rule the waves : how control of the world's oceans shapes the fate of the superpowers

ISBN 978-957-32-9846-5(平裝)

1.CST: 航運史 2.CST: 海權 3.CST: 國際政治

557.481 111016763

ISBN (平裝) 978-957-32-9846-5

海權經濟大未來

國旗跟著貿易前進，
掌控貨櫃運輸、軍備戰略、電纜數據及海底能源才能成為世界霸權

To Rule the Waves: How Control of the World's Oceans Shapes the Fate of the Superpowers

---

作者／布魯斯 · 瓊斯（Bruce D. Jones）
譯者／林添貴

總監暨總編輯／林馨琴
特約編輯／鍾婉華
行銷企劃／陳盈潔
封面設計／ayen0024@gmail.com
內頁排版／鍾婉華

發行人／王榮文
出版發行／遠流出版事業股份有限公司
地址／臺北市中山北路一段 11 號 13 樓

電話：（02）2571-0297
傳真：（02）2571-0197
郵撥：0189456-1
著作權顧問／蕭雄淋律師
2022 年 11 月 1 日 初版一刷
新臺幣 定價 650 元 （如有缺頁或破損，請寄回更換）

綠蠹魚叢書 YLI063　　ISBN 978-957-32-9846-5

遠流博識網
https://m.ylib.com.
Email : ylib@ylib.com